Weitere Titel des Autors:

Die Kölner und ihr Dom
Ritter, Mönch und Bauersleut
Colonia im Mittelalter
In drei Teufels Namen

Dieter Breuers, Jahrgang 1935, war viele Jahre Chefredakteur der *Kölnischen Rundschau/Bonner Rundschau*. Der studierte Historiker, Germanist und Amerikanist beschreibt das Mittelalter und die frühe Neuzeit mit profundem Wissen und journalistischem Blick leidenschaftlich, farbenprächtig und lebendig wie kein anderer.

DIETER BREUERS

In drei Teufels Namen

Die etwas andere Geschichte
der Hexen und ihrer Verfolgung

BASTEI LÜBBE TASCHENBUCH
Band 64240

1. Auflage: September 2009
2. Auflage: August 2012

Vollständige Taschenbuchausgabe
der im Gustav Lübbe Verlag erschienenen Hardcoverausgabe

Copyright © 2007 by Bastei Lübbe GmbH & Co. KG, Köln
Textredaktion und Register: Heike Rosbach, Nürnberg
Umschlaggestaltung: Atelier Versen, Bad Aibling
Titelillustration: © akg-images
Satz: Bosbach Kommunikation & Design GmbH, Köln
Gesetzt aus der Weiss Antiqua
Druck und Verarbeitung: GGP Media GmbH, Pößneck
Printed in Germany
ISBN 978-3-404-64240-3

Sie finden und im Internet unter
www. luebbe.de
Bitte beachten Sie auch: www.lesejury.de

Der Preis dieses Bandes versteht sich einschließlich
der gesetzlichen Mehrwertsteuer.

INHALT

1 Märchen und Mythen 7

2 Wunder und Visionen 18

3 Glaube und Aberglaube 30

4 Kampf den Ketzern 42

5 Justizmorde 57

6 Der defekte Mann 68

7 Teufelsbuhlschaft 78

8 *Der Hexenhammer* 88

9 Verlies und Folterkammer 101

10 Die weisen Frauen 121

11 Hexensabbat 133

12 »Geschrey« im Dorf 146

13 Gefährliche Zeugen 161

14 Von Hirten und Wölfen 174

15 Der Absturz 186

16 Die Keplerin 197

17 Unschuldige Kinder 207

18 Habgierige Halunken 226

19 In drei Teufels Namen 240

20 Der Brief 254

21 Der reitende Tod 267

22 Angst und Abscheu 275

23 Vom Teufel besessen 286

24 Das Hexennest 299

25 Wahn und Wirklichkeit 311

26 *Cautio criminalis* 328

27 Richter und Retter 345

28 Himmlers Hexen 363

Nachwort 371

Zeittafel 373

Register 375

Der Aberglaub', in dem wir aufgewachsen,
verliert – auch wenn wir ihn erkennen –
darum doch seine Macht nicht über uns.

Gotthold Ephraim Lessing, *Nathan der Weise*

1 MÄRCHEN UND MYTHEN

Es war bitterkalt in der Hütte, als Grettir erwachte. Draußen dämmerte der Morgen herauf, und leichtes Schneetreiben setzte ein. Das Feuer im Kamin war erloschen. Es wäre leichtfertig gewesen, es auch die Nacht über zu unterhalten, denn es gab nur wenig Holz auf der Insel, und man musste sparsam damit umgehen.

Glaum, der Knecht, hatte am Abend zuvor am Strand angetriebenes Holz gesammelt, und Grettir holte seine Axt, um es in handliche Scheite zu zerlegen. Er widmete dem Klotz, den er da vor sich hinstellte, keine größere Aufmerksamkeit, holte nur einfach aus und ließ die Axt niedersausen.

Glaum und Grettirs junger Bruder Illugi wurden von einem grässlichen Schrei aus dem Schlaf gerissen. Die scharfe Axt war vom Holzklotz abgeglitten und hatte Grettirs Schienbein zertrümmert. Sie trugen ihn in die Hütte und wussten sofort, dass da nicht mehr viel zu machen war. Ohne eine weise Frau, die das Bein zu schienen verstand und die offene Wunde mit ihren Kräutern versorgen konnte, hatte Grettir keine Chance.

Also war der Fluch doch noch in Erfüllung gegangen.

Bis zu seiner Ächtung war Grettir ein richtiger Schweinehund gewesen. Er hatte den Leuten in der Gegend alles geraubt, wonach ihm gerade der Sinn stand: eine Ziege oder ein Fässchen Met, einen Malter Korn und hin und wieder auch das Weib. Er hatte getrunken und gespielt, sich geprügelt und sich über jedermann lustig gemacht. Etliche junge Männer sahen in ihm trotzdem ein Vorbild, und so manche Frau fragte sich vermutlich im Stillen, ob er nicht nur ein großes Mundwerk hatte, sondern vielleicht auch ein leidenschaftlicher Liebhaber sein könnte.

Die meisten Menschen aber hassten ihn. Im Lauf der Jahre hatte er sich auf diese Weise viele Feinde geschaffen und schließlich den Bogen überspannt. Die Dorfbewohner vertrieben ihn aus ihrer Mitte und erklärten ihn für vogelfrei. Was einem Todesurteil gleichkam.

Mit seinem Bruder Illugi und dem Knecht Glaum floh Grettir auf die karge Insel Drang. Zuvor verabschiedete er sich von seiner Mutter, und die warnte ihn: Die Insel sei zwar schwer zugänglich, aber er würde trotzdem durch Waffengewalt sterben. Sie habe sonderliches Zeug geträumt, darum möge er sich vor Hexen hüten, denn nichts sei gefährlicher als deren uralte Zaubersprüche.

Vorsorglich baute Grettir seine Hütte auf einem steilen Felsen, der lediglich über eine Leiter erklommen werden konnte, die jedoch nachts nach oben gezogen wurde. Folglich konnten die drei Männer nur mit einer List bezwungen werden. Das wusste auch sein Todfeind Thorbjörn. Er überredete seine alte Amme, die immer schon eine Hexe war, ihm zu helfen. Sie ließ sich zur Insel übersetzen, doch Grettir erkannte sie, warf einen Felsbrocken auf sie hinab und zerschmetterte ihr einen Schenkel.

Hasserfüllt besprach sie nun einen Holzblock, schnitt geheimnisvolle Runen hinein, rieb von ihrem Blut in die Kerben, murmelte Zaubersprüche und umkreiste den Holzklotz linksherum. Endlich ließ sie ihn ins Meer werfen, schickte weitere Zaubersprüche hinter ihm her, und siehe da: Obwohl der Wind vom Meer her stand, trieb der Holzblock hinaus, genau auf die Insel zu und wurde dort angespült.

Grettir, der am nächsten Tag Feuerholz sammelte, stieß am Strand auf den Holzblock, merkte aber sofort, dass es sich um »böses Holz« handelte, und ließ es liegen. Auch am nächsten Tag rührte er den Block nicht an, aber am dritten Tag suchte der Knecht Glaum Feuerholz, und weil Grettir ihn nicht gewarnt hatte, schleppte er besagten

Holzklotz zur Hütte, und von ebendiesem Klotz prallte Grettirs Axt ab und zerschmetterte ihm das Bein.

Als Thorbjörn und seine Männer einen neuen Versuch unternahmen, die Insel zu erobern, sahen sie, dass die Leiter zum Felsen nicht hochgezogen war. Der faule Knecht Glaum hatte es schlicht vergessen. Da kletterten sie hinauf, erstürmten die Hütte, die der junge Bruder Illugi nicht lange verteidigen konnte, und schnitten dem bereits sterbenden Grettir den Kopf ab. Illugi, der den Feinden nicht schwören wollte, auf spätere Rache zu verzichten, wurde ebenfalls umgebracht, und schließlich murksten Thorbjörn und seine Männer auch noch den nichtsnutzigen Knecht ab.

Wurden sie nun nach ihrer Rückkehr gefeiert, da sie die Geächteten zur Strecke gebracht hatten? Keineswegs. Die Leute stellten Thorbjörn vor Gericht. Nicht etwa, weil er Grettir getötet hat. Auch nicht, weil er einem bereits Sterbenden viehisch den Kopf abgeschnitten hat. Das war zwar unehrenhaft, aber kein wirkliches Verbrechen. Verurteilt und verbannt wurde Thorbjörn, weil er heidnische Magie eingesetzt und seine Amme zu zauberischer Hilfe verleitet hatte.

* * *

Da haben wir also eine typische Saga aus dem hohen Norden: Die Männer raufen, aber die Fäden ziehen zwei alte Hexen, zum einen die gute, die hellseherische Gaben besitzt und ihren Sohn warnt, und zum anderen die böse, die heimtückisch bewirkt, dass die Axt vom Holzblock abprallt und Grettirs Bein zerschmettert. Sie *raunt* Zaubersprüche über die *Runen* und schmiert ihr Blut hinein, sodass der Holzblock gegen Wind und Strömung auf die Insel Drang zutreibt. Niemand kann das Schicksal aufhalten. Nicht einmal der argwöhnische Grettir, obwohl er – woran auch immer – ganz offensichtlich erkannt hat, dass da ein böses Stück Holz angelandet ist.

Dass die Germanen an die prophetischen Gaben gewisser Frauen glaubten, steht außer Frage. Der Römer Strabo (64 v. Chr. bis um

20 n. Chr.) wusste über sie Schauerliches zu berichten: Die Frauen, die zusammen mit ihren Männern in die Schlacht zogen, wurden von Priesterinnen begleitet, die die Gabe der Weissagung besaßen, Frauen mit grauem Haar und in weiße Gewänder gehüllt. Sie gingen den Gegnern, die gefangen ins Lager gebracht wurden, mit dem Schwert in der Hand entgegen, bekränzten sie und führten sie dann zu einem großen Kessel. Über den mussten sich die Gefangenen beugen, und dann schnitt ihnen eine Priesterin die Kehle durch. Aus dem herausprudelnden Blut schloss sie sodann auf den weiteren Verlauf des Kriegszuges.

Die Grettir-Saga wurde im 14. Jahrhundert aufgeschrieben, spielt jedoch kurz nach der Christianisierung Islands im 11. Jahrhundert. Man erkennt das daran, dass Zauberei und Magie bereits offiziell verboten waren. Wir finden aber zugleich bestätigt, dass die Menschen nach wie vor dem alten Volksglauben anhingen, und daran hatte die Kirche über Jahrhunderte hinweg rein gar nichts ändern können.

Wir erinnern uns, dass auch im *Nibelungenlied*, das um 1200 verfasst wurde, das Christliche so gut wie keine Rolle spielt. Bis auf den Hofkaplan, der von Hagen von Tronje fast in der Donau ertränkt worden wäre, bleibt die Kirche unerwähnt. Zwar streiten sich die Königinnen vor dem Wormser Dom, aber noch immer wimmelt es von Zwergen und Nixen, Zauberern und Drachen, und wie selbstverständlich entpuppt sich Siegfried als Hexenmeister, der sich mittels einer Tarnkappe unsichtbar machen und so Brunhilde in jeder Hinsicht bezwingen kann.

Aber auch in anderen Sagen und Epen beherrschen Hexen und Zauberer die Szene, zwar selten als Hauptdarsteller, aber in der Regel – offen oder versteckt – als Drahtzieher oder Anstifter. Ist dieser tief verwurzelte Glaube an Dämonen und Magie nun typisch deutsch? Oder eher germanisch? Oder gar typisch keltisch?

Nichts von alledem. Zu allen Zeiten und in allen Kulturen waren die Menschen felsenfest davon überzeugt, dass es nicht nur zahlreiche Götter, sondern zwischen Himmel und Erde weitere Wesen geben musste, die allgemein als Dämonen angesehen und bezeichnet wurden.

Der Talmud erzählt beispielsweise, dass Eva keineswegs die erste Frau war, sondern eine gewisse Lilith, und die war eben nicht aus Adams Rippe erschaffen, sondern ein selbstbewusstes, stolzes Weib, das sich seinem Mann nicht unterordnen wollte. Lilith war angeblich die Mutter Kains, und als sie des ewigen Streits mit ihrem Mann müde war, murmelte sie eines Tages eine Zauberformel und flog einfach davon.

Vergeblich schickte Gott drei Engel hinter ihr her. Lilith hatte sich am Roten Meer mit einem Dämon eingelassen, von dem sie bereits viele Kinder hatte. Der Herr in seinem Grimm ließ jeden Tag hundert ihrer Kinder töten, worauf Lilith, vor Schmerz wahnsinnig, ihrerseits zur Kinder mordenden Dämonin wurde. Im Übrigen soll sie auch jene Schlange gewesen sein, die Adam und Eva im Paradies verführt hat.

Die alten Griechen glaubten an Hekate, die zunächst als Mondgöttin verehrt wurde, sich aber im Lauf der Zeit in eine dreiköpfige Dämonin verwandelte, die – umgeben von Schlangen – mit ihrer Hundemeute über den nächtlichen Himmel tobte und die Menschen zu Tode erschreckte. Nicht an Kreuzungen, die in heidnischer Zeit keinerlei Symbolkraft besaßen, sondern an Wegegabelungen brachte man ihr Opfer dar.

Doch sie galt nicht nur als Furcht einflößend. Sie half auch Frauen bei der Geburt, und weil sie sich bestens auf Spuk und Magie verstand, war sie zudem in der Lage, schädlichen Zauber abzuwehren. Die Römer, die sich so viel von den Griechen abgeschaut haben, übernahmen auch Hekate mit all ihren guten und weniger guten Eigenschaften, nannten sie allerdings Diana.

Die Gelehrten streiten sich darüber, ob die germanische Göttin Hulda jene von den Römern nach Norden exportierte Diana war, was aber eher unwahrscheinlich ist. Allerdings war sie – wie ihre antiken Kolleginnen – zunächst eine *holde* Dame, bis sie dann zur *Unholdin* wurde, einigermaßen hässlich mit verfilzten Haaren und mit Zähnen, die so lang waren wie ihre Nase. Zusammen mit ihrem Gefolge fuhr sie über den nächtlichen Himmel, und so stellte man sich ja später auch die Hexen und ihre nächtlichen Ausritte vor.

Nun war Hulda jedoch keineswegs die Einzige, die den Himmel über Germanien bevölkerte. Da wurde zunächst einmal Wotan verehrt als oberster aller Asen. »Sturmgeboren« nannten ihn die Menschen und fürchteten sich zu Tode, wenn er – von Wölfen begleitet und von Raben umflattert – auf seinem achtbeinigen Grauschimmel das Heer der Toten durch die Nacht führte.

Und da war Donar, der Donnerer, der wie Wotan bei nahezu allen germanischen Stämmen verehrt wurde. Er war für den Krieg zuständig, den Krieg gegen Dämonen, Riesen und andere Unholde. Er trug einen roten Bart und schleuderte Blitze gegen seine Feinde. Die Erinnerung an ihn lebt in unserem Donnerstag fort.

Allerdings wechselten die Gottheiten häufig von Stamm zu Stamm. War hier Wotan der oberste Ase, tauchte er anderenorts als Odin auf, der mit Frigg verheiratet war, und wieder anderswo als Ziu. Dann war da noch Thor, wie Donar ein hitziger Kämpfer, der jedoch keine Blitze schleuderte, sondern seinen Streithammer schwang, der uns bis heute im Gericht oder im Versteigerungssaal begegnet – Symbol für eine endgültig gefällte Entscheidung.

Und schließlich war da noch die Göttin mit dem schönen Namen Frija oder Freyja, was nichts anderes heißt als Geliebte oder Gattin. Sie war die Beschützerin der Liebenden und von mütterlichem Wesen. Nach ihr ist unser Freitag benannt. Andere Götter, die hier vielleicht vermisst werden, tauchen erst in der im 13. Jahrhundert aufgezeichneten *Edda* auf, die Gesänge aus der Wikingerzeit enthält. In den alten Traditionen dagegen stoßen wir weder auf den schönen Baldur noch auf den heimtückischen Loki.

Wenn Tacitus – wohl um seinen ziemlich verkommenen römischen Zeitgenossen einen Spiegel vorzuhalten – die hohe Moral der germanischen Frauen schilderte, so konnte man entsprechende Tugenden bei germanischen Göttinnen leider nicht ausmachen. Da ging es ziemlich turbulent zu, der dauernd fremdgehende griechische

Göttervater Zeus hätte seine helle Freude an seinen germanischen Kolleginnen gehabt.

Wenn er sie denn gekannt hätte.

Aber nicht alle überirdischen weiblichen Wesen strahlten Lust auf Liebe aus. Da waren schließlich auch noch die Walküren, die es Richard Wagner so sehr angetan hatten. *Wal* bedeutet so viel wie ein Haufen erschlagener Krieger (siehe *Wal*statt). Küren ist natürlich gleichbedeutend mit wählen, sodass der Name Walküre nichts anderes bedeutet als diejenige, welche die zum Sterben verurteilten Krieger bestimmt.

Walküren sind Kampfgöttinnen, die durch die Luft heranjagen und Schlachten entscheiden; keine so abwegige Vorstellung, denn es war durchaus nicht ungewöhnlich, dass die Frauen in der Schlacht Seite an Seite mit ihren Männern kämpften. Auch daran erinnern uns bis heute noch Frauennamen, mit denen an Brünne (Rüstung), Helm und Ger (Speer) erinnert wird: Brunhilde beispielsweise oder Helmtrud und Gerlind.

Insgesamt fehlt der nordeuropäischen Mythologie die Heiterkeit südländischer Regionen, aber wen sollte das wundern, war doch ganz Nordeuropa von dichten Urwäldern bedeckt, in denen es von merkwürdigen Wesen nur so zu wimmeln schien. Wir hören von Kobolden und Trollen, von Feen und Nymphen, Zwergen und Nixen. Deshalb überfiel die Menschen gerade im nächtlichen Wald panische Angst. Wenn wir ehrlich sind, fühlen selbst wir uns heute auf mondbeschienenen Waldwegen noch immer unbehaglich, obwohl wir genau wissen, dass keines dieser Fabelwesen existiert und dass mit Sicherheit kein Krimineller in einem menschenleeren Gebiet und zu nachtschlafender Zeit auf mögliche Opfer lauert.

Damals hingegen schien die Angst begründet. Jedermann glaubte, dass er urplötzlich einen Zwerg bei irgendeiner Tätigkeit überraschen konnte, einen missgestalteten, hässlichen, buckligen Wicht. Und wusste man nicht, dass Zwerge nichts mehr hassten, als heimlich beobachtet zu werden? Wird er sich rächen? Man weiß doch, wie listig und bösartig diese verwachsenen Gnome sein können.

1 MÄRCHEN UND MYTHEN

Und wie soll man sich vor all den Gespenstern schützen, die im finstren Tann lauern! Vor allem vor den kopflosen! Wer im Leben ein Mörder gewesen war, ein Meineidiger oder gar ein Gotteslästerer, schleicht nachts mit dem Kopf unter dem Arm oder auf einem Tablett umher. Und sie sind Vorboten schrecklicher Ereignisse! Man darf gar nicht daran denken.

Bis in die Zeit der Romantik hinein glaubten die meisten Menschen fest an die Existenz von Gnomen und Hexen, Feen und Elfen, Riesen und Zwergen, guten und bösen Geistern. Sie haben sich sogar in unseren Sprachschatz hineingeschlichen, ohne dass wir uns heute groß Gedanken darüber machen. Wir sprechen von Albdrücken und wissen vielleicht gar nicht, dass damit ein böser Elb gemeint war, der nachts auf unserer Brust hockte und uns im Sinne des Wortes schrecklich *bedrückte*.

Auch wer über einen Hexenschuss klagt, ahnt vermutlich nicht, dass dieses Wort ebenso alt ist wie der Glaube, dass es tatsächlich eine böse Frau war, die einem das Ding angehext hat. Und einem Mitmenschen, der sich besonders töricht verhalten hat, unterstellen wir gern, dass er dabei wohl *von allen guten Geistern verlassen* gewesen war.

Die Gebrüder Grimm, die Anfang des 19. Jahrhunderts die von Generation zu Generation weitererzählten Volksmärchen sammelten und in drei Bänden veröffentlichten, haben jedoch weder die uralte germanische Auffassung von weiblichen Zauberweibern dargestellt noch die frühneuzeitliche Vorstellung von der Hexe, die mit dem Satan buhlt. Überhaupt scheint die Neuzeit an den Märchen spurlos vorübergegangen zu sein. Amerika ist entdeckt, die Dampfmaschine erfunden. In Frankreich hat eine Revolution stattgefunden, und in den deutschen Kleinstaaten regieren mehr oder weniger fleißige Beamte. Im Märchen jedoch spielt das alles keine Rolle. Neben bösen Königinnen und verwunschenen Prinzen finden wir tumbe Hirten, listige Bäuerlein und natürlich das brave Bürgertum, vertreten durch Handwerker wie den schlauen Müller oder das tapfere Schneiderlein.

Merkwürdigerweise kommen in den Märchen weder die Religion noch der liebe Gott persönlich vor, was für die damalige Zeit doch sehr erstaunlich ist. Allerdings stoßen wir auf eine strikte Moralvorstellung. Der Böse wird verurteilt, der Gute belohnt, der Arme wird reich, der Reiche arm, die böse Stiefmutter wird bestraft, die Hexe verbrannt. Niemand, der sich wirklich müht, fleißig und fromm ist, wird – mag sein Schicksal noch so hart sein – letztendlich zugrunde gehen.

Das ist die tröstliche Botschaft der Märchen, aber sie verheißen auch etwas anderes, eher Unchristliches: Der Lohn winkt nicht im Himmel, sondern bereits hienieden. Der Frosch wird zum Prinzen, und das Aschenputtel heiratet den Königssohn. Auf Bösewichte und Hexen dagegen warten schreckliche Strafen. Den Schwestern von Aschenputtel picken Tauben die Augen aus, Schneewittchens gottlose Stiefmutter muss sich in rot glühenden Eisenschuhen zu Tode tanzen, und das bösartige Rumpelstilzchen reißt sich vor Wut selbst mitten entzwei.

Hier klingt noch die Erinnerung an das schreckliche Ende vermeintlicher Hexen zu Beginn der frühen Neuzeit nach.

Hexen also – so viel steht nun fest – hat es in der Erinnerung der Menschen tatsächlich gegeben. Wobei die Herkunft des Wortes nach wie vor umstritten ist. Höchstwahrscheinlich ist es entstanden aus dem altnordischen *hagazussa*, was so viel bedeutete wie Zaun-Reiterin. Damit wird zweierlei angedeutet: Zum einen ist sie im Hag (Zaun, Gehege, Busch, Wald) zu Hause, und zum anderen können Zäune sie nicht aufhalten. Sie reitet notfalls wie Hulda oder die Walküren über die Zäune und durch die Lüfte, was man ja auch später den Hexen unterstellen sollte.

In anderen Sprachen hieß die Hexe anders, im Lateinischen beispielsweise *striga* (Eule) oder *malefica* (Schadenszauberin), im Italienischen *erbaria* (Kräuterfrau), im Französischen *sorcière* (Zauberin), im Englischen *wicca* (weise Frau), woraus später *witch* wurde. Das Wort *hagazussa* verschwand vorübergehend wieder, bis es im 15. Jahrhundert in der verwandelten Form von *hächse* oder *häxe* von

1 MÄRCHEN UND MYTHEN   15

Neuem auftauchte. Bis dahin behilft man sich mit verschiedenen Bezeichnungen, wenn nicht – wie zum Beispiel in vielen Hexenprozessen – ohnehin nur lateinisch protokolliert wird. Und da heißt die Zaubersche schlicht *striga*.

Im Land unserer Vorväter, in dem es vor Gnomen und Riesen, Zwergen und Hexen nur so zu wimmeln schien, wo Götter und Walküren mit ihrem wilden Gefolge über den nächtlichen Himmel rasten, tauchten Anfang des 7. Jahrhunderts plötzlich seltsam gekleidete Menschen auf: Männer in langen schwarzen Mänteln, in den Händen lange Wanderstöcke, über den Schultern lederne Säcke, die Augenlider schwarz oder rot bemalt. Das Haar, vorn kurz geschoren, fiel in langen Strängen über Schulter und Rücken.

Irische Wandermönche.

Der heilige Patrick hatte das Christentum auf der Grünen Insel gepredigt und Klöster gegründet, in denen die Mönche in strenger Askese lebten. Dazu gehörte jedoch nicht nur der Verzicht auf die normalen Freuden des Alltags, sondern unter anderem auch der auf Heimat, und so zogen sie los, das Christentum zu den Heiden auf dem Festland zu bringen. Natürlich konnten sie den alten Volksglauben nicht ausrotten. Daher begnügten sie sich zunächst einmal damit, heilige Bäume zu fällen, um so die Machtlosigkeit der alten Götter zu beweisen. Heiligtümer, die dem Donar gewidmet waren, wurden nun dem heiligen Petrus geweiht, der seit damals für das Wetter zuständig ist. Zudem wurde Weihnachten vom 6. Januar auf das heutige Datum vorverlegt, behielt aber den alten Namen.

Nach den irischen Mönchen kamen Glaubensbrüder aus England, deren bekanntester Winfried war, den wir als Bonifatius kennen. Aber so richtig zu überzeugen wusste er die alten Heiden ebenso wenig wie jener Bischof, der den friesischen Herzog Radbod taufen wollte. Er hatte ihn schon am Taufbecken, als der Friese verlangte, der Bischof möge ihm doch ganz ehrlich sagen, wo sich die verstorbenen Könige und Heerführer der Friesen nun befänden, im Himmel oder in der Hölle?

Der Bischof antwortete, alle Getauften, und natürlich auch Radbod, würden sich im Himmel einfinden, die Ungetauften dagegen in der Hölle. Daraufhin sagte der Herzog, er zöge es vor, im Kreise seiner Ahnen in der Hölle zu sitzen, anstatt zusammen mit ein paar ihm unbekannten armseligen Kreaturen im Himmel zu hocken.

Und das war's dann gewesen.

Aus vielen Dingen lässt sich schließen, dass selbst die bereits Getauften, ja sogar die Missionare und Mönche, durchaus noch daran glaubten, dass es jene oben geschilderten unheimlichen Wesen tatsächlich gab. Als die Franken beispielsweise 785 den besiegten (nieder-)sächsischen Herzog Widukind in Attigny tauften, verlangten sie nicht etwa von ihm, sich von dem heidnischen Hokuspokus zu distanzieren und ihn als naiven Kinderglauben abzutun. Man fragte ihn ausdrücklich, ob er bereit sei, dem Donar, Wotan, Saxnot und anderen Unholden abzuschwören. Man ging also davon aus, dass sie durchaus existierten. Widukind sollte sich lediglich von ihnen lossagen, um sich nunmehr dem mächtigeren Gott der Christen zu unterwerfen.

Wie unausrottbar der Glaube an Dämonen und Fabelwesen war, zeigt sich besonders eindrucksvoll an den zahlreichen Abbildungen in unseren alten Kirchen und Kathedralen. Sei es im kunstvollen Schnitzwerk des Chorgestühls, sei es bei den Wasserspeiern auf dem Dach: Überall begegnen wir schrecklichen Ungeheuern. Sogar vom berühmtesten Reformkloster des Mittelalters in Cluny wusste der Zisterzienserabt Bernhard von Clairvaux (um 1090–1153) Gräuliches zu berichten: »In allen Sälen und Gängen, an Wänden, Portalen und Simsen tummeln sich Affen und Löwen, Zentauren, Halb- und Waldmenschen. Da kämpfen Ritter gegen Monstren, Fische und Schlangen.«

Die Welt der Dämonen konnte einfach nicht verboten oder wegdiskutiert werden. Aus den heidnischen Heiligtümern konnte man sie vielleicht vertreiben, aus den Köpfen der Menschen nicht. Die Theologen waren gefordert, sich etwas einfallen zu lassen.

1 MÄRCHEN UND MYTHEN

Der Aberglaube ist ein Kind der Furcht,
der Schwachheit und der Unwissenheit.

Friedrich der Große

2 WUNDER UND VISIONEN

Die beiden Männer saßen im Schatten einer mächtigen Eiche und zankten sich. Sie zankten sich schon seit gut einer Stunde. Es war heiß, und der Mann mit dem schulterlangen blonden Haar hatte den Pelz, den er gemeinhin über den Schultern trug, längst abgelegt, und auch sein kurzes Schwert lehnte an dem Baumstamm, auf dem sie sich niedergelassen hatten.

Sein Gegenüber war feingliedriger, sein Kopf geschoren. Er trug eine Kutte und an den Füßen Sandalen. Trotz ihres hitzigen Streits bemühten sich beide, langsam und deutlich zu sprechen, um sich dem anderen gegenüber verständlich zu machen. Leicht war das nicht, denn der Blonde war hier daheim, während der andere von weit her gekommen war. Über das Meer, wie er sagte. Wo immer das sein mochte.

Jedenfalls hatte der Mönch ihn überredet, sich mit ihm unten am Fluss in Büraburg zu treffen, um endlich Klarheit in dieser Sache zu erzielen. Sie waren durch die Eder geritten, hinauf zu dieser Eiche, die seit uralter Zeit dem Donar geweiht war, von dem dieser Fremde behauptete, dass es ihn überhaupt nicht gebe. Weder ihn noch Wotan, noch Freyja. Nur seinen Jesus. Unglaublich.

Und was bitte schön hat dieser Jesus geleistet? Nichts Besonderes, wenn er den Mönch richtig versteht. Kein fremdes Land hat er erobert, nicht einmal das eigene verteidigt. Nur herumgezogen ist er und hat erzählt, er sei der Sohn Gottes. Welchen Gottes? Angeblich gibt es nur den einen, sagt der Mönch, den Vater von diesem Jesus.

Und wann hat dieser Jesus angeblich gelebt? Vor etwa siebenhundert Jahren. Na prima! Und als er in Gefahr geriet, sind seine Männer Hals über Kopf davongelaufen.

Nicht einmal den Versuch haben sie unternommen, ihrem Anführer zu helfen, als seine Feinde ihn an ein Kreuz aus Holz genagelt haben, um ihn auf einem Berg dem Gespött der Menge auszuliefern.

Und an so was soll man glauben?

»Aber ja doch«, ereiferte sich der Mönch. »Aber nicht Jesus allein hat durch beispiellose Wundertaten die alles übertreffende Macht seines Vaters bewiesen. Selbst nach seinem Tod noch haben seine Anhänger unglaubliche Zeichen vollbracht. Willst du hören?«

»Wenn's denn sein muss ... «

»Pass auf«, sagte der Mönch und wischte sich den Schweiß von seinem kahlen Kopf. »Kurz nach seinem Tod sind seine Anhänger – so wie ich heute – in alle Welt gezogen und haben von ihm erzählt. Einer von ihnen, Philippus hieß er, kam eines Tages in eine Stadt, in der ein großer Magier lebte, der von den Menschen dort deshalb Simon Magus genannt wurde. Der behauptete nun von sich selbst, dass er der größte Zauberer auf der Welt sei, und tatsächlich beeindruckte er durch die vielen Kunststücke, die er beherrschte. Eines jedoch vermochte er nicht: Menschen, die von bösen Geistern besessen waren, diese Dämonen auszutreiben.

Das aber konnten Philippus und seine Anhänger, und deshalb glaubten die Menschen ihnen mehr als dem Simon und bekehrten sich zu dem einen und wahren Gott. Als Simon das sah, bot er dem Philippus Gold an, damit er ihn diese Fähigkeiten lehre. Aber Philippus und seine Freunde beschimpften ihn und sagten, Derartiges könne man nicht kaufen. Man müsse schon an den *einen* Gott glauben, der allein in der Lage sei, solche Heilkräfte zu verleihen.«

Der Blonde wiegte bedächtig den Kopf hin und her. »Und du glaubst wirklich, dein Gott würde dir die Kraft verleihen, gegen unsere Götter zu bestehen?«

»Aber ja.«

»Und wie willst du das beweisen?«

»Diese Eiche hier« – der Mönch wies auf den mächtigen Baum, unter dem sie saßen, »ist doch dem Donar geweiht. Was wird er wohl tun, wenn meine Freunde und ich seinen Baum fällen würden?«

Der Blonde sprang auf. »Er würde euch zermalmen! Euch alle!«

Auch der Mönch stand auf. »Komm morgen mit deinen Freunden um die Mittagsstunde hier herauf. Wir werden den Baum vor euer aller Augen umhacken.«

»Das werdet ihr nicht wagen!«

»Und ob«, sagte der Mönch.

* * *

Die Geschichte vom heiligen Bonifatius, der 723 bei Geismar die gewaltige Donar-Eiche fällte, um den heidnischen Hessen die Überlegenheit des Christengottes über die germanische Götterwelt zu beweisen, kennen wir alle. Wären wir an der Stelle des Missionars gewesen, hätten wir beim Fällen des Baumes allenfalls Angst vor der Wut der Germanen gehabt, ganz sicher aber nicht vor dem Zorn Donars. Im Gegensatz zu Bonifatius hätten wir ganz einfach *gewusst*, dass uns von diesem Gott keine Strafe drohte. Bonifatius hat es nicht *gewusst*. Er hat es lediglich *geglaubt*.

Allerdings ganz fest.

Im Gegensatz zu uns wurde ja unseren christlichen Vorfahren über zweitausend Jahre hinweg eine ganze Menge zugemutet. Es erscheint uns heute nahezu absurd, was für sie als unumstößliche Wahrheit zu gelten hatte. Das beginnt mit der Schöpfungsgeschichte einschließlich Adam und Eva, und kaum haben wir den etwas merkwürdigen Sündenfall und dann den Mord von Kain an Abel geschluckt, da naht auch schon die Sintflut mit der Arche, auf der Noah von allen (!) Tierarten je ein Pärchen in Sicherheit bringt.

Dann regnet es Phosphor und Schwefel über Sodom und Gomorrha, und Lots neugieriges Weib, das sich verbotenerweise nach dem Spektakel umdreht, erstarrt zur Salzsäule. Moses führt die Kinder Israels aus der Knechtschaft in Ägypten, nicht ohne zuvor den verstockten Pharao mit Fröschen und Heuschrecken, Blattern und Pest, Sonnenfinsternis und der Ermordung der Erstgeborenen erpresst zu haben. Dann teilt sich das Rote Meer, später regnet es Manna vom Himmel, einem Felsen entspringt Wasser, und vierzig Jahre lang erleben die Kinder Israels die abstrusesten Dinge in der Wüste, bis endlich die Mauern von Jericho unter dem Schall der Posaunen in sich zusammenfallen.

Und weiter geht es; nicht mehr ganz so spektakulär wie in den fünf Büchern Mose, aber die Abenteuer des bärenstarken Simson, der Gesang von Daniels Freunden im Feuerofen oder des Jonas Reise im Bauch des Wals blieben keinem Gläubigen erspart.

Allerdings *wollten* die Menschen ja auch glauben. Das Geheimnisvolle und Unerklärbare faszinierte sie, war offensichtlicher Beweis für die Existenz der Gottheit. Ob nun Thor die Midgard-Schlange besiegte oder Zeus sich – auf Freiersfüßen wandelnd – in einen Schwan oder einen Stier verwandelte, ob man die Gottheit nun verehrte oder fürchtete: Macht besaß sie in jedem Fall. Daran war nicht zu zweifeln, und so war für die Christen ihr Gott völlig logisch *Der Allmächtige*.

Im Alten Testament hatte er sich, zumindest aus jüdischer Sicht, als solcher erwiesen. Als Wundertäter trat dann auch Jesus als sein Sohn in Erscheinung, der, wie die christlichen Chronisten berichteten, auf dem Wasser spazieren ging, Wasser in Wein verwandelte, Brot vermehrte, Kranke heilte und selbst Tote wieder zum Leben erweckte.

Was er und seine Jünger da lehrten, bewegte sich für strenggläubige jüdische Zuhörer zwischen Gotteslästerung (»Mein Vater im Himmel«!) und naiver Utopie (»Liebet eure Feinde wie euch selbst«). Bei den sogenannten Heiden im übrigen Römischen Reich löste die Lehre vom einzig wahren und alleinigen Gott dagegen zunächst Belustigung, später Misstrauen und schließlich die Verfolgung von deren Anhängern aus.

2 WUNDER UND VISIONEN

Eigentliche Aufmerksamkeit erregten Jesus und seine Apostel zunächst einmal durch die von ihnen verübten Wunder, und vom Mann auf der Straße wurden sie infolgedessen weniger als Verkünder göttlicher Wahrheiten, sondern, ebenso wie ihre heidnischen Konkurrenten, in erster Linie als faszinierende Zauberer angesehen.

Nur: Sie waren erfolgreicher.

Was aber für sehr viele Menschen noch immer kein Beweis dafür war, dass der Christengott stärker war als alle anderen Götter. Nachdem nämlich Jesus einen Stummen geheilt hatte, wurde ihm unterstellt, nur mithilfe des Beelzebub, des obersten aller Teufel, könne er dies vollbracht haben.

So nähern wir uns denn der Kernfrage, worin sich die verschiedenen Formen von Magie und Zauberei voneinander unterschieden; wichtiger noch: Was war einem Christen letztendlich verboten zu glauben, was war erlaubt, und was war gar Pflicht?

Obwohl die Missionierung der Germanen durch irische und angelsächsische Mönche im 8. Jahrhundert offiziell zwar weitgehend abgeschlossen war, lesen wir zwischen den Zeilen der Rundschreiben, die von Karls des Großen Berater Alkuin an die Bischöfe des Reiches gerichtet waren, was noch alles im Argen lag. Während die (Benediktiner-)Mönche meist aus vornehmen Familien stammten, war die Bildung der sogenannten Leutpriester mehr als mangelhaft. »*Disce ut doceas*«, ermahnte sie Alkuin. Sie sollten lernen, auf dass sie andere unterrichten könnten.

Aber das blieb wohl eher ein frommer Wunsch. In den Dörfern, aus denen der priesterliche Nachwuchs stammte, ritt der einäugige Wotan noch immer mit seinem Wilden Heer über den Winterhimmel. Die alten Götter, die Asen, genossen ebenso wie zahllose Feen und Elfen, Kobolde und Zwerge nach wie vor Asyl in den Flüssen und den Hainen, auf den Bergen und im Moor. Und daran glaubten nicht nur viele Pfarrkinder, sondern häufig genug auch ihr Pastor.

Mehr als ein halbes Jahrtausend später begann man am Vorabend von Reformation und Gegenreformation, sich etwas intensiver damit zu beschäftigen, was da auf Gemeindeebene eigentlich vorging. Das

Ergebnis: Einerseits beklagten zwar viele Kleriker, dass die Bauern ihre Höfe und Stallungen an bestimmten Tagen im Jahr mit allen möglichen Zweigen bestückten, die angeblich Krankheiten und anderes Unglück fernhalten sollten, dass sie Amulette mit heidnischen Zeichen bei sich trugen oder Zettel mit geheimnisvollen Inschriften unter ihren Schlafdecken versteckten. Andererseits huldigten selbst Kleriker durchaus heidnischen Praktiken.

Eine Quelle aus dem 15. Jahrhundert beschreibt beispielsweise, dass ein gewisses Orakel besonders bei hohen Geistlichen außerordentlich beliebt sei: das sogenannte Gänsebeinspiel. Dabei geben angeblich die Teile des zerbrochenen Brustbeins einer Martinsgans Auskunft über den Verlauf des kommenden Winters.

Von solchen geheimnisvollen Bräuchen und Riten ahnen die Bauern nichts, die weder Äbte noch Bischöfe persönlich kennen und denen auch die meist nicht aus ihrem Dorf stammenden Leutpriester eher suspekt sind. Die segnen zwar die Familie und den Hof, die Tiere, die Weiden und sogar das Ackergerät, aber was sie dabei in einer Sprache, die sie selbst für Latein halten, vor sich hin murmeln, versteht naturgemäß niemand. Da versucht man es doch lieber selbst mit den überlieferten Segenswünschen, opfert den alten Göttern oder wendet sich an eine weise Frau, die sich in solchen Dingen auskennt. Die tut schließlich ebenfalls sehr geheimnisvoll, fast so wie der Priester in der Kirche. Ganz falsch kann das also nicht sein, was die Alte da anstellt.

Schaden kann es ja wirklich nicht, denken auch die Leutpriester, die ebenfalls in ärmlichen Hütten aufgewachsen sind und deshalb auch nicht gegen die Amulette vorgehen, die seit Menschengedenken nahezu jedermann in der Familie trägt. Man hängt sich eine Hasenpfote um, die bösartige Hunde abschreckt; gegen üble Nachrede hilft ein Wolfszahn, der allerdings in Lorbeerblätter gewickelt werden muss, und das Horn einer jungen Ziege schützt gegen den bösen Blick.

Je größer die Not, umso eher waren (und sind wohl auch heute noch) die Menschen bereit, sich magischer Mittel zu bedienen.

Wahrsager gehörten damals zu den am meisten gefragten Dienstleistern. Es war halt lebensnotwendig zu wissen, ob es im kommenden Jahr eine Missernte oder gar einen Krieg geben würde; ob die Frau, die man zu ehelichen gedachte, auch fruchtbar war; ob es sich – wenn man Kaufmann war – lohnte, den beschwerlichen Weg über die Alpen anzutreten.

Zuweilen allerdings musste man sich gar nicht selbst bemühen, in die Zukunft zu schauen. Da wurde sie – wie Chronisten von damals behaupteten – förmlich auf dem Präsentierteller dargeboten: durch teils wundersame, teils schreckliche Naturerscheinungen. Dass sie in der geschilderten Form tatsächlich stattgefunden haben, ist jedoch eher unwahrscheinlich. Das gilt auch für den sogenannten Stern von Bethlehem, dessen Geheimnis von den Astronomen bis heute nicht restlos gelüftet ist. Wenn wir an den wenig spektakulären Auftritt des berühmten Halley'schen Kometen denken, der mit bloßem Auge kaum erkennbar gewesen ist, lässt sich schwer vorstellen, welche Himmelserscheinung die Menschen damals in Entzückung oder Panik versetzt haben könnte.

Das Volk wollte jedoch an Wunder und Zeichen glauben. Nicht ohne Grund. Gott selbst war zu weit weg, ängstlich bewacht und abgeschirmt von seinen Priestern, die sich während der Messe nicht den Gläubigen zuwandten, sondern ihnen den Rücken kehrten. Und die sie lehrten, nicht mehr mit erhobenen Armen den Herrn anzurufen, wie es lange Zeit üblich gewesen war, sondern sich wie Sklaven hinzuknien und die Hände zu falten, als seien sie gefesselt. Schließlich wurden in die Kirchen Lettner gebaut, damit das gemeine Volk dem Allerheiligsten nicht zu nahe kam.

An wen aber sollte man sich wenden, wenn Gott selbst anscheinend unzugänglich geworden war?

Die Ritterschaft war davon überzeugt, dass entweder streitbare Märtyrer an ihrer Seite fochten oder – wenn man sehr viel Glück hatte – der heilige Michael persönlich. Manchmal taten es weniger bekannte Heilige: In der Schlacht vor Antiochia (1098) zum Beispiel, als die belagerten Kreuzritter gegen ein übermächtiges Heer der

Seldschuken kämpften, verhalfen ihnen drei ganz in Weiß gekleidete Ritter zum Sieg. Niemand wusste zunächst, um wen es sich da handelte, aber dann schrie einer, das seien ja die Heiligen Georg, Merkurius und Demetrius, und das reichte.

Kaum jemand wusste wahrscheinlich, um welche Heiligen es sich da handelte, und möglicherweise war das auch nur ein psychologischer Trick, den sich der schlaue Normannenherzog Bohemund in den Reihen der Kreuzfahrer ausgedacht hatte – egal: Die verzagten Ritter hatten inbrünstig auf ein Wunder gehofft, und es war eingetreten.

Wie auch immer.

Bauern und Bürger waren anspruchsloser als die Kreuzritter. Ihnen genügte zuweilen die Hilfe eines Verstorbenen, der nur in einer ganz bestimmten Region bekannt war und in den Augen der dort lebenden Menschen heiligmäßig gelebt hatte. Es war nicht notwendig, dass er auch von Rom anerkannt wurde. Da war man sehr viel großzügiger als heute, und die Kirche drückte häufig beide Augen zu. Nicht nur bei Karl dem Großen, der bekanntlich von einem Gegenpapst (und somit höchst unrechtmäßig) heiliggesprochen worden ist.

Auch das Beten zum Lokalheiligen wurde lange toleriert. Verständige Bischöfe begriffen, dass es für die Gläubigen schwer war, jenen unheimlichen, fernen Gott mit ihren Anliegen zu belästigen. Gott wurde gefürchtet; der Heilige, dessen Bild zu Hause an der Wand hing oder dessen Reliquien im nahen Wallfahrtsort besucht werden konnten, wurde dagegen liebevoll und zuweilen grenzenlos verehrt.

Dass es später zu exzessiven Auswüchsen wie beispielsweise zum Ablasshandel kommen würde, war zunächst nicht abzusehen.

Was dabei häufig übersehen wird: Reliquienverehrung gibt es auch im Islam: Barthaare des Propheten werden an vielen Orten verehrt, und in einem Bericht aus dem 16. Jahrhundert heißt es, dass während einer Pilgerfahrt die Originalausstattung des Propheten mitgeführt wurde, unter anderem sein Gewand, seine aus einem

Ast gefertigte Zahnbürste und seine hölzernen Pantoffeln sowie ein Krug für die rituellen Waschungen.

Nun gab es im Mittelalter durchaus Männer, die sich – zumindest der Legende nach – angeblich nicht auf die Hilfe von Heiligen verlassen, sondern selbst etwas bewirken wollten. Ausgerechnet um Albertus Magnus, einen der bedeutendsten Philosophen und Theologen des Mittelalters, ranken sich unzählige Legenden, denen zufolge der Dominikaner nicht durch frommes Gebet, sondern ganz im Gegenteil durch die Hilfe des von ihm gezähmten Teufels die tollsten Dinge vollbracht hat. Einmal soll er sogar von seinem merkwürdigen Diener durch die Luft nach Rom gebracht worden sein, wo er den Papst vor einer schweren Sünde bewahrt habe.

Ein anderer Papst habe ihm die Erlaubnis erteilt, mit dem Satan zu verkehren, weil Albertus den Heiligen Vater einmal durch seine Künste aus den Händen eines feindlichen Heeres gerettet habe. Bei einem Gastmahl mit dem König hat der Dominikaner, einer anderen Legende zufolge, aus einem Weinkrug bläuliche Flammen lodern lassen, und als er dann den Inhalt des Kruges zur Decke hochgeschleudert habe, hätten sich die herabfallenden Tropfen in bunte Vögel verwandelt.

Albertus Magnus war keineswegs der einzige Kleriker, der sich angeblich auf Zauberei verstand. An vielen Fürstenhöfen tummelten sich gebildete Männer, die entweder der Schwarzen Kunst wegen berüchtigt waren oder der harmloseren weißen Magie huldigten. Aber irgendwann musste sich die Kirche schließlich doch zu einer offiziellen Haltung durchringen, was denn nun heidnisch war oder christlich, was verboten war oder erlaubt.

Was sollte sie zum Beispiel von dieser Zeremonie halten, die aus dem 12. Jahrhundert überliefert ist, als Bauern sich gemeinsam mit einem Leutpriester daranmachten, einen unfruchtbaren Acker »gesundzubeten«:

Am frühen Morgen gingen die Leute zu dem besagten Feld hinaus und gruben an jeder Seite des Ackers einen Erdklumpen aus, der mit einem Gemisch aus Weihwasser, Honig, Milch, Öl und gewissen Pflanzen getränkt wurde. Dann wurde die so behandelte Erde mit den Worten besprochen, die Gott laut Genesis 1,28 zu Adam und Eva gesagt hat: »Seid fruchtbar und mehret euch und füllet die Erde!« Sodann wurde die Erde in die Kirche getragen, wo der Priester vier Messen lesen musste, um die Klumpen danach in der Abenddämmerung auf den Acker zurückzubringen.

Ob es geholfen hat, ist nicht überliefert.

Leichter als die Kirche taten sich die weltlichen Herrscher mit dem Problem, wie mit Magiern und Zauberern zu verfahren sei. Zunächst einmal: Wer – wie beispielsweise die Sachsen – noch immer an die alten Götter glaubte, musste schon aus politischen Gründen sterben. Wer anderen auf geheimnisvolle Weise Schaden an Eigentum, Leib oder Leben zufügte, tat dies offensichtlich mithilfe böser Geister und wurde zum Tode verurteilt. Dasselbe Schicksal widerfuhr demjenigen, der nachweislich Kontakt zum Teufel pflegte. Es sei denn, er hatte gute Beziehungen oder hieß Albertus Magnus.

Die Kirche sah sich vor schwierigen Entscheidungen. Wenn jemand aus dem Fallen von Würfeln oder Knochen die Zukunft voraussagte – war das Teufelswerk? Was war, wenn er dabei das Kreuzzeichen schlug? War das dann Blasphemie, oder konnte das bedeuten, dass er Gott zu Hilfe rief? Die Hostie wurde nach der Wandlung als wahrer Leib des Herrn verehrt. Konnte es Teufelswerk sein, wenn man sie heimlich wieder aus dem Mund nahm und daheim dem kranken Kind auf die Brust legte? War ein Amulett mit seltsamen Zeichen praktiziertes Heidentum, und wurde es zu einem religiösen Symbol, wenn man ein Kreuz hineinschnitzte? Tanz und Musik, Erde und Blut – was war heidnisch, was christlich?

Die Missionare scheuten sich keineswegs, ganz offiziell »Anleihen« bei den alten Kulten zu machen. In den (heidnischen) *Merseburger Zaubersprüchen*, die in jedem Fall vor 750 entstanden sind, lesen wir:

»Phol und Wodan ritten in den Wald.
Da verrenkte sich Balders Fohlen einen Fuß.

Da besprachen ihn Sindgund und Sunna, ihre Schwester;
da besprachen ihn Frija und Volla, ihre Schwester;
da besprach ihn Wodan, so gut, wie er es konnte:
wie die Verrenkung des Knochens, so die des Blutes,
so die des ganzen Gliedes.
Knochen an Knochen, Blut zu Blut, Glied an Glied,
als ob sie zusammengeleimt wären!«

Noch rund zwei Jahrhunderte später heißt es im (christlichen) *Trierer Pferdesegen*, den ein Missionar oder ein Leutpriester sprach:

»Christus und der heilige Stephan kamen in die Stadt Salonia.
Dort wurde das Pferd des heiligen Stephan befallen.
So wie Christus das Pferd des heiligen Stephan
von dieser Krankheit befreit hat, so möge ich
mit Christi Hilfe dieses Pferd hier wiederherstellen.
Vater unser, oh Christus, befreie durch diese Gnade
dieses Pferd von seiner Krankheit oder Lahmheit,
wie du das Pferd des heiligen Stephan zu Salonia geheilt hast.
Amen.«

Was früher Wotan und seine Freunde vollbrachten, geschah nun durch Christus und die Seinen. Was blieb erlaubt, was wurde verboten? Letztendlich lief es darauf hinaus, dass ein Bauer seine Kühe nicht mit »alten«, sprich heidnischen Sprüchen schützen lassen durfte. Segnete dagegen der Priester Wild und Wiesen, war es gestattet. Die Grauzone war groß, denn was hieß schon *Glaube* und *Aberglaube*?

Bis ins hoch aufgeklärte 21. Jahrhundert hinein vertrauen Menschen noch immer Horoskopen, die von Gott weiß wem nach Gott weiß welchen Regeln aufgestellt und in irgendeiner Boulevardzeitung veröffentlicht werden. Wir scheuen die schwarze Katze, der wir am liebsten überhaupt nicht begegnen wollen, vor allem nicht, wenn sie uns von links über den Weg läuft, schon gar nicht am Dreizehnten eines Monats, und wenn dann doch, bitte auf gar keinen Fall, wenn der auf einen Freitag fällt.

Seit Urzeiten leben die Menschen mehr oder weniger in Angst. Bewusst oder unbewusst. In vorgeschichtlicher Zeit war ihr Leben besonders kurz und der Tod stets nah. Niemand wusste, ob er den nächsten Tag noch erleben würde, ob die Nahrung reichen und der ausgesandte Kundschafter die nächste Quelle rechtzeitig finden würde.

Die Lebensumstände besserten sich zwar im Lauf der Jahrhunderte, aber die Angst war stets gegenwärtig. Zu vieles blieb nach wie vor fremd und beunruhigend. Wetterkatastrophen waren nicht vorherzusehen, Missernten und Seuchen anscheinend unabwendbar. Gott dafür verantwortlich zu machen – das traute man sich nicht. Aber irgendwer musste doch für die fürchterlichen Schicksalsschläge verantwortlich sein, die heute diesen, morgen jenen trafen.

Aber wer?

Das ist eine alberne Meinung,
dass sich weiber und manner
in den wolcken verstecken können und hageln,
umb alles zu verderben.

Liselotte von der Pfalz (1652–1722),
Herzogin von Orléans und Schwägerin Ludwigs XIV.

3 GLAUBE UND ABERGLAUBE

Es war nicht mehr viel, was die Männer in dem flüchtig ausgehobenen Grab am Ufer der Isar fanden. Sie brauchten auch nicht mehr sehr tief zu graben, um die verkohlten Gebeine der drei Frauen zu finden, die am Tag zuvor hier von einem Verwandten bestattet worden waren. Schultern, Becken, Fragmente der Schenkel und die Schädel. Das war alles. Stumm wühlten die Männer mit ihren hölzernen Spaten in der Erde. Aber mehr fanden sie nicht. Das Feuer musste lange gebrannt haben.

Es war Mitte Juni, und die Sonne stand hoch am Himmel. Die beiden Mönche, die sich im Gras niederließen und sich mit den Ärmeln den Schweiß von der Stirn wischten, sahen den Leutpriester, der im nahen Kloster vorgesprochen und sie um Hilfe gebeten hatte, erwartungsvoll an:

»Wie konnte das nur passieren?«

Der Priester zuckte mit den Achseln. »Ich weiß es nicht. Ich war nicht in Vötting und bin zu spät gekommen. Irgendwie habe ich es kommen sehen. Aber wie hätte ich es verhindern können? Allein gegen das ganze Dorf!«

»Erzähl!«

Die drei Frauen, Großmutter, Mutter und Tochter, die hochschwanger war, lebten am Rande des kleinen Ortes und standen in denkbar schlechtem Ruf. Warum – das wusste so richtig niemand, aber einig waren sich die Leute darüber, dass die ganze Sippe seit ewigen Zeiten abgrundtief böse war. Die Tochter war schon unehelich gezeugt worden, und wer der Vater ihres noch ungeborenen Kindes war, wusste man auch nicht. Es konnte einer der verheirateten Männer aus dem Dorf sein. Ein Verdacht, der allein schon gereicht hätte, um alle Frauen gegen sie aufzubringen. Vielleicht hatte das kleine Luder ja auch mit allen Männern in der Gegend geschlafen – und die beiden älteren Frauen womöglich auch!

Außerdem: Sah nicht jeder, dass in ihrem Garten das Gemüse prächtig wuchs, obwohl es schon seit Wochen nicht mehr geregnet hatte? Überall verdorrte das Grün – nur bei diesen drei Weibern nicht. Und das schwere Gewitter, bei dem letzten November der Blitz in drei Häuser geschlagen war, hatte ausgerechnet den Ortsrand verschont, wo die drei Weiber hausten.

Zufall?

Wohl kaum. Und dann die Alte! Vor ein paar Tagen erst war sie zu einem der Höfe gekommen, um sich einen Krug Milch zu erbetteln, aber der Bauer, der auch nicht mehr der Jüngste war, jagte sie davon. »Das wirst du noch bereuen«, hat sie im Davongehen gerufen. Am nächsten Tag brach sich sein einziges Pferd das Bein. Der Bauer hat sich dermaßen aufgeregt, dass er ganz rot anlief.

Und dann fiel er tot um.

Seine Frau ist hysterisch durch die Gassen gerannt und hat immer wieder geschrien, die drei Hexen hätten erst das Pferd und dann ihren Mann getötet und nun müsse man auch sie umbringen. Die Männer aus dem Dorf liefen zum Haus der Frauen, holten sie heraus, fesselten die drei an Bäume und rissen ihnen die Kleider vom Leib. Einer, der seine Peitsche mitgebracht hatte, hieb sie den Unglückseligen über Rücken und Hüften, während die zuschauenden Frauen und Kinder »Hexen, Hexen« skandierten.

Irgendwann, die Körper der drei Frauen waren über und über mit blutenden Striemen übersät, hielt der Mann mit der Peitsche inne und fragte seine Opfer, ob sie gestehen würden, das Gewitter herbeigezaubert und das Pferd und den Bauern umgebracht zu haben. Schluchzend schüttelten die Frauen den Kopf und beteuerten, unschuldige fromme Christenmenschen zu sein.

3 GLAUBE UND ABERGLAUBE

»Ins Wasser mit ihnen!«, schrie ein Mann, und alle stimmten ein: »Ins Wasser mit den Hexen, ins Wasser mit ihnen!«

Da wurden die Frauen losgemacht und zum Isarufer geschleppt. Dort band man ihnen die rechten Hände an die linken Füße und ließ sie eine nach der anderen ins Wasser hinab. Würden sie an der Wasseroberfläche bleiben, wäre das der Beweis, dass der Teufel ihnen half. Aber das schien nicht der Fall zu sein, denn alle drei versanken sofort und wurden schließlich halb ertrunken aus dem Fluss gezogen.

Sehr zur Enttäuschung der Dorfbewohner, die sie mürrisch von ihren Fesseln befreiten und nach Hause entließen.

Ein paar von ihnen waren mit diesem Lauf der Dinge allerdings überhaupt nicht einverstanden, liefen ins benachbarte Freising und erzählten dort, was geschehen war; nicht ohne hinzuzufügen, dass Vöttinger Hexen nicht nur in ihrem eigenen Dorf zu zaubern verstünden. Natürlich könnten sie ebenso ein Gewitter über Freising auslösen, und dann würden auch dort die Häuser brennen oder die Pferde sich die Beine brechen. Oder würde noch Schlimmeres geschehen.

Das befürchteten nun auch die Freisinger, und sie wollten keineswegs so nachlässig sein wie die Vöttinger und derart gefährliche Weiber am Leben lassen. So wenigstens dachten ein gewisser Konrad und sein Nachbar Rudolf, die sich auf den Weg machten, die drei Frauen erneut festnahmen und mit nach Freising schleppten. Aber auch während einer erneuten Auspeitschung legten sie nicht das geforderte Geständnis ab.

In blindem Hass banden die Freisinger die drei vermeintlichen Hexen deshalb an einen Pfahl, schichteten rings um sie herum Stroh und trockenes Gehölz auf und verbrannten sie bei lebendigem Leib. Am Abend kam ein Verwandter der Opfer, um das wenige, was von den armen Wesen übrig geblieben war, notdürftig zu bestatten.

»Dann kam er zu mir, und ich ging zu euch, um zu fragen, was mit den sterblichen Hüllen der drei geschehen soll. Sie konnten doch nicht in ungeweihter Erde verscharrt bleiben«, schloss der Leutpriester seinen Bericht.

»Du hast recht gehandelt«, sagte einer der beiden Benediktiner. »Wir werden sie ins Kloster Weihenstephan bringen und dort im Vorhof begraben. Sie waren unschuldig, und man hat sie ermordet. Sie verdienen es, wie Märtyrer geehrt zu werden.«

* * *

Wie das? Als Hexen verbrannt und dennoch wie Märtyrer geehrt? Was sagte denn die Kirche zu Denkweise und Handeln der beiden Mönche? Und was die Inquisition?

Die gab es noch nicht. Denn diese Geschichte hat sich am 18. Juni 1090 zugetragen, während die Inquisition erst im 13. Jahrhundert eingesetzt wurde, doch davon später und an anderer Stelle. Immerhin beweist die Geschichte, dass die Menschen damals felsenfest daran glaubten, dass es Zauberer und Zauberinnen gab, böse und gute.

Ausgerechnet aus Freising ist uns eine andere Geschichte überliefert, die etwa um 720 spielt: Der heilige Korbinian, erster Bischof von Freising, ritt eines Tages heim, als ihm unterwegs eine alte Vettel begegnete, die er schon lange im Verdacht hatte, eine Hexe zu sein. Sie wurde von etlichen Männern begleitet, die große Fleischstücke schleppten, und einer führte sogar ein teures Pferd am Zügel.

Der Bischof fragte die Frau, wer ihr das alles geschenkt habe, und vor allem, warum. Die Frau erzählte ihm leichtfertigerweise, dass der kleine Sohn von Herzog Grimoald von den todbringenden Blicken schrecklicher Dämonen in fiebrige Erregung versetzt worden sei, und sie habe ihn mit ihren Zaubersprüchen geheilt, woraufhin sie von der Mutter des Knaben reich beschenkt wurde. So viel überwunden geglaubter heidnischer Hokuspokus ergrimmte den Heiligen so sehr, dass er sich vergaß, vom Pferd sprang und auf die Alte einschlug. Dann nahm er ihr alle Geschenke ab und verteilte sie unter die Armen.

So ganz verständlich ist der Zorn unseres Bischofs eigentlich nicht, denn immerhin war im bayerischen Volksrecht, das ebenfalls

3 GLAUBE UND ABERGLAUBE

aus dem 8. Jahrhundert stammt, festgeschrieben, dass zwölf Schillinge zu zahlen habe, wer dem Nachbarn durch Zauberei die Ernte schädigt, und an anderer Stelle heißt es, dass gar vierzig Schillinge zu zahlen habe, wer Pferde oder Vieh durch Hexerei »außer Landes führt« (wie immer das geschehen mochte).

Das Behexen und Verzaubern schien also nicht sonderlich ungewöhnlich und galt keinesfalls als Unfug. Weder bei der Kirche noch beim Gesetzgeber. Aber das ist eine lange Geschichte, die zwar nicht bei Adam und Eva beginnt, aber immerhin schon in der Antike.

Beispielsweise im alten Ägypten. Wir wissen von einem Beamten bei Hofe, dessen Frau ihn mit einem Soldaten betrogen hatte. Daraufhin fertigte besagter Beamte aus Wachs ein kleines Abbild eines Krokodils, das er just in jenem Augenblick in den Nil warf, da der Nebenbuhler in den Strom gestiegen war, um ein Bad zu nehmen. Flugs verwandelte sich der Sage nach das wächserne Abbild in ein richtiges Krokodil, das den Übeltäter prompt verschlang.

Die alten Griechen glaubten nicht nur an die uns bekannten göttlichen Bewohner des Olymp, sondern daneben auch an die sogenannten Strigen, an die finstere Hekate und deren Dienerinnen, die berühmten Hexen von Thessalien, lüsterne Weiber, die sich in Tiere verwandeln konnten, Menschenfleisch verzehrten und in allen möglichen Zauberkünsten zu Hause waren.

Bei den Römern wurden die Bacchanalien gefeiert, ursprünglich ein Fest des Gottes Bacchus, bei dem reichlich Wein floss. Im Lauf der Zeit jedoch wurden daraus geheime Veranstaltungen. Dort spielten sich angeblich Szenen ab, wie man sie später beim Hexensabbat unterstellte. Orgien haben schon immer die Fantasie der Menschen beflügelt. Die frühen Christen haben solche nach Auffassung der römischen Kaiser veranstaltet, und im 13. Jahrhundert waren es ebendiese Christen, die Ketzer in Südfrankreich derselben Ausschweifungen beschuldigten.

Womit wir bei der Kirche wären. Für alle Gläubigen stand zunächst einmal fest, dass es unheimliche Götter gab, und sie waren – sei es nun als Gott oder Geist – entweder gut oder aber abgrundtief schlecht. Dieser Glaube an bösen Zauber ist historisch verbürgt. Zum Beispiel bei den Merowingern, die vom 5. bis ins 8. Jahrhundert im Land der Franken regierten.

Eine ihrer berüchtigten Königinnen, Fredegunde, beschuldigte gegen 582 den Präfekten Mummolus, einen ihrer Söhne durch Zauberei getötet zu haben, und als sie später zwei weitere Söhne während einer Seuche verlor, erklärte sie, ihr eigener Stiefsohn hätte die beiden von der Mutter seiner Mätresse totzaubern lassen. Das arme Weib wurde verbrannt und noch etliche andere auch.

Wesentlich gemäßigter zeigten sich da die Westgoten, die zwar auch an Schadenszauber glaubten, aber es dabei beließen, die vermeintlichen Täter lediglich ehrlos zu machen, indem sie ihnen die Haare abschnitten. Manchmal wurden sie auch ordentlich durchgeprügelt. Es sollte aber noch bis zu den Karolingern dauern, bis sich die Kirche endlich zu energischem Widerstand durchrang.

In der *Capitulatio de partibus Saxoniae*, die vermutlich auf dem Paderborner Reichstag 780 erlassen wurde, lesen wir: »Wenn jemand – nach Art der Heiden –, getäuscht durch den Teufel, glauben würde, dass irgendein Mann oder eine Frau eine *striga* sei und Menschen verzehre, und sie deswegen verbrenne oder deren Fleisch zum Essen gibt oder sie selber isst, wird er mit der Todesstrafe belegt. Wenn einer einen Menschen einem Teufel geopfert und nach Art der Heiden den Dämonen angeboten hat, der möge des Todes sterben!«

Vom Papst hört man in dieser Zeit zum Thema Hexen nichts, denn dazu reicht seine Autorität noch nicht aus. Es ist Sache der Priester vor Ort, damit fertig zu werden, aber immerhin wird der Klerus nun von höchster Stelle aus unterstützt. Der fränkische Hausmeier Karlmann, ältester Sohn Karl Martells, berief ein Nationalkonzil ein, das unter anderem die Anweisung erließ: »Jeder Bischof soll in seiner Diözese mithilfe der Grafen darauf bedacht sein, dass die Gläubigen keine heidnischen Totenopfer darbringen, Losdeuterei oder Wahrsagerei betreiben, Amulette tragen, Auguren beschäftigen, heidnische Opferfeste begehen ... oder die kirchenschänderischen Feuer entzünden.«

3 GLAUBE UND ABERGLAUBE

Bischof Agobard von Lyon schreibt Mitte des 9. Jahrhunderts, die Menschen würden zwar den Geistlichen niemals freiwillig den Zehnten entrichten und auch weder Witwen noch Waisen, noch andere Bedürftige mit Almosen bedenken. Aber sie würden regelrechte Bündnisse mit den bösen Dämonen schließen, und ganze Gemeinden würden einen jährlichen Tribut leisten, damit ihre Felder von Hagelschlag und anderem Missgeschick verschont blieben. Sie würden nämlich glauben, dass die Zauberer mit Luftschiffen (!) durch die Gegend führen, um die für sie ausgelegten Geschenke einzusammeln.

Vor rund zehn Jahren habe er vier Männer und eine Frau nur unter größten Mühen vor einer rasenden Menge retten können, die da glaubte, diese Unseligen seien aus einem solchen Luftschiff heraus auf die Erde gefallen.

»So weit«, schreibt der Bischof, »ist inzwischen die Dummheit der Menschen gediehen, dass man jetzt unter Christen an Albernheiten glaubt, die sich in früheren Zeiten nicht einmal ein Heide hat aufbinden lassen.«

Aus dem berühmten *Canon episcopi*, den Regino von Prüm Anfang des 9. Jahrhunderts für den Trierer Erzbischof verfasst hat, soll ausnahmsweise ausführlicher zitiert werden, weil er die offizielle Lehrmeinung der Kirche zum Thema Hexen bis ins 12. Jahrhundert hinein wiedergibt:

»Es gibt verbrecherische Weiber, welche – durch die Vorspiegelung und Einflüsterung des Satans verführt – glauben und bekennen, dass sie zur Nachtzeit mit der heidnischen Göttin Diana oder der Herodias und einer unzählbaren Menge von Frauen auf gewissen Tieren über vieler Herren Länder heimlich und in aller Stille hinwegreiten, der Diana als ihrer Herrin gehorchen und sich in bestimmten Nächten zu ihrem Dienst aufbieten lassen.

Leider nun haben diese Weiber ihre Unheil bringende Verkehrtheit nicht für sich behalten. Vielmehr haben viele Menschen, getäuscht durch die falsche Meinung, dass die Dinge wahr seien, sich vom rechten Glauben abgewendet und der heidnischen Irrlehre hingegeben, indem sie annehmen, dass es außer Gott noch eine andere überirdische Macht gebe.

Daher sind die Priester verpflichtet, den ihnen anvertrauten Gemeinden von der Kanzel herab nachdrücklich einzuschärfen, dass dies alles falsch und Blendwerk ist, welches nicht vom Geist Gottes, sondern von dem des Bösen herrühre. Der Satan nämlich, der sich in die Gestalt eines Engels verkleiden könne, wenn er sich einer Frau bemächtigt, unterjocht diese, indem er sie zum Abfall von ihrem Glauben bringt.

Er nimmt dann die Gestalt verschiedener Personen an und treibt mit ihnen im Schlaf sein Spiel, indem er ihnen fernab bald heitere, bald traurige Dinge, bald bekannte, bald unbekannte Personen vorführt. All das bildet sich der Sinn des Menschen ein und glaubt, dass dies nicht bloß in der Vorstellung, sondern tatsächlich geschieht.

Wer aber ist nicht schon einmal im Traum so aus sich herausgefahren, dass er vieles zu sehen geglaubt hat, was er im wachen Zustand natürlich niemals gesehen hat! Es ist daher allen Leuten laut zu verkünden, dass derjenige, der dergleichen Dinge glaubt, den wahren Glauben verloren hat. Wer aber den wahren Glauben verloren hat, der gehört nicht länger Gott, sondern dem Teufel!«

War das denn nun die offizielle Stellung der Kirche?

Sagen wir mal so: Es gibt und gab auch früher intelligente und weniger intelligente Mitmenschen. Die Vernunftbegabten teilten auch damals schon die Auffassung des klugen Abtes aus Prüm. Nur mit einiger Mühe dagegen können wir nachvollziehen, dass immerhin 1382 der Graf von Kyburg eine Hexe anwarb und sie auf der Mauer seiner Burg Aufstellung nehmen ließ. Von dort oben sollte sie ein schweres Unwetter herbeizaubern, auf dass sich die Schar der Feinde, die seine Burg belagerten, zerstreute.

Noch weniger Verständnis haben wir für den Bischof Guichard von Troyes, der seine Feindin, die Königin Blanche von Navarra, ermorden wollte, indem er eine nach ihrem Ebenbild gefertigte

Wachspuppe durchstach, was ebenso schiefging wie das Wettermachen des Grafen von Kyburg.

Geradezu unglaublich jedoch ist, was wir von Papst Johannes XXII. wissen, auf den Anfang des 14. Jahrhunderts ein Mordanschlag verübt wurde, und zwar von Hugues Géraud, dem Bischof von Cahors (nördlich von Toulouse im Südwesten Frankreichs), dem Machtmissbrauch und der Verkauf von geistlichen Ämtern – Simonie – vorgeworfen wurden. Der Bischof wollte den Papst, der damals in Avignon residierte, und zwei von dessen engsten Beratern ermorden, weil er sich von den Nachfolgern eine bessere Beurteilung seiner Amtsführung erhoffte. Zu diesem Behuf sollte der Papst, der schon in fortgeschrittenem Alter war, mit langsam wirkendem Gift vom Leben zum Tod befördert werden.

Auf das Gift allein wollte man sich aber nicht verlassen, und so ließ man in Limoges Wachsbilder des Papstes und seiner Berater herstellen, in die in den folgenden Wochen unter diversem Hokuspokus heftig eingestochen wurde. Auch ein einfaches Gift schien natürlich zu simpel, und so wurden Kröten und Eidechsen, Spinnen und Rattenschwänze beschafft, zu Pulver zerstampft, mit Arsen und Galle vom Schwein vermischt und mit Quecksilber, Eisenkraut und Salbei angereichert. Es wäre zu langweilig, den ganzen Unfug zu schildern.

Da sehr viele Personen letztlich eingeweiht waren, blieb es nicht aus, dass die ganze Sache ruchbar wurde. Wichtig daran ist nur zweierlei: Zum einen glaubte ein Bischof allen Ernstes, dass man Mitmenschen durch das Durchstechen von Wachspuppen ermorden konnte, und zum anderen betrachtete auch der Papst die ganze Sache als durchaus ernsthaften und wohl auch vorstellbaren Zauber.

Die Folge: Bischof Hugues Géraud wurde nicht nur zum Tode verurteilt, sondern erlitt denselben auch auf besonders grausame Weise. Man band ihn (lebend) an die Schwänze von zwei Pferden, die ihn durch die Stadt zum Tor hinausschleiften, wo er schließlich verbrannt wurde.

Ob er zu diesem Zeitpunkt noch immer lebte, ist nicht bekannt.

Ein uraltes und im Grunde sogar heidnisches Ritual war das Gottesurteil. Die Menschen glaubten, dass es dem direkten Eingreifen der Gottheit zu verdanken sei, wenn es einem Verdächtigen gelang, im Grunde Unmögliches zu leisten: beispielsweise mit bloßen Händen ein glühendes Eisen anzufassen. Noch heute sagen wir, dass wir für eine bestimmte Sache *die Hand ins Feuer legen* oder dass wir uns trauen, *ein heißes Eisen anzufassen*. Aber nicht nur der Glaube an die Gottheit spielte vor allem bei den alten Völkern mit. Sie waren der Auffassung, dass die Elemente selbst, das Wasser wie auch das Feuer, die Beschmutzung durch ein Verbrechen ablehnten.

In christlicher Zeit verließ man sich dann zusätzlich auf die sogenannten Reinigungseide, bei denen Angeklagte – häufig mit Eideshelfern – ihre Unschuld beschworen. Otto der Große allerdings fand, dass dabei zu viele Meineide geleistet wurden, und setzte es in den Dreißigerjahren des 10. Jahrhunderts durch, dass Schuld und Unschuld eher mittels eines Zweikampfs erwiesen werden könnten. Ein schwächerer Mensch, eine Frau zum Beispiel, konnte sich dabei durch einen Dritten vertreten lassen, und der Zweikampf musste auch nicht mit dem Tod eines Teilnehmers enden.

Als Gottesurteil wurden jedoch auch andere »Wunder« betrachtet, wie etwa das im Grunde unmögliche Phänomen, dass die Wunden eines Erschlagenen nach Tagen erneut zu bluten begännen, sobald sich der Mörder der Leiche nähert. Im *Nibelungenlied* wird das vom toten Siegfried erzählt, als sich der bis zu diesem Zeitpunkt durchaus unverdächtige Hagen von Tronje dem im Dom zu Worms Aufgebahrten nähert und von dessen Witwe Kriemhild daraufhin als Mörder identifiziert wird.

Andere Arten des Gottesurteils bestanden darin, über weiß glühende Pflugscharen zu gehen, einen Gegenstand mit bloßer Hand aus kochendem Wasser zu holen oder mehrere Stunden oder gar Tage mit ausgebreiteten Armen zu verweilen. Von der Wasserprobe, die häufig bei Hexenjagden angewendet wurde, war schon im vorigen Kapitel die Rede. In all diesen Tests, so glaubte man, würde Gott dem Unschuldigen schon beistehen.

3 GLAUBE UND ABERGLAUBE

Aber das ging – wie zu erwarten – nicht immer gut. Nachdem die christlichen Ritter während des Ersten Kreuzzuges durch Verrat Antiochia eingenommen hatten, wurden sie kurz darauf von einem riesigen Ersatzheer der Türken in der Stadt eingeschlossen. Alsbald brach eine Hungersnot aus. Die Lage war verzweifelt. Da erschienen plötzlich im Traum einem gewissen Peter Bartholomäus alle möglichen Heiligen, schließlich sogar die Gottesmutter und Christus höchstpersönlich und verrieten ihm, dass die heilige Lanze, mit der Jesus am Kreuz die Seite geöffnet worden war, vergraben in der Kirche des heiligen Petrus zu Antiochia liege.

Viele Anführer des christlichen Heeres hegten zwar starke Zweifel. Eine Grabung fand trotzdem statt. Zunächst ohne Erfolg. Es dämmerte schon, als besagter Peter plötzlich in die Grube sprang und tatsächlich eine rostige Lanzenspitze entdeckte, die er bis zur einfallenden Dunkelheit allerdings leicht unter seiner Kutte hätte verstecken können. Was auch von etlichen im Nachhinein vermutet wurde.

Aber was soll's: Das wundergläubige Heer deutete das Spektakel als sichtbares Zeichen Gottes, zog aus der Stadt und schlug die weit überlegenen Feinde tatsächlich in die Flucht. Trotz des scheinbaren Wunders zerrissen sich viele Kreuzfahrer offen das Maul über den armen Peter, was diesen so sehr ergrimmte, dass er leichtsinnigerweise anbot, sich freiwillig einem Gottesurteil zu unterwerfen.

Am Karfreitag des Jahres 1099 wurde Peter, nur mit einem Hemd bekleidet, in eine schmale Gasse zwischen zwei lichterloh brennende Holzstöße geschickt. Er erlitt leider fürchterliche Verbrennungen, denen er zwölf Tage später erlag.

Kein Wunder, dass der in jeder Hinsicht überaus skeptische Stauferkaiser Friedrich II. anno 1231 jede Art von Gottesurteil untersagte, weil schließlich nicht einzusehen sei, warum sich glühendes Eisen ohne erkennbare Ursache kalt anfühle. Oder wieso ein ins Wasser getauchter Körper plötzlich untergehen solle, wo doch die in jedem Menschen vorhandene Luft einen Körper mehr oder weniger sicher an der Oberfläche halte. Gottesurteile sollten besser *Gottesver-*

suchungen genannt werden und wurden infolgedessen von Stund an und für alle Zeiten offiziell verboten.

Die Kirche war ausnahmsweise noch schneller: Auf dem Vierten Laterankonzil im Jahr 1215 hatten bereits die dort versammelten tausendzweihundert Bischöfe, Äbte und Prälaten beschlossen, dass es keinem Geistlichen mehr gestattet sei, an einem wie auch immer gearteten Gottesurteil teilzunehmen.

Im Verlauf der Hexenverfolgung ist diese Anordnung dann anscheinend in Vergessenheit geraten.

Nur – von Hexen spricht man zu dieser Zeit so gut wie nicht, und wenn mal eine Frau in Verdacht gerät, geht die Sache meist glimpflich aus. Noch im 15. Jahrhundert wird eine Frau in Landshut wegen angeblicher Zauberkünste öffentlich zur Schau gestellt. Im Wiederholungsfall solle sie aus der Stadt verwiesen werden. Ebendies widerfährt einer Frau aus München, die angeblich einen Kaplan »betört« hat.

Und auch Rom schlug sich schon früh – man höre und staune – auf die Seite unschuldig verfolgter Frauen. Gregor VII., das ist der von Canossa, mahnte im späten 11. Jahrhundert den König der gerade erst christianisierten Schweden, nicht die Missionare für alle möglichen Wetterunbilden verantwortlich zu machen: »Außerdem glaubt nicht, Ihr dürftet Euch gegen Frauen versündigen, die aus dem gleichen Grund mit ebensolcher Unmenschlichkeit nach einem barbarischen Brauch abgeurteilt werden. Lernt vielmehr, durch Buße das göttliche Strafurteil, das Ihr verdient habt, abzuwenden, anstatt den Zorn Gottes noch mehr herbeizurufen, indem Ihr über jene unschuldigen Frauen Verderben bringt!«

Ihr habt gehört, dass der Antichrist kommt,
und jetzt sind viele Antichriste gekommen.

1. Johannes 2,18

4 KAMPF DEN KETZERN

Bleich vor Entsetzen starrten die Menschen in der armseligen Holzkirche auf den Mann, der wie wahnsinnig auf den Splittern des schlichten Holzkreuzes herumtrampelte, das er soeben mit seinen mächtigen Pranken in kleine Teile zerbrochen hatte. Vergebens hatten ein paar beherzte Männer versucht, den Tobenden zu bändigen, aber weder ihnen noch seiner schmächtigen Ehefrau, die ihn weinend zu besänftigen suchte, gelang es, ihn von seinem gotteslästerlichen Tun abzubringen.

Plötzlich jedoch hielt er inne, breitete die Arme aus, und sofort trat Ruhe ein. »Ihr alle kennt mich«, begann der grobschlächtige Mann in den schmutzigen Lumpen. »Ich bin Leutard und wie ihr alle hier in Vertus geboren, wo schon unsere Väter und deren Väter gewohnt haben. Ich schufte wie ihr, um dem kargen Boden wenigstens so viel abzuringen, damit ich meine Familie mehr recht als schlecht ernähren kann. Aber ist einer unter euch, der Schlechtes über mich sagen könnte?«

Das konnte in der Tat niemand aus dem kleinen Dorf in der Nähe von Châlons-sur-Marne, wo jeder jeden kannte. Leutard war ein fleißiger und eher stiller Nachbar – bis eben auf diesen frühen Sommerabend, als er wie von der Tarantel gestochen durch die staubige Dorfstraße lief und den Menschen, die vor ihren mit Schilf gedeckten Hütten saßen, zurief, sie sollten ihm in die Kirche folgen, weil er ihnen Wichtiges zu sagen habe. »Sehr Wichtiges«, rief er immer wieder, »sehr Wichtiges!«

Im Inneren des Kirchleins dann hatte er ein aus Ton gefertigtes Heiligenfigürchen gegen die Holzwand geworfen und anschließend das Kreuz zertrümmert.

»Ich befand mich hinter meiner Hütte«, begann Leutard, »und war dabei, meinen Garten umzugraben, als es über mich kam. Es war, als würde ein Bienenschwarm in meinen Körper fahren. Es summte in meinem Kopf, und meine Glieder schienen von innen zu kribbeln. Ein Sturm tobte in meinen Ohren, und eine Stimme sagte zu mir: ›Höre, Leutard!‹«

Einige der Menschen in der Kirche bekreuzigten sich, andere starrten mit weit aufgerissenen Augen den Mann an, der jetzt drohend mit dem Finger auf sie wies.

»Habt ihr euch nicht alle gefragt, warum im Mai die Blüten an den Obstbäumen erfroren sind? Warum unsere Weinreben voller Schnecken hängen? Warum seit Wochen kein Regen mehr gefallen ist?«

Die Menschen in der Kirche nickten angstvoll. Natürlich – das ganze Dorf hatte ja seit Tagen über nichts anderes mehr gesprochen. Irgendein Fluch musste über dem Land liegen.

»Die Stimme hat es mir gesagt«, rief Leutard jetzt laut. »Es ist passiert, weil ihr Gott gelästert habt!«

»Nein!«, rief eine Frau bestürzt. »Wir sind fromme Christen. So etwas täten wir nie!«

»Und was ist das hier?« Leutard bückte sich, hob ein paar Splitter des zerborstenen Kreuzes auf, um sie gleich wieder verächtlich fallen zu lassen. »Ihr habt euch ein Bild von Gott gemacht, und das ist – die Stimme hat es mir gesagt – Blasphemie, Gotteslästerung!«

»Aber Kreuze hat es doch schon immer gegeben«, wandte ein älterer Bauer besorgt ein.

»Schon immer?«, höhnte Leutard. »Du meinst, seitdem du denken kannst! Aber schon von Anbeginn an hat Gott es verboten. So steht es schon in der Bibel, in den Büchern Mose. Und nun hört die Botschaft: Zerschlagt alle Bilder, alle Figuren und alle Kreuze. Dann wird der Herr den Fluch von euch nehmen.«

Und kaum hatte er das gesagt, da kündigte dumpfes Donnergrollen ein Gewitter und den lang herbeigesehnten Regen an.

* * *

Die Geschichte von der wundersamen Vision des braven Bauern sprach sich wie ein Lauffeuer herum, und bald fand sich kaum noch eine Dorfkirche, wo ein Kreuz die Hysterie überdauert hatte. Natürlich wurde die Sache auch in Châlons bekannt, und der greise Bischof Gebuin lud Leutard in der Erwartung zu sich, dass er nicht allein erscheinen würde.

Das tat er auch nicht. Ganze Heerscharen seiner Anhänger begleiteten ihn in die Stadt in der Hoffnung, dass es gelingen würde, auch den Bischof zu bekehren. Vor einer großen Menschenmenge eröffnete Gebuin das Gespräch mit der Feststellung, es sei doch einigermaßen töricht zu glauben, dass durch das Zerschlagen eines Kreuzes Regen herbeigezaubert werden könne. Es sei ja wohl – und als Bauern sollten sie das doch wissen – völlig normal, dass irgendwann nach langer Dürre mit Niederschlag zu rechnen sei.

Schließlich, fuhr er spöttisch fort, habe es auch schon früher einmal geregnet, als die Kreuze noch nicht zerschlagen waren. Und dann, an den angeblichen Visionär gewandt, fragte er, des Lesens sei er, Leutard, doch wohl nicht mächtig und im Besitz einer Bibel sei er wohl auch nicht. Woher er denn dann wisse, was in der Bibel stehe. Der brave Bauer, dem die große Zahl seiner Anhänger anscheinend zu Kopf gestiegen war, antwortete herablassend, das könne er nicht mehr sagen, vielleicht von einem wandernden Mönch.

Der Bischof erklärte geduldig, Mönche würden nicht umherwandern, sondern sich ausschließlich in ihrem Kloster aufhalten.

»Dann war es eben die Stimme«, sagte Leutard.

Daraufhin erklärte Gebuin allen Anwesenden, was mit der besagten Stelle in der Bibel gemeint sei und wie die Israeliten, die sich unter Gott nichts vorstellen konnten, zwei goldene Stiere geformt und sie als Abbilder Gottes verehrt hatten, was einwandfrei Götzendienst gewesen sei. Wenn aber Christen ein Kreuz aufstellen würden, sei das keinesfalls Gotteslästerung, denn sie beteten ja nicht das geschnitzte Holz an, sondern nach wie vor und ausschließlich den Herrn, an dessen Leiden und Opfertod das Kreuz die Gläubigen lediglich erinnern solle.

Und als er merkte, dass seine Zuhörer ins Wanken gerieten und Leutard mit zunehmender Skepsis ansahen, wagte sich der Bischof noch etwas weiter vor und sagte ironisch, er glaube weder an die Vision noch an den merkwürdigen Bienenschwarm. Er könne sich eher vorstellen, dass Leutard Hummeln im Hirn oder sonst wo habe, was die Zuschauer in schallendes Gelächter ausbrechen ließ.

Der noch kurz zuvor als Prophet verehrte Leutard, nun als lächerlicher Aufschneider enttarnt, lief davon und stürzte sich voller Scham in einen tiefen Brunnen, in dem man sehr viel später seine Leiche entdeckte.

* * *

Das hatte der greise Bischof wahrscheinlich nicht gewollt, aber es ist überhaupt fraglich, ob sich die ganze Sache so abgespielt hat. Der in Burgund beheimatete Mönch Raoul Glaber (oder Rodulf der Kahle), der uns die Geschichte mitgeteilt hat, gilt nicht als sonderlich seriöse Quelle. Man könnte ihn eher als sensationslüsternen Boulevardreporter des 11. Jahrhunderts bezeichnen.

Berichtet er beispielsweise über eine Hungersnot, fehlen nicht Gräuelmeldungen über übelsten Kannibalismus, und wenn ungewöhnliche Himmelserscheinungen zu beobachten sind, färbt sich »die Sonne saphirgrün, und auf ihrem oberen Rand erblickt man die Sichel des Mondes«!

Aber ob sich die Sache mit Leutard wirklich so ereignet hat oder nicht – der Mönch Raoul Glaber kannte ganz sicher die Haltung der Kirche im 11. Jahrhundert gegenüber Schwarmgeistern wie jenem braven Bauern, der vermutlich selbst glaubte, was er da verkündete. Er war ganz einfach dumm; man musste ihn zur Vernunft bringen.

4 KAMPF DEN KETZERN

Und nicht nur ihn, sondern auch das törichte Volk, das ihm nachlief.

Die Geschichte mit Leutard war ja nun relativ einfach ausgegangen, und es gab ähnliche Fälle: Ein gewisser Tanchelm aus Flandern wurde besonders von den Frauen abgöttisch verehrt, und es gab sogar Chronisten, die behaupteten, die verrückten Weiber hätten sein Badewasser getrunken, was schon deshalb einigermaßen unglaubwürdig ist, weil man damals so gut wie nie gebadet hat. Immerhin hat sich besagter Tanchelm öffentlich mit der Jungfrau Maria verlobt.

In Südfrankreich führte der Priester Peter von Bruis – ähnlich unserem Leutard – eine große Gemeinde von Bilderstürmern an. Aber Probleme dieser Art erledigten sich meist auf ziemlich brutale Art von allein: Peter von Bruis wurde 1126 von einer aufgebrachten Volksmenge verbrannt, Tanchelm war bereits 1115 von einem Priester erschlagen worden.

Ernsthaftere Reformbestrebungen gingen vom einflussreichen Benediktinerkloster Cluny aus, andere von den neuen Orden der Zisterzienser und Karthäuser. Um Reformen bemüht war auch der heilige Norbert von Xanten, als er den Prämonstratenserorden gründete, und nicht zuletzt Robert von Arbrissel, der in Frankreich eine weitere Kongregation und das angesehene Hochadelsstift Fontevrault schuf, wo Richard Löwenherz und seine Eltern Eleonore und Heinrich II. begraben liegen. Alle diese neuen Bewegungen hatten etwas Ketzerisches an sich, da sie sich vom Althergebrachten deutlich distanzierten.

Aber die Kirche – sprich Rom – konnte damit leben. Zumal sie andere Prioritäten setzte. Sie strebte ganz einfach nach politischer Macht, und als sie die im 11. Jahrhundert auch gewann, als Päpste während des Investiturstreits und danach sogar Kaiser in Acht und Bann taten, da hatte die Kirche endgültig ihre Unschuld verloren, und daran vermochten auch noch so strenge Orden nichts mehr zu ändern.

Zunächst waren es Einzelpersonen wie beispielsweise Arnold von Brescia, ein Schüler des berühmten Abaelard, der die Kirche reformieren und demokratisieren wollte. Er lehrte zum Schluss in Rom, wo er die Kirchenoberen ermahnte, die Politik den weltlichen Fürsten zu überlassen und sich wieder in Armut und Demut dem Gebet zu widmen. Fazit: Man hängte ihn auf, verbrannte die Leiche und streute die Asche in den Tiber.

Er hatte halt mächtige Feinde. Nicht nur den Papst, sondern auch den durchaus nicht unumstrittenen Bernhard von Clairvaux, den manche einen vorweggenommenen Inquisitor nennen, denn er verfolgte alle ihm Verdächtigen mit gnadenloser Strenge.

Mit der Zeit kommt Unsicherheit auf. Nicht nur beim theologisch völlig ungebildeten Volk, sondern auch beim Adel, ja sogar bei Klerikern. Ist es gottgewollt, dass die Benediktinerklöster immer reicher werden? Dass sich die Mönche anderer Orden dagegen auf nahezu widernatürliche Weise kasteien und sich zum Schlafen in Särgen niederlegen? Kann es richtig sein, dass sich die geistliche Macht über die weltliche stellt? Dass Bischöfe und Erzbischöfe zugleich Landesfürsten sind? Was hätte Jesus dazu gesagt?

Soll das seine Lehre sein? Seine reine Lehre?

Bis dahin hatten die Menschen des Mittelalters alle ihre Hoffnung auf das Mönchtum gerichtet. Selbst konnte man wenig für sein Seelenheil tun. Beim täglichen Kampf ums Dasein – sei es auf dem Acker, sei es auf dem Schlachtfeld – blieb wenig Zeit für Gebet und Besinnung. Dafür waren die Mönche zuständig.

Nur: Das Leben spielte sich nicht mehr allein in dunklen Weilern und auf einsam gelegenen Gehöften ab. Immer mehr Städte entstanden, und auch der Adel hauste nicht länger in trostlosen Wohntürmen auf den Höhen, sondern suchte ebenfalls den Komfort der aufkommenden Zivilisation. Die Reformklöster dagegen waren in der Einöde und bewusst weitab vom geschäftigen Treiben in den aufblühenden Siedlungen und abseits der großen Handelsstraßen gegründet worden. Sie besaßen zwar durchaus theologischen, aber nur wenig gesellschaftlichen und politischen Einfluss.

Ganz im Gegensatz dazu die großen Benediktinerabteien, die inzwischen von vielen Chronisten als Lasterhöhlen, ja als Bordelle

4 KAMPF DEN KETZERN

bezeichnet wurden. Trotz oder vielleicht gerade wegen des höchst unheiligen Lebenswandels der Mönche, die ja größtenteils aus Adelsfamilien kamen, wurden diese Klöster immer mächtiger.

Und immer reicher.

Einzelne Schwarmgeister konnten gegen sie nichts ausrichten. Wer jetzt Reformen anstrebte und das wahre Christentum leben wollte, musste sich mit anderen zusammenfinden und sozusagen ein anderes Christentum gründen, parallel und im Gegensatz zur Amtskirche, die von vielen Gläubigen nicht mehr als Vorbild empfunden wurde. Und einer dieser Männer war ein wohlhabender Kaufmann aus Lyon namens Petrus Waldes, dem 1173 einigermaßen Schockierendes widerfuhr: Ein fahrender Spielmann trug ihm die Legende eines gewissen Alexius auf eine allem Anschein nach höchst eindrucksvolle Weise vor. Und dieses Erlebnis sollte sein Leben radikal verändern – und das seiner Anhänger aufs Höchste gefährden.

Besagter Alexius war angeblich der Sohn eines reichen römischen Senators. Er heiratete zwar auf Wunsch seiner Eltern ein Mädchen aus gutem Hause, verließ es aber später und fristete sein Dasein als Bettler in Edessa, dem heutigen Urfa in der Türkei. Als die Muttergottes den Einwohnern der Stadt siebzehn Jahre später aus dem Mund eines Küsters offenbarte, dass ein Heiliger in ihren Mauern weile, floh Alexius vor der Verehrung seiner Mitbürger und kehrte nach Rom zurück. Vor seinem Elternhaus begegnete er seinem Vater, der ihn jedoch nicht erkannte, sondern dem vermeintlich Fremden Unterkunft gewährte und ihn in seine Dienste nahm.

Alexius lebte fortan in den Reihen der Diener und schlief im Hof unter einer Treppe. Das tat er siebzehn Jahre lang bis zu seinem Tod. Bei der Leiche fand man einen Zettel, den erst der herbeigerufene Papst aus der starren Hand des Toten zu lösen vermochte. Aus der Notiz ging hervor, dass der Tote der Sohn des Hausherrn war, der unerkannt als Armer unter Armen demütig habe leben und sterben wollen.

Das erschien Petrus Waldes als die wahre Nachfolge Christi. Genau so wollte er in Zukunft leben. Und viele andere auch. Seine

Anhänger wurden in Anlehnung an seinen Namen schon bald Waldenser genannt. Die Gläubigen einer anderen Laienorganisation in Südwestfrankreich bezeichnete man hingegen nach der Landschaft Albigeois als Albigenser. In Frankreich nannte man die Anhänger beider Sekten gemeinhin die *Bonshommes*, also die guten Menschen. Sie selbst nannten sich lieber Katharer, was so viel wie »die Reinen« bedeutet und vom griechischen Wort *katharós* (= rein) abgeleitet ist.

Davon wiederum abgeleitet ist das Wort für alle diese in den Augen der Kirche Abtrünnigen, die nun allgemein als Katharer bezeichnet wurden, woraus sich schließlich unser Wort Ketzer entwickelt hat.

Rom betrachtete diese Entwicklung zunächst zwar mit Skepsis, aber selbst Papst Innozenz III. soll Petrus Waldes anlässlich dessen Besuchs in Rom noch brüderlich umarmt haben, weil er die Lauterkeit seiner Absichten erkannt habe. Als sich aber die reine Lehre der Waldenser und Albigenser binnen weniger Jahre von Südfrankreich aus lawinenartig auch in Italien und anderen Ländern ausbreitete, glaubte sich Rom zum Einschreiten gezwungen. Allerdings war die Lage inzwischen besorgniserregend. Lesen wir, was Graf Raymond V. von Toulouse an das Generalkapitel der Zisterzienser schreibt:

»Die Häresie hat derart überhandgenommen, dass Zwietracht unter den Familien herrscht. Die Priester wurden verführt, die Kirchen im Stich zu lassen, die inzwischen bereits zu Ruinen zerfallen. Die Kinder werden nicht mehr getauft, die Beichte ist abgeschafft, und niemand geht mehr zur Kommunion. Man glaubt nicht mehr an die Schöpfungsgeschichte und die Auferstehung des Fleisches. Alle Sakramente sind abgeschafft worden …

Demütig flehe ich um Eure Hilfe. Ich erkenne, dass ich nicht stark genug bin, dem Übel ein Ende zu bereiten, weil sogar die Angesehensten unter meinen Untertanen verführt wurden und mit ihnen ein großer Teil des Volkes. Da das geistliche Schwert unwirksam ist, muss das weltliche zu Hilfe eilen.«

Und ein Chronist klagt: »Die Priester in der Kirche waren so in der Achtung der Leute gesunken, dass sie, wenn sie über die Straße gingen, ihre Tonsur bedeckten, um nicht dem Hohn des Volkes ausgesetzt zu sein. Die Edelleute gaben nicht mehr ihre Söhne, sondern nur ihre Leibeigenen zu Priestern her. Es war so weit gekommen, dass man nicht mehr sagte ›Ich wollte lieber ein Jude werden, als dies oder jenes zu tun‹, sondern ›Ich wollte lieber ein Kaplan werden‹ und so weiter. Selbst Bischöfe hielten es mit den Ketzern, der Zehnt wurde verweigert, und die Seelenmesse brachte nichts mehr ein.«

Schlimmer noch waren die Bezeichnungen, die die Katharer für die katholischen Priester bereithielten: »Hurer und Fresser, Hunde und Schweine, die ihre riesigen Einkünfte mit Ehebruch und Völlerei verprassen und Christi Evangelium hoch zu Ross verkünden.«

Was die Katharer nun wirklich glaubten, war dies: Tatsächlich rein und heilig ist nur der Bereich des Geistigen, dem man sich durch strenge Askese allenfalls annähern kann. Vollendung ist erst nach dem Tod möglich. Die Welt dagegen ist böse und sündig, und was im Alten Testament steht, ist ohnehin Unfug. Vor allem die Schöpfungsgeschichte. Die Schöpfung nämlich ist keineswegs ein Werk Gottes, sondern das des Teufels.

Was folgt daraus?

Katharer hatten streng vegetarisch zu leben und nicht nur auf den Genuss von Fleisch zu verzichten, sondern auch auf Milch und Eier. Sie fasteten wie andere Christen auch, zusätzlich aber an drei Tagen in der Woche. Sexualität war tabu. Ehelicher Verkehr war noch schlimmer als außerehelicher, weil in der Ehe die Sünde gleichsam sanktioniert war. Auf Kinder wurde logischerweise verzichtet, weil sie ja ebenfalls nichts anderes dargestellt hätten als eine weitere menschliche Hülle für den Satan. Katharer durften weder schwören noch töten.

Das Vaterunser durften nur ihre Priester beten, die als *perfecti* bezeichnet wurden, da allein sie würdig schienen, sich direkt an den göttlichen Vater zu wenden. Die Taufe mit Wasser war abzulehnen, weil ja Wasser ebenso schlecht war wie die übrige Materie. Folglich galt ihnen Johannes der Täufer als der Leibhaftige in Person. Die Kommunion wurde schon deshalb abgelehnt, weil Christus ihrer Überzeugung nach niemals Fleisch geworden war und deshalb auch nicht am Kreuz gestorben sein konnte. Wer weiß, wer da angeblich auf Golgatha hingerichtet worden ist!

Gotteslästerung, wohin man schaute.

Da konnte und wollte Rom nicht mehr tatenlos zusehen, zumal sich bei den Katharern vieles im Verborgenen abzuspielen schien, und allein das war schon höchst verdächtig. Christus hatte schließlich (laut Johannes 18,20) von sich selbst gesagt: »Ich habe offen vor aller Welt gesprochen. Ich habe immer in der Synagoge und im Tempel gelehrt, wo alle Juden zusammenkommen. Nichts habe ich im Geheimen gesprochen.«

Was munkeln und treiben diese Ketzer also im Geheimen?

Auf ihren Veranstaltungen, den direkten Vorgängern späterer Hexensabbate, wurden – das wenigstens besagten die umlaufenden Gerüchte – Kinder geschlachtet und entweder verzehrt oder zu Asche verbrannt, aus der man wundertätiges Pulver zubereitete. Außerdem kam es angeblich zu wüsten Orgien, bei denen die Mütter mit ihren Söhnen, die Väter mit ihren Töchtern verkehrten, wo Homosexualität praktiziert und der Teufel verehrt wurde, der hier noch nicht als Ziegenbock, sondern zumeist als Kater erschien, dessen Genitalien die Anwesenden zu küssen hatten.

Von Hexerei war noch keine Rede, aber eines stand ja wohl fest: Die sich die Reinen nannten, hatten der Kirche den Rücken gekehrt, die sich in der Nachfolge Christi fühlte. Der aber hatte gesagt, dass jeder, der nicht für ihn sei, zwangsläufig gegen ihn sein müsse. Wer sich aber von Christus abwandte, dem war alles zuzutrauen. Die Frage war nur, wie man mit Andersdenkenden, ja sogar Abtrünnigen verfahren sollte.

Abweichler hat es in der Kirche immer gegeben. Jenen Arius beispielsweise, Presbyter aus Alexandria, der im 4. Jahrhundert lehrte, Jesus sei keineswegs eines Wesens mit dem Vater gewesen, sondern nur sein Geschöpf. Kaiser Konstantin – selbst noch kein Christ – sah sich 325 n. Chr. genötigt, ein Konzil nach Nizäa einzuberufen, wo 318 Bischöfe die Lehre des Alexandriners feierlich verurteilten.

Der Kaiser hatte sich allerdings nicht um die Einheit der Christen gesorgt, sondern um die seines Reiches. Besagter Arius wurde auch nicht allzu streng bestraft, sondern lediglich mitsamt seinen Anhängern verbannt. Nur seine Thesen durften nicht mehr verbreitet werden. Auf ihren Besitz stand rein theoretisch sogar die Todesstrafe, aber damit nahm man es nicht so genau, und der Lehre des Arius folgten weiterhin viele Völker, die Ostgoten unter anderem und die Langobarden sogar bis ins 7. Jahrhundert hinein.

Weitaus schlimmer erging es dem Bischof Priscillian von Ávila, den das Luxusleben und die Buhlschaften seiner spanischen Kollegen dermaßen anwiderten, dass er für Priester sexuelle Enthaltsamkeit, für alle Christen aber das schlichte Leben mit absolutem Vegetarismus und strenger Askese predigte. Er fand großen Zulauf, obwohl sich eine Synode in Saragossa ablehnend äußerte. Mehr aber auch nicht.

Zunächst fand Priscillian weitere Unterstützung, auch bei Klerikern, aber als sich der römische Statthalter in Britannien, Magnus Maximus, an die Macht putschte und Trier zu seiner Residenz erhob, gelang es den spanischen und gallischen Bischöfen, ihn dazu zu bewegen, jenen Priscillian vor Gericht zu laden. Der heilige Ambrosius und der heilige Martin versuchten, den Usurpator Maximus davon abzuhalten, einen immerhin kirchlichen Streit vor ein kaiserliches Gericht zu zerren.

Vergeblich.

Maximus ließ Priscillian und seine Anhänger auf Verlangen der Bischöfe so lange und so schrecklich foltern, bis sie schließlich auch die unsinnigsten Verfehlungen und Verbrechen gestanden. Die Empörung im christlichen Abendland war ebenso groß wie vergebens. Der Ketzer wurde hingerichtet. Anhänger seiner Lehren fanden sich jedoch vielerorts bis ins 6. Jahrhundert hinein, in Galizien sogar noch ein Jahrhundert länger.

So viel über den Umgang mit Ketzern in den ersten christlichen

Jahrhunderten. Später – siehe unseren Leutard aus Vertus – zeigten sich die kirchlichen Würdenträger großzügiger. Oder auch gescheiter. Bei den Katharern allerdings lagen die Dinge anders. Die Macht der Kirche, so mühsam errungen, geriet ins Wanken. Und nicht nur sie. Auch die des Kaisers!

Friedrich II., wahrlich kein Freund der Päpste und von diesen oft genug selbst als Ketzer bezeichnet, hatte keinerlei theologische Motive, als er jede Art von Ketzerei auf das Strengste verurteilte und für alle Abtrünnigen im Glauben die Höchststrafe verordnete: den Scheiterhaufen. Ketzerei war für ihn gleichbedeutend mit Ungehorsam. Nicht gegen Gott oder gar gegen dessen anmaßende Stellvertreter in Rom. Ketzer stellten die natürliche Ordnung infrage. Ketzer schworen keine Treueide, wollten nicht unter ihm kämpfen, waren unzuverlässige Steuerzahler und somit schlechte Untertanen.

Da hielt er sich lieber an seine ihm blind ergebenen Sarazenen, die für ihn durch dick und dünn gingen und – vor allem – keinen Bannstrahl aus Rom zu fürchten brauchten.

Und ausgerechnet dieser große Skeptiker dachte wie Innozenz III., der 1198 zum Papst gewählt worden war und gut zehn Jahre später zum Kreuzzug gegen die Katharer aufrief. Ebenso wie er hielt später auch Friedrich II. Ketzerei für ein Verbrechen gegen die Majestät. Im Gegensatz zum Papst, der damit natürlich Gott meinte, befand der Kaiser, dass dieses Verbrechen Verrat darstellte und sich gegen ihn persönlich richtete. Da konnte logischerweise nur die Höchststrafe verhängt werden.

Verurteilte Ketzer wurden verbrannt. Taten sie aus Angst vor der Höllenstrafe dann doch noch Buße, kamen sie mit lebenslanger Haft davon, ebenso ihre Helfershelfer. Rückfällige dagegen mussten sterben. Die Nachkommen von Ketzern wurden enterbt und ehrlos. Ausnahme: Kinder, die ihre Eltern selbst angezeigt hatten.

Doch zurück zu den Katharern: Kreuzzüge waren bislang ausschließlich gegen die Sarazenen geführt worden – und nun plötzlich gegen andere Christen!

Der Papst bewegte sich allerdings auf sicherem Boden, denn die

4 KAMPF DEN KETZERN

Verfolgung der Albigenser im Süden Frankreichs hatte eine Vorge-
schichte.

Die Klage des Grafen Raymond V. haben wir bereits gehört. Kurz
darauf hatte das Dritte Laterankonzil verkündet, dass die Katharer
und alle, die sie verteidigen oder aufnehmen sollten, mit dem Kirchenbann belegt würden. Wörtlich hieß es da: »In die Gemeinschaft
der Kirche wird nur wieder aufgenommen, wer jener Unheilsgesell-
schaft und Häresie abgeschworen hat. Alle, die irgendwie an solche
Leute gebunden sind, dürfen sich vom Treu- und Lehnseid sowie von
jeder Art von Gefolgschaft entbunden wissen, solange ihre Herren
in solcher Ungerechtigkeit verharren. Ihnen und allen Gläubigen
erlegen wir zur Vergebung der Sünden auf, sich solcher Bedrohung
energisch entgegenzustellen und das christliche Volk mit Waffen zu
schützen. Ihre Güter werden eingezogen, und den Fürsten steht es
frei, solche Menschen der Sklaverei zu unterwerfen. Wer dagegen
in aufrichtiger Buße stirbt, zweifle nicht daran, Nachlass der Sünden
und die Frucht des ewigen Lohns zu erhalten.«

Roma locuta, causa finita. Rom hat gesprochen, die Angelegenheit
ist erledigt.

Seitdem der deutsche Kaiser Heinrich IV. sich Gregor VII. hatte
unterordnen müssen, erhoben die Päpste den Anspruch, über alle
Herrscher der Welt gesetzt zu sein. In der Bulle *Unam sanctam* wurde
das 1302 unter anderem so definiert: »Wir bestimmen als zur Selig-
keit notwendig, dass jeder Mensch dem Papst unterworfen ist. Seine
Gewalt ist göttlich!«

Weiter liest man dort: »Kein Sterblicher unternehme es, den Papst
einer Schuld anzuklagen. Er kann von niemandem gerichtet werden.«
Und schließlich: »Wer die Dogmen, Befehle, Verbote, Bestimmungen und Beschlüsse des Apostolischen Stuhls verachtet, den trifft
der Bann!«

Das war deutlich, aber als der Papst zum Kreuzzug gegen die
Albigenser aufrief, fanden sich zunächst nur wenige Adlige dazu
bereit, zumal sich auch die mächtigen Grafen von Toulouse inzwischen auf die Seite der Ketzer geschlagen hatten. Der französische

König Philipp II. August wollte es sich ebenfalls nicht mit ihnen verscherzen, weil er die Grafen als Bündnispartner gegen die Engländer brauchte.

Als der Papst schließlich einen gewissen Peter von Castelnau zu Graf Raymond VI. schickte, um ihn ultimativ zur Bekämpfung der Albigenser aufzufordern, ließ der den Legaten beim Verlassen der Abtei St. Gilles töten. Der Graf wurde exkommuniziert, musste sich schließlich unterwerfen und wurde zur Buße vor einer großen Schar von Gaffern nackt durch die Kirche zum Grab des Ermordeten gepeitscht.

Was ihn allerdings nicht daran hinderte, in seinem Dauerstreit mit Rom neue Verbündete zu suchen. Daraufhin begann schließlich doch noch dieser sogenannte Kreuzzug, denn nicht nur der französische König, der den Süden seines Landes wieder fester an die Krone binden wollte, erklärte sich jetzt zur Unterstützung bereit. Vor allem beutegierige Adlige aus Nordfrankreich beteiligten sich an dem widerlichen Abschlachten der Albigenser, die nun gnadenlos gejagt wurden.

Niemand wurde verschont: weder Alte noch Kranke, weder Frauen noch Kinder. Über die Erstürmung der Burg Lavaur schrieb ein Chronist: »Hernach aber sammelten unsere Pilger (!) die unzähligen Ketzer, welche in der Festung versammelt waren, und verbrannten dieselben mit ungeheurer Freude.« Die Stadt Béziers, die die Auslieferung der Albigenser verweigert hatte, wurde erstürmt, und die gottesfürchtigen Eroberer brachten alle darin lebenden Menschen um.

»Tötet sie alle«, soll der geistliche Anführer dieser sich tatsächlich als Pilger bezeichnenden französischen Ritter, der Legat Arnaud Amaury, gesagt haben. Der liebe Gott werde die Seinen schon erkennen! Der Krieg gegen die Katharer dauerte rund zwanzig Jahre. Die wenigen Überlebenden zogen sich schließlich in verschwiegene Täler im Piemont und in Savoyen zurück.

Aber Ketzer wurden nicht nur in Frankreich gejagt. Leopold VI., Herzog von Österreich, schickte Häscher durch sein Herrschafts-

4 · KAMPF DEN KETZERN

gebiet, und angesichts der brennenden Scheiterhaufen spottete der Kleriker Thomasin von Zerclaere bitter: »Die Lombardei wäre ein glückliches Land, hätte sie den Herzog von Österreich zum Herrn. Der nämlich hat ein schönes Rezept gefunden: Damit sich der Teufel nicht die Zähne ausbeißt, wenn er die zu ihm geschickten Ketzer frisst, lässt sie der Herzog vorher kräftig sieden und braten!«

In Deutschland trieb der vom Papst persönlich beauftragte Konrad von Marburg sein Unwesen. Zu spät erfuhr der Heilige Vater über deutsche Bischöfe von den sadistischen Ausschreitungen des Inquisitors. Noch bevor er ihn jedoch wieder abberufen konnte, wurde Konrad von Marburg von Adligen, die sich von ihm bedroht fühlten, auf freiem Feld erschlagen.

Ein ähnliches Schicksal erlitt in Frankreich der bekehrte Katharer und ebenfalls direkt vom Papst ernannte Großinquisitor Robert le Bougre, der angeblich aufgrund seiner Untaten später vom König zu lebenslanger Haft verurteilt worden sein soll. An einem einzigen Tag hatte er bei Châlons-sur-Marne hundertdreiundachtzig Menschen verbrennen lassen, darunter eine Frau, die schließlich gestand, was er ihr nachweislich in den Mund gelegt hatte: dass sie des Nachts vom Teufel nach Mailand entführt worden sei, um während des Sabbats der Katharer bei Tisch zu bedienen. Den Platz im heimischen Ehebett habe derweil ein ihr ähnlich sehender anderer Teufel eingenommen, und der Ehemann habe es nicht bemerkt.

Hier finden wir erstmals die Aussage einer vermeintlichen Ketzerin, die in Inhalt und Zustandekommen schon sehr an spätere Hexenprozesse erinnert. Doch so weit sind wir noch lange nicht.

Denn einen frevelhaften Mund, einen Lügenmund,
haben sie gegen mich aufgetan.
Sie reden zu mir mit verlogener Zunge.
Mit Worten voll Hass umringen sie mich
und bekämpfen mich ohne Grund.

Psalm 109, Vers 2–3

5 JUSTIZMORDE

Mitte Oktober des Jahres 1435 drängte sich eine Menschenmenge um die Donaubrücke in Straubing. Der Henker stieß
eine Frau über das Geländer ins Wasser, wo sie jämmerlich ertrank.
Ihr Name war Agnes Bernauer. Das ist so ungefähr das Einzige, was
wirklich feststeht.

Und dass sie die Geliebte von Albrecht III. war, dem Sohn von
Ernst, dem Herzog von Bayern-München.

Das aber war dem Volk zu wenig. Viel zu wenig. Es wollte eine
richtig schöne Romanze, und deshalb dichtete es die Geschichte
komplett um. Unzählige wohlmeinende Poeten und Schriftsteller
beteiligten sich daran, angefangen vom Meistersinger Hans Sachs
(mit seinem Lied »Die ertrenkt Junkfrau«) über Friedrich Hebbel
und sein Drama *Agnes Bernauer – Ein deutsches Trauerspiel* bis zu Carl Orff
und seinem musikalischen Volksschauspiel, das 1947 uraufgeführt
wurde. Sogar Brigitte Bardot hat 1961 in dem Episodenfilm *Les amours
célèbres* die Agnes Bernauer gespielt.

Unzählige Legenden, Balladen, Romane und Theaterstücke
entstanden, und allen gemeinsam war, dass sie – wie es auf dem
Programm eines der Stücke hieß – »für empfindsame Herzen« ge-
schrieben waren. Da lesen wir weiter, dass der junge Sohn des
Herzogs, heimgekehrt von der Jagd, seine Agnes nicht mehr fand.
Und wörtlich: »Er nahm auf den Gesichtern der Höflinge eine
tiefe Traurigkeit gewahr, und auf die Frage ›Wo ist Agnes?‹ stiegen
Seufzer aus der Brust, quellten Tränen aus den Augen der Umste-

henden, und mit stotternder Zunge erhielt er die Antwort: ›Agnes ist todt!‹«

Zum Heulen schön.

Aber leider falsch. Hören wir dennoch, wie die Sage bis heute erzählt wird: Bayernherzog Ernst hatte zwei Kinder, Beatrix und Albrecht. Während sich das Mädchen so entwickelte, wie man das im 15. Jahrhundert – und nicht nur da – von einer jungen Adligen erwarten durfte, machte Albrecht seinem Vater einigen Kummer. Nicht dass er hinter Weiberröcken her war; das war schließlich jeder junge Mann, aber das fiel unter die Rubrik Vergnügen. Zu den Pflichten gehörte es, standesgemäß zu heiraten, um so den Fortbestand der Dynastie und das Wohlergehen des Landes zu sichern.

Einmal hatte ihn der Vater fast so weit, aber da besann sich die Braut eines Bessren und ehelichte einen anderen Mann. Umso besser, mochte Albrecht gedacht haben, denn inzwischen hatte er anlässlich eines Turniers in Augsburg ein Mädchen kennengelernt: die schöne Tochter eines Baders. Da besagte junge Dame jedoch nicht standesgemäß war, nahm er sie heimlich mit auf sein Schloss, und dort verlebten die beiden eine wunderschöne Zeit – mochte der Vater noch so sehr dagegen zetern.

Doch dabei blieb es nicht. Herzog Ernst schmiedete ein fieses Komplott, ließ Albrecht heimlich zu einer Jagd bei einem Verwandten locken und während seiner Abwesenheit die schöne Agnes in der Donau ertränken. Angeblich wurde sie nur nachlässig gefesselt von der Brücke gestoßen, konnte deshalb einen Fuß befreien und sich – kläglich um Hilfe jammernd – fast bis ans sichere Ufer retten, wäre da nicht der Henker gewesen, der befürchten musste, wegen seiner Unzuverlässigkeit selbst hingerichtet zu werden. Also nahm der brutale Mann eine lange Stange, die er um die schönen langen Haare der Ärmsten wickelte und sie solchermaßen auf den Grund des Flusses drückte, bis sie endlich tot war.

Und das nur, weil sie den Falschen geliebt hatte!

Diese brutale Hinrichtung ist so ungefähr das einzig Wahre an der Geschichte. Nachdem man nicht nur in Bayern Jahrhunderte hindurch die Fantasie hat spielen lassen, haben sich nun endlich etliche Historiker darangemacht, mögliche Unterlagen aufzuspüren, aber was sie gefunden haben, ist mehr als kläglich.

Das liegt nicht an den Historikern. Wenn Quellen fehlen, kann dies drei Gründe haben: Entweder die Ereignisse sind so unbedeutend, dass niemand es für wert befunden hat, darüber zu schreiben. Oder sie sind – beispielsweise durch das Abbrennen des entsprechenden Archivs – irgendwann vernichtet worden, oder aber sie sind gezielt beiseitegeschafft worden.

Dieser Verdacht liegt hier sehr nahe.

Versuchen wir, die Geschichte so zu erzählen, wie sie sich höchstwahrscheinlich zugetragen hat, obwohl einiges auf Spekulation beruht. Dass sich Albrecht in die Tochter eines Baders verliebt hat, ist durchaus möglich. Zu Zeiten, da es auch in den adligen Kreisen noch nichts gab, das man mit Badekultur hätte beschreiben können, war der Besuch in den städtischen Badehäusern normal. Dort traf man sich keineswegs nur zum Säubern des Leibes, sondern auch zur Ergötzung desselben und deshalb nicht nach Männlein und Weiblein getrennt, sondern häufig in gemischter Runde.

Das änderte sich erst – dann aber rapide – mit dem Aufkommen der Syphilis. 1434 ahnte man davon noch nichts. An den neckischen Spielen der Gäste beteiligten sich natürlich nicht nur die Mägde im Badehaus, sondern auch die weiblichen Mitglieder der Familie, sofern ihre Reize solcher Art waren, dass sie die Aufmerksamkeit der Gäste erregten.

Das sollte uns nun nicht sonderlich schockieren. Prostituierte boten damals für unverheiratete Männer im Grunde die einzige Möglichkeit, ihre Sexualität auszuleben. Nicht erlaubt war der Besuch in entsprechenden Häusern verheirateten Männern und Klerikern. Was aber nicht so eng gesehen wurde. Zwanzig Jahre vor Albrechts angeblichem Besuch bei Agnes waren an die tausend Huren zum Konzil nach Konstanz angereist.

Warum also hätte da der Sohn des Herzogs keinen Gefallen an

einer schönen Baderstochter finden und wohl auch mit ihr in den hinteren Gemächern verschwinden können.

Nur – und das ist das Entscheidende: Er hätte sie niemals geheiratet. Wenn seine schöne Geliebte wenigstens das Töchterchen eines kleinen Ritters oder eines Bürgermeisters gewesen wäre. Das wäre immer noch Skandal genug gewesen, aber ein Bader galt von Geburt an als unehrlich. So wie der Henker und der Abdecker, der Müller und der Leineweber. Zwar hatte Kaiser Wenzel 1406 in einem Freibrief verboten, »die ehrlichen Bader zu schmähen und von ihren Diensten verkleinerlich« zu reden, aber das half wenig. Eine wie auch immer geartete Bindung mit dem Mitglied einer solchen Familie hätte auch den Partner unehrlich gemacht.

Und genau das soll der Sohn des Herzogs getan haben?

Das hat auch keiner der Zeitgenossen behauptet. In den wenigen Stellen, wo ihr Name auftaucht, ist nur von der Bernauerin die Rede, der »Bernawerin« oder »Pernawerin«, wie man damals schrieb. Niemand nennt sie Baderstochter oder dergleichen. Von ihrer angeblichen Herkunft wird erst später berichtet.

Tatsache allerdings ist, dass es sie gegeben hat, denn als man sie schließlich umbrachte, berichtet der Münchner Stadtschreiber Hans Rosenbusch, ein »Pote des Herzogs« habe sechzig Pfennig dafür erhalten, dass er die Nachricht von Straubing nach München gebracht habe, dass »man die bernawerin gen Hymel gefertigt hett«.

Das klingt einigermaßen zynisch und lässt darauf schließen, dass sich die Hingerichtete nicht gerade höchster Beliebtheit erfreute. Wenn man nun das wenige zusammenzählt, was die Historiker herausgefunden haben, ergibt sich in etwa folgender Ablauf:

Agnes Bernauer gehörte vermutlich zum Gesinde des herzoglichen Hofes, war wohl sehr attraktiv und verdrehte dem jungen Herzog Albrecht den Kopf. Was weiter nicht schlimm war, denn Derartiges geschah wahrscheinlich alle naselang.

Törichterweise scheint sie sich bei Hofe aber herzlich unbeliebt gemacht zu haben. Auch hier sind die Quellen spärlich.

Immerhin ist eine spätere Äußerung von Albrechts Schwester

Beatrix überliefert, die allerdings eine Intimfeindin von Agnes gewesen ist. Sie soll sich – als Albrecht viel später endlich standesgemäß Anna von Braunschweig heiratete – ziemlich sarkastisch dahingehend geäußert haben, man könne froh sein, »dass wir nit wieder ain Bernawerin gewunnen haben«.

Freunde hatte Agnes also nicht, was auch die folgende Aussage beweist. Enea Silvio Piccolomini, Historiker, Schriftsteller, Lebemann, der sich als Papst später Pius II. nannte, schrieb kurz nach der Affäre über die junge Frau: »Sobald sie bemerkte, dass der Fürst sie liebte, wurde sie überheblich und würdigte weder Vater noch Mutter mehr eines Blickes.«

Schlimmer als derartige Beurteilungen Dritter – und zwar in erster Linie für sie selbst – war, dass es ihr keineswegs genügte, mit Albrecht das Bett zu teilen. Sie gab sich nicht einmal damit zufrieden, mit einem Gutshof oder einem kleinen Schloss abgefunden zu werden, was schließlich eine standesgemäße Alterssicherung bedeutet hätte. Mit »Almosen« dieser Art wollte sie sich erst gar nicht abspeisen lassen. Es scheint vielmehr so, dass sie ihren Albrecht mit allen nur erdenklichen Liebeskünsten dazu gebracht hat, sie heimlich zu heiraten.

Was hätte das bedeutet?

Sollten Albrecht und Agnes damals tatsächlich ein solches *matrimonium clandestinum* geschlossen haben, dann waren sie vor Gott gültig und endgültig verheiratet. Dazu genügte in jener Zeit laut kirchlicher Lehre ausschließlich das beiderseitige Eheversprechen. Es galt zwar als einigermaßen schwere Sünde, heimlich und ohne Einverständnis der Eltern zu heiraten, aber an der Unauflöslichkeit des geschlossenen Ehebundes änderte das nichts.

Und dann kam auch noch ein Töchterchen zur Welt!

Jetzt verstehen wir wahrscheinlich den maßlosen Zorn des Herzogs, der sich natürlich nicht gegen seinen Sohn, sondern gegen die »unwürdige« Schwiegertochter richtete. Zum politischen Verständnis: Bayern bestand damals aus vier selbstständigen Herzogtümern: Niederbayern-Landshut, Straubing-Holland, Oberbayern-München und Oberbayern-Ingolstadt. Die Mitglieder des Wittelsbacher Herrscherhauses waren sich keineswegs grün. Jeder trachtete danach, sich das Herzogtum des anderen anzueignen. Kluge Heiratspolitik war deshalb dringend geboten, und da kam plötzlich dieses Weib daher und machte alles zunichte.

Sie musste fort. Egal, wie.

Herzog Ernst ließ sich etwas einfallen. Er arrangierte eine Einladung, mittels derer Albrecht für einige Tage vom Hof weggelockt wurde, und diese paar Tage reichten aus, um die Bernauerin zu beseitigen. Wie genau, das wird man wohl nie erfahren. Wahrscheinlich hat man sie nicht einfach in die Donau geworfen. Wenigstens ein Schein von Gerechtigkeit musste schließlich gewahrt werden. Herzog Ernst ließ später durch seinen Vertrauten, den herzoglichen Schreiber Friedrich Aichstetter, ein Schriftstück entwerfen, in dem die Motive für die Hinrichtung der Agnes Bernauer festgehalten worden sind.

Vermutlich war das Dokument eine Art Gedächtnisstütze für den Gesandten des Herzogs, der die Sache am Hofe Kaiser Sigismunds vortragen und begründen sollte. Herzog Ernst ließ darin festhalten, dass sein Sohn Albrecht »beladen sey gewesen mit einem poesn weyb«. Sein Sohn sei also mit einem bösen Weib bestraft gewesen, das ihm das Leben zur Hölle gemacht habe.

Hier sollte man schon aufhorchen, denn unter einem bösen Weib verstand man dazumal rasch eine Hexe. Und weiter heißt es, dieses böse Weib habe seinen Albrecht drei oder vier Jahre nicht mehr froh werden lassen, ein weiteres Indiz für Hexerei und Schadenszauber. Und schließlich soll sie sogar mit Gift nach dem Leben des alten Herzogs getrachtet haben, was ja wohl ganz eindeutig ein Majestätsverbrechen war, und so habe er denn keine andere Möglichkeit mehr gesehen und »daz selbig weyb ertrencken lassen«.

Das musste der Kaiser ja wohl einsehen.

Ob er das eingesehen hat, wissen wir nicht. Aus dieser Rechtfertigung aber schließen die meisten Historiker, dass man mit der Bernauerin zwar einen kurzen Prozess gemacht hat, aber immerhin einen Prozess. Eine Chance hatte sie von vornherein nicht. Es sei denn, sie hätte sich von Albrecht getrennt, aber dazu war sie wohl nicht bereit. Dabei hätte sie wissen müssen, was ihr im Falle einer Weigerung drohte.

Anscheinend wurde sie als Hexe angeklagt, und was das bedeutete, werden wir in den nächsten Kapiteln erfahren. Auffallend jedenfalls ist, dass es keine Prozessakten gibt. Der Verdacht liegt nahe, dass man sie hat verschwinden lassen. So wie die Delinquentin selbst. Ob man sie tatsächlich nachlässig gefesselt in die Donau geworfen hat, sodass sie sich fast hätte retten können, wissen wir ebenfalls nicht. Es gibt keine diesbezüglichen Augenzeugenberichte. Zum Tode verurteilte Frauen wurden damals gemeinhin in einen Ledersack eingenäht und auf diese Weise ertränkt.

Merkwürdigerweise wurde die Leiche der Hingerichteten später, als Vater und Sohn sich wieder vertragen haben, in München in einer von Herzog Ernst extra für sie gestifteten Kapelle, der Agnes-Bernauer-Kapelle auf dem Friedhof von St. Peter, bestattet. Ein aufwendiges Grabmal aus rotem Marmor erinnert an die junge Frau, obwohl sie zu ihren Lebzeiten doch angeblich ein »poes weyb« gewesen sein soll.

Ihre Gebeine allerdings sind verschollen.

* * *

Agnes Bernauer mag alles Mögliche gewesen sein: eine zärtliche Geliebte oder ein zänkisches Luder – nur eine Hexe, das war sie sicherlich nicht. Warum also taucht sie dann hier auf?

Aus demselben Grund wie eine andere junge Frau, die fast zur gleichen Zeit gelebt hat und vier Jahre zuvor auf noch grausamere Weise ermordet worden war, weil auch sie angeblich eine Hexe gewesen ist: Jeanne d'Arc, die Jungfrau von Orléans. Während sich das Drama um die schöne Bernauerin in der bayerischen Provinz abspielte, betreten wir nun die große europäische Bühne.

1152 verlässt die nicht minder schöne, aber ungleich edlere

Eleonore von Aquitanien ihren Mann, den französischen König, und heiratet Heinrich Plantagenet, den späteren König von England (den sie übrigens zum Vater des uns wohlvertrauten Richard Löwenherz macht). In diese Ehe bringt die ebenso kluge wie leidenschaftliche Frau, die man auch Königin der Troubadoure nannte, ihre riesigen Ländereien in Westfrankreich mit, und einige Zeit später erheben die englischen Könige Anspruch auf die Krone von ganz Frankreich.

Woraus der sogenannte Hundertjährige Krieg entsteht.

Dank ihrer »Artillerie«, den legendären Langbogen, mit denen man im Abstand weniger Sekunden todbringende Pfeile abfeuern konnte, die auch noch auf zweihundert Meter Entfernung jede Rüstung durchschlugen, besiegten 1346 bei Crézy dreizehntausend Engländer das Vierzigtausend-Mann-Heer der Franzosen, und in der Schlacht von Azincourt an der Somme starben 1415 wenigstens fünftausend französische Ritter, unter ihnen drei Herzöge, fünf Grafen und neunzig Barone. Frankreich, dessen damaliger König Karl VI. geisteskrank war, musste letztendlich Frieden schließen.

Als sich ein junges Bauernmädchen aus Domremy-la-Pucelle an der oberen Maas von himmlischen Stimmen berufen fühlte, Frankreich zu retten, befand sich das ganze Land nördlich der Loire in den Händen seiner Todfeinde und der Burgunder, die sich von Flandern her den Engländern angeschlossen hatten.

Wir kennen alle die Geschichte dieses Mädchens, das man später die Jungfrau von Orléans nannte, weil sie – nachdem sie den französischen Dauphin in Chinon 1429 von ihrem Auftrag überzeugt hatte – genau dorthin ritt, um ihre erste Schlacht gegen die Besatzer zu schlagen. Und zu gewinnen.

Aber die Franzosen dankten es ihr schlecht. Auch der Dauphin, dessen Krönung in Reims zum König Karl VII. sie doch erst ermöglicht hatte, ließ sie im Stich, als sie auf eigene Faust versuchte, das besetzte Paris zurückzuerobern. Vor Compiègne wurde sie von burgundischen Truppen gefangen genommen. Mehrere Fluchtversuche scheiterten. Einmal sprang sie sogar von einem zwanzig Meter hohen Turm. Vergebens. Der missglückte Fluchtversuch wird ihr später sogar als versuchter Selbstmord angekreidet, was als Todsünde betrachtet wurde.

Schließlich wurde sie für zehntausend Franken an die Engländer verkauft, die sie jedoch nicht als Kriegsgefangene behandelten, sondern sie aus höchst durchsichtigen Gründen an die Inquisition auslieferten. Sie musste ja schließlich eine Hexe sein. Wie sonst hätte sie die Engländer schlagen können!

Das allerdings war kein Argument, das ein Inquisitor hätte anerkennen dürfen. Nicht einmal ein so voreingenommener und parteiischer wie Pierre Cauchon, der Bischof von Beauvais. Zunächst lautete die Anklage, sie habe grausame Taten vollbracht, Mord beispielsweise. Das war ja nun lächerlich, denn im Krieg wird immer grausam getötet, und sie selbst hat darüber hinaus stets hartnäckig bestritten, in ihren Schlachten selbst Menschen erschlagen zu haben.

Was war sie denn nun? Eine Kriegsverbrecherin oder eine Ketzerin? In ihrem Kerker wurde sie nicht – wie bei Hexen sonst üblich – von Frauen versorgt, sondern von Kriegsknechten, die prompt versuchten, sie zu vergewaltigen. Vergeblich allerdings, wie eine hochnotpeinliche Untersuchung später zweifelsfrei ergab.

Der Vorwurf des grausamen Tötens wurde bald fallen gelassen. Nun eröffnete man ihr, man strebe ihre Belehrung und die Rückführung auf den Weg der Wahrheit und des Heils an. Das klang schon eher nach einem Ketzerprozess. Der Haken war nur: Reuige Ketzer durfte man nicht hinrichten. Aber so weit war man ja auch noch nicht.

Jetzt versuchte man, sie der Hexerei zu überführen, was aber ebenfalls misslang. Die ursprünglich siebzig Anklagepunkte schrumpften auf zwölf zusammen. Das Schlimmste war wohl in den Augen ihrer Richter, dass sie die kirchlichen Autoritäten nicht anerkannte, sondern sich immer wieder auf ihre »Stimmen« berief.

Man versuchte, ihr Fallen zu stellen. Ob sie sich denn im Stande der göttlichen Gnade befinde, wollte man von ihr wissen. Ein gefährlicher Hinterhalt, denn wenn sie es bejahte, würde man sie der Gotteslästerung zeihen. Würde sie es verneinen, stellte sie sich selbst als gottlos hin. Mit einer für ein Bauernmädchen bemerkenswerten Klugheit umschiffte sie die Klippe: Wenn sie im Stande göttlicher Gnade sei, bete sie zu Gott, dass er sie ihr weiterhin gewähre, wo nicht, bete sie zu ihm, dass er ihr sie von nun an gewähre.

So kam man nicht weiter. Man befragte sie über die Stimmen, die sie angeblich gehört habe, wie der Engel Michael aussehe und ob er sich ihr nackt gezeigt und wie er sich angefühlt habe. Keine Peinlichkeit wurde ausgelassen. Ob sie nicht in ihrer Kindheit um heilige Bäume getanzt habe, und wieso sie Männerkleidung trage und die Haare dermaßen kurz …

Schließlich wurde sie schwer krank. Versuchte man, sie zu vergiften? Sie wurde immer schwächer, und irgendwann, als man ihr einmal mehr mit der Folter gedroht und sie sogar zur Hinrichtungsstätte auf dem Kirchplatz von St. Ouen in Rouen geführt hatte, um ihr die Schrecken des Feuertodes zu schildern, war sie mit ihren Kräften am Ende. Sie gestand, was immer man hören wollte.

Worauf man sie zu lebenslangem Kerker verurteilte.

Als sie merkte, wie man sie betrogen hatte, widerrief sie alles. »*Responsio mortifera*« schrieb daraufhin jemand an das Verhörprotokoll. Tödliche Antwort. Denn geständige Ketzer, die ihr Geständnis später widerriefen, wurden – so wollte es nun einmal das Kirchenrecht – ohne Gnade verbrannt. Allerdings gestattete man ihr, vor ihrer Hinrichtung noch die Beichte abzulegen und den Leib Christi zu empfangen, was allenfalls vom schlechten Gewissen ihrer Richter zeugt. Schließlich war sie exkommuniziert und somit automatisch vom Empfang der Sakramente ausgeschlossen.

Solche Feinheiten kümmerten die Engländer jedoch nicht. Schien nunmehr doch ohne jeden Zweifel bewiesen, dass ihr Heer nur durch die teuflische Kunst einer Hexe besiegt worden war, einer Hexe, deren Dienste sich der französische König bedient hatte!

Hier ist der seltene Fall zu verzeichnen, dass ein kirchliches Gericht vom Staat eingespannt wurde, um eine ebenso gefährliche wie lästige Person auf elegante Weise aus dem Weg zu räumen. Das hatte sich nicht einmal Herzog Ernst von Bayern getraut. Der hatte sich die Hände noch selbst schmutzig gemacht.

Du weißt nicht, dass das Weib eine Chimäre ist; aber wissen musst du,
dass jenes dreigestaltige Ungeheuer geschmückt ist mit dem herrlichen Antlitz des
Löwen, entstellt wird durch den Leib der stinkenden Ziege,
bewaffnet ist mit dem giftigen Schwanze einer Viper. Das will sagen:
Ihr Anblick ist schön, die Berührung garstig, der Umgang tödlich.

Der Hexenhammer

6 DER DEFEKTE MANN

Rebekka Lemp war nicht alt und nicht runzelig, hatte weder Buckel noch Bartstoppeln, lebte auch nicht als Kräuterfrau in einer halb zerfallenen Hütte am Waldrand, war weder als eifersüchtig noch als nachtragend bekannt. Sie war eine Bürgerin der Freien Tausendfünfhundert-Seelen-Reichsstadt Nördlingen, wo Ordnung herrschte, wo jeder jeden kannte – und jeder jeden kontrollierte, wie das auch heute noch vielerorts auf dem Land Brauch ist.

Rebekka Lemp war vierzig Jahre alt, eine blühende Frau und Mutter von sechs Kindern im Alter zwischen sechs und neunzehn Jahren, war verheiratet mit dem Zahlmeister der Stadt, galt als fromm und war ebenso angesehen wie die meisten ihrer Nachbarinnen.

Leider war sie nur eine Frau. Oder ein defekter Mann, wie die Menschen damals allgemein glaubten.

Doch schauen wir zunächst, was 1589 in Nördlingen geschah: Da gab es die Familie des Messerschmieds Martin Hindenach, dem seine Frau in kurzen Abständen drei Kinder geboren hatte. Und da gab es die etwas verwirrte und bettelarme Ursula Haider, ohne Mann, ohne Familie, ohne Einkommen. Sie machte sich hin und wieder im Haus des Messerschmieds nützlich, passte auf die Kleinen auf und wurde dafür durchgefüttert. Mehr auch nicht.

Dann brachen in Nördlingen die Pocken aus.

Bald starb das erste Kind der Hindenachs. Sehr ungewöhnlich war das nicht. Nur wenige Kinder überlebten damals die ersten Jahre. Die Ernährung war wenig kindgerecht und ärztliche Betreuung unbekannt. Aber dann starb auch das zweite Kind des Messerschmieds. Es wurde wie üblich in ein Tuch eingenäht, und Ursula Haider sollte es auf die bereitgestellte Bahre legen, was sie – warum auch immer – anscheinend nur sehr zögerlich tat. Und dann geschah etwas höchst Erstaunliches: Das tote Kind begann am Kopf zu bluten. Blankes Entsetzen bei den anwesenden Nachbarn, denn man glaubte – wir kennen es bereits aus der Nibelungensage – fest daran, dass die Wunden eines Ermordeten wieder aufbrechen, sobald der Mörder sich der Leiche nähert.

Seltsamerweise schienen ausgerechnet die Eltern des Kindes nicht daran zu glauben, denn sie brachten die kleine Leiche so, als sei nichts geschehen, zum Friedhof. Als sie zurückkamen, war auch ihr drittes Kind gestorben.

Eine fürchterliche Tragödie. Oder nicht? Merkwürdigerweise schildern die Gerichtsprotokolle diese schrecklichen Ereignisse recht unterkühlt. Wir erfahren nur, dass Ursula Haider später den Nachbarinnen am Brunnen erzählt, in ihrem Kopf rumpele und tummle es zuweilen, und weil sie in ihrer Naivität spürt, dass sie, die sonst kaum beachtete Außenseiterin, mit solchen Geschichten zumindest vorübergehend die Aufmerksamkeit der anderen Frauen weckt, spinnt sie ihre Fäden weiter.

Da gibt es angeblich einen Burschen, einen Bauernknecht, den sie »Papperlin« nennt. Es ist aber in Wirklichkeit der Teufel höchstpersönlich, der mit ihr schläft, was ihr jedoch keinen Genuss bereitet. Die anderen Frauen nehmen sie nicht ernst, ermuntern sie aber weiterzuerzählen, und irgendwann glaubt sie selbst an den Unfug, den sie da von sich gibt. Eines Tages erzählt sie sogar, dass sie selbst es war, die die Kinder der Familie Hindenach umgebracht hat.

Und das bringt sie letztendlich ins Gefängnis.

Es hat vorübergehend den Anschein, als erkenne sie nun endlich die Gefahr, in die sie ihr törichtes Geschwätz gebracht hat, aber das scheint auch nur so. Mal leugnet sie alles ab, mal gesteht sie die Morde. Zumal, wenn man ihr mit der Folter droht.

Der Magistrat der Stadt macht es sich zunächst nicht einfach, zieht erfahrene Juristen zurate, die sich einerseits ganz offensichtlich profilieren, andererseits auch keine Fehler machen wollen und die Delinquentin immer wieder auf Widersprüche in ihren Aussagen hinweisen. Da erfindet sie halt neue Versionen, und schließlich bezichtigt sie drei andere Frauen, gemeinsam mit ihr eines der toten Kinder aufgegessen zu haben.

Bei einer dieser Frauen handelt es sich um eine gewisse Margaretha Getzler, die angeblich daran schuld war, dass Ursula Haider von ihrem ersten Freund verlassen wurde. Und jetzt brechen bei der verwirrten Frau alle Dämme. Plötzlich beschuldigt sie etliche sehr angesehene Bürgerinnen, darunter auch die oben erwähnte Rebekka Lemp, gemeinsam mit ihr an Hexenversammlungen teilgenommen zu haben.

Am 1. Juni 1590 wird die Frau des Zahlmeisters, der sich zu diesem Zeitpunkt auf einer Reise befindet, festgenommen. Als ihr Mann zurückkehrt, setzt er sich sofort für ihre Freilassung ein. Vergeblich. Auch Ursula Haider kann nicht mehr befragt werden. Man hatte sie bereits am 15. Mai zusammen mit Margaretha Getzler und einer anderen Frau verbrannt.

Außer der Aussage von Ursula Haider gibt es nichts, was Rebekka Lemp belastet. Dennoch wird sie gefoltert. Wieder und wieder. Ihre Kinder schreiben ihr herzzerreißende Briefe ins Gefängnis, und sie schreibt zurück. Zum Schluss mit schrecklich verstümmelten Händen. Sie bittet ihren Mann, er solle ihr »etwas schicken«, damit sie nicht andere, unschuldige Frauen unter der Folter beschuldigt.

Mit diesem Etwas ist wohl Gift gemeint. Sie will sich umbringen, aber dazu kommt es nicht.

Immer wieder wird sie gefoltert, und eines Tages bricht sie zusammen, gesteht die Buhlschaft mit dem Teufel und bezichtigt andere Frauen aus ihrem engsten Bekanntenkreis, ebenfalls Hexen zu sein. Allesamt Frauen von Ratsmitgliedern und Beamten. Vielleicht hofft sie, dass man so die gesamte Anklage als erwiesenermaßen falsch erkennt und fallen lässt. In einer anderen Stadt sollte genau das der Fall sein, aber davon später. In Nördlingen geht Rebekka Lemps Plan jedenfalls nicht auf.

In ihrem letzten Brief an ihren Mann schreibt sie: »Das Ringlein trage mir zur Erinnerung. Aus der Halskette mach sechs Teile. Lass sie unsere Kinder ihr Lebtag an den Händen tragen. Oh, Schatz, man nimmt mich Dir mit Gewalt. Wie kann Gott das zulassen! Wenn ich wirklich ein Unhold sein sollte, dann sei mir Gott gnädig!«

Im September stirbt sie zusammen mit vier anderen Frauen in den Flammen.

* * *

Wie konnte es dazu kommen, dass eine angesehene Mitbürgerin lediglich auf die Anzeige einer einigermaßen verwirrten Frau hin verdächtigt, festgenommen, gefoltert und hingerichtet wurde? Hätte das auch ihrem Mann, dem Zahlmeister, passieren können? Eindeutig ja, aber sehr viel häufiger traf es Frauen, und das hatte seinen Grund darin, dass ihr Ansehen in einer doch sehr stark von Männern geprägten Gesellschaft sehr gering war. Zu fast allen Zeiten übrigens, nicht nur zu Beginn der Neuzeit.

Männer und Frauen verbrachten nicht viele Stunden am Tag miteinander. Zu unterschiedlich war die Rollenverteilung. Während die Männer sich bei der Arbeit oder danach mit anderen Männern trafen, blieben die Frauen ebenfalls weitgehend unter sich. Sie tauschten sich mit den Nachbarinnen am Brunnen aus, auf dem Markt oder abends in der Spinnstube. Selbst beim Gottesdienst in der Kirche waren die Geschlechter bis ins 20. Jahrhundert hinein getrennt.

Die Männer sahen in ihrer Frau die Verantwortliche für den Haushalt und die Gebärerin ihrer Kinder. Und das Sexualobjekt selbstverständlich. Gebildete Menschen wie beispielsweise Ulrich von Hutten drückten sich natürlich etwas dezenter aus: »Vergebens preist man mir das Glück der Ehelosigkeit, die Vorteile der Einsamkeit an; ich glaube mich nicht dafür geschaffen. Ich muss ein Wesen haben, bei dem ich mich von den Sorgen erholen, mit dem ich spielen, angenehme und leichte Scherze treiben kann.«

Auch Martin Luther, der ebenfalls nicht allein bleiben wollte und deshalb eine ehemalige Nonne heiratete, die im Übrigen eine recht tüchtige Hausfrau war, meint, für Frauen genüge es vollkommen, wenn sie »wol ziehen und halten können Haus, Kinder und Gesinde«. Mehr wurde nicht erwartet. Außer Gehorsam selbstverständlich. Sonst setzte es was.

Merkwürdigerweise war die Stellung der Frau im Süden eine wesentlich andere als hierzulande. Es gab sowohl im erzkatholischen Spanien als auch im nicht minder katholischen Italien weitaus weniger Hexenprozesse als in Nord- und Mitteleuropa. Vielleicht lag es daran, dass dort die Mädchen sehr viel früher verheiratet wurden und so für viele Jahre den Schutz der Großfamilie genießen durften. Sie mussten sich dieser Familie, besonders der Schwiegermutter, allerdings auch völlig unterordnen, gewannen aber mit zunehmendem Alter Ansehen und Autorität und stiegen nach dem Tod des Ehemanns oftmals sogar zum Familienoberhaupt auf.

Im übrigen Europa dagegen, wo häufig nahezu Gleichaltrige heirateten, waren Witwen im wörtlichen Sinne der Redewendung häufig *arm dran*: wirtschaftlich nicht abgesichert und somit der zuweilen feindlichen Nachbarschaft schutzlos ausgeliefert. Vergessen wir aber zunächst die Situation, in der sich die jeweilige Einzelperson befand: Was war das Motiv für diese allgemeine latente Frauenfeindlichkeit?

Es war nackte Angst. Geboren aus Eifersucht und verdrängter Sexualität. Als die Menschen noch Nomaden waren, in Gruppen und Großfamilien das Land durchstreiften, hatten die Männer alles unter Kontrolle. Als man jedoch sesshaft wurde und Städte baute, blieben die Frauen bei den Kindern, während ihre Männer häufiger von daheim wegmussten, sei es als Kaufmann oder Krieger. Und dann hockten sie in der Fremde und grübelten darüber nach, was wohl die Frau gerade trieb.

Wirklich nur waschen, putzen und die Kinder erziehen?

Dann kam irgendwann das Christentum und mit ihm die Verteufelung der Frau. Obwohl die alten Juden der Sexualität keineswegs so ablehnend gegenüberstanden wie die Kirchenväter, finden sich bereits in der Heiligen Schrift alle möglichen Ereignisse, bei denen Frauen in besonders schlechtem Licht dargestellt werden. Das fängt natürlich bei Eva an, diesem neugierigen und unzuverlässigen Wesen, einer Fehlkonstruktion Gottes gewissermaßen, aus einer (krummen!) Rippe Adams geschaffen und bereit, der nächstbesten Verführung zu erliegen.

Das geht weiter – der Beispiele sind unzählige – über das Weib des Lot, das sich unbedingt umdrehen musste und dafür in eine Salzsäule verwandelt wurde, über die geile Frau des Potifar, die den keuschen Josef zu Unrecht einer versuchten Vergewaltigung bezichtigte, das Weib des starken Samson, das dem Gatten das Haar abschnitt und ihn so seiner Kraft beraubte, und immer weiter bis hin zur neidischen Martha im Neuen Testament, die Jesus darauf hinwies, dass sie sich um alles kümmern müsse, während ihre Schwester Maria – anstatt mitzuhelfen – gebannt an den Lippen des Herrn hängen könne.

Im Gegensatz zu Jesus, der gerne Frauen um sich sah, fürchteten seine Nachfolger die Frauen wie der Teufel das Weihwasser. Darum werden sie sowohl von Petrus als auch von Paulus in deren Briefen an die fernen Gemeinden deutlich in die Schranken verwiesen. Nach seiner Bekehrung wusste der ehemalige Christenverfolger Saulus beispielsweise, dass der Mann sein Haupt nicht zu verhüllen habe, weil er Gottes Bild und Abglanz sei, eine Frau dagegen lediglich der Abglanz ihres Mannes.

Einer Frau ist es auch nicht gestattet, zu lehren oder zu lernen; sie solle in der Kirche den Mund halten, sich ihrem Mann unterordnen, und wenn sie ein Problem habe, solle sie diesen fragen, denn er sei schließlich ihr Haupt, so wie Christus das Haupt der Kirche sei. Schließlich und endlich sei der Mann nicht der Frau wegen geschaffen worden, sondern die Frau des Mannes wegen. Und auch Petrus betonte, dass die Frau ihrem Mann untertan sei. Beweis: Selbst Sara habe dem Abraham gehorcht, was allein daran zu erkennen sei, dass sie »Herr« zu ihm sagte.

Frauen sind halt schwach. Basta.

Nun könnte man völlig zu Recht darauf hinweisen, dass wir in der Bibel mindestens ebenso vielen schwachen oder schlechten Männern begegnen, aber das tat natürlich niemand. Schließlich wurde die Bibel stets nur aus Männersicht interpretiert, und dann fielen Zitate dieser Qualität: »Ein schönes und zuchtloses Weib ist wie ein goldener Ring in der Nase der Sau.«

Ohne langweilen zu wollen, seien hier noch weitere Tatsachen und Zitate angeführt, die uns die Denkweise der Männer – vornehmlich die der Theologen – in den fünfzehnhundert Jahren nach Christi Geburt vermitteln. Auf der Synode von 585 im französischen Mâcon beispielsweise wurde darüber diskutiert, ob Frauen bei der Auferstehung des Fleisches nicht erst einmal zu Menschen umgewandelt werden müssten, weil sie das zu Lebzeiten ja nicht gewesen seien.

Mit nur einer Stimme wurde diese Auffassung abgelehnt!

Nach Thomas von Aquin ist die Frau nur ein verstümmelter, verfehlter und misslungener Mann und zu nichts anderem gut, als Kinder in die Welt zu setzen. Die Meinung erstaunt uns nicht, wenn wir über Thomas' Lehrer, Albertus Magnus, lesen, dass im Grunde immer nur Jungen zur Welt kommen sollten. Bei der Geburt von Mädchen sei irgendetwas schiefgelaufen. Entweder sei der Samen des Mannes defekt gewesen, oder »feuchte Südwinde« hätten mit ihrer übergroßen Feuchtigkeit ein Mädchen zustande kommen lassen!

Aber natürlich sind die Frauen nicht nur zum Gebären da. Der Kirchenlehrer Johannes Chrysostomos wusste im 5. Jahrhundert, dass sie eigentlich nur auf der Welt seien, »um die Geilheit der Männer zu befriedigen«.

Immerhin.

Mit ihrer Sexualität gingen die Kleriker jener Zeit höchst unterschiedlich um. Während Päpste und Bischöfe munter Kinder in die Welt setzten, Kardinäle sich ungeniert Mätressen hielten und die meisten Priester auf dem Lande mit stillschweigender Billigung sowohl der Bischöfe als auch der eigenen Gemeinden ein Verhältnis mit ihrer Magd hatten, konnte die Situation in den Klöstern gegensätzlicher kaum sein. Manche Abteien verwandelten sich in bordellartige Unternehmen; in anderen herrschte strengste Zucht.

Nun wird niemand einen Mann verurteilen, der erhebliche Schwierigkeiten mit dem Zölibat hat. Bei manchen jedoch schlug die zwangsläufig unterdrückte Begierde in schieren Hass gegenüber Frauen im Allgemeinen um; jenen geheimnisvollen Wesen, die sich rücksichtslos in ihre Träume drängten und auf höchst sündhafte Weise ihre Fantasie anheizten.

Höhepunkt mönchischer Tiraden war schließlich *Der Hexenhammer*, dem ein anderes Kapitel dieses Buches gewidmet ist. Dort behauptet der Verfasser allen Ernstes, das lateinische Wort *femina* für Frau setze sich zusammen aus den Silben *fe* und *mina*. *Fe* sei abgeleitet von *fides* (lateinisch: Glaube), und *mina* komme von *minus* (lateinisch: weniger). Bei einer *femina* handle es sich folglich um einen Menschen mit weniger Glauben.

Was einigermaßen blödsinnig ist, weil die sprachliche Wurzel des Wortes *femina* so viel wie fruchtbar bedeutet. Eine *femina* ist demnach eine »Säugende«.

Ebenso unsinnig ist die Behauptung des Autors, dass sich unter den Hexen vornehmlich sexuell besonders aktive Frauen fänden, als da wären Ehebrecherinnen, Huren und Konkubinen. Genau das Gegenteil ist der Fall. Eigentlich hätte man doch wohl annehmen müssen, dass liederliche Weiber mit schlechtem Ruf als Erste auch der Buhlschaft mit dem Leibhaftigen verdächtigt worden wären. Tatsächlich ist bislang kein einziger Fall bekannt, dass eine wirklich »Professionelle« wegen Hexerei auch nur angeklagt wurde.

Was zunächst erstaunlich wirkt, ist im Grunde logisch. Huren waren zwar Sünderinnen, zweifellos, aber eigentlich waren die Stadtväter froh, dass es sie gab. Schließlich waren sie das kleinere Übel. Freie Liebe, wie sie heute an der Tagesordnung ist, war streng verpönt. Doch da gab es viele ledige junge Männer, die kaum Aussicht hatten, in absehbarer Zeit zu heiraten: Studenten beispielsweise oder Handwerksgesellen.

Sollten sie etwa verheirateten Frauen oder jungfräulichen Mädchen nachstellen? Oder es mit anderen Männern treiben? Oder – ebenfalls mit der Todesstrafe bedroht – mit Tieren?

Dennoch: Ordnung musste schließlich sein, und so entstanden in den meisten Städten Frauenhäuser, die der Rat meist an einen Hurenwirt vermietete, häufig aber auch der Aufsicht des Büttels oder des Henkers unterstellte. Der hatte für Ordnung und Sauberkeit zu sorgen (einmal baden in der Woche war Pflicht für die dort tätigen Damen), aber auch dafür, dass alles mit rechten Dingen zuging. Verheirateten Männern nämlich war der Besuch bei den Damen verboten, Priestern und Heranwachsenden selbstverständlich auch und vor allem den Juden!

Das Frauenhaus lag meist in einer toten Ecke der Stadt, wo auch andere unehrliche Leute wohnten, der erwähnte Henker natürlich, aber genauso Leineweber, Schinder oder die Männer mit der undankbaren Aufgabe, die Abortgruben hinter den Häusern zu leeren. Es gab feste Öffnungszeiten für die Frauenhäuser, und an vielen Feiertagen mussten sie ganz zugesperrt bleiben, beispielsweise während der gesamten Karwoche. Dann wurden vielerorts die leichten Mädchen geschlossen in die Kirche geführt, wo sie sich fromme Predigten anhören mussten. Wer weiß: Vielleicht konnte man ja so wenigstens aus einer von ihnen eine reuige Maria Magdalena machen.

Hier und dort zwang man die Freudenmädchen, gelbe Kleider zu tragen, damit interessierte Herren sie besser von ehrbaren Frauenspersonen unterscheiden konnten und nicht versehentlich brave Bürgerinnen belästigten. Dass die Frauenhäuser meist in abgelegenen Gassen lagen, hatte allerdings nicht den Sinn, sie vor möglichen Kunden oder Fremden zu verstecken. Die fanden schon, wen oder was sie suchten. Die versteckte Lage sollte nur sicherstellen, dass die noch unschuldigen Töchter der Bürger nicht in Kontakt mit den leichten Damen kamen und nicht sahen, wie man auf eine bestimmte Weise Geld verdienen konnte.

Diese Sorge hätten die Stadtväter allerdings nicht haben müssen. Die Mädchen aus dem Frauenhaus waren meist mehr als arm, weil sie zum einen nicht viel Geld für ihre Dienste bekamen und weil zum anderen das bisschen, was sie letztlich dann doch noch verdienten, größtenteils vom Hurenwirt für Wohngeld und Verpflegung wieder einkassiert wurde.

Zusammenfassend lässt sich sagen, dass die Mädchen unter ständiger Aufsicht und – auch das ist wichtig – nie in direkter Konkurrenz zu anderen Frauen standen. Aus Rachsucht oder Neid wurde jedenfalls keine dieser Damen von einer Rivalin bei den Behörden angezeigt. Damit entfielen zwei wichtige Motive. Zudem genossen sie den Schutz der interessierten Obrigkeit. Wenigstens so lange, bis nach Reformation und Gegenreformation die städtischen Frauenhäuser nach und nach aufgelöst wurden. Die Syphilis hatten sie zwei Generationen hindurch überdauert. Der neuen Frömmigkeit mussten sie letztendlich weichen.

Die leichten Mädchen mussten jetzt ihrer nach wie vor notwendigen Arbeit inoffiziell nachgehen. Richtige Feinde hatten sie aber immer noch nicht. Was man beileibe nicht von den Frauen im Allgemeinen sagen kann, die immer stärker unter den Beschuss von Theologen beider Konfessionen gerieten.

Ein Prediger seufzte im Jahr 1593: »Dass man in jetzig Zeit so viele Hexen verbrennt, kommt zum wenigst mit daher, dass unzählig viel Scribenten so unflätig von den Weibern schreiben und sie schier alle insgemein für bös, giftig und von teuflischer Natur ausschreien und rühmen sich dann wohl, dass ungleich mehr Weiber als Unholde und Zäuberische verbrennt würden denn Männer, so von Natur besser seien und nit so giftig, listig und verschlagen. Wodurch denn das Volk, das auf solche Scribenten hört, wider die Weiber erböst wird, und wenn sie verbrennt werden, sagen: Ihnen geschieht recht, sie sind höllisch und tückisch gleich den Teufeln.«

Der Frau Verderbtheit zeigt sich in den frechen Blicken,
und leicht wird sie erkannt an ihren Augenwimpern.
Gleich wie ein durstger Wandersmann den Mund auftut,
um alles Wasser, das erreichbar ist, zu trinken,
so setzt sie sich vor jedem Pflocke nieder
und öffnet ihren Köcher vor dem Pfeil.

Jesus Sirach, Kapitel 26, Vers 9 und 12

7 TEUFELSBUHLSCHAFT

Gretke Kramers wurde morgens tot in ihrer Zelle gefunden, wenn man denn das Loch im Zwinger des Ostertores, in das man die schwer gefolterte Frau am Abend zuvor gestoßen hatte, als Zelle bezeichnen will. Das Verhör hatte ein jüngerer Ratsherr – in Bremen nannte man ihn den Kämmerer – geführt, und er war verdrossen, als er davon erfuhr. Todesfälle im Kerker waren immer unangenehm und gaben Anlass zu wilden Spekulationen.

Immerhin: Gretke Kramers hatte gestanden. Zum Schluss wenigstens. Zunächst hatte sie sich dumm gestellt, sogar noch, als ihr der Scharfrichter die Folterinstrumente gezeigt und ihr erklärt hatte, wie sie funktionierten und welche Qual Daumen- und Beinschrauben verursachen konnten. Den dummen Weibern fehlt es halt an Fantasie, dachte der Kämmerer, der, als die Frau hartnäckig leugnete, die entsprechenden Befehle erteilt hatte.

Aber erst als die Folter härter und härter wurde, brach Gretke Kramers zusammen und gestand, dass sie von einer gewissen Catrine, die leider schon tot war und nicht mehr befragt werden konnte, das Mäusemachen gelernt habe. Das aber war dem Kämmerer zu läppisch. Aus Zuckerwasser und mit dummen Zaubersprüchen Mäuse machen!

Als ob es hier nicht um mehr ginge.

Also wurde weiter in sie gedrungen. Ob ihr der Leibhaftige etwa nicht zur Nachtzeit begegnet sei, ob sie sich ihm etwa nicht hingegeben habe, ob sie ihm etwa nicht Treue geschworen und auf seinen Befehl hin immer wieder Gott verleugnet habe!

Der Ton wurde drohender, und die Schmerzen waren inzwischen kaum noch auszuhalten.

Ja, wimmerte sie schließlich, jene Catrine habe sie mit dem Teufel zusammengebracht, und der habe sofort mit ihr schlafen wollen.

Und?

Sie habe es ihm gestattet, aber nicht viel Spaß dabei gehabt, denn es war nichts Menschliches an ihm, und was aus ihm herausgeflossen, sei unnatürlich kalt gewesen.

Sein Name?

Federbusch habe er sich genannt. Seine Kleider seien ebenso schwarz gewesen wie sein Hut, auf dem er eine weiße Feder getragen habe.

Ob er ihr Geld gegeben habe?

Ja, sie musste geloben, ihm ihr Leben lang treu zu bleiben, und dafür würde sie keine Not mehr leiden. Er habe ihr auch eine Goldmünze gegeben, aber die habe sich in Luft aufgelöst. Bis vor einer Woche habe er sie noch aufgesucht und ihr auch einen Topf mit Salbe gegeben, die sie wiederum zu ihrer Nichte gebracht habe.

Das reichte dem Kämmerer, zumal die Gretke Kramers kurz vor dem völligen Zusammenbruch stand und der Scharfrichter ihn mahnte, die Folter abzubrechen, weil ihm die Frau sonst unter den Händen fortsterben würde. Der Kämmerer nickte gnädig. Schließlich musste er sich jetzt um eine andere Hexe kümmern: um Pellcke Stubben, Gretkes Nichte.

Sie wurde noch am gleichen Tag vor ihn geschleppt, und da sie nichts gestand, weil es nichts zu gestehen gab, wurde sie – wie ihre Tante – grausam gefoltert. Und ebenso wie jene gab sie zu, was immer man von ihr hören wollte.

Das Zaubern habe sie von ihrer Tante gelernt, die sie immer bedrängt habe, endlich das Zaubern zu lernen; sie habe ihr auch von ihrem Buhlen, dem Teufel, verschiedene Salben mitgebracht, sie damit eingeschmiert und ihr versichert, auf diese Weise könne sie jedem Menschen, der sie ungerecht behandelt habe, bösen Schaden zufügen.

Sie habe einen Teufelsbuhlen gehabt, der aber keine schwarzen Kleider anhatte, sondern grüne. Er hieß auch nicht Federbusch, sondern Luzifer, aber alles an ihm sei anders als an normalen Männern gewesen. Wenn er sie angefasst habe, dann sei ihr gewesen, als seien seine Hände innen wie ein Schwamm gewesen, außen aber eisenhart. Aber behandelt habe er sie wie Dreck, und der fleischliche Verkehr mit ihm sei ihr bekommen »wie das Gras dem Hund«. Sein »Instrument« sei ganz hart gewesen und der Samen eiskalt. Nicht so wie bei normalen Männern eben.

Ob sie denn wisse, wie es mit anderen, normalen Männern sei, fragte der Kämmerer streng. Schließlich war sie noch sehr jung und unverheiratet.

Aber ja doch, hatte das Mädchen zugegeben. Sie wisse schon, wie es mit einem Mann zugehe.

Der Kämmerer schnaubte verächtlich. Ein Flittchen eben.

Der Satan hatte – laut Pellcke – ihr auch Geld versprochen, aber gehalten habe er seine Versprechen nie. Als Pferdedreck habe sich das später herausgestellt, was er ihr da in die Hand gedrückt habe.

Aber neben der Teufelsbuhlschaft, wie man den Geschlechtsverkehr mit dem Leibhaftigen damals nannte, gab die junge Frau noch weitere Schandtaten zu. Dem inzwischen verstorbenen Dirich von Lubbeken beispielsweise habe sie mit der Teufelssalbe fünf Kühe und zwei Ochsen totgezaubert, weil dieser durchaus angesehene Bürger ihr einen versprochenen Taler vorenthalten habe, obwohl sie sich den redlich verdient, indem sie bei dem Mann im Haushalt gearbeitet habe.

Und dem jungen Rattken habe sie auf Befehl Luzifers die Jungfräulichkeit rauben sollen, indem sie ihm Buhlinnen zuführte. Sie habe nur einen Zauberspruch sagen müssen, und dann sei ein schönes junges Mädchen gekommen. Aber der Hinrich Rattken habe gesagt, er sei noch zu jung für so was, und nur ein bisschen mit dem Mädchen rumgemacht. Dabei sei sie sehr schön gewesen mit ihrem roten Kleid und dem holländischen Hut auf dem Kopf. Ihre Hände seien ganz normal gewesen, unten herum allerdings habe sie einen Kuh- und einen Hühnerfuß gehabt.

Aber schlimmer noch: Der Teufel habe ihr einen unchristlichen Glauben beigebracht und ihr befohlen, diesen auch andere Menschen zu lehren, zum Beispiel drei Schülern der angesehenen Lateinschule des Katharinenklosters. Das habe sie auch getan, und sie habe den dreien Zaubern beigebracht, und als sie eines Tages nicht mehr gewollt habe, da sei sie von den Jungen erpresst worden, sie weiter das Zaubern zu lehren, sonst werde man sie als Hexe anzeigen.

Genug, genug.

Der Kämmerer brach das Verhör ab und wies den Schreiber an, die letzte Aussage aus dem Protokoll zu streichen. So ging das ja nun wirklich nicht, dass eine liederliche Weibsperson die Söhne angesehener Bremer Bürger der Hexerei, Hurerei und Zauberei bezichtigte. In der Gerichtsverhandlung, die nun öffentlich unter dem Rathausbogen stattfand, bestätigte Pellcke noch einmal ihr Geständnis, wobei die Namen der besagten drei Jungen weggelassen wurden. Ein Widerruf ihrer Aussagen hätte – das wusste die junge Frau natürlich – nur weitere Qualen bedeutet.

Zusammen mit der Leiche ihrer Tante Gretke wurde Pellcke hinaus zum Jotudenberg gefahren, wo bereits die notwendigen Vorbereitungen getroffen worden waren. Pellcke wurde an einen Mast gefesselt, um den der Scharfrichter und seine Helfer trockenes Holz gestapelt hatten. Geständige Frauen wurden anderswo zunächst enthauptet oder erdrosselt. Diese Gnade kannte man in Bremen nur bei männlichen Delinquenten.

Frauen mussten lebendig in die Flammen.

* * *

Da haben die Menschen damals also tatsächlich geglaubt, der Teufel hätte nichts Besseres zu tun, als sich an arme Weiber heranzumachen und sie zu verführen. Lassen wir die Unlogik erst einmal beiseite und beschäftigen uns mit der Frage, ob mangelnde Intelligenz die Ursache für diese Art blühender Fantasie war.

Wohl kaum. Dass nämlich übernatürliche Wesen – ob gütige Götter oder düstere Dämonen – sich an Menschen heranmachten, haben bereits in der Antike so große Geister wie Platon oder Sokrates, Demosthenes oder Aischylos für selbstverständlich gehalten. Götter als abstrakte Ideen – das war auch für Philosophen anscheinend nicht vorstellbar, und so dichteten schon die alten Griechen ihren Göttern durchaus menschliche Eigenschaften an.

Platon selbst war angeblich ein Sohn des Apollon, der sich seiner Mutter in Gestalt einer Schlange genähert und ihrem Ehemann anschließend verboten hatte, mit der Gattin zu verkehren, bevor sein Kind geboren sein würde. Zeus wiederum soll als Blitz in den Schoß der Olympia gefahren sein, die daraufhin jenen Alexander zur Welt brachte, den man später den Großen nennen sollte.

Wer kennt sie nicht: die eifersüchtige Göttermutter Hera, die weise Athene, die hinreißende Aphrodite und natürlich den liebestollen Zeus, der in allen möglichen Gestalten den Damen nachstellte: als Schwan der lieblichen Leda oder als Stier der erotischen Europa. In allen Sagen des klassischen Altertums, aber auch in anderen Kulturen, ob bei Persern oder Römern, Ägyptern oder Babyloniern, benahmen sich die Götter höchst menschlich, vor allem, was ihr sexuelles Verhalten anging.

Geschlechtsverkehr mit der Gottheit – inniger konnte man sich kaum mit ihr vereinigen. In manchen Kulturen opferten die Mädchen ihre Jungfräulichkeit der Gottheit, das heißt einem ihrer Priester, wobei aber die Unberührtheit auf geheimnisvolle Weise erhalten blieb. Gerade Christen, die an die jungfräuliche Empfängnis der Muttergottes glauben, sollten dafür Verständnis aufbringen.

Wenn aber die Begegnung mit der Gottheit keusch und rein ist, muss zwangsläufig der normale Beischlaf – auch unter Verheirateten – eher unkeusch sein. So warnt denn auch der Erzengel Raphael im sonst nicht unbedingt pingeligen Alten Testament den Tobias und seine ihm gerade angetraute Gemahlin, sie sollten sich nicht sofort »paaren wie Pferde und Maulesel«, denn über solche jungen Ehepaare habe der Teufel Macht!

Aber wer – zum Teufel – ist nun eigentlich der Teufel, und wie kommt er ins Christentum? Im Alten Testament konnte er noch als Gottes Racheengel betrachtet werden, aber Jesus hat einen anderen Gott gelehrt, einen Gott der Vergebung. Für Teufel war hier eigentlich kein Platz mehr.

Stellen wir uns das Dilemma vor, in dem sich die frühen Kirchenlehrer befanden. Sie waren geistig nach wie vor verwurzelt in antiken Vorstellungen, geprägt von einer Welt, in der es von Göttern und Göttinnen nur so wimmelte. An deren Existenz bestand auch bei den frühen Christen keinerlei Zweifel, denn die Missionare ließen ihre Täuflinge – siehe Widukind und seine Sachsen – keineswegs leugnen, dass es solche Wesen gab. Sie mussten lediglich geloben, sich von ihnen abzuwenden und hinfort nur noch Christus zu dienen.

Es musste also logischerweise zwei Lager geben: Christus und die himmlischen Heerscharen auf der einen, Satan und alle anderen (ehemaligen) Götter und Geister auf der anderen Seite. Diese andere Seite suchte sich – und das musste nun theologisch untermauert werden – Gehilfen unter den Menschen, und die entscheidende Frage dabei war: Konnten diese bösen Kräfte sich auch sexuell betätigen?

Eine entscheidende Frage, denn wenn der Verkehr zwischen Gott und Mensch als die innigste Vereinigung überhaupt galt, dann war ein fleischliches Verhältnis zwischen Hexe und Teufel der größte Verrat, den eine Christin an ihrem Glauben begehen konnte.

Dass die Dämonen menschliche Wesen vor allem sexuell bedrängten, schien den Menschen (Männern!) im Mittelalter klar. Gerade Mönche – und Kirchenlehrer bildeten da keine Ausnahme – waren in der Einsamkeit ihrer Zellen naturgemäß heftigen Versuchungen ausgesetzt und ließen ihrer Fantasie zuweilen allzu freien Lauf.

Als Beweis, dass teuflische Dämonen Frauen sexuell bedrängen konnten, wird in einer Quelle des 7. Jahrhunderts bereits erwähnt, dass man zuweilen Frauen im Wald oder auf einer Wiese liegen sehe, die allem Anschein nach von einem unsichtbaren Teufel genotzüchtigt würden. Darauf wenigstens ließen ihre obszönen Gebärden und Handlungen schließen. Auf die naheliegende Idee, dass sich auch Frauen selbst befriedigen, kamen die Kirchenväter damals allem Anschein nach nicht.

Genauso fiel später, auf dem Höhepunkt der Hexenverfolgung, niemandem auf, dass die Begegnung mit dem Teufel von ungewöhnlich vielen Frauen aus ganz unterschiedlichen Landschaften in nahezu identischen Situationen erlebt wurde. Zum einen wurden die Frauen anscheinend stets in sehr depressiver Stimmung angetroffen. Die eine hatte gerade ihr Kind verloren, die andere wurde von ihrem Mann geprügelt, eine dritte trieb sich als Bettlerin und Landstreicherin durch die Gegend, und wieder eine andere wusste ihren Mann im Gefängnis, vielleicht sogar schon am Galgen.

Und dann wird eine solche Frau von einem Kerl angesprochen, einem attraktiven Burschen zumeist. Viele stattliche Männer trieben sich damals auf den Straßen herum: Künstler und Studenten, natürlich auch Banditen und Zigeuner, vor allem aber arbeitslose Landsknechte, und genau deren Uniform, die geschlitzten Hosen und auf dem Kopf den federgeschmückten Hut – so schildern sehr viele Frauen ihren Verführer.

So ein Mann wirkte sicher einigermaßen verführerisch, und was er dann der Frau als Belohnung in die Hand drückte, sah auf den ersten Blick vermutlich nach richtigem Geld aus, aber häufig waren es wohl nur wertlose Kleinmünzen aus Italien oder sonst woher, mit denen man hierzulande nicht viel anfangen konnte.

Deprimierte und einsame Frauen draußen im Wald waren leichte Beute, und wenn sie dann doch nicht willig waren, wurden sie schnell zu Opfern von Gewalt. Immer wieder erzählten die Frauen später, dass sie den Akt als unangenehm und schmerzhaft, das Glied des Teufels wie Eisen und seinen Samen als kalt empfunden hätten.

Wen wundert es nach erfolgter Vergewaltigung.

Es gibt allerdings auch Schilderungen, die eindeutig nicht auf eine Vergewaltigung, sondern eher auf eine krankhafte Fantasie hindeuten, sei es auf die der »Hexe«, die sich in groteske Einzelheiten hineinsteigert, sei es auf die des jeweiligen Untersuchungsrichters, der besonders abwegige Details aus ihr herausfoltern lässt. Die Größe des teuflischen Glieds wird dann beispielsweise beschrieben als »so unförmig wie ein Gänsedarm und so lang wie das eines Pferdes«. Das unförmige Ding drehe sich im Unterleib der Frau »wie eine Spindel« und sei mit Schuppen bedeckt, zudem ständig erigiert, habe aber »weder Beutel noch Geläut« gehabt. Die Ejakulation sei »tausendfach stärker« als die eines Mannes und das Ganze so schmerzhaft wie eine Geburt.

So geht das endlos und letztlich ermüdend weiter, und man wird auch hier den Verdacht nicht los, dass derartige Schilderungen beim abendlichen Austausch in der Spinnstube das Resultat weiblicher Träume gewesen sein müssen, denn die Fantasie der meisten Frauen steht der der Männer wohl in nichts nach.

Aber was auch immer die Frauen sich vielleicht zusammenfantasiert und welche wirren Träume ihre Verfolger gehabt haben mögen – wichtig war natürlich nur, was die Kirche zu diesem Thema offiziell dachte und lehrte.

Die Kernfrage war zunächst die: Sind Dämonen geistige oder körperliche Wesen?

Laut Thomas von Aquin handelt es sich sowohl bei Dämonen als auch bei Engeln eindeutig um Geister, aber hin und wieder nehmen sie – nachzulesen an vielen Stellen in der Bibel – menschliche Gestalt an. Man denke nur an die Verkündigungsszene in Nazareth! Da diese Körperlichkeit jedoch nur vorgetäuscht ist, können sie sich logischerweise nicht mit Menschen fleischlich vereinen.

Wie aber soll dann Teufelsbuhlschaft möglich sein?

Die Kirchenlehrer haben die Lösung gefunden, auch wenn sie reichlich abenteuerlich klingt: Der Teufel nähert sich den Menschen entweder als Inkubus oder als Sukkubus. Der Inkubus bedeutet der Obenliegende. Nach den Vorstellungen der damaligen Zeit konnte es sich dabei nur um einen Mann handeln, weil sich dieser beim

Akt stets in der oberen Position befand. Jede andere Stellung galt als Todsünde. Folglich war die Frau der Sukkubus, also die immer unten Liegende.

Da der Teufel – siehe Thomas von Aquin – ein rein geistiges Wesen ist, kann er keinen Samen produzieren, der jedoch notwendig ist, um Teufelskinder zu zeugen. Deshalb verwandelt sich der Leibhaftige kurz vor dem Treffen mit einer Frau flugs in einen Sukkubus, vereinigt sich als solcher mit einem Mann, nimmt dessen Samen in sich auf und trägt diesen dann zu der Frau, die auf diese Weise befruchtet wird.

So weit die kühne Theorie. Aber können auf diese Weise tatsächlich Kinder gezeugt werden? Da gehen die Lehren der damaligen »Experten« erheblich auseinander. Wenn man bedenkt, in wie kleinen Siedlungen die Menschen in jener Zeit wohnten und dass Inzucht folglich an der Tagesordnung gewesen sein muss, ist eine große Zahl von Missgeburten als wahrscheinlich anzunehmen. Lag da nicht – besonders bei Frauen mit schlechtem Ruf – der Verdacht nahe, dass es sich bei verkrüppelt geborenen Säuglingen wahrscheinlich um vom Satan gezeugte Nachkommen handelte?

Im *Hexenhammer*, auf den im nächsten Kapitel noch ausführlich eingegangen wird, heißt es zwar klipp und klar, dass Teufel tatsächlich Kinder zeugen können, die später außerordentlich groß und stark würden. Der französische Hexenjäger Henri Bouget (1550–1619) vertrat hingegen die Ansicht, Teufelskinder seien sehr viel kleiner als andere Säuglinge; sie würden zwar drei Ammen nacheinander leer trinken, aber dennoch nicht dicker werden.

Viele Hexenjäger behaupteten, wie soeben gezeigt, dass sich der Teufel als Sukkubus den Samen von ganz normalen Männern stehle. Es handelte sich also nicht eigentlich um »bösen« Samen. Konnte dieser im Grunde doch gesunde Samen schon allein deshalb Missgeburten erzeugen, nur weil er vom Leibhaftigen transportiert worden war?

Diskussionen, die uns heute lachhaft erscheinen, wurden damals mit großem Ernst geführt, ohne dass sich die Gelehrten einig wurden. Auch Martin Luther war sich in dieser Sache keineswegs sicher, pflegte jedoch in Bezug auf die sogenannten Wechselbälger eine erschreckende Auffassung. Solche Missgeburten seien zwar Teufelswerk, meinte er, aber nicht von ihm selbst gezeugt, sondern lediglich von ihm bereits im Mutterleib verstümmelt. Gleichwohl hielt er es für angebracht, solche Kreaturen zu töten!

In Dessau, so erzählte er selbst, habe er einmal ein solches Kind gesehen, das zwölf Jahre alt war und ganz normal ausgesehen habe. Luther wörtlich: »Dasselbe tat nichts, denn dass es nur fraß, und zwar so viel als irgend vier Bauern oder Drescher.«

Er empfahl dem Fürsten von Dessau, die Missgeburt zu ertränken.

Was der gottlob nicht tat.

Später gefragt, warum er dem Fürsten einen derart grausamen Rat erteilt habe, antwortete Luther, seiner Überzeugung nach sei ein solcher Wechselbalg kein wirklicher Mensch, sondern nur ein Stück Fleisch. Die Seele des Kindes habe der Teufel längst an sich gerissen.

Im Februar 2005 haben ägyptische Ärzte einem zehn Monate alten Mädchen einen Auswuchs am Kopf entfernt, der selbst einen zweiten Kopf darstellte. Dabei handelte es sich um den Rest einer siamesischen Zwillingsschwester, die sich jedoch nach einer gewissen Zeit nicht mehr weiterentwickelt hatte. Nach einer dreizehnstündigen Operation war der Auswuchs entfernt, und der kleinen Patientin ging es den Umständen entsprechend schon bald wieder gut.

Ihr Glück, dass sie nicht zu Luthers Tagen in Dessau zur Welt gekommen ist.

Wenn der Richter dein Ankläger ist,
dann sei Gott dein Helfer!

Türkisches Sprichwort

8 DER HEXENHAMMER

Der kleine Mann stapfte vergnügt durch den frisch gefallenen Schnee. Johann Merwais von Wendingen, Medikus und Doktor der Rechte, hatte einigen Grund, mit sich zufrieden zu sein. Der Brief, den sein Freund und Gönner diesem Mönchlein geschickt hatte, würde ihn, Johann Merwais, berühmt machen. Und darüber hinaus – so Gott will – auch reich, denn dieser Prozess war sein bislang größter beruflicher Erfolg als Verteidiger.

Zugegeben: Groß war seine Begeisterung zunächst nicht gewesen, als der Fürstbischof von Brixen ihn gefragt hatte, ob er nicht die Verteidigung dieser armen Weiber übernehmen wolle, die in Innsbruck der Hexerei bezichtigt worden waren.

»Warum muss dieser blödsinnige Prozess überhaupt stattfinden?«, hatte er zurückgefragt. »Lasst sie doch einfach laufen!«

Außenstehende hätten seinen Ton für respektlos halten können, aber er kannte Georg Golser schon lange. Der Fürstbischof stammte wie er aus kleinen Verhältnissen; sein Vater war Bauer gewesen, und die Leute erzählten sich, man habe eine seiner Schwestern kurz zuvor als Hexe verbrannt. Für Hexenjäger hatte er infolgedessen nicht viel übrig, aber dennoch wies er den Anwalt zurecht:

»Ihr wisst genau, dass dies unmöglich ist«, sagte er. »Papst Innozenz VIII. ...«

»Ausgerechnet der«, knurrte der Anwalt.

»Was wollt Ihr damit sagen?«, fragte der Bischof scharf.

»Es heißt, seine Ärzte hätten ihm kürzlich, als er ernsthaft erkrankte, das Blut von drei Knaben zu trinken gegeben. Der Papst hat es überlebt. Die Knaben angeblich nicht.«

»Solche Gerüchte solltet Ihr besser nicht verbreiten«, sagte der Bischof scharf. »Schließlich klagen sie auch Euch noch an.«

»Wär ja mal was anderes«, schmunzelte der Anwalt, »ein Arzt und Anwalt als Hexenmeister!«

»Die schrecken vor nichts zurück«, sagte der Bischof warnend und lud seinen Gesprächspartner zu einem Glas Wein in sein Palais ein.

* * *

Angefangen hatte es in diesem Sommer des Jahres 1485, als ein gewisser Heinrich Kramer, ein Dominikaner aus dem Elsass, der sich selbst Institoris nannte, in Tirol aufkreuzte und in den Kirchen über die angeblich im Lande grassierende Hexenplage zu Felde zog. Der Fürstbischof hatte zu diesem Zeitpunkt pflichtgemäß die kürzlich erschienene päpstliche Bulle *Summis desiderantes affectibus* verbreiten lassen, und da er – wie nahezu alle Menschen seiner Zeit – die Existenz von Hexen für eine unbestreitbare Tatsache hielt, hatte er zunächst auch nichts gegen das Wirken des Mönchs einzuwenden.

Vom Papst persönlich sei er als Inquisitor für ganz Süddeutschland berufen und beauftragt worden, hatte der Dominikaner erklärt, und da er auch etliche Urkunden vorweisen konnte, hatte es der Bischof für angeraten gehalten, ihm vorerst keine Steine in den Weg zu legen. Er versprach sogar allen Gläubigen seiner Diözese einen Ablass von vierzig Tagen, wenn sie dem Inquisitor beim Aufspüren von Hexen helfen würden.

Allerdings setzte er sich vorsorglich mit dem Landesherrn, Erzherzog Sigmund von Österreich, in Verbindung, von dem er dann Einzelheiten erfuhr, die sein Misstrauen weckten. Angeblich spannten sogar Kreise bei Hofe den Inquisitor ein, um missliebige Personen in Verruf zu bringen oder gar der Hexerei zu bezichtigen.

Nach und nach kamen dem Fürstbischof Berichte über Hexenprozesse in anderen Orten zu Ohren, in denen besagter Institoris eine merkwürdige Rolle gespielt hatte, zum Beispiel in Trient, wo auch Juden vor Gericht gestanden hatten, oder in Ravensburg oder in Augsburg. Dort waren fromme Frauen angeklagt worden, weil sie verdächtig oft zur Kommunion gegangen waren. Hatten sie mit den Hostien etwa Frevel getrieben?

Man konnte ihnen jedoch nichts nachweisen. Allerdings stellte sich bei den Vernehmungen heraus, dass sie ungewöhnlich intelligent und belesen waren. Gerade das wiederum machte sie in den Augen des Inquisitors verdächtig, aber zu einer Verurteilung reichte es nicht.

In Innsbruck nun, das zur Diözese Brixen gehörte, ließ Institoris innerhalb weniger Wochen über vierzig Frauen und zwei Männer festnehmen, die von Mitbürgern der Hexerei bezichtigt worden waren. Schließlich jedoch blieben nur sieben Frauen übrig, und die wollte der Inquisitor ganz allein auf den Scheiterhaufen bringen.

So einfach aber war das zu der Zeit noch nicht.

In nachgewiesenen Fällen von Ketzerei war zwar ein kirchliches Gericht zuständig, bei anderen Beschuldigungen jedoch, etwa bei Schadenszauber, war das heftig umstritten. Genau darum aber ging es! Angeblich hatten die Frauen ihren Nachbarn böse Krankheiten angehext! War das bereits Ketzerei? Oder hatte das Ganze nichts mit dem Satan zu tun? Von Teufelsbuhlschaft jedenfalls war überhaupt keine Rede.

Der Inquisitor bemühte sich um eine Vollmacht, jedwede Hexerei zu untersuchen, wobei er jedoch auf Widerstand stieß. Schließlich wurde sie ihm sowohl vom Erzherzog als auch vom Fürstbischof erteilt, aber nur unter der strengen Auflage, sich in jeder Hinsicht korrekt an die für ein Gerichtsverfahren verbindlichen Bestimmungen zu halten.

Und genau das tat er nicht.

Misstrauisch ließen Erzherzog und Fürstbischof den Prozess von Vertrauten verfolgen. Die Verhöre der beschuldigten Frauen verliefen undiszipliniert, um nicht zu sagen, chaotisch. Die gestellten Fragen standen teilweise in keinem Zusammenhang mit den Zeugenaussagen und verrieten ein so deutliches Interesse an sexuellen Details, dass viele Beobachter ihre Empörung äußerten und der anwesende bischöfliche Kommissar damit drohte, den Gerichtssaal zu verlassen.

Das Verfahren wurde zunächst einmal unterbrochen. Nach der Pause erschien plötzlich jener Johann Merwais, den Bischof Golser zu Hilfe gerufen hatte, stellte sich als Anwalt vor und ließ sich an Ort und Stelle von den angeklagten Frauen als ihr Verteidiger bevollmächtigen. Und dann legte er los, zerpflückte die Anklage, warf dem Inquisitor zahlreiche Verfahrensverstöße vor und beantragte – und das war wirklich unerhört – schließlich sogar nicht nur die sofortige Freilassung der sieben Frauen, sondern zugleich die Inhaftierung des Institoris.

Dem warf er vor allem vor, seine Befugnisse bei Weitem überschritten und die Frauen eingekerkert zu haben, bevor noch ein richtiges Verfahren eingeleitet worden sei. Und die Befragung von Angeklagten und Zeugen sei ja wohl ein schlechter Scherz. Kein vereidigter Notar habe darüber ein Protokoll erstellt, deshalb müsse das Verfahren völlig neu eröffnet werden. Und zwar unter dem Vorsitz des Bischofs von Freising.

So weit wollten der Erzherzog und der Fürstbischof die Demütigung des Inquisitors nun doch nicht treiben, aber sie entschieden, die Frauen seien freizulassen und brauchten auch nicht – wie eigentlich üblich – die Kosten des Inquisitors zu übernehmen. Das tat, um des lieben Friedens willen und um die Sache zu einem schnellen Ende zu bringen, der Erzherzog persönlich; nicht ohne den lästigen Mönch wissen zu lassen, dass dies das erste und einzige Mal gewesen sei, dass er ihn finanziell unterstütze.

Barscher noch reagierte der Fürstbischof. Als er erfuhr, dass Institoris die Suche nach Hexen auf die ihm eigene Art fortsetzte, riet er ihm dringend, das Land zu verlassen. Nicht ohne die offen ausgesprochene Warnung, er könne die Sicherheit des Mönchs nicht mehr garantieren. Schließlich gebe es da noch die Ehemänner und Brüder der grundlos verdächtigten Frauen ...

Und seinem Bruder schrieb Georg Golser sinngemäß, dass der Mönch ihm einigermaßen auf die Nerven gehe. Er sei zwar angeblich unter vielen Päpsten Inquisitor gewesen, aber nun erwecke er den Eindruck, im Alter völlig kindisch geworden zu sein. Zum Schluss bemerkte der Fürstbischof trocken: »Ich hab im geraten, das er solt in sein closter ziehen und da beleiben!«

* * *

Wir sollten uns den Zeitpunkt merken, zu dem ein kirchlicher Fürst so eindeutig über einen Inquisitor dachte. Zwar glaubte auch Georg Golser an die Existenz von Hexen und Dämonen, hielt aber jede Überreaktion für völlig unangebracht und bezeichnete die Art jener besonderen Verfolgung, wie sie dem Dominikaner als zwingend notwendig erschien, noch im Jahr 1486 als »hysterische Ausgeburt eines senilen und kranken Hirns«.

Das allerdings sah der um 1430 im elsässischen Schlettstadt (heute Sélestat) geborene Heinrich Kramer völlig anders. Nach seinem philosophischen Grundstudium im dortigen Dominikanerkloster und seiner Promotion zum Doktor der Theologie in Rom wurde er 1478 von Papst Sixtus IV. zum Ketzerinquisitor für die Provinz Alemannia superior ernannt. Als solcher nahm er – die Quellen sind hier ebenso dünn wie unzuverlässig – an etlichen Hexenprozessen teil und wurde schließlich zusammen mit seinem Kölner Mitbruder Jakob Sprenger zum Generalinquisitor für die Diözesen Mainz, Köln, Trier, Salzburg und Bremen ernannt. Doch nicht einmal das verschaffte ihm bei vielen geistlichen und weltlichen Fürsten die erforderliche Autorität.

Das tat auch nicht die päpstliche Bulle *Summis desiderantes affectibus*, auf die er sich immer wieder berief. Vielleicht ahnte man in Deutschland, dass es der Inquisitor wohl selbst gewesen war, der den Papst veranlasst hatte, im Dezember des Jahres 1484 zu schreiben, ihm sei zu Ohren gekommen, dass in einigen Teilen Deutschlands – so wörtlich – viele Personen beiderlei »Geschlechts, ihr eigenes

Heil vergessend und vom katholischen Glauben abfallend, mit den Teufeln als Männern oder Frauen Missbrauch treiben und mit ihren Bezauberungen, Liedern und Beschwörungen und anderen abscheulichen abergläubischen Kulten, ekstatischen Übertretungen, Verbrechen und Vergehen die Geburten dieser Frauen, die Jungen der Tiere, die Früchte der Erde, die Weintrauben, die Baumfrüchte und sogar die Männer, Frauen, die Kleintiere, das Vieh und andere Tiere verschiedener Art, auch Weinberge, Obstgärten, Wiesen, Weiden, Getreide und andere Erdfrüchte vernichten, ersticken, töten oder es verursachen; und selbst die Männer und Frauen, die Lasttiere, die Kleintiere, das Vieh und die Tiere mit grausamen, sowohl innerlichen als auch äußerlichen Schmerzen und Plagen belegen und peinigen; und dieselben Männer daran hindern, zu zeugen und die Frauen zu empfangen, und die Männer daran hindern, dass sie mit Frauen, sowie die Frauen daran hindern, dass sie mit Männern die ehelichen Akte leisten können...«

Neben den höchst verquasten Formulierungen fällt auf, dass den vermeintlichen Hexen (und Hexern) alles Mögliche angedichtet wird – nur: Vom Flug zum Hexensabbat ist keine Rede. Zwar wird kurz angedeutet, dass Frauen und Männer auch mit Dämonen Unzucht treiben, aber das Hauptaugenmerk richtet der Papst eindeutig auf den Schadenszauber. Vom Hexenflug zu Orgien auf gewissen Höhen, wie sie in der Schweiz und Frankreich den Ketzern schon früher angedichtet worden waren, weiß der Papst anscheinend noch nichts. Die werden für den deutschen Sprachraum offensichtlich erst jetzt von Heinrich Kramer erfunden.

Nein, erfunden – das wäre falsch. Schließlich wollte er keine Märchen erzählen. Sein Anliegen war vielmehr, alles Wissen über Hexen zusammenzutragen, wobei es ihn nicht zu stören schien, dass dieses Wissen ja aus nichts anderem bestand als dem, was (zum Teil hochgebildete) Theologen für die göttliche Wahrheit hielten, wandernde Prediger von der Kanzel verkündeten oder fantasiebegabte Mitmenschen gehört oder gar erlebt haben wollten. So viele Menschen konnten sich nicht irren.

Und der Papst schon gar nicht.

So machte sich Heinrich Kramer kurz nach dem Erscheinen der Bulle an ein Buch, das wohl das schrecklichste ist, das je geschrieben wurde: den *Malleus maleficarum* – den *Hexenhammer*. Unglückseligerweise erfand in jenen Jahren Gutenberg zwar nicht die Buchdruckerkunst, wie immer wieder törichterweise behauptet wird, jedoch das Verfahren, bewegliche Lettern aus Metall oder Holz herzustellen, was die Produktion von Büchern sensationell verbilligte. Dies und das ohnehin jedermann faszinierende Thema bescherten dem *Hexenhammer* innerhalb weniger Jahrzehnte für damalige Zeit höchst ungewöhnliche Auflagen.

Historiker streiten sich seit jeher über den genauen Zeitpunkt und den Erscheinungsort der einzelnen Ausgaben. Wichtiger jedoch ist eine andere Erkenntnis: Bis in unsere Tage hinein galt das Buch als Werk zweier Dominikaner. Neben Heinrich Kramer wurde und wird noch immer sein Kölner Mitbruder Jakob Sprenger als Koautor genannt.

Sprenger, Prior und Provinzial des Dominikanerordens, im Gegensatz zu Kramer eher liberal und mit dem fanatischen Hexenjäger sogar verfeindet, wurde das Opfer einer betrügerischen Machenschaft. Um seinem Werk mehr Beachtung zu verschaffen, hat Institoris ein von ihm bestelltes Gutachten der Kölner Universität, das nicht wie von ihm erhofft ausgefallen war, verfälscht und auch die Unterschrift seines Intimfeindes unter das Dokument geschmuggelt. In Wirklichkeit hatte Sprenger nichts mit dem schrecklichen Buch zu schaffen, und sein Name wurde Jahrhunderte hindurch zu Unrecht in einem Atemzug mit dem des fanatischen Inquisitors genannt.

Dabei waren sie so unterschiedlich wie Tag und Nacht. Die Dominikaner in der deutschen Provinz stritten sich in jenen Jahren darüber, ob es notwendig oder doch zumindest angebracht sei, den Orden zu reformieren, oder ob es besser sei, alles beim Althergebrachten zu lassen. Sprenger gehörte den Reformern an, und ausgerechnet in jenem Jahr, als Kramer die päpstliche Bulle erhielt, kam es zum Bruch zwischen den beiden Richtungen und damit auch zwischen den beiden Ordensbrüdern.

Als Sprenger später zu Kramers Vorgesetztem avancierte, verbot er allen nicht reformierten Ordenskonventen, selbst dem in Schlettstadt, wo Kramer schließlich Prior war, den Querulanten aufzunehmen. Der Inquisitor zog sich nach Salzburg zurück. Aber auch dort wurde er bei Androhung der Exkommunikation vom eigenen Orden vertrieben, weil die Predigerstelle an einen anderen Dominikaner vergeben werden sollte. Zu diesem Zeitpunkt nennt der General des Ordens Kramer bereits nicht mehr Magister oder Inquisitor, sondern bezeichnenderweise nur noch *frater Henricus*.

Die Geduld der Ordensoberen mit ihrem Mitbruder war endgültig zu Ende. Er war immer unbequem gewesen – um es vorsichtig auszudrücken. Schließlich hatte er einmal im Verdacht gestanden, Ablassgelder unterschlagen zu haben, was beileibe nicht als Kavaliersdelikt galt, war in eine Diebstahlsaffäre verwickelt, und auch von der drohenden Haftstrafe, weil er den damaligen Kaiser Friedrich III. öffentlich beleidigt hatte, war er nur durch das Eingreifen des Generalkapitels seines Ordens bewahrt worden.

Kein Wunder, dass die Reaktion seiner Mitbrüder besonders harsch ausfiel, als bekannt wurde, dass er nicht nur das Gutachten der Kölner Dominikaner über den *Hexenhammer* gefälscht, sondern auch Jakob Sprenger als maßgeblichen Mitarbeiter an diesem Werk angegeben hatte.

* * *

Was war nun daran so schrecklich? In jener Zeit, als der Hexenwahn um sich griff, erschienen doch viele Schriften, die sich mit diesem Phänomen beschäftigten. Gab es denn nichts Schlimmeres – wenn auch fälschlich –, als Mitautor an einem dieser Bücher bezeichnet zu werden?

Nein.

Denn der *Hexenhammer* war nun wirklich kein Buch wie jedes an-

8 *DER HEXENHAMMER*

dere. Es wurde schon von Zeitgenossen Kramers, vor allem aber seit dem 18. Jahrhundert als eines der entsetzlichsten, sadistischsten, frauenfeindlichsten, barbarischsten, widerwärtigsten und grauenhaftesten Werke verurteilt.

Zu Recht? Was seine Wirkung angeht, bestimmt. Der *Hexenhammer* erwies sich als das, was er auch sein sollte: ein Handbuch für geistliche und weltliche Richter, die sich in Verfahren gegen unzählige der Hexerei beschuldigte Frauen (und Männer) überfordert fühlten; die unsicher waren, ob es überhaupt so etwas wie strafwürdige Hexerei gab, wie man sie erkennen konnte und wie man die Beschuldigten — wenn sie denn überführt schienen — letztlich zu bestrafen hatte.

Zunächst musste bewiesen werden, dass es den Schadenszauber tatsächlich gab; dass es sich bei den Berichten über merkwürdige Erkrankungen von Mensch und Vieh, über Hagel und Blitzschlag nicht um Gerüchte handelte, die von geschwätzigen Dorfweibern erfunden und am Brunnen verbreitet wurden, sondern tatsächlich um das gemeinschaftliche Werk von Dämonen und den von ihnen behexten Frauen.

Und die ließen sich — wie im *Hexenhammer* beschrieben — allerlei einfallen. Zum Beispiel mit Männern. Die Geschichte vom armen Peter und was man angeblich daraus lernen kann, sollte man sich im Originalton Kramer zu Gemüte führen:

»Peter ist das Glied genommen; er weiß nicht, ob es genommen sei durch Hexerei oder anderswie, mit göttlicher Zulassung, durch die Macht des Teufels. Gibt es Mittel, das zu erkennen und dazwischen zu unterscheiden? Es kann mit Ja beantwortet werden; erstens, weil die, denen es widerfährt, meist Ehebrecher oder sonst Hurer sind; wenn sie also ihrer Geliebten nicht zu Willen sind oder sie verlassen wollen, indem sie anderen anhangen, dann bewirken jene aus Rache Derartiges oder nehmen sonst die Kraft des Gliedes weg.

Zweitens erkennt man es daraus, dass es nicht dauernd ist. Denn wenn die Impotenz nicht durch Hexerei bewirkt ist, dann ist sie nicht dauernd, sondern die Kraft kehrt manchmal wieder.

Aber hier entsteht wiederum der Zweifel, ob es infolge der Natur der Hexerei geschehe, dass es nicht dauernd sei? Es wird geantwortet, dass es dauernd sein kann und bis zum Tode währen, wie auch von der Hexenhinderung der Ehe die Kanonisten und Theologen urteilen, dass sie sich findet zeitweilig und dauernd.«

Scharfsinniger Unfug – anders kann man dieses Kauderwelsch kaum bezeichnen. War's nun eine bösartige Hexe oder nur das Alter, das Peter seiner Kraft beraubt hat? Kramers Interpretation lässt jedem verunsicherten Richter die Möglichkeit herauszuhören, was ihm im vorliegenden Fall gerade brauchbar erscheint.

Obwohl Heinrich Kramer angeblich lehren möchte, wie man ganz eindeutig zwischen Gerüchten und der Wahrheit, zwischen erwiesenen Tatsachen und frommen Legenden unterscheiden kann, bringt er als Beweise für seine haarsträubenden Thesen ebenso haarsträubende Geschichten vor, die herumerzählt werden oder die er von irgendeinem Menschen gehört haben will.

Da wir gerade bei weggezauberten Gliedern sind, ein weiteres Beispiel für die mangelnde Seriosität des Buches:

»Was endlich von den Hexen zu halten sei, welche bisweilen solche Glieder in namhafter Menge, zwanzig bis dreißig Glieder auf einmal, in ein Vogelnest oder einen Schrank einschließen, wo sie sich wie lebende Glieder bewegen, Körner und Futter nehmen (!), wie es von vielen gesehen worden ist und allgemein erzählt wird, so ist zu sagen, dass alles dies durch teuflische Handlung und Täuschung geschieht; denn also werden in der angegebenen Weise die Sinne der Sehenden getäuscht. Es hat nämlich einer berichtet, dass, als er das Glied verloren und er sich zur Wiedererhaltung seiner Gesundheit an eine Hexe gewandt habe, sie dem Kranken befahl, auf einen Baum zu steigen, und ihm erlaubte, aus diesem (dort befindlichen) Nest, in dem sehr viele Glieder lagen, sich eines zu nehmen. Als er ein großes nehmen wollte, sagte die Hexe: ›Nein, nimm das nicht‹; und fügte hinzu, es gehöre einem Weltgeistlichen.«

Solange sich der Autor darauf beschränkte zu erklären, dass es Hexen tatsächlich gebe und wie man sich vor ihrem Zauber schützen könne, ließe sich ja über manchen Unfug hinwegsehen. Im dritten Teil des Buches allerdings beschreibt Heinrich Kramer, wie man nach Verhör und Folter zu einer Beurteilung einer der Hexerei verdächtigten Frau komme. Die Passage fordert dem Leser zwar eine Menge Geduld ab, doch es lohnt sich wohl:

»Die angeklagte Person wird also entweder als schuldlos oder gänzlich freigesprochen befunden; oder sie wird als bloß allgemein wegen Ketzerei übel beleumundet befunden; oder sie wird, abgesehen vom üblen Leumunde, als den peinlichen Verhören oder Folterungen auszusetzen befunden; oder sie wird als der Ketzerei leicht verdächtig befunden; oder sie wird als der Ketzerei heftig verdächtig befunden; oder sie wird als der Ketzerei ungestüm verdächtig befunden; oder sie wird als der Ketzerei übel beleumundet und verdächtig zugleich und allgemein befunden; oder sie wird als der Ketzerei geständig und bußfertig und in Wahrheit nicht rückfällig befunden; oder sie wird als der Ketzerei geständig und bußfertig, aber wahrscheinlich rückfällig befunden; oder sie wird als der Ketzerei geständig und unbußfertig, aber nicht wirklich rückfällig befunden; oder sie wird als der Ketzerei geständig und unbußfertig und auch mit Sicherheit rückfällig befunden; oder sie wird als nicht geständig, aber der Ketzerei durch gesetzmäßige Zeugen und sonst gerichtlich überführt befunden, oder sie wird als der Ketzerei überführt, aber als flüchtig oder abwesend *in contumaciam* befunden; oder sie wird von einer anderen einzuäschernden oder eingeäscherten Hexe angezeigt befunden.«

Unglaublich! Stellen wir uns einen Menschen – sei es Mann oder Frau – vor, der tagelang auf das Schrecklichste gefoltert wurde: Ist es tatsächlich denkbar, dass keiner dieser »Befunde« auf ihn zutrifft?

Auf einen wie auch immer gearteten Schuldspruch würde es wohl in jedem Fall hinauslaufen.

Der *Hexenhammer* hat keineswegs die Hexenverfolgung in Europa ausgelöst. Hexenjagden gab es lange vorher, vor allem im Gebiet der heutigen Schweiz und im Südosten Frankreichs. In Basel erschien um 1435 der *Formicarius* des Johannes Nider, ein ebenso gefährliches Buch, das im *Hexenhammer* naturgemäß immer wieder zitiert wird. Die Frauenverachtung, die aus jeder Zeile des *Hexenhammers* spricht, war ebenfalls nicht außergewöhnlich für das 15. Jahrhundert, auch wenn sie bei Kramer in krankhaften Hass umschlägt.

Wichtiger als die Bestätigung ohnehin im Volk existierender Meinungen und Vorurteile sind für den unheilvollen Erfolg des Buches jedoch zwei andere Gründe: zum einen der für ein so umfangreiches Werk relativ günstige Preis, der durch Gutenbergs geniale Erfindung möglich gemacht wurde. Zum Zweiten war Der *Hexenhammer (Malleus maleficarum)* nicht auf Deutsch, sondern auf Lateinisch geschrieben und somit eine leichte Lektüre für jeden Theologen in Europa, was ebenfalls wesentlich zu seiner Verbreitung beitrug. Man schätzt heute, dass an die zehntausend Exemplare in den Bibliotheken der europäischen Klöster und Universitäten standen – und auch studiert wurden.

Vieles, was Heinrich Institoris im *Hexenhammer* niedergeschrieben hatte, verstieß zum Teil gegen die offizielle kirchliche Auffassung, die in dem an anderer Stelle erwähnten *Canon episcopi* festgehalten war und im Grunde noch immer Gültigkeit besaß. Dort war der Glaube an den Hexenflug klipp und klar als Unsinn bezeichnet worden. Kramer behauptete nun jedoch, es sei eine neue Generation von Hexen und Dämonen nachgewachsen, die – mit Gottes Erlaubnis – zu Derartigem durchaus in der Lage seien.

Anderes, was Kramer forderte, widersprach geltendem Recht und konnte daher weltliche Richter, die häufig unter starkem Druck von unten standen, in Verlegenheit bringen. Durften sie in Hexenprozessen die ihnen normalerweise gesetzten Grenzen überschreiten? Dem *Hexenhammer* zufolge, ja! Ab sofort durften sie ihre Zweifel beiseitelassen und sich auf ein quasi amtliches Werk berufen. Schließlich hatte Kramer die päpstliche Bulle ganz bewusst seinem Buch vorangestellt, und auch das (gefälschte) Gutachten der Theologischen Fakultät der Universität in Köln galt als Gütesiegel.

So wurde aus dem *Hexenhammer* die scheinbar von höchster Stelle abgesegnete Gebrauchsanleitung für alle Hexenjäger. Sie fand schon früh prominente Gegner, beispielsweise auch – man höre und staune – ausgerechnet bei den mächtigen Großinquisitoren in Italien, Spanien und Portugal. Was allerdings Deutschland und andere zentraleuropäische Staaten angeht, fühlten sich weder Rom noch die Erzbischöfe berufen, Kramer und seinem Buch energisch entgegenzutreten. So wurde auch die Amtskirche mitverantwortlich für die Gräuel, die – wie jedermann annehmen musste – auf ihr Geheiß, unbestreitbar aber in ihrem Namen stattfanden.

Sollte sich dieser oder jener Zeitgenosse heute aus Neugierde veranlasst sehen, den *Hexenhammer* auf der Suche nach sadistischen oder schlüpfrigen Details zu durchstöbern, wird er bald aufgeben. Das üble Machwerk ist ebenso verwirrend wie langatmig, und unser Mitgefühl gilt zwar hauptsächlich den Opfern des Hexenwahns, mit gebührendem Abstand aber auch den Historikern von heute, die gezwungen sind, sich durch das fast achthundert Seiten umfassende Werk eines in jeder Hinsicht verwirrten Geistes hindurchzukämpfen.

Zwei starke Männer haben mir versichert,
sie könnten sich kein noch so entsetzliches Vergehen denken,
dessen sie sich nicht sofort beschuldigen würden,
wenn sie sich mit einem solchen Geständnis
nur eine Weile von so furchtbarer Folterqual retten könnten.
Ja, ehe sie sich noch einmal dorthin schleppen ließen,
würden sie lieber mit festem Schritt in den Tod gehen.

Friedrich von Spee

9 VERLIES UND FOLTERKAMMER

Sie kamen plötzlich und völlig unerwartet. Ihr Mann war irgendwo in der Stadt unterwegs und sie gerade dabei, die Holztische abzuwischen, als die Tür zum Gasthaus aufflog und zwei Männer hereinstürmten. Sie schrie und wehrte sich, aber nur kurze Zeit. Dann erkannte sie die beiden. Wie die meisten Nördlinger Bürger hatte auch Maria Holl, die Kronenwirtin, in den letzten Jahren häufig genug Gelegenheit gehabt, ihnen bei ihrer schaurigen Arbeit während der zahlreichen Hinrichtungen zuzuschauen: Es waren die Gehilfen von Meister Jakob.

Die Henkersknechte.

Es hätte keinen Sinn gemacht, sich gegen die beiden zu wehren. Sie gingen nicht gerade zimperlich um mit ihren Gefangenen, das wusste jeder, und außerdem: Was sollte ihr schon geschehen? Schließlich war sie eine angesehene und geachtete Bürgerin, geboren zu Ulm, seit ein paar Jahren verheiratet mit Michael Holl, dem Besitzer der Herberge Zur Krone am Weinmarkt, fromm und von tadellosem Ruf.

Die Männer zerrten sie nach draußen. Vor dem Gasthaus hatten sich ein paar Nachbarinnen eingefunden, die neugierig, aber stumm zusahen, wie sie abgeführt wurde. Einige schauten betroffen drein, andere eher hämisch: Wieder so eine Zaubersche aufgespürt. Man ist doch heutzutage vor niemandem mehr sicher!

Maria Holl bemühte sich um Haltung. Schließlich kannte sie alle bedeutenden Männer der Stadt. Den Bürgermeister Pferinger natürlich, den in diesem Augenblick für sie wichtigsten Mann, denn in der Freien Reichsstadt Nördlingen war für alle Fragen der Justiz der Rat zuständig. Johannes Pferinger war im eigentlichen Beruf Kunstschreiner; sehr begabt, aber auch ziemlich fanatisch und ebenso ehrgeizig wie die beiden Juristen, die sich die Stadt seit ein paar Jahren leistete: die Ratsadvokaten Dr. Wolfgang Graf und den im ganzen Ries bekannten Dr. Sebastian Röttinger, die für die Verhöre und das Protokoll verantwortlich waren – und im Übrigen Stammgäste in Maria Holls Haus Zur Krone.

Ob ihr das helfen konnte? Sie erinnerte sich an die Hebamme Ursula Haider, die vor ein paar Jahren angeblich die Kinder einer anderen Frau zu Tode gehext hatte; oder an die Engelwirtin, die man so lange gefoltert hatte, bis sie das Märchen von ihrem kleinen Buhlteufel erzählte, der sie zwar immer wieder geschlagen, aber angeblich auch heftig begehrt hatte. Maria erinnerte sich daran, dass die Engelwirtin damals achtundsechzig Jahre alt gewesen war.

Sie dachte natürlich auch an Rebekka Lemp, die man auf das Grausamste gefoltert hatte, bis sie endlich alles gestand, was man von ihr hören wollte; an die reiche Witwe Wörlen, deren Mann immerhin Ratsherr gewesen war; an den Kürschnauer Jörg, den einzigen Mann, der – zusammen mit seiner Frau übrigens – verurteilt worden war; und natürlich an Walburga Gundelfinger, die Witwe des Bürgermeisters Karl Gundelfinger, die man so lange gefoltert hatte, bis sie im Gefängnis starb. Ihre Leiche hatte man dann verbrannt.

Konnte Derartiges tatsächlich auch mit ihr geschehen, dachte Maria Holl, während sie zwischen den beiden Knechten durch die engen Gassen Nördlingens stolperte. Wohl kaum. Mit Sicherheit nicht. Schließlich kannte sie die drei wichtigsten Männer der Stadt!

Ein paar Minuten später stand sie vor ihnen.

* * *

Verhöre verliefen mehr oder weniger immer nach dem gleichen Schema. Die der Hexerei Verdächtige wurde gefragt:

Es sei ja wohl bekannt, dass es Frauen gebe, die sich dem Teufel sexuell hingeben, sich ihm verschreiben und Christus leugnen. Oder wolle sie das bestreiten?

Durch wen sie erfahren habe, dass es Derartiges gebe, und wer ihr Einzelheiten erzählt habe?

Ob sie irgendwelche Kunststücke erlernt habe, sei es Wetter zu machen oder Kühen die Milch zu nehmen oder anderen eine Krankheit anzuzaubern. Ob sie Gift mische, wer es sie gelehrt habe und was sie dafür habe tun müssen?

Ob sich ihr der Teufel unsittlich genähert habe, welche Kleidung er bei diesem Anlass getragen und wie er sich genannt habe?

Ob sie sich ihm hingegeben und ob er sie dafür bezahlt habe. Was aus dem Geld geworden sei, das er ihr gegeben habe. Hatte es sich später – wie bekanntlich vielerorts geschehen – in Dreck verwandelt?

Wie der Leib des Teufels, insbesondere sein Glied beschaffen sei. Wie es sich angefühlt habe, und ob der Samen heiß oder kalt gewesen?

Ob die Unzucht mit dem Teufel mehr fleischliche Lust verschaffe als der Beischlaf mit einem normalen Mann?

Ob sie ein Kind des Teufels zur Welt gebracht und was sie mit ihm gemacht habe? Hat sie es getötet und anschließend zu Hexensalbe verarbeitet?

Ob sie sich dem Teufel schriftlich verschrieben habe, und was sie ihm habe geloben müssen. Musste sie Gott und allen seinen Heiligen abschwören?

Ob sie mit ihrem teuflischen Buhlen zum Hexentanzplatz gegangen sei. Oder war sie mit ihm durch die Luft gefahren? Auf einer Ofengabel, einem Besen oder einem Ziegenbock?

Ob ihr Mann nichts gemerkt habe, wenn sie ihn nachts verlassen hätte. Hat der Teufel ihm vorgetäuscht, sie läge noch immer neben ihm? Oder hat er gar von ihren nächtlichen Ausfahrten gewusst?

Was sie auf dem Hexentanzplatz getrieben habe? Hat sie dort den Oberteufel gesehen? Hat sie ihm den Hintern geküsst?

Hat sie aus der Kirche geweihte Hostien gestohlen und sie mit zum Tanzplatz genommen? Hat der Teufel das Allerheiligste dort geschändet?

Hat sie im Auftrag des Teufels Unwetter heraufbeschworen, Ernten vernichtet, Vieh oder Menschen verderben lassen?

Wen von ihren Bekannten hat sie dort ebenfalls gesehen? Ob sie Namen nennen könne. Haben alle Menschen dort untereinander Unzucht getrieben? Auch Männer mit Männern und Frauen mit Frauen? Mit Kindern oder Tieren gar?

Anfangs hatte Maria Holl die ihr wohlbekannten und gelehrten Männer nur fassungslos angestarrt. Meinten sie das wirklich ernst, was sie sie da fragten? Sie kannten sie doch. Sie war kein Gespenst, kein Nachtmahr, keine Hexe. Sie war Maria, die ihnen das Bier zapfte, wenn sie abends ins Gasthaus kamen, die ihnen den Wein einschenkte und sich hin und wieder zu ihnen setzte, wenn sie die Zeit dazu fand.

Sie war versucht zu lachen, aber das hier war kein Scherz. Zunächst waren sie zwar noch halbwegs höflich, aber je ungläubiger Maria sie ansah, je ärgerlicher ihre Antworten schließlich ausfielen, umso mehr verschärfte sich der Ton. Schließlich erhoben sie sich, und der Bürgermeister sagte: »Es sieht so aus, als würdest du das Gericht nicht ernst nehmen. Wir werden dir Gelegenheit verschaffen, ein wenig über deine Lage nachzudenken.« Er wandte sich an den Henker: »Bring sie in den Kerker.«

»Und mein Mann?«, schrie Maria. »Was ist mit meinem Mann? Er weiß doch gar nicht, wo ich bin!«

»Mit deinem Mann«, sagte Johannes Pferinger, »mit deinem Mann werde ich persönlich sprechen – aber zunächst einmal redest du!«

* * *

Bestialischer Gestank schlug ihr entgegen, als einer der beiden Henkersknechte die niedrige eiserne Tür zum Kerker aufschloss, während der andere ihren Kopf unsanft nach unten drückte, um sie dann mit einem Stoß zwischen die Schulterblätter nach vorn in das dunkle Loch zu stoßen.

Während sich hinter ihr kreischend die Tür schloss und der Schlüssel umgedreht wurde, versuchte Maria mit angehaltenem Atem, ihre Augen an die Dunkelheit zu gewöhnen. Sie schien allein zu sein, abgesehen von den Ratten, die sie irgendwo im Dunkeln rascheln hörte. Durch ein kleines Fenster, unerreichbar hoch in der Decke, fiel ein winziger Lichtstrahl in das Verlies, in dem es unerträglich nach Fäkalien und verfaultem Stroh stank.

So roch der Tod.

Maria vergrub ihren Mund im weiten Ärmel ihres Kleides und versuchte, die faulige Luft durch den schweren Stoff zu filtern. Vergeblich. Sie würgte und wusste, dass sie sich übergeben würde. Sie suchte in der fast völligen Dunkelheit des Kerkers nach einem Eimer oder einem anderen entsprechenden Gefäß. Aber da war nichts dergleichen. Sie übergab sich auf den Boden. Immer und immer wieder.

Irgendwann kam nichts mehr.

Maria hoffte, sich nicht auf den Strohsack erbrochen zu haben, denn es war ihr inzwischen klar geworden, dass sie wohl die ganze Nacht in diesem Loch verbringen musste. Aber sosehr sie ihre Augen in der Dunkelheit auch anstrengte und den Boden mit ihren Füßen abtastete: Da war kein Strohsack. Es gab nur übel riechende Rückstände menschlicher Exkremente, klebrige Überreste von irgendetwas, das wohl einmal Stroh gewesen sein mochte, und sonst nichts.

Abgesehen von einem schweren Holzblock, der vielleicht als Bank dienen konnte, und ein paar in die Wand eingemauerten Ringen, an die man bei Bedarf Gefangene anketten konnte. Gefangene wie sie.

Inzwischen war es ganz finster geworden in dem Loch, das ihr als

9 VERLIES UND FOLTERKAMMER

Kerker diente. Selbst aus dem winzigen Fenster drang nun kein Licht mehr nach unten. Wie spät mochte es sein? Die Hoffnung, dass Michael, ihr Mann, erscheinen und sie nach Hause holen könnte, hatte sie lange aufgegeben. Wer einmal hier gelandet war – und das wusste sie aus den Prozessen der letzten Jahre –, kam so schnell nicht wieder nach Hause. Wenn überhaupt.

Sie würde sehr tapfer sein müssen, wenn sie die Verhöre unbeschadet überstehen wollte. Die Befragungen waren, wie sie vom Hörensagen wusste, sehr anstrengend. Vor allem wenn es etwas zu verbergen galt. Aber das war bei ihr ja nicht der Fall. Bei den anderen Frauen aus der Stadt war sie sich nicht sicher. Vielleicht – nein, wahrscheinlich – waren sie ja tatsächlich Hexen gewesen, waren mit dem Teufel ins Bett gegangen oder hatten es sonst wo mit ihm getrieben.

Schließlich hatten sie es ja zugegeben.

Aber was sollte ihr selbst schon geschehen? Nicht einmal ein verräterisches Hexenmal würden sie bei ihr finden. Sie hätte es doch selbst längst entdeckt, wenn es irgendwo an ihrem Körper einen merkwürdigen Fleck gäbe. Ein Muttermal beispielsweise. Aber da war nichts.

Maria wusste, dass man danach suchen würde. Solche Flecken waren ja ein wichtiger Anhaltspunkt, wenn auch nicht der einzige. Im Gasthaus wurde viel erzählt, und deshalb wusste sie auch, dass manche Richter glaubten, eine Hexe könne man schon daran erkennen, dass sie extrem leicht sei. Wie sonst könne sie – womit auch immer – zum Tanzplatz fliegen!

In einem Städtchen irgendwo im Nordwesten, Altwasser heißt es wohl oder Oudewater, wie die dortigen Einwohner sagen, soll eine offizielle Waage stehen, zu der die Leute von weit her anreisen, um sich wiegen zu lassen. Wenn sie nicht für leichter befunden werden, als man sie dem Augenschein nach einschätzt, bekommen sie eine entsprechende amtliche Bescheinigung, die – angeblich – von den meisten Gerichten als Unschuldsbeweis anerkannt wird.

Wo keine solche Waage vorhanden ist, und das war früher und

ist ja wohl auch heute noch meistens der Fall, gibt es gewöhnlich irgendein Gewässer, in das man die beschuldigte Person eintaucht, wobei man ihr zuvor die Daumen und die großen Zehen über Kreuz zusammenbindet, sodass sie auf dem Rücken zu liegen kommt. Dann lässt man sie an einem Seil oder einer Stange hinab ins Wasser, und wer leicht ist, schwimmt natürlich oben und ist zumindest verdächtig, wahrscheinlich auch schuldig. Wer dagegen schwer ist, geht sofort unter, womit seine Unschuld erwiesen ist.

Viele Unschuldige ertrinken allerdings bei dieser Prozedur.

Andere behaupten, wie sich Maria erinnerte, dass es keineswegs am Gewicht liegt, dass die wirklich Schuldigen nicht untergehen. Sie behaupten vielmehr, durch die Taufe Christi im Jordan sei das Wasser heilig und würde sich deshalb weigern, Hexen aufzunehmen. Daran hat Maria allerdings noch nie geglaubt. Warum sollte ein Tümpel irgendwo im Frankenland heilig sein, nur weil Jesus in einem fernen Fluss getauft wurde!

Da hielt sie es schon für wahrscheinlicher, dass man verdächtig war, wenn man das Vaterunser nicht, ohne zu stocken, laut beten konnte. Sie hatte es heimlich ein paarmal ausprobiert, und es hatte ihr nie Probleme gemacht. Auch jetzt sagte sie es in die Stille hinein, und auch diesmal bereitete es ihr keine Mühe.

Richtig Angst hatte sie dagegen vor der Nadelprobe. Auch die kannte sie nur vom Hörensagen, aber immerhin wusste sie, dass jedes ungewöhnliche körperliche Merkmal verdächtig war: ein Leberfleck oder ein Muttermal, eine Warze und sogar eine Narbe, denn sie könnte von einem Biss des Teufels herrühren.

Sie war sich zwar sicher, dass Derartiges bei ihr nicht zu finden war. Andererseits – was war mit ihrem Rücken? Hätte Michael sie darauf aufmerksam gemacht, wenn er dort ein kleines Muttermal gesehen hätte? Wohl kaum. Wozu auch. Aber hatte sie je unter ihren Füßen nachgeschaut? Es hatte nie einen Anlass gegeben, aber wenn man jetzt dort etwas finden würde ...

Noch schlimmer war die Vorstellung, dass der Henker und seine Gesellen danach suchen könnten. Sie werden sie hoffentlich nicht entkleiden; wenigstens nicht vollständig. Ein Hemd wird man ihr ja wohl lassen, und hoffentlich ruft man eine Hebamme, um an intimeren Stellen nachzuschauen! Sicher ist sie sich da keineswegs. Andererseits möchte sie sich nicht vorstellen, dass so ehrbare Männer wie die beiden Advokaten und der Bürgermeister zulassen könnten, dass sie von den Henkersknechten ausgezogen wird.

Maria begann zu weinen. Im Dunkeln tastete sie nach dem schweren Holzklotz, den sie ganz zu Anfang im Dämmerlicht gesehen hatte, und setzte sich darauf. So weinte sie sich in den Schlaf. Irgendwann fiel sie von dem Klotz und rappelte sich verwirrt hoch. Sie verspürte ein dringendes Bedürfnis, wusste jedoch gleichwohl, dass es keinen Eimer gab.

Sie hockte sich dort nieder, wo sie sich zuvor übergeben hatte. Hier war ohnehin alles verschmutzt. Es kam nicht mehr darauf an.

* * *

Sie erwachte davon, dass sich irgendetwas unter ihrem Kleid befand und an ihrem Bein hinauflief. Eine Ratte! Sie schrie hysterisch auf, sprang hoch, fiel über den Holzklotz und der Länge nach auf den vor Schmutz starrenden Boden. Dann hörte sie Schritte und den Schlüssel, der sich knirschend im Schloss drehte. Es waren die Knechte des Henkers, die sich – mit Fackeln in den Fäusten – durch die niedrige Tür zwängten und sie nach draußen auf den dunklen Gang zerrten. Dann führten sie Maria die Treppe hinauf in einen Raum, in dem vier Männer auf sie warteten.

Vier Männer, eine Art Tisch in der Mitte des großen Zimmers, eine merkwürdige Leiter direkt am Fenster und ein paar ebenso seltsame Gerätschaften neben einem Schemel an der linken Wand.

Die drei Männer, die in schweren Stühlen saßen, waren der Bürgermeister Johannes Pferinger und die beiden Ratsadvokaten Dr. Wolfgang Graf und Dr. Sebastian Röttinger. Rechts an der Wand stand Meister Jakob, der Henker. Anscheinend war es bereits Vormittag, denn durch die Fenster schien Tageslicht herein, und

Maria Holl versuchte verlegen, die schmutzigen Strohreste von ihrem Kleid abzuwischen.

»Spar dir die Mühe«, sagte der Bürgermeister. »Zieh es gleich aus.«

Maria starrte ihn entgeistert an. »Was? Hier etwa?«

Der Bürgermeister machte eine unwirsche Handbewegung in Richtung des Henkers, und der nickte den beiden Knechten zu.

Maria wehrte sich verzweifelt, aber innerhalb von zwei Minuten hatten die Männer ihr Kleid, Rock und Hemd heruntergerissen, und während sie noch wie wild um sich zu schlagen versuchte, drehten ihr die Knechte die Hände auf den Rücken und fesselten sie so an die Leiter.

Da sie sich nicht mit den Händen bedecken konnte, presste Maria ihre Schenkel so fest wie möglich zusammen, aber das störte den Henker zunächst nicht, der jetzt neben sie trat und ihren nackten Leib Zoll für Zoll absuchte. Die Frau weinte vor Wut und Scham, während Meister Jakob sich im wörtlichen Sinne von unten nach oben tastete, wobei er sich besonders lange mit ihren Brüsten beschäftigte, sie dann mit dem Bauch an die Leiter binden ließ und ihre Kehrseite prüfte.

»Nun?«, fragte der Advokat Dr. Graf, der das Protokoll schrieb und Einzelheiten wissen wollte.

»Bislang noch nichts«, sagte der Henker, »aber Ihr seht ja, wie sie die Schenkel zusammenkneift. Und außerdem müssen wir sie noch rasieren.«

»Das hättet Ihr ja längst machen können«, murrte der Bürgermeister.

»Wann denn?«, antwortete Meister Jakob frech. »Bei Nacht vielleicht?«

Auf seinen Befehl hin wurde Maria von der Leiter gebunden und mit dem Rücken auf den Tisch gelegt, und zwar so, dass ihre Füße direkt auf die Stühle ihrer Richter wiesen. Man bog ihre Arme nach hinten und fesselte sie über ihrem Kopf. Dann nahm jeder der Knechte einen ihrer Füße, und auf Befehl des Henkers rissen sie ihre Beine auseinander und hoch und fesselten sie in dieser Position, sodass sie nun mit weit gespreizten Beinen vor den Männern lag, die schamlos betrachteten, was so noch nicht einmal ihr Mann hatte sehen dürfen.

Es war die schlimmste Demütigung, die man einer Frau antun konnte, und alle Anwesenden im Raum wussten es.

»Normal oder radikal?«, fragte der Henker in gleichgültigem Ton, an den Bürgermeister gewandt.

»Was meint Ihr?«, fragte Pferinger die beiden Juristen an seiner Seite.

»Radikal ist sicherer«, sagte Dr. Graf.

»Also gut.«

Maria lag stumm und mit geschlossenen Augen da und versuchte, tot zu sein. Sie beschloss, dass da keine Männer waren, die in ihre weit geöffnete Scham starrten, und sie versuchte, nicht daran zu denken, wie man sie von den Haaren in ihren Achselhöhlen und an ihrer intimsten Stelle befreien würde.

Plötzlich schrie sie gellend auf, als der Henker ihr kurz eine Fackel zwischen die Beine hielt, sein Werk betrachtete und den Vorgang wiederholte. Sie war schon bewusstlos, als er die gleiche Prozedur unter ihren Armen vornahm, und kam erst wieder zu sich, als sie fühlte, wie Meister Jakob mit irgendeinem Gegenstand zwischen ihren Beinen herumstocherte.

»Und?«, fragte der Bürgermeister ungeduldig.

»Ich bin mir nicht sicher«, sagte der Henker, der weiterhin schabte und piekste. »Kann sein, kann auch nicht sein.«

»Schaut Ihr doch mal nach«, sagte Pferinger zu Dr. Röttinger, aber der winkte unwirsch ab. »Fehlt mir noch, dass ich zwischen den Schenkeln einer Hexe herumkrieche. Da kennt sich Meister Jakob besser aus.«

Aber der Henker wollte sich nicht festlegen, ob die kleine Schwellung, die er da unten ertastet hatte, wirklich ein Hexenmal war, denn die Frau hatte gezuckt, als er mit einer Nadel in den winzigen Höcker gestochen hatte, aber an solchen Stellen spüren Hexen keinen Schmerz. Und außerdem: Es heißt, dass der Teufel nur solchen Frauen ein Hexenmal einbrennt, von denen er nicht sicher ist, dass sie zu ihm stehen. Wirklich überzeugte und gehorsame Hexen besitzen deshalb überhaupt kein Mal!

»Na gut, oder auch nicht gut«, sagte der Bürgermeister. »Ein wirklicher Beweis ist so ein Mal ja ohnehin nicht. Nur ein Indiz halt. Und Indizien haben wir schließlich genug. Angesichts all der Frauen, die die Kronenwirtin beim Hexentanz gesehen haben wollen. Nun muss sie eigentlich nur noch gestehen. Und das«, wandte er sich an Maria, »wirst du mit Sicherheit. Morgen oder übermorgen. Irgendwann, und zwar schon bald.«

Er sah den Henker an. »Bringt sie weg!«

* * *

Sie hatten ihr nur noch das Hemd gelassen, mit dem sie ihren entehrten Körper wenigstens notdürftig bedecken konnte, als sie in das Verlies zurückgebracht wurde. Die Kleider hatten sie ihr weggenommen. Vielleicht wurden sie schon morgen von Meister Jakobs Frau getragen. Im Kerker angekommen, riss sie sich von den Männern los und wollte sich in die äußerste Ecke kauern, aber die Männer zwangen sie zu dem dunklen Holzklotz, auf dem sie die Nacht verbracht hatte, ohne ihm die geringste Aufmerksamkeit geschenkt zu haben.

Erst als die Männer sie zwangen, sich vor den Klotz zu setzen, und das schwere Ding aufklappten, sah sie sowohl in dem unteren als auch in dem nun angehobenen oberen Teil die vier halbkreisförmigen Öffnungen. In die unteren musste sie nun sowohl ihre Fuß- als auch die Handgelenke legen. Dann klappten sie den oberen Teil nach unten und ketteten anschließend sowohl die Füße als auch die Hände aneinander.

Nahezu nackt auf dem verdreckten Boden sitzend, Arme und Beine in unnatürlicher Haltung vorgestreckt – das war nicht etwa unbequem, das war schon in den ersten Minuten äußerst schmerzhaft.

9 VERLIES UND FOLTERKAMMER

Wollte man sie vielleicht die ganze Nacht so sitzen lassen? Oder gar bis zum nächsten Verhör? Wie lange sollte sie das aushalten?

Monatelang.

Die erste Nacht war nicht die schlimmste. Aber sie kam ihr so vor. Da wusste sie noch nicht, was auf sie zukommen würde und was zu ertragen Menschen in der Lage waren. Manche Menschen wenigstens.

Schon nach einer Stunde waren die Schmerzen in ihrem Rücken kaum mehr auszuhalten, Krämpfe durchzuckten ihre Wadenmuskeln, weinen konnte sie längst nicht mehr, und schließlich verlor sie völlig die Kontrolle über ihren Körper. Hilflos spürte sie, wie sich Blase und Darm entleerten. Irgendwann umfing sie eine gnädige Ohnmacht, aus der sie hin und wieder wimmernd erwachte, um dann wieder in tiefe Bewusstlosigkeit zu fallen.

Am nächsten Morgen holten sie die Knechte wieder ab und befreiten sie aus dem Block, aber als sie Maria auf die Füße stellen wollten, brach sie sofort zusammen. Die Schmerzen in ihrem Rücken waren unerträglich. Die Knechte schleppten sie in den Verhörraum, wo die Advokaten mit dem Bürgermeister schon warteten und sofort mit der Befragung begannen.

Maria hatte gehofft, man würde ihr vor Schmutz starrendes Hemd gegen ein frisches austauschen, aber der widerliche Gestank, der von ihr ausging, schien niemanden der Anwesenden zu stören. Zunächst die üblichen Fragen. Maria hatte sich inzwischen so weit gefangen, dass sie alle ihr gemachten Vorwürfe nicht nur abstritt, sondern die Fragen der Advokaten als geradezu lächerlich bezeichnete.

Geschickt war das sicher nicht.

Der Bürgermeister befahl Meister Jakob, ihr die Foltergeräte zu zeigen und deren Funktion zu erklären.

Da waren zunächst die Daumenschrauben, zwei Eisenplättchen, zwischen die man Marias Daumen legen würde, um sie dann mittels einer Schraube zusammenzupressen. Dann die sogenannten spanischen Stiefel, die ähnlich funktionierten, nur dass hier nicht die Daumen, sondern die Unterschenkel gequetscht würden. Ferner die Leiter, bei der eine der Sprossen aus einer Walze bestand, die mit Dornen gespickt war und etwa in Kopfhöhe angebracht war. Wenn man mit dem Rücken an diese Leiter gestellt und dann langsam hochgezogen wurde, riss einem die Dornenwalze Lenden und Schultern auf.

Schließlich das Seil. Es lief über ein Rad, das oben an der Decke angebracht war. Meister Jakob trat hinter Maria und band ihr die Handgelenke hinter dem Rücken zusammen. Dann hob er sie ganz leicht an. Unter dem Schmerz beugte sich die Frau nach vorn. Der Henker hob ihre Hände höher, ganz langsam und vorsichtig. Maria keuchte vor Schmerz. Und noch ein wenig höher. Es war, als kugele man ihr die Arme aus. Sie schrie gellend auf.

Meister Jakob ließ ihre Hände los. »Wir werden dir die Hände an dieses Seil hier fesseln, und dann ziehen wir dich hoch. Diesen Schmerz kannst du dir vielleicht nicht vorstellen, aber ich verspreche dir: Er wird unerträglich sein.« Er flüsterte ihr jetzt ins Ohr: »Darum sei ein gescheites Mädchen und erspar dir den Schmerz. Sag ganz einfach, was sie hören wollen. Irgendwann tust du es ohnehin. Es wäre doch schade, wenn du dann schon ein Krüppel wärst!«

Maria schüttelte den Kopf, und der Bürgermeister gab dem Henker zu verstehen, dass er mit den Daumenschrauben beginnen solle. Die Henkersknechte zerrten Maria auf einen Schemel, bogen ihr die Finger der linken Hand auseinander und schoben ihren Daumen zwischen die beiden Plättchen. Dann drehte Meister Jakob langsam die Schraube fest. Fester und fester.

Maria wimmerte. Die Schmerzen waren kaum auszuhalten.

»Warst du jemals bei einem Hexentanz?«, fragte der Doktor Graf.

»Nein«, schluchzte Maria. Meister Jakob nahm einen Hammer und klopfte einmal hart auf das Plättchen. Maria verlor fast das Bewusstsein. Blut trat unter ihrem Daumennagel aus. »Nein?«, fragte der Henker. Maria schüttelte den Kopf. Der Henker drehte die Schraube fester und schlug wieder auf die Plättchen.

»Nein!«, schrie Maria. Der Henker drehte weiter.

9 VERLIES UND FOLTERKAMMER

»Sie weint nicht«, sagte der Bürgermeister zu seinen Beisitzern. »Einigermaßen verdächtig!« Die beiden anderen nickten. Es war bekannt, dass manche Hexen nicht zu weinen vermochten.

»Nimm auch die andere Hand«, sagte der Doktor Röttinger.

* * *

Nach einer weiteren entsetzlichen Nacht in ihrem Holzblock wurde Maria erneut verhört. Man legte ihr die spanischen Stiefel an. Die Unterschenkel beider Beine wurden zwischen Schienen so fest zusammengeschraubt, dass Maria immer wieder das Bewusstsein verlor. Das war lästig für das Gericht, weil man jedes Mal das Verhör unterbrechen musste, bis sie endlich wieder vernehmungsfähig war.

»Wolle Gott, dass ich ein Unhold wäre«, keuchte sie einmal, »dann könnte ich doch wenigstens etwas gestehen.«

»Das ist Gotteslästerung«, sagte Dr. Graf, und der Bürgermeister zog plötzlich ein Papier aus der Tasche. »Was sagst du denn dazu?«, fragte er Maria. »Das ist ein Brief von deinem Mann – ich will ihn dir vorlesen!«

Er entfaltete das Schriftstück und begann:

»Dass du dich, liebe Hausfrau, an der hohen göttlichen Majestät so schwerlich versündiget, auch an mir und deinen Kindern so untreulich gehandelt hast, hätte ich dir die Zeit meines Lebens nit zugetraut, und hat mich der Allmächtige mit besonderer Blindheit und Unverstand gestraft, da ich so gar nichts gemerkt und verstanden haben soll. Ich zweifele aber gar nit, unser lieber Gott hat aus sonderm weisem Rat den leidigen Satan über dich verhängt, damit deine Misshandlung öffentlich an den Tag, auch du dadurch zu wahrer Erkenntniß derselben und wahren Buß kommen möchtest.

Will dich deswegen zum Höchsten ermahnt haben, du wollest deine Sünde mit herzlicher Reue und Leid über dieselbe unserm getreuen Gott mit Ernst abbitten, dich dem wahren Glauben auf das treueste Verdienst und Blut unseres Herrn Jesus Christi verlassen, welcher nit allein für deine, sondern auch für der ganzen Welt Sünde genug gethan, wollest dich als sein verlornes Schäflein, das sich in der Wüsten-Welt gröblich verirret, treuherzig suchen, gutwillig und in Demuth finden lassen, so wird er dich ohne Zweifel auf seine Achsel der Barmherzigkeit nehmen und in den ewigen Schafstall tragen, allda sich alle Engel über dir erfreuen und wir, ob Gott will, bald einander wieder sehen und ewige Freude genießen werden. Es soll dir auch alles, so du wider mich gethan, von Herzen verziehen seyn und dir im Ärger nimmer gedacht werden.«

»Und so weiter und so weiter«, sagte der Bürgermeister und faltete den Brief wieder. »Wie du siehst, hält auch dein Mann dich für schuldig und für eine arglistige Hexe, die ihr wahres Wesen vor ihm und den Kindern bis heute versteckt gehalten hat. Gestehe nun also, und bereue deine Schandtaten.«

Maria starrte ihn ungläubig an. »Das soll mein Mann geschrieben haben? So vornehm kann er sich doch überhaupt nicht ausdrücken. Das ist doch eines Pfaffen Salbaderei! Den habt doch Ihr verfassen lassen oder sogar selber geschrieben. Oder Ihr habt ihn meinem Michael diktiert und ihm sonst was angedroht, wenn er sich weigern sollte!«

Der Bürgermeister sah sie finster an: »Wie du meinst.« Und er nickte Meister Jakob zu. »Bring sie zum Reden!«

In den nächsten Tagen gingen die Verhöre weiter. Ihre Hände hatten sich inzwischen in zwei blutige Klumpen verwandelt, ihre Unterschenkel schienen mehrfach gebrochen, und die stachelige Walze an der Leiter hatte Lenden, Rücken und Schultern zerfleischt. Die Vernehmungen verliefen indes ohne jedes Ergebnis. Ratsadvokat Dr. Wolfgang Graf vermerkte in seinem Protokoll lapidar: »*Repetirt priora* (wiederholt Früheres), welches ich für unnöthig gehalten zu schreiben.«

Da sie weiterhin »verstockt« blieb, wie ihre Richter das sahen, wurde sie erstmals aufgezogen. Das ist die beschönigende Bezeichnung für jenen unvorstellbar grausigen Akt, den Meister Jakob ihr

9 VERLIES UND FOLTERKAMMER   115

bereits demonstriert hatte, als er ihre auf dem Rücken zusammengebundenen Hände langsam bis zur Höhe der Schultern anhob.

Diesmal riss er sie mit dem Seil, das oben über die Winde lief, mit
einem Ruck hoch, bis Maria gerade noch auf den Zehenspitzen stand.

»Und?«, fragte der Bürgermeister. »Hast du gelernt, Gift zu mischen?«

Maria wollte antworten, aber die Schmerzen waren so unvorstellbar groß, dass sie kein Wort hervorbrachte.

Ein neuerlicher Ruck, und dann war der Boden unter ihren Füßen verschwunden. Vor Schmerz halb wahnsinnig, schrie Maria, ja,
sie habe einigen Katzen, die um ihr Haus gestrichen seien, um ihr
Eier und anderes zu stehlen, Mückengift hingestreut. Ob sie daran
gestorben seien, wisse sie nicht.

Und das sei alles.

Meister Jakob, der sie bis zu einem Meter über den Boden hochgezogen hatte, ließ das Seil kurz los, um es dann wieder aufzufangen.
Maria stürzte einen halben Meter tief, dann straffte sich das Seil mit
einem Ruck. Als dadurch ihre Schultern ausgekugelt wurden, umfing
Maria eine gnädige Ohnmacht. Als sie wieder zu sich kam, lag sie
auf der Erde.

»Zieh sie wieder hoch«, sagte der Bürgermeister zum Henker.
»Wir gehen etwas essen.«

Und so geschah es. Maria hing mit ihren ausgerenkten Armen,
die jetzt steil über ihrem Kopf standen, nahezu zwei Stunden am
Seil. Um ihre Qual zu vergrößern, hatte man ihr einen schweren
Stein an die Füße gebunden.

Sie würde schon reden.

Nach einem guten Mittagsmahl und ein paar Bechern Wein
setzten die Herren das Verhör fort. Sie wolle doch nicht behaupten, dass sie ihr Gift – dieses angebliche Mückengift – lediglich an
Katzen verfüttert habe.

»Nein«, stammelte Maria, nachdem man sie kurz heruntergela-
ssen hatte. Sie habe geträumt, dass sie ganz früher, als sie noch
zu Hause in Ulm gelebt habe, mit dem Sohn des Wirtes Häfelen

116   IN DREI TEUFELS NAMEN

angebandelt habe. Thomas – so habe er geheißen – sei zu ihr in die Kammer gekommen und zu ihr ins Bett gestiegen. Sie habe aber nicht geglaubt, dass es der Teufel gewesen sei, der in Gestalt jenes Thomas mit ihr gebuhlt habe. Das sei ein paarmal passiert, und später habe sie ihn an seinen Bocksfüßen als den Leibhaftigen erkannt. Und dann habe sie sich mit ihrem Blut an ihn verschrieben ...

»Na bitte«, sagte der Bürgermeister. »Wir kommen der Sache näher.«

Aber dann brach Maria in Tränen aus. Das sei doch alles nicht wahr, schrie sie, sie habe ganz einfach die Qualen nicht mehr ertragen können und den Herren wiedergegeben, was sich die Frauen in der Stadt von Hexen so erzählten.

Der Bürgermeister schaute sie böse an. »Du glaubst wohl, du könntest uns auf den Arm nehmen«, sagte er, und dann zum Henker gewandt: »Aufziehen!«

Wieder hochgezogen, wimmerte Maria: »Ach Christus, erbarme dich meiner, o du Lamm Gottes, das der Welt Sünde trägt, erbarm dich meiner.«

Man brachte sie schließlich zurück in den Kerker, wo ihr Meister Jakob die Schultern wieder einrenkte, was ebenso entsetzlich schmerzte wie das Auskugeln. Er stellte ihr einen Krug mit Wasser hin, den sie gierig leer trank, und warf ihr einen Laib Brot hin, den sie mit der gleichen Gier verschlang. Dann kettete er sie wieder an.

Und dieses Drama wiederholte sich Tag für Tag aufs Neue. Wochenlang. Entsetzliche Nächte eingespannt im Block, im eigenen Schmutz hockend und umgeben von Ratten, die auf der Suche nach etwas Essbarem der wehrlosen Frau über den Körper huschten, tagsüber Folter. Immer wieder beteuerte sie ihre Unschuld, obwohl die Folter – wenn überhaupt noch möglich – stetig härter wurde. Nach dem elften Verhör schrieb Dr. Graf ins Protokoll, »ungeachtet sie zum vierten Mal steif und wohl hochgezogen« worden sei, habe sie dennoch auf ihrer Unschuld beharrt.

* * *

9 VERLIES UND FOLTERKAMMER

Während des sechzehnten Verhörs beharrte Maria darauf, längst würde sie gestanden haben, wenn sie ein solches Weib sei, und sich nicht so lange haben martern lassen. Der Allmächtige wisse sehr wohl, dass sie nichts dergleichen getan habe, aber es wäre kein Wunder, wenn sie sich selbst den Tod geben würde, da sie die Folter nicht länger ertragen könne.

Das war eine böse Drohung, die das Gericht in Verlegenheit brachte. Selbstmord war eine Todsünde, und wenn die Angeklagte ihre Ankündigung in die Tat umsetzte, wäre das mehr als peinlich. Eine möglicherweise Unschuldige, die durch übergroße Tortur zur Todsünde getrieben wurde – das würde ein sehr schlechtes Licht auf den Bürgermeister und die beiden Advokaten werfen. Schließlich waren der Henker und seine Knechte anwesend gewesen, als Maria damit gedroht hatte, und auf die Verschwiegenheit von Henkern war weiß Gott kein Verlass.

Andererseits: Was sollten sie denn jetzt machen? Maria Holl war seit Monaten eingesperrt, hatte über fünfzig schwerste Folterungen ertragen und – obwohl längst am Rande des Wahnsinns angelangt – stets ihre Unschuld beteuert. In der Stadt machte sich Unmut breit. Natürlich glaubte man an Hexen, wusste aber ebenso gut, dass unter der Folter manch armes Weib andere Frauen beschuldigte, um ihr eigenes Martyrium abzukürzen.

Und zu allem Überfluss kam jetzt aus Ulm Nachricht, die Familie der Inhaftierten lasse ihre Beziehungen spielen, um sie freizubekommen. Aufgeschreckt versuchten nun der Bürgermeister und die Doktoren Graf und Röttinger, Maria Holl auf gütliche Weise zu einem Bekenntnis zu bringen, aber die gestand natürlich auch jetzt nicht, was sie sogar unter schwerster Folter abgestritten hatte.

Dann traf das Schreiben des Ulmer Magistrats in Nördlingen ein, worin dieser die Nördlinger ebenso höflich wie bestimmt aufforderte, besagte Ulmer Bürgerin freizulassen, denn es sei erwiesen, »dass sie jederzeit gottesfürchtig, ehrlich und ohne verdächtigen Argwohn dessen, was man sie beschuldiget, sich erhalten habe. Ihr verstorbener Vater, vieljähriger Diener des Raths und Amtmann auf dem Lande, habe sie mit ihren Brüdern und Schwestern in der Furcht Gottes, des Allmächtigen, erzogen, und Erstere seien von ihren Obern zu ehrlichen Dingen gebraucht worden. Sie könnten sich deshalb des Argwohns nicht erwehren, dass besagte Frau durch missgünstige Leute (von welchen auch andernorts die Obrigkeiten übel verleitet und übereilt worden) sei angegeben worden«.

Jetzt war guter Rat teuer. Noch niemals hatte ein Opfer eine derartige Folter über einen so langen Zeitraum hinweg ertragen, ohne ein Bekenntnis abzulegen. Kurzen Prozess machen und die Beschuldigte einfach hinrichten – das ging nicht einmal in Hexenprozessen.

Ohne Geständnis kein Scheiterhaufen.

Aber einfach laufen lassen konnte man sie auch nicht. Zum einen hätte das Gericht – und vor allem der Bürgermeister – damit zugegeben, dass man eine unschuldige Bürgerin über Monate hinweg zu Unrecht gefoltert hätte. Was für eine schreckliche Blamage!

Außerdem hätte die Gefahr bestanden, dass die Delinquentin mit ihrer einflussreichen Ulmer Verwandtschaft im Rücken die Stadt Nördlingen auf Schadenersatz verklagt oder sich gar persönlich an den Mitgliedern des Gerichts schadlos gehalten hätte. Deshalb ging der Magistrat der Stadt Nördlingen hin – wofür hält man sich schließlich zwei Advokaten – und ließ ein mehrseitiges Dokument aufsetzen, das Maria Holl unterschreiben und damit die sogenannte Urfehde oder auch Urgicht schwören musste.

Was nichts anderes bedeutete, als dass Maria Holl irgendwie doch nicht ganz unschuldig war, dass sie sich deshalb jederzeit für das Gericht bereithalten und vor allem schwören musste, jetzt und auch in Zukunft keine Schadenersatzansprüche an den Magistrat oder einen ihrer Richter zu stellen.

Aber sie war frei. Das war im Augenblick das Wichtigste. Wenigstens für sie persönlich. Für Nördlingen dagegen war der Prozess insofern von Bedeutung, als danach keine Frau der Stadt mehr als Hexe verurteilt worden ist.

Ob und wie Maria Holl die Zeit im Kerker und die entsetzliche

Folter seelisch und körperlich überstanden hat, wissen wir nicht. Ihr Lebensmut jedenfalls schien ungebrochen, denn nach dem Tod ihres Mannes Michael heiratete sie wieder und später sogar noch ein drittes Mal, ehe sie im hohen Alter von fünfundachtzig Jahren friedlich starb.

Sie richten Gewitter an, die in einem großen Umkreis Häuser
und Felder verwüsten. Mit ihren Zauberpfeilen machen
sie Menschen hinkend, sodass ihnen niemand helfen kann.
Auch findet man nachher Gebeine, Haare, Kohlen
und dergleichen ... sodass man zu Recht sagt:
Wo der Teufel nicht hinkommt, so schafft es sein Weib, die Hexe.

Martin Luther

10 DIE WEISEN FRAUEN

Der alte Mann streckte vorsichtig sein Bein aus. Bloß nirgends
anstoßen! Missmutig starrte er auf seinen nackten Fuß, dessen
großer Zeh unförmig angeschwollen war. Verdammte Gicht. Gottlob war Sommer, sodass er den Fuß nicht in einen Schuh zu zwängen
brauchte. Er glaubte auch nicht, dass er das in seinem augenblicklichen Zustand geschafft hätte. Er wäre ohnehin am liebsten daheim
geblieben, aber die Menschen in der Stadt erwarteten zu Recht von
ihrem Bürgermeister, dass er sich persönlich um diese peinliche Sache hier kümmerte.

Die Frau, die da mit ausgekugelten Schultern an der Decke hing,
hieß Kathelijne und war – wie man dem Bürgermeister erzählt hatte –
bislang recht angesehen gewesen. Sie war nicht mehr die Jüngste,
natürlich nicht, denn junge Weiber besitzen nicht jene geheimen
Kenntnisse und die Erfahrung, die erst das Alter mit sich bringt. Aber
selbst gereifte Frauen haben selten übernatürliche Kräfte. Wirklich
Krankheiten heilen können nur wenige.

Und halt die Hexen.

Aber diese Kathelijne hier hatte bislang nicht als Hexe gegolten.
Ganz im Gegenteil. In Brügge selbst und in den Dörfern rund um
die Stadt verehrten die Leute sie sogar als Heilige. Man verglich sie
mit den Aposteln, die im Namen des Herrn selbst unheilbar erschei-
nende Krankheiten weggezaubert hatten. Und genau das vermochte
diese Frau hier anscheinend auch. Vor allem junge Mütter, die ein
Kind zur Welt gebracht hatten, dem bei der Geburt ein Ärmchen

verrenkt oder ein Beinchen gebrochen worden war oder das unter einem krummen Rücken litt, brachten ihren Säugling zu ihr.

Und sie half. In den meisten Fällen wenigstens, und sie flößte den Kindern weder geheimnisvolle Säfte ein, noch schiente oder richtete sie die betroffenen Glieder. Nicht einmal Segenssprüche benutzte sie, geschweige denn Zauberformeln. Allerdings betete sie gemeinsam mit den Müttern. Zuweilen empfahl sie ihnen, Messen für die Kinder lesen zu lassen und zu einem Gnadenbild zu wallfahren. Weshalb also hätte man sie verdächtigen sollen, mit dem Teufel im Bunde zu sein?

Aber irgendetwas war dann wohl doch passiert. Man hatte den Bürgermeister nicht darüber informiert, weshalb die alte Frau plötzlich in Verdacht geraten war. Man hatte ihn lediglich eingeladen, bei der Vernehmung zugegen zu sein. Und nun saß er da mit seinem schmerzenden Zeh und musste mit ansehen, wie der Henker die Frau mit einem Riemen um die Hüften schlug. An einigen Stellen sickerte bereits Blut durch das sackähnliche Kleid, das man ihr übergezogen hatte. Seltsamerweise jammerte sie nicht. Sie verzog nicht einmal das Gesicht, sondern blickte aufmerksam zum Bürgermeister hinüber.

Zu ihm und seinem nackten Fuß mit dem roten Zeh.

Auf die eindringlichen Fragen der sie verhörenden Juristen, die unbedingt von ihr wissen wollten, wann und wo sie den Fürsten der Hölle getroffen habe, was er ihr versprochen und was sie ihm gewährt habe, welche Säfte und Salben sie aus welchem Material gemischt und ob sie dafür auch Säuglinge getötet habe, antwortete sie ruhig und – wie der Bürgermeister erstaunt feststellte – geradezu fröhlich, kein Teufel habe ihr geholfen, nur der liebe Gott.

Auf das Zeichen eines Schöffen packte der Henker sie um die Hüfte und riss sie heftig nach unten. Der Schmerz in ihren ausgerenkten Schultern muss entsetzlich gewesen sein, aber sie gab keinen Laut von sich, und man hörte nur den Bürgermeister seufzen, der vorsichtig seinen Fuß bewegte. In diesem Augenblick sah Kathelijne wieder zu ihm hinüber und fragte ihn, ob er Schmerzen habe.

Dem Bürgermeister verschlug es erst einmal die Sprache. Diese alte Frau, die man soeben fürchterlich folterte, fragte ihn nach *seinen* Schmerzen!

Als er seine Fassung wiedergefunden hatte, nickte er und antwortete: »Ja, es ist der Zeh; die Gicht, weißt du.«

»Soll ich dir helfen?«, fragte die Frau lächelnd.

»Wenn du das könntest – ich würd' dir zweitausend Goldstücke zahlen«, sagte der Bürgermeister.

Die im Raum anwesenden Juristen steckten die Köpfe zusammen und begannen zu tuscheln. Während der Henker die Frau auf ihr Zeichen hin abnahm und hinausschaffte, sammelten sie sich um den Bürgermeister und begannen erregt auf ihn einzureden. Wie er sich bloß so leichtfertig verhalten und der Hexe ein Angebot machen könne. Ob er nicht fürchte, dass sie ihn zu Tode hexe?

Dem Bürgermeister war unbehaglich, weil er gerne ihre Hilfe in Anspruch genommen hätte, und außerdem: Sie hatte ja gar nichts gestanden. Vielleicht war sie überhaupt keine Hexe.

Aber davon wollten die Juristen nichts hören, sondern setzten die Folter am Nachmittag fort. Ohne jedes Ergebnis. Die alte Frau machte sich sogar während der Folter über den Henker lustig, der sich vergeblich bemühte, sie zu einem Geständnis zu bringen. Irgendwann wurde sie dann doch ohnmächtig. Nachdem auch eine dritte und vierte Folterung kein befriedigendes Ergebnis zeitigte, wurden Stimmen laut, man müsse sie laufen lassen, denn ohne neue Verdachtsmomente dürfe man nicht endlos weiterfoltern.

Schließlich fiel den Juristen ein, man müsse sie nun wohl doch entkleiden, was man bisher unverständlicherweise versäumt hatte, um sie am ganzen Körper zu rasieren und dann nach verborgenen Hexenmalen abzusuchen. Und urplötzlich fand der Henker in ihrer intimsten Öffnung ein Stückchen Pergament, das mit geheimnisvollen Zeichen, Namen und Kreuzen beschriftet war.

Das war eindeutig ein neues Indiz!

Nun wurde heftig weitergefoltert, und schließlich gestand die arme Kathelijne alles, was man von ihr hören wollte. Angeblich soll sie auch gesagt haben, nur das Pergament in ihrer Vagina habe ihr bis dahin geholfen, alle Schmerzen zu ertragen, aber nun, da man es ihr fortgenommen habe, wolle sie ein Geständnis ablegen.

Aber ganz geheuer war den Schöffen die Sache trotzdem nicht. Man sprach es zwar nicht offen aus, aber es bestand zumindest die Möglichkeit, dass der Henker besagtes Pergament nicht rein zufällig bei ihr gefunden hatte, sondern es zuvor – vielleicht während ihrer Ohnmacht – an besagter Stelle versteckt hatte.

Jedenfalls endete Kathelijne nicht auf dem Scheiterhaufen, wie es nach ihrem Geständnis eigentlich logisch gewesen wäre. Sie wurde lediglich an den Pranger gestellt. Zudem setzte man ihr eine Perücke auf, die man symbolisch verbrannte, um zu zeigen, dass sie eigentlich den Feuertod verdient hätte.

Dann jagte man sie aus der Stadt.

Mit dem Leben davon kam sie dennoch nicht. Sie ging nach Zeeland und betätigte sich später leichtsinnigerweise erneut als Heilerin. Dann kam, was wohl kommen musste: Auch dort wurde sie auffällig, und diesmal gab es in den Augen der Justiz keine mildernden Umstände mehr. Man erfuhr, dass sie schon einige Zeit zuvor in Brügge verurteilt worden war, und verbrannte sie bei lebendigem Leib.

* * *

Das war im Jahr 1540, also zu Beginn der großen Verfolgungswellen. Zeit, einen Blick auf jene Frauen zu werfen, deren Hilfe seit jeher gefragt war, die aber zugleich aufgrund ihrer geheimnisumwitterten Kenntnisse und Tätigkeiten besonders von kirchlicher Seite kritisch beäugt wurden. Von der gleichen Kirche übrigens, die jede Art von Sexualität, besonders natürlich die weibliche, tabuisiert hatte und nicht zuließ, dass sich Männer mit Schwangerschaft, Geburt oder Frauenkrankheiten beschäftigten.

Bevor wir uns speziell den Hebammen zuwenden, müssen wir uns grundsätzlich mit der Haltung der Kirche gegenüber der Medizin als solcher befassen. Alles Geschehen war nach ihrer Lehre von Gott gewollt. Die gute Ernte ebenso wie die schlechte, Kriegswirren ebenso wie Hungersnöte. Wenn also ein Mensch erkrankte, eine Frau unfruchtbar wurde oder ein Greis erblindete, so galt das als Gottes Wille. Deshalb war es nicht mehr als logisch, dass Anfang des 13. Jahrhunderts das Laterankonzil jeden Arzt mit dem Kirchenausschluss bedrohte, der medizinische Behandlungen durchführte, ohne zuvor den Segen der Kirche eingeholt zu haben.

Allenfalls ein Drittel der damaligen Bevölkerung konnte die Hilfe eines wirklich ausgebildeten Arztes in Anspruch nehmen. Aber selbst die wussten – wie immerhin Paracelsus noch im 16. Jahrhundert bekannte – in vielen Dingen überhaupt nicht Bescheid.

Der berühmte Arzt und Philosoph gestand bedauernd, »dass der Medikus nicht alles, das er können und wissen soll, auf den Hohen Schulen lernt und erfährt, sondern auch er muss zuzeiten zu alten Weibern, Zigeunern, Schwarzkünstlern, Landfahrern, alten Bauersleuten in die Schul gehen und von ihnen lernen, denn diese haben mehr Wissen von solchen Dingen denn alle Hohen Schulen«.

Die meisten Menschen suchten folglich Rat beim Bader oder beim Zahnbrecher, bei Quacksalbern oder Kurpfuschern. Die Ärzte waren relativ leicht zu kontrollieren, nicht aber jene erfahrenen Frauen, die überall im Lande, sowohl in den Städten als auch in den kleinsten Dörfern, anzutreffen waren und ihr Wissen von Großmutter zu Tochter und Enkelin über Generationen hinweg weitervererbten.

Vielleicht wussten zwar viele Menschen dazumal selbst, dass Fenchel gegen Verstopfung hilft und Kerbel gegen Hämorrhoiden, dass man Husten mit Senf bekämpfen konnte und Fieber mit Absinth, aber dieses allgemeine Wissen allein reichte nicht aus. Seltener auftretende Krankheiten mussten zunächst einmal richtig erkannt werden, bevor mit der Behandlung begonnen werden konnte. Zudem hatte nicht jedermann die entsprechenden Kräuter zur Hand, und da war es ganz hilfreich, wenn es eine Frau im Dorf gab, die alle entsprechenden Pflanzen kannte und sammelte und

10 DIE WEISEN FRAUEN

die zudem wusste, wann und wie lange welche Portionen zu ver-
abreichen waren.

Da war beispielsweise der Bauer, der unter starkem Rheuma litt,
dem die weise Frau Selleriesamen gab, weil der die Nieren beim
Ausscheiden der Harnsalze unterstützt. Außerdem verringert Selleriesamen die Säure im Körper und wirkt Arthritis entgegen, indem er
den Körper entgiftet und die Zirkulation des Blutes zu den Muskeln
und Gelenken verbessert.

Einem jungen Mädchen, dem im Frühjahr stets die Augen tränten
und die Nase lief, verordnete die alte Frau Brennnesselsaft und einen
Blütenaufguss vom Schwarzen Holunder.

Und die alte Witwe, die unter starken Unterleibsschmerzen litt,
ließ die weise Frau den Rauch von glühendem Bilsenkraut einatmen,
aber nur wohldosiert, denn – auch das hat die Alte von Mutter und
Großmutter gelernt – in großen Mengen inhaliert, kann dieser
Dampf tödlich sein.

Die weise Frau weiß ebenfalls, dass man Kamille nicht mehr nach
Johanni pflücken darf und man in die Kinderwiege Knoblauchzehen
legen sollte, weil so die bösen Geister ferngehalten werden. Ein
Bündel aus verschiedenen Kräutern, unters Dach gebunden, verei-
telt Blitzeinschlag, und Kümmel verhindert Blähungen nach dem
Verzehr größerer Mengen eines Kohlgerichts.

All das kann man von der Alten lernen, die man zwar dringend
braucht, aber trotzdem nicht gerne im Dorf duldet. Dafür sind die
Leute zu misstrauisch, denn Nachbarn streiten sich hin und wieder,
und mit einer solchen Frau möchte man lieber keine Meinungsver-
schiedenheiten austragen. Da ist es schon besser, wenn sie irgendwo
am Waldrand wohnt oder – noch besser – mitten im Wald.

Was zudem den Vorteil hat, dass niemand zusieht, wenn man
sich heimlich zu ihr schleicht.

Wenn nämlich eine Frau aus dem Dorf, die weder krank noch
schwanger zu sein schien, die Alte aufsuchte, dann bestimmt mit
einem peinlichen Anliegen: vielleicht weil sie einen Liebestrank
brauchte, mit dem sie ihren stets hinter anderen Röcken herlau-

fenden Ehemann wieder fester an sich zu binden suchte; oder aber um in einem anderen Mann, den sie selbst gerne erobert hätte, wilde Leidenschaft zu entfachen.

Die alte Frau weiß, dass es solche Rezepte nicht gibt. Man kann allenfalls »Hüttenrauch« sammeln, indem man die Ablagerungen im Kamin über der Feuerstelle abkratzt und in den Wein gibt. Das hilft zuweilen, weil solche Reste eine arsenartige Substanz enthalten, die bei manchen Männern zu Erregungszuständen führt. Allerdings: Zu viel davon kann tödlich sein.

Einfacher und ungefährlicher ist es, der Kundschaft etwas geheimnisvoll Klingendes zu empfehlen. Zu Pulver gebrannte Rinde des Haselnuss-Strauches zum Beispiel. Dieser Strauch galt schon immer als Symbol der Wollust, und nicht zuletzt deshalb hat sich wohl die heilige Hildegard von Bingen, die medizinisch – für die damalige Zeit wohlgemerkt – außerordentlich gebildet war, sehr herablassend über ihn und seine angebliche Wirkung in besonderen Fällen ausgelassen.

Doch da es nur sehr wenige Bücher gab und noch weniger Menschen, die des Lesens kundig waren, kannte man weder Hildegard von Bingen noch ihre Meinung über den Haselnuss-Strauch. Das war auch nicht notwendig, denn die schlichten Leute waren schnell zu beeindrucken, und je abenteuerlicher manche Ratschläge klangen, umso glaubhafter erschienen sie den Ratsuchenden.

Nur so ist zu verstehen, dass Frauen ihren Männern oder Liebhabern bei mangelnder Potenz Menstruationsblut ins Essen mischten oder zum gleichen Zweck versuchten, an den Samen von besonders kräftigen Tieren wie Bär, Stier oder gar Löwe zu kommen. Da es naturgemäß kaum möglich war, derlei zu beschaffen, blühte das Geschäft der reisenden Kurpfuscher, die kleine Flaschen mit den angeblichen Samenzellen anpriesen und auch tatsächlich an Leichtgläubige verkauften.

Viele Frauen jedoch wünschten keineswegs, dass ihr Mann in heftiger Leidenschaft zu ihnen entflammte. Ganz im Gegenteil. Schließlich wurden die Töchter von den Eltern, wenn möglich, an den reichsten oder mächtigsten Mann im Ort versprochen. Auf die Gefühle des Mädchens kam es dabei nur selten an. Die Liebe würde sich schon einstellen, wurde das Kind beruhigt, und wenn nicht – dann sei halt gehorsam!

Es gab daher genug Frauen, die froh waren, wenn ihr Mann auf eine längere Reise ging, weil sie das als beste Verhütung ansahen. Ansässige Handwerker indes waren ihr Leben lang daheim. Da die Frauen der Nachbarn tabu und Bordellbesuche verheirateten Männern verboten waren, blieb als einziger Sexualpartner folglich das eigene Weib, doch die häufigen Annäherungsversuche ihres Gatten empfanden viele Ehefrauen als zu strapaziös.

Aber was tun?

Natürlich wusste die Alte im Wald auch hier Rat: Galt der Haselnuss-Strauch als Symbol der Wollust, war die Weide das Sinnbild der Keuschheit. Ihre Blätter dämpften dem Volksglauben nach die Begierde, und folglich waren die Schlafstätten der Mönche häufig damit bedeckt. Gesotten und getrunken, vertrieben sie auch nach dem Zeugnis damaliger Ärzte zuverlässig die »Neygung zur Unkeuschheyt«.

Was aber, wenn die Weidenblätter nun partout nicht helfen wollten, die Frau aber – aus welchen Gründen auch immer – eine weitere Schwangerschaft verhüten wollte?

Wenn es nach der Kirche gegangen wäre, hätten sich die Eheleute in Enthaltsamkeit üben müssen. Schon Anfang des 6. Jahrhunderts schreibt Caesarius, der Bischof von Arles, an alle Kleriker, dass keine Frau ein Getränk zu sich nehmen darf, das sie unfähig macht, ein Kind zu empfangen. Wörtlich heißt es: »So oft sie hätte empfangen und gebären können, so vieler Morde wird sie für schuldig gehalten werden, und falls sie sich nicht einer angemessenen Buße unterwirft, wird sie zu ewigem Tode in der Hölle verdammt sein.«

Von fruchtbaren und unfruchtbaren Tagen ahnte man damals noch nichts; die Funktion der Eierstöcke wurde erst Ende des 17. Jahrhunderts erkannt. Aber selbst wenn man schon von Knaus-Ogino gewusst hätte: Die Kirche hätte auch das ebenso untersagt wie den

1. *(oben)* Der Glaube daran, dass Menschen zaubern können, ist uralt. Hier entfacht eine Hexe einen Sturm, in dem ein Schiff untergeht. Dabei handelt es sich um den sogenannten Schadenszauber. Von Teufelsbuhlschaft ist anfangs noch keine Rede. (Aus: Olaus Magnus, *Historia de gentibus septentrionalibus*, Rom 1555)

2. *(rechts)* Eine Hexe verzaubert zwei Landsknechte, über ihr schwebt ein böser Geist, der sie dabei unterstützt. Auf dem Berg hinten rechts beschwört ein Hexer ein Unwetter herauf. (Aus: Cicero, *De officio*, Augsburg 1531)

Erstlich zu Nürenberg durch Valentin Geyßlern gedruckt.

3. *(oben)* Ein böser Geist hilft besessenen Mägden bei der Schändung einer Hostie. Vom Aussehen des Teufels hat man zu diesem Zeitpunkt noch keine genaue Vorstellung. (Nürnberger Flugblatt, 1567)

4. *(rechts)* Der Leibhaftige verführt eine Frau. Als Teufel ist er lediglich an seinem bizarren Fuß zu erkennen. (Aus: Ulrich Molitor, *Von den Unholden und Hexen*, Konstanz 1489)

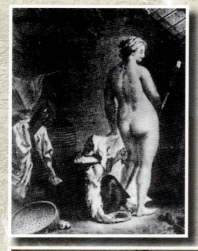

5. *(oben)* Die Fantasien der Menschen über das Treiben der Hexen werden zunehmend erotisch. Hier bereitet sich eine junge Frau auf den Hexensabbat vor.

6. *(links)* Die Hexendarstellungen von Hans Baldung Grien, dem Zeitgenossen Albrecht Dürers, sind stark sexuell geprägt. (Foto: Städel Museum, Frankfurt/Main)

7. Während ein Mann – möglicherweise ein Hexer – mit dem Rad hingerichtet wird, trägt der Teufel die Seele einer Hexe davon. (Flugblatt, 1517)

8. *(oben)* Während eine Hexe im sogenannten Stock eingeschlossen ist (links), wird eine andere gefoltert: Der Henker schlägt mit einem Hammer auf die eingeklemmten Daumen, um den Schmerz zu verstärken. (Holzschnitt, 16. Jahrhundert)

9. *(unten)* Einem Mann werden Beinschienen angelegt. Diese konnten so stark angezogen werden, dass die Knochen splitterten. (Kupferstich aus der *Bilder-Cautio*, 1632)

10. *(oben)* Die schlimmste alle Foltermethoden: Verdächtige wurden beim Verhör an ihren auf dem Rücken zusammengebundenen Händen hochgezogen. Nicht selten sprangen dabei die Schultern aus dem Gelenk. Um die Qualen zu erhöhen, wurden die Opfer ein Stück fallengelassen und dann mit einem Ruck wieder aufgefangen. Zuweilen band man ihnen auch schwere Steine an die Füße. Hier wird der Aufgezogene zusätzlich ausgepeitscht. (Radierung von Jan Luyken, um 1685)

11. *(linke Seite unten)* Eine der ältesten Darstellungen eines Hexenflugs: Fresko aus dem Schleswiger Dom (13. oder 14. Jahrhundert).

12. *(links)* Hexen in Tiergestalt machen sich auf den Flug zum Tanzplatz.

13. *(unten)* Hexensabbat. Darstellung aus der zweiten Hälfte des 17. Jahrhunderts; möglicherweise eine Theaterkulisse. (Bibliothèque Nationale, Paris; Foto: The Bridgeman Art Library, London)

14. *(rechts)* Eine äußerst naive Darstellung aus England: Hexentanz bei Vollmond. (Holzschnitt von William Linnell, spätere Kolorierung, aus Privatsammlung; Foto: The Bridgeman Art Library, London)

15. *(unten)* Äußerst detailreiche Darstellung eines Hexensabbats auf dem Blocksberg. (Nach einem Kupferstich von Michael Heer)

Koitus interruptus, obwohl der wahrscheinlich viel häufiger geübt wurde, als wir heute wissen und die Kirche in jener Zeit hoffte. Da es keine Kondome oder Pessare gab, von der Pille ganz zu schweigen, blieben einmal mehr nur der Rat der weisen Frau oder aberwitzige Methoden, wie sie in Klöstern aufgezeichnet worden sind.

Hier nur ein Beispiel:

»Man entferne einem lebenden Wiesel die Hoden und lasse das Tier dann wieder laufen. Sodann bindet man die Hoden in eine Eselshaut und binde sie der Frau um den Leib. So wird sie nicht schwanger.«

Mit Sicherheit nicht, denn kein Mann wird sich ihr unter diesen Umständen nähern.

Da traute man lieber der Alten im Wald. Die empfahl zum Beispiel gewisse Mixturen, die sich die Frau in die Scheide gießen musste, oder aber den Samen von wilden Möhren zu zerreiben und daraus eine Art Tee zu machen, den man am Morgen danach trank, um eine Schwangerschaft zu verhindern. Bei Tierversuchen in neuerer Zeit wurde nach Verabreichung dieser Mixtur festgestellt, dass bei Ratten und Mäusen die Fruchtbarkeit nachließ, und auch Kühe, die auf Wiesen weiden, wo besagte Möhren wachsen, bringen weniger Kälber zur Welt. Ein Teelöffel geriebenen Kerbelsamens, aufgelöst in einem Becher Wasser, dient in einigen Staaten der Erde noch heute dem gleichen Zweck.

Zuverlässig waren derartige Verhütungsmethoden natürlich nicht, und so wurde die Alte auch aufgesucht, wenn die Menstruation ausblieb. Dann wurde Sade gekocht, Selleriewurzel, Fenchel, Minze, Liebstöckel und Petersilie, alles zusammen in Wein gegeben und getrunken. Aber vor allem bei der Verwendung von Öl, das aus den Nadeln des Sadebaums – im Volksmund auch Stinkwacholder genannt – gewonnen wurde, war größte Vorsicht geboten. Schon das Einreiben mit dem Öl ruft Vergiftungen hervor, und eingenommen führt es garantiert zu Gebärmutterkrämpfen und bringt nicht nur das ungeborene Kind um, sondern häufig auch die Mutter.

Da waren Zäpfchen schonender, die aus Artemisia, Schlangen-

kraut, Destillat aus Haselwurz und Honig geformt wurden. Abtreibung war zwar strafbar, aber da es aus allen möglichen Gründen
und der mangelnden Betreuung der werdenden Mütter häufig zu
Fehlgeburten kam, war sie so gut wie nie nachzuweisen. Wichtig
war nur, dass die alte Frau über ihre Kundschaft und deren Wünsche
eisernes Schweigen bewahrte. Das lag auch in ihrem ureigenen Interesse, denn ihr konnte jederzeit ein Fehler unterlaufen, und dann
kam schnell das Gerücht auf, sie hätte einem etwas angehext.

Durch die steigende Zahl ausgebildeter Ärzte wurden die weisen
Frauen im Lauf der Zeit aus den größeren Orten verdrängt, nur:
Geburtshelferinnen wurden weiter benötigt, denn für Männer war
alles, was mit Gynäkologie zu tun hatte, nach wie vor tabu. Auch
um Fragen der Vorsorge und Pflege kümmerten sich die Ärzte nicht,
sodass fast jedes dritte Kind wegen fehlender Hygiene und mangelhafter Ernährung in den ersten Lebensjahren starb.

So entstand zu Beginn des 15. Jahrhunderts der Berufsstand der
Hebamme. Am Anfang wurden diese Frauen von den Ärzten durchaus geschätzt und vor allem bei Frauenkrankheiten auch zurate gezogen. Da sich jedoch viele von ihnen auch auf anderen Gebieten als
durchaus heilkundig erwiesen, kam es mit der Zeit zwischen ihnen
und den Medizinern zu Konkurrenzdenken.

In vielen Städten des Reiches sahen sich die Stadtväter deshalb gezwungen, strenge Regelungen einzuführen. Die Aufgaben
der Hebammen wurden festgeschrieben. So sollten sie beispielsweise bei einer Frau, die bei der Geburt starb, einen Kaiserschnitt
vornehmen, um das Kind zu retten. War kein Priester erreichbar,
mussten sie der sterbenden Mutter sogar die Beichte abnehmen und
den Säugling taufen. Hin und wieder zog man sie hinzu, wenn eine
inhaftierte Frau auf eine mögliche Schwangerschaft hin untersucht
werden musste oder wenn es galt, bei ihr ein verborgenes Hexenmal
zu finden.

So viel Takt allerdings war eher selten.

Während die Hebammen in ländlichen Gebieten erst gegen
Ende des 16. Jahrhunderts zur Regel wurden, erhielten sie in einigen

Städten – wie in Nürnberg oder in Brügge – schon sehr viel früher ein Gehalt und waren nicht länger auf die (freiwillige) Entlohnung durch die Eltern angewiesen. Das nämlich hatte dazu geführt, dass sich die Hebammen zunächst einmal um Mütter aus reichen Häusern kümmerten und die Armen vernachlässigten, da dort wenig zu erwarten war. Zum Teil durften sie sich sogar zu Zünften zusammenschließen und Mädchen als Lehrlinge ausbilden. In manchen Städten befreite man sie von der Steuer und entband ihre Männer vom Wachdienst.

Andererseits betrachteten die meisten Männer das naturgemäß sehr intime Aufgabengebiet der Hebammen mit Misstrauen. Jeder kannte das Gerücht, das hier und da allerdings als erwiesene Tatsache betrachtet wurde, dass man für die Herstellung der berüchtigten Hexensalbe Kinderleichen brauchte. Und wie oft kamen damals Kinder tot zur Welt!

Zufall?

Um gegebenenfalls die Fruchtblase aufstechen zu können, ließen sich die Hebammen einen Fingernagel extrem lang wachsen.

Wie ein Mordinstrument!

Als nun in dem berüchtigten und weit verbreiteten *Hexenhammer*, von dem schon ausführlich die Rede war, die Hebammen pauschal der Hexerei verdächtigt wurden, drohte die Gefahr einer flächendeckenden Verfolgung. Tatsächlich hat man früher angenommen, dass sehr viel mehr Hebammen und weise Frauen als Hexen angeklagt und verbrannt worden seien.

In den hohen Zeiten des Feminismus verstiegen sich deshalb gegen Ende des 20. Jahrhunderts die Bremer Soziologen Gunnar Heinsohn und Otto Steiger zu folgender abstruser These: Da die Hebammen ihr geheimes Wissen dazu gebraucht hätten, Empfängnisverhütung und Abtreibung zu unterstützen, sei – so wörtlich – »die Vernichtung der weisen Frauen ausdrücklich in bevölkerungspolitischer Absicht zur Unterbindung der Geburtenkontrolle von Kirche und Staat ins Werk gesetzt worden«.

Sollte diese unsinnige Theorie tatsächlich stimmen, hätten Kirche und Staat schmählich versagt. Tatsache ist nämlich, dass, abgesehen von Köln, der einst größten deutschen Stadt mit entsprechend vielen Hebammen, die Zahl der wegen Hexerei verurteilten Geburtshelferinnen verschwindend gering war. Unter den rund sechzigtausend Todesopfern, die der Hexenwahn in drei Jahrhunderten gefordert hat, waren lediglich rund zweihundert Hebammen.

Gerade einmal 0,3 Prozent.

Die Hexen zu dem Brocken ziehn,
die Stoppel ist gelb, die Saat ist grün.
Dort sammelt sich der große Hauf,
Herr Urian sitzt oben auf.
So geht es über Stein und Stock,
es furzt die Hexe, es stinkt der Bock.

Johann Wolfgang von Goethe, *Faust*

11 HEXENSABBAT

Carlos Castaneda stierte in die Richtung, wo er seinen Freund vermutete. Richtig – da saß er. Da hinten. Juan starrte ihn an, und Carlos versuchte, einen Schritt in seine Richtung zu tun. Aber es wollte ihm nicht gelingen. Seine Beine schienen ihm lang, bestimmt ein paar Meter lang, und sie waren weich und biegsam wie Gummi.

Aber schließlich waren sie doch vorhanden. Also musste er sie auch benutzen können. Er machte einen Schritt auf Juan zu, aber er schien ihm nicht näher zu kommen. Seine Kniegelenke fühlten sich elastisch an wie eine Sprungstange. Oder so ähnlich. Sie rüttelten und vibrierten, ähnlich den Federn einer straff aufgezogenen Uhr.

Carlos versuchte verzweifelt, auf Juan zuzugehen. Aber sein ganzer Körper zitterte und schien langsam aufzusteigen. Juan saß jetzt tief unter ihm. Irgendwie musste er ihm doch näher kommen können. Carlos nahm einen kleinen Anlauf, und dann sprang er ab. Wie ein Weitspringer aus dem Stand. Er setzte noch einmal kurz auf, stieß sich kräftig mit beiden Füßen ab und schwebte plötzlich rückwärts in der Luft.

Er sah über sich den dunklen Himmel, aber er wollte doch auf die Erde hinabschauen, nach unten, wo Juan sein musste. Er drehte sich in der Luft mit dem Bauch nach unten und sah nun nicht mehr die Wolken über sich, sondern tief unten das schwarze Massiv der Berge.

Carlos flog immer schneller, die Arme an den Körper gepresst, und wenn er die Richtung ändern wollte, brauchte er nur den

Kopf nach rechts oder links zu drehen. Er war so schnell wie eine Schwalbe.

Und dennoch überfiel ihn eine große Traurigkeit – oder war es eine quälende Sehnsucht? Verlangen nach einem finsteren Ort, wo er daheim war? Er sah sich um. Die Nacht war zwar klar, aber dennoch wirkte sie bedrohlich. Er wusste, dass er zurückmusste, nach Hause fliegen, nach da unten, wo Juan auf ihn wartete, und er schwebte sanft nach unten. Leicht wie eine Feder.

Es dauerte einige Zeit, bis Carlos Castaneda wieder klar denken konnte. Und neben ihm saß – wie schon ein paar Stunden zuvor – noch immer Juan, sein indianischer Freund, der ihm die Salbe gegeben hatte, mit der er sich eingerieben hatte. Der peruanische Völkerkundler Castaneda schrieb gerade an seiner Dissertation und suchte praktische Erfahrungen mit sogenannten Hexensalben, mit denen sich die Einheimischen gut auszukennen schienen. Nur – wissenschaftliche Erkenntnisse waren so anscheinend nicht zu erlangen.

War er denn nun wirklich geflogen?

Wohl kaum. Also musste es Einbildung gewesen sein. Juan war ihm keine große Hilfe: »Vögel fliegen wie Vögel«, sagte er. »Menschen fliegen wie Menschen.«

Na toll.

Mediziner wissen schon lange, welche verheerende Wirkung einige Getränke oder Salben hervorrufen können, wenn man nicht äußerst behutsam mit ihnen umgeht. Folgen von Mixturen aus Bilsenkraut und Stechapfel, Mohn und Tollkirsche, um nur ein paar der gefährlichen Pflanzen zu nennen, sind immer wieder in Protokollen festgehalten worden.

Beispielsweise:

»Ich schwebte mit großer Geschwindigkeit aufwärts. Es wurde hell, und durch einen rosa Schleier erkannte ich verschwommen, dass ich über der Stadt schwebte. Die Gestalten, die mich schon im Zimmer bedrückt hatten, begleiteten mich auf diesem Flug durch die Wolken. Immer mehr kamen hinzu und begannen damit, um mich herum einen Reigen zu tanzen. Die Zeit kroch wie im

Schneckentempo dahin, und jede Minute schien eine Ewigkeit zu dauern.«

Oder:

»Vor meinen Augen tanzten zunächst grauenhaft verzerrte Gesichter. Dann hatte ich plötzlich das Gefühl, als flöge ich meilenweit durch die Luft. Der Flug wurde mehrmals durch tiefe Stürze unterbrochen. Zum Schluss hatte ich schließlich die Vision eines orgiastischen Festes mit grotesken sinnlichen Ausschweifungen.«

Oder:

»Plötzlich stand ich vor einem großen Spiegel, und als ich hineinschaute, starrte mich ein riesiger Jaguar an. Gleichzeitig spürte ich den Jaguarkörper. Ich war *in* diesem Körper, und ich fühlte ihn so, wie ich meinen eigenen Körper noch nie gespürt hatte. Und obwohl ich anscheinend ganz *jaguarhaft* geworden war, behielt ich noch irgendein menschliches Bewusstsein.«

Wir werden uns hüten, die entsprechenden Rezepte hier wiederzugeben. Einer von denen, die es ebenfalls genau wissen wollten, war der bekannte Historiker und Okkultismus-Forscher Carl Kiesewetter, der 1895 nach einem Selbstversuch starb. Er war gerade einmal vierundvierzig Jahre alt geworden.

* * *

Fliegen – das schien sicher – mussten Hexen wohl können, wenn sie in der Walpurgisnacht zu ihrem Versammlungsort kommen wollten, denn der lag ja meist nicht unmittelbar vor der Haustür. Als klassischer Hexenberg in Deutschland gilt zwar der Brocken im Harz, wohin auch Goethe im *Faust* seine Hexen fliegen lässt, aber in den Geständnissen gefolterter Frauen wurde er nur selten genannt.

Dichtung und Wahrheit sind hier schwer auseinanderzuhalten. Seit dem 9. Jahrhundert wird die Walpurgisnacht gefeiert. Walpurgis war Nonne und eine Nichte des heiligen Bonifatius, der sie aus Südengland nach Deutschland gerufen hatte, damit sie ihm hier bei seiner Missionsarbeit helfen sollte. Nach seiner Ermordung wurde

Walpurgis Äbtissin des Doppelklosters Heidenheim, wo sie auch starb. Ihre Gebeine wurden am 1. Mai nach Eichstätt gebracht, und dieser Tag wurde seitdem als Feiertag begangen.

Es darf angenommen werden, dass er nicht zufällig gewählt wurde. In den Zeiten der Missionierung wurden heidnische Feste häufig bewusst durch christliche überlagert. Das Weihnachtsfest beispielsweise sollte zum einen die Erinnerung an das Fest der römischen Gott-Kaiser vergessen machen, das am 25. Dezember gefeiert wurde, und zum anderen platzierte man es in Nordeuropa durchaus nicht zufällig in die Zeit der zwölf heiligen Nächte der germanischen Sonnenwende – und gab ihm auch den entsprechenden Namen: »ze wîhen nahten«, zu Weihnachten.

In der Nacht zum 1. Mai nun begingen viele nordgermanische Stämme mit Freudenfeiern den Übergang vom Frühling zum Sommer, und es lag nahe, diesem »heidnischen« Tag ein christliches Gedenken aufzupfropfen, um auf diese Weise die Erinnerung an die damaligen obskuren Tänze vergessen zu machen, was jedoch gründlich misslang.

Ob heidnisches Brauchtum weiterhin ausgeübt wurde, weiß man nicht. Es ist aber anzunehmen; auch, dass es meist auf den Höhen stattfand. Von dort aus drang – des fehlenden Echos wegen – kein Festlärm nach unten ins Tal, und auch Spione waren auf kahlen Bergrücken leichter auszumachen.

Was lag also näher für die Leute, als Berge in der Umgebung als Versammlungsorte von Hexen anzunehmen. Den 1142 Meter hohen Brocken, der auch Blocks- oder Brocksberg genannt wurde, nannten die angeblichen Hexen während der Verhöre allerdings nur, wenn sie in dessen engster Umgebung lebten. Deutschlandweit kam er eigentlich erst durch einen gewissen Hans Schultze zu seinem zweifelhaften Ruf, der aus der sächsischen Altmark stammte, später Professor in Leipzig wurde und ein paar reißerische Bücher verfasste – unter anderem eines über einen gewissen Rübezahl.

So richtig bekannt wurde der Autor, der sich inzwischen Johann Prätorius nannte, jedoch erst 1668 durch das sechshundert Seiten

starke »Sachbuch« mit dem umständlichen Titel *Blockes-Berges Verrich-*
tung, oder ausführlicher geographischer Bericht von den hohen trefflich alt- und
berühmten Blockes-Berge: ingleichen von der Hexenfahrt und Zauber-Sabbathe, so
auff solchen Berge die Unholden aus gantz Teutschland Jährlich den 1. Maij in
Sanct-Walpurgis-Nachte anstellen sollen.

In Verdacht kam der Berg zusätzlich durch ein auch heute noch
hin und wieder zu beobachtendes Phänomen: Durch eine Luftspie-
gelung kurz vor Sonnenuntergang können die Schatten von Brocken-
Besuchern auf gegenüberliegende Wolken geworfen und dort ins
Riesenhafte vergrößert werden.

Prätorius wusste aber auch zu berichten, woher der Brocksberg
seinen Namen hat. Er setzt sich nämlich – angeblich – aus neun
verräterischen Anfangsbuchstaben zusammen. Folgendes nämlich
tun die Hexen angeblich dort:

Bancketiren
Relationes erwarten
Offeriret neu Pulever bekommen
Küssen
Springen
Buhlen
Erzehlen ihre Thaten
Repetiren das Homagium
Gotteslästern

Das Werk erschien im gleichen Jahr wie der Schelmenroman *Simpli-*
cius Simplicissimus von Hans Jakob Christoffel von Grimmelshausen,
also lange nach Ende des Dreißigjährigen Krieges, als der Höhepunkt der Hexenverfolgung bereits überschritten war. Und weder
die Walpurgisnacht noch der Brocken hatten bis dahin in den Verhören der angeklagten Frauen eine größere Rolle gespielt.

Obwohl sich in den folgenden Jahren sogar einige Disserta-
tionen mit dem vermeintlichen Hexenflug zum Brocken beschäftigten, überwog die Skepsis in den gelehrten Kreisen bei Weitem

und wich eigentlich erst, als Goethe Ort und Zeit – siehe Zitat am Eingang dieses Kapitels – im *Faust* verewigte.

Die Fremdenverkehrsbranche im Harz dankt es ihm bis heute.

* * *

W o auch immer nun der jeweilige Versammlungsort der Hexen gelegen haben mag – sie mussten erst einmal dorthin gelangen. Dass sie dorthin flogen, galt allgemein als sicher. Jeder, der mit überirdischen Wesen in Verbindung stand, war dazu in der Lage. Das konnten nicht einmal die Priester bezweifeln. Zumindest die des Lesens Kundigen konnten ihnen nachweisen, dass ja schließlich schon – laut Bibel – Habakuk von einem Engel von Judäa nach Babylon transportiert worden war, damit er dem armen Daniel in der Löwengrube etwas zu essen bringen sollte. Ganz abgesehen von Jesus, der vom Teufel bekanntlich auf die Zinne des Tempels gebracht worden war, um dort in Versuchung geführt zu werden.

Aber man musste nicht einmal lesen können und die Bibel bemühen. Von alters her wussten die Menschen, dass die römische Fruchtbarkeitsgöttin Diana – bei den alten Germanen hieß sie Hulda oder Perchta – mit ihrem Gefolge über den nächtlichen Himmel jagte, und Derartiges vermochten nicht nur die Göttinnen. Galoppierte nicht auch Wotan mit seinem achtbeinigen Pferd Sleipnir über den herbstlichen Nachthimmel?

Fliegen also war nicht das Problem. Wohl aber stellte sich die Frage: womit oder worauf?

In Betracht kamen natürlich in erster Linie Vögel, Eulen beispielsweise. Als Eulen – glaubte man – flogen nämlich gewisse Weiber nachts durch die Luft, um Menschen zu verhexen. Andererseits: Um Menschen transportieren zu können, mussten schon stärkere Tiere her, etwa Schweine oder Ziegenböcke.

Schweine waren unreine Tiere, das stand schon im Alten Testament, und deshalb durften Juden sie nicht essen. Christen störten sich zwar nicht an diesem Verbot, aber Schweine waren trotzdem verdächtig. Und Ziegenböcke erst recht, denn zum einen galten sie – siehe wiederum die Bibel – als Sündenböcke, und zusätzlich erinnerten sie die Gebildeteren an Pan, den bocksfüßigen Gott der Griechen, der vor allem für seinen in jeder Hinsicht lasterhaften Lebenswandel berüchtigt war.

Deshalb wohl trat der Satan auf dem Hexensabbat, von dem noch die Rede sein wird, als Ziegenbock auf, und selbst wenn er sich, als Galan verkleidet, einem Weibsbild in unziemlicher Absicht näherte, konnte sie ihn – wenn sie wollte – an seinem Huf erkennen.

Häufiger aber noch als Schwein und Bock werden Besen und die gespaltene Ofengabel als Fluggeräte genannt. Warum gerade die? Die Frauen hätten sich doch genauso gut auf ein Brett oder in einen Kübel setzen können. Auch so etwas fand sich schließlich in jedem Haushalt. Stäbe, Stöcke und Pfähle jedoch spielten schon zu allen Zeiten nicht nur beim Zaubern (Zauberstab!) eine gewisse Rolle, sondern auch und vor allem bei Fruchtbarkeitsriten. Stab gleich Phallus – um diese Symbolik zu verstehen, braucht man kein Psychiater zu sein.

Ofengabeln und Besenstiele allerdings flogen nicht von allein. Sie mussten zuvor mit der berühmt-berüchtigten Hexensalbe präpariert werden, und hier waren der Fantasie ebenso wie bei den anfangs erwähnten Rauschzuständen keine Grenzen gesetzt. Auch Shakespeare ist da hemmungslos, wenn er in seinem *Macbeth* ein solches Rezept verrät:

Sumpfiger Schlange Schweif und Kopf
Brat' und koch im Zaubertopf;
Molchesaug' und Unkenzehe,
Hundemaul und Hirn der Krähe;
Zäher Saft des Bilsenkrauts,
Eidechsbein und Flaum vom Kauz;
Mächt'ger Zauber würzt die Brühe,
Höllenbrei im Kessel glühe!

Es gibt unzählige Kräuter, die nach Teufeln oder Hexen benannt sind, und in vielen stecken Substanzen, die tatsächlich fatale Wirkung zeigen können. In Nachtschattengewächsen sind beispielsweise Atropin und Scopolamin enthalten. Während Atropin aufputscht, zeitigt Scopolamin eine eher dämpfende und einschläfernde, zugleich aber sexuell erregende Wirkung.

Alkaloide wie das Gift Akonit dringen in die Haut ein, erregen zunächst, lähmen aber später die Enden der Nerven und können ein Fluggefühl vorgaukeln. In Verbindung mit anderen Halluzinogenen, wie sie in gewissen Pilzen vorkommen – sowie in Mohn oder Cannabis –, können diese Stoffe den Konsumenten leicht in einen Trancezustand versetzen, und dann sind da schließlich noch die immer wieder zitierten Ausscheidungen von Kröten, die aber in diesem Zusammenhang noch wenig erforscht sind.

Es gibt einige zeitgenössische Schilderungen von den verheerenden Folgen, die das Einreiben mit gewissen Substanzen angeblich gezeitigt hat. Wir können heute allerdings nicht mehr feststellen, wie viel davon Tatsache ist und was bloßes Gerücht.

Der bereits oben erwähnte und bei einem Selbstversuch ums Leben gekommene Forscher Carl Kiesewetter weiß vom Leibarzt des Papstes Paul III. namens Andrés de Laguna zu berichten, der die Frau des Henkers von Nantes behandelte, die unter permanenter Schlaflosigkeit litt.

Zufällig hatte man zu dieser Zeit ein Ehepaar, das in einer Einsiedelei nahe der Stadt hauste, wegen Zauberei verhaftet. Bei ihnen hatte man auch eine grüne Salbe gefunden, die laut der Untersuchung von Laguna unter anderem aus den allseits bekannten Zauberzutaten wie Schierling, Nachtschatten, Mandragora und Bilsenkraut bestand. Mit dieser Salbe ließ der Arzt die Frau des Henkers am ganzen Körper einreiben, worauf sie in einen sechsunddreißig Stunden währenden Tiefschlaf fiel. Sie hätte, so die Augenzeugen, auch noch länger geschlafen, wenn man sie nicht gewaltsam aufgeweckt hätte.

Woraufhin sie sich bitter beklagte, weil man sie herzlos aus den

Armen eines außerordentlich feurigen jungen Liebhabers gerissen habe.

1525 berichtet der italienische Autor Bartholomeo de Spina in einem Buch, wie ein Notar in Lugano seine Frau, die er bis dahin für geradezu heilig gehalten hatte, am Karfreitagmorgen, nackt und mit Schweinekot besudelt, in einem Winkel des Stalls gefunden habe. In dem Glauben, sie habe sich einem Fremden hingegeben, wollte er sie töten, aber als sie kurz darauf zu sich gekommen sei, habe sie ihm gestanden, sie sei in dieser Nacht »auf Fahrt« gewesen.

Ähnliches erzählt der Rostocker Jurist Johann Georg Gödelmann aus Magdeburg. Ein Edelmann hatte eine Magd, die in Verdacht geraten war, nachts zum Hexentanz auf den Brocken zu fahren. Von ihm zur Rede gestellt, gestand sie alles, beteuerte aber zugleich, sie müsse in der kommenden Nacht wieder dorthin.

Der Edelmann rief einen Pfarrer zu Hilfe, der die Magd gemeinsam mit einigen Nachbarn die ganze nächste Nacht sorgfältig beobachtete. Sie gestatteten ihr allerdings, sich mit Salbe einzureiben. Daraufhin verfiel sie für zwei Tage in einen tiefen Schlaf, und als sie wieder zu sich gekommen war, ließ sie sich nicht ausreden, in der Nacht zuvor auf dem Brocken gewesen zu sein.

Die genaue Zusammensetzung der verschiedenen Hexensalben kennen wir nicht. Es sind weder Rezepte schriftlich überliefert noch Salben in den Häusern beschuldigter Frauen gefunden worden, die man mit den damaligen Mitteln hätte analysieren können. Dass keine Hexe, womit auch immer, zu einem Tanzplatz hat fliegen können, steht fest. Sie konnten also auch nicht wissen, was da angeblich geschah. Wichtig ist im Grunde auch nur, was sie dort gesehen haben *wollen*.

Und das ist abenteuerlich genug.

Papst Gregor IX. kannte sich angeblich bestens aus. In einer Bulle aus dem Jahr 1233 spielte er jedenfalls den Augenzeugen bei einem Hexensabbat, den er folgendermaßen schildert:

11 HEXENSABBAT

»Wenn ein Neuling aufgenommen wird und zunächst in die Schule der Verworfenen eintritt, so erscheint ihm eine Art Frosch, den manche auch Kröte nennen. Einige geben derselben einen schmachwürdigen Kuss auf den Hintern, andere auf das Maul und ziehen die Zunge und den Speichel des Tieres in ihren Mund.

Dieses (Tier) erscheint zuweilen in natürlicher Größe, manchmal auch so groß wie eine Gans oder Ente, meistens jedoch nimmt es die Größe eines Backofens an. Wenn nun der Novize weitergeht, so begegnet ihm ein Mann von wunderbarer Blässe, mit ganz schwarzen Augen, so abgezehrt und mager, dass alles Fleisch geschwunden und nur noch die Haut um die Knochen zu hängen scheint. Diesen küsst der Novize und fühlt, dass er kalt wie Eis ist, und nach dem Kuss verschwindet alle Erinnerung an den katholischen Glauben bis auf die letzte Spur aus seinem Herzen.

Hierauf setzt man sich zum Mahle, und wenn man sich nach demselben wieder erhebt, so steigt durch eine Statur, die in solchen Schulen zu sein pflegt, ein schwarzer Kater von der Größe eines mittelmäßigen Hundes rückwärts und mit zurückgebogenem Schwanze herab. Diesen küsst zuerst der Novize auf den Hintern, dann der Meister und so fort alle Übrigen der Reihe nach: jedoch nur solche, die würdig und vollkommen sind.

Die Unvollkommenen aber, die sich nicht für würdig halten, empfangen von dem Meister den Frieden, und wenn nun alle ihre Plätze eingenommen haben, gewisse Sprüche hergesagt und ihr Haupt gegen den Kater hergeneigt haben, so sagt der Meister: ›Schone uns.‹ Und spricht dies dem zunächst Stehenden vor, worauf der Dritte antwortet und sagt: ›Wir wissen es, Herr!‹, und ein Vierter hinzufügt: ›Wir haben zu gehorchen.‹

Nach diesen Handlungen werden die Lichter ausgelöscht, und man schreitet zur abscheulichsten Unzucht ohne Rücksicht auf Verwandtschaft. Findet sich nun, dass mehr Männer als Weiber zugegen sind, so befriedigen auch Männer mit Männern ihre schändliche Lust. Ebenso verwandeln auch Weiber durch solche Begehungen miteinander den natürlichen Geschlechtsverkehr in einen unnatürlichen.

Wenn aber diese Ruchlosigkeiten vollbracht, die Lichter wieder angezündet und alle wieder auf ihren Plätzen sind, dann tritt aus einem dunklen Winkel der Schule, wie ihn die verworfensten aller Menschen haben, ein Mann hervor, oberhalb der Hüften glänzender und strahlender als die Sonne, wie man sagt, unterhalb aber rau wie ein Kater, und sein Glanz erleuchtet den ganzen Raum.

Jetzt reißt der Meister etwas vom Kleid des Novizen ab und sagt zu dem Glänzenden: ›Meister, dies ist mir gegeben, und ich gebe es dir wieder.‹ Worauf der Glänzende antwortet: ›Du hast mir gut gedient, du wirst mir mehr und besser dienen, ich gebe in deine Verwahrung, was du mir gegeben hast‹, und unmittelbar nach diesen Worten ist er verschwunden.«

Die Details einer solchen Veranstaltung hatte dem Papst der berüchtigte deutsche Großinquisitor Konrad von Marburg geliefert, der übrigens der Beichtvater der heiligen Elisabeth von Thüringen war und während seiner unrühmlichen Laufbahn nicht nur arme Weiber verfolgte, sondern sich – überheblich, wie er war – ausgerechnet mit einflussreichen Adligen anlegte, die ihn dann, wir erinnern uns, eines Tages auf offener Heide einfach totschlugen.

Später wandelte sich das Bild, das man sich vom Hexensabbat machte. Von Fröschen und Kröten war nun weniger die Rede. Es setzte sich die Auffassung durch, dass der Leibhaftige dort in Gestalt eines riesigen Ziegenbocks erschien, dem man seine Referenz zu erweisen hatte, indem die Frauen seine Genitalien liebkosten und die Männer seinen Schwanz hochhoben, um ihm den After zu küssen, was er quittierte, indem er üble Winde abgehen ließ.

Beim nachfolgenden Gelage wurden zum Teil herrlich schmeckende Gerichte angeboten, zuweilen aber auch faulige und übel riechende. Eines hatten alle Gelage gemein: Was auch immer angeboten wurde – Brot und Salz wurden niemals serviert, und wer Salz heimlich einzuschmuggeln versuchte, wurde bestraft. Scharf gerügt wurde auch, wer bei einer Beichte zugeben musste, zu wenig Schaden auf Erden angerichtet zu haben.

Das Ganze endete dann üblicherweise, wie schon vom Papst geschildert, in einer Orgie, in der die Teilnehmer nicht nur gleichgeschlechtliche Liebe praktizierten, die damals unnachsichtig mit dem Tode bestraft wurde, sondern selbst Eltern mit ihren Kindern intim verkehrten. Wenn sie die Kleinen nicht sogar dem Teufel zum Opfer darbrachten!

Der Teufel persönlich war bemüht, alle Hexen sexuell zu befriedigen, und weil das angesichts ihrer großen Zahl auf herkömmliche Weise kaum möglich war, besaß er ein künstliches Glied, das menschliche Dimensionen sprengte. Übereinstimmend berichteten alle Frauen unter der Folter, es sei riesig groß und habe sich so kalt angefühlt wie ein Eiszapfen.

Das fluchwürdigste aller während des Hexensabbats begangenen Verbrechen war jedoch nicht sexuelle Ausschweifung, sondern Blasphemie, die Gotteslästerung, verübt im Rahmen einer schwarzen Messe, bei der Weihwasser und Hostien geschändet und bewusst alle Riten umgekehrt wurden: Anstatt sich den Friedenskuss auf die Wangen zu geben, küssten die Hexen den Anus des Satans, dem sie sich auch nur rückwärts näherten oder auf den Händen laufend, den Kopf nach unten.

Auch Kruzifixe wurden verkehrt herum aufgestellt, Gebete rückwärts gesprochen oder anderswie verballhornt. Anstelle von weißem Brot wurde schwarzes gereicht, aus Kot und Dreck gebacken. Getränke wurden aus einem Kessel geschöpft, in dem sich ein Sud aus Kröten, Vipern und den Überresten von geschlachteten Kindern und gehenkten Verbrechern befand.

So weit, so schlimm.

Aber mussten die Richter solchen Schilderungen überhaupt Glauben schenken? Vielleicht war das ja alles nur eine Halluzination, war der Hexensabbat nichts anderes als ein Hirngespinst oder ganz einfach die verheerende Auswirkung von irgendwelchem eingenommenen Teufelskraut?

Nicolas Jaquier, Inquisitor von Nordfrankreich, wusste es besser und befand schon 1458: »Die Handlungen und Zusammenkünfte dieser Zaubersekten sind nicht Täuschungen der Fantasie. Sondern verwerfliche, aber wirkliche und körperliche Handlungen Wachender. Es ist ein wirklicher Kunstgriff des Teufels, dass er den Glauben zu verbreiten sucht, als gehörten die Hexenfahrten nur ins Reich der Träume.«

>*Ich halte die Beklagte schon seit dreiunddreißig Jahren*
für eine Hexe und eine ehebrecherische Hure,
das habe ich auch von meinen verstorbenen Eltern gehört.«

Aussage der Ursel, des Meiers Frau,
gegen Anna Hesen aus Föhren im Trier'schen Hexenprozess von 1630

12 »GESCHREY« IM DORF

Jakob Contzen aus dem kleinen Eifeldorf Karl bei Wittlich war ein ziemlich unleidlicher Geselle. Zwar endeten nicht alle Streitigkeiten mit den Nachbarn in einer Prügelei; wohl aber die an jenem Tag des Jahres 1570, als er sich mit einem gewissen Theis Scholtes anlegte. Die Folgen waren nicht nur ein blaues Auge, sondern auch ein Verfahren wegen Störung des Dorffriedens.

Das Amt entsandte zwei sogenannte »Beschickmänner« aus dem Dorf zu den beiden, die den Auftrag hatten, die Streithähne auf außergerichtlichem Wege zu versöhnen. Was ihnen auch gelang. Dennoch wurde den beiden eine Geldbuße auferlegt, die wohl einigermaßen saftig ausgefallen sein muss, denn Maria Contzen, die Ehefrau des unleidlichen Jakob, stachelte ihren Mann zum Widerspruch auf, der indes erfolglos blieb.

Daraufhin machte sich Maria Contzen selbst auf, die beiden Nachbarn, die als Beschickmänner fungiert hatten, auf das Wüsteste zu beschimpfen und ihnen schließlich damit zu drohen, bei der nächsten Heuernte würden ihre Pferde es büßen müssen.

Und so kam es schließlich auch. Als die beiden das nächste Mal mit ihren Pferden zum Heumachen losfuhren, brachen die Tiere urplötzlich zusammen, und zwar ohne jeden Grund, wie Zeugen beschworen. Zwei Tage später waren die Pferde tot, und jedermann im Dorf wies mit dem Finger auf die »Hexe« Contzen, denn sie war ja ganz eindeutig die Schuldige. War nicht bereits ihre Großmutter seinerzeit aus dem Dorf geflohen und nie wieder zurückgekehrt?

Hatte nicht auch sie unter dringendem Verdacht der Hexerei gestanden?

Nun, der Apfel fällt bekanntlich nicht weit vom Stamm.

Maria Contzen bekam es mit der Angst zu tun, und in dieser Situation tat sie das denkbar Dümmste: Sie bot den beiden Beschickmännern an, ihnen eine Entschädigung für die beiden verendeten Pferde zu zahlen. Ein eindeutigeres Eingeständnis ihrer Schuld konnte sie kaum liefern. Es kam, wie es in dieser Situation wohl kommen musste: Die beiden Geschädigten weigerten sich, Geld von ihr zu nehmen, und nun drohte tatsächlich ein gefährlicher Prozess wegen Hexerei.

Marias Ehemann Jakob griff seinerseits die Kläger an und beschuldigte sie der Beleidigung und Verleumdung. Die Beschickmänner wiederum setzten all ihre Habe als Bürgschaft ein und boten sogar an, sich zusammen mit Maria Contzen foltern zu lassen. Wer's länger aushalte, sollte recht bekommen!

Darauf gingen die Richter gottlob nicht ein. Sie sahen sich außerstande, die Wahrheit herauszufinden, verurteilten die Beschickmänner dazu, die deftigen Prozesskosten zu tragen, und stellten das Verfahren gegen Maria Contzen schließlich ein. Damit verschwand sie endgültig aus den Akten.

Ihr Mann Jakob allerdings tauchte noch einmal auf: als er einen gewissen Theis Drauden beschuldigte, dieser habe ihm ein Pferd durch Zauberei getötet.

Hier ist aber weniger Jakobs Klage von Bedeutung als vielmehr die schillernde Figur des Theis Drauden, der die Angewohnheit besaß, sich auffallend neugierig für den Viehbestand in der Nachbarschaft zu interessieren. Immer wenn ein Pferd lahmte oder ein Kälbchen kränkelte, kreuzte er auf, um sich – vermutlich schadenfroh – nach dem Befinden des Tiers zu erkundigen. Selbstverständlich verendete das eine oder andere der von ihm besuchten Tiere – und wer war dann schuld?

Natürlich der Drauden Theis, und er tat alles, um seinem Ruf als »Hexer« auch gerecht zu werden. So beispielsweise bei einem dörflichen Besäufnis, als er – betrunken wie üblich – mit seinem Nachbarn Hans Schottel in Streit geriet und ihm im Verlauf der Auseinandersetzung wütend prophezeite, dass er – Hans – die Karnevalstage im kommenden Jahr nicht mehr zusammen mit seiner Frau erleben werde.

Zwei Tage später ereignete sich höchst Merkwürdiges: Hans Schottel wollte wie an jedem Morgen auf sein Pferd steigen – und fiel auf der anderen Seite kopfüber wieder hinunter. Und das wiederholte sich seltsamerweise mehrmals hintereinander.

Anscheinend war tatsächlich kein Alkohol im Spiel. Tatsache ist jedoch, dass sich der Schottel Hans dabei so sehr verletzte, dass er tagelang das Bett hüten musste – wo ihn Theis Drauden (natürlich) besuchte. Das tat er schließlich bei allen kranken Wesen. Als er dann jedoch das Bettlaken lupfte, um sich direkt Schottels gepeinigte Nacktheit anzuschauen, geriet dieser dermaßen in Panik, dass auf sein Gezeter hin seine Frau herbeieilte.

Aber da war Theis längst entschwunden.

Ob er einmal mehr nur neugierig gewesen ist oder ob er dem Nachbarn wirklich schaden wollte, darüber schweigen die Akten. Auch über sein späteres Schicksal. Wurde er gar wegen Hexerei verurteilt? Vielleicht. Zumindest leichtsinnig war damals jeder, der sich fremden Krankenbetten näherte – in welcher Absicht auch immer.

Wurde der Kranke anschließend gesund, freuten sich die Angehörigen zwar. Dennoch wurde der Gast ab sofort nicht ohne Argwohn betrachtet. Auch wenn er jetzt geholfen hatte: Übermächtige Kräfte schien er zu haben, und wer wusste schon, wozu er sie beim nächsten Mal einsetzen würde. Starb der Kranke nach dem Besuch, war sowieso alles klar, und der Besucher konnte von Glück sagen, wenn er nicht wegen Schadenszauber angeklagt und verurteilt wurde.

Es ist ohnehin ein Wunder, dass über relativ belanglose Verfahren, wie sie hier dargestellt werden, überhaupt schriftliche Unterlagen existieren. Wir dürfen aber davon ausgehen, dass es in zahllosen Dörfern so oder so ähnlich zugegangen ist wie in Karl, diesem winzigen Eifelnest.

* * *

Wenden wir uns also vorübergehend ab von jenen Orten, wo Intelligenz und Bildung daheim waren und bereits ein erfolgreiches Bürgertum existierte, weg von den Fürstenhöfen und den Klöstern, den Bischofssitzen und den aufblühenden Städten, um uns näher mit den Zuständen auf dem Land zu beschäftigen, wo ja auch zu Beginn der Neuzeit nach wie vor der weitaus größte Teil der Menschen lebte.

Da heißt es nun Abschied nehmen von einem der ganz großen Vorurteile, denen wir noch immer beim Thema Hexenverfolgung begegnen: Zur Jagd auf vermeintliche Hexen und Hexer haben – zumindest in den späteren Jahrhunderten – weniger die hohen Herrschaften geblasen und schon gar nicht die heilige Inquisition. Der Druck auf die Justiz entstand in den meisten Fällen von unten!

Und das ist völlig logisch, wenn wir den Gründen nachgehen, die in den verschiedenen Zeiten zu den Verfolgungen geführt haben.

An anderer Stelle haben wir geschildert, wie schwer sich die ersten christlichen Missionare damit taten, in der Vorstellungswelt der Germanen die Vielzahl ihrer zumeist kriegerischen Götter durch den friedlichen Sohn eines einzigen gütigen Gottes zu ersetzen. Unseren Vorvätern wurde da schon einiges zugemutet: Die guten und bösen Geister, die allüberall ihr Wesen und Unwesen trieben, sollte es gar nicht geben? Zaubersprüche waren nichts als heidnischer Unfug? Die Magie weiser Frauen lediglich Blendwerk?

Dabei hatten – wie die irischen Mönche behaupteten – doch auch Jesus und seine Jünger wirkliche Wunder vollbracht. Sollte das denn auch Hexerei gewesen sein?

Die junge christliche Kirche war in Glaubensfragen noch unsicher, aber als sie sich schließlich gefestigt hatte, wurde es für Abweichler gefährlich. Die Autorität Roms und damit zugleich seine politische Macht schienen zunehmend gefährdet. Das war die Geburtsstunde der Inquisition, und es war zunächst ihre Aufgabe, ausschließlich Ketzer zu verfolgen – und nichts und niemand anderen.

Doch das war lange her. Für Ketzer hatte sich das gemeine Volk noch nie interessiert. Das Wesen der Dreifaltigkeit und die Frage, ob Christus eins war mit dem Vater oder nur wesensgleich – nicht einmal das verstand der Bauer irgendwo in der Pfalz oder im Westerwald. Wichtig war für ihn lediglich, dass kein Kriegsvolk sein Vieh raubte, kein Hagelschlag das Getreide auf dem Acker vernichtete und dass seine Kuh nicht krank wurde.

Und dass ihm die Frau nicht starb.

Sorgen, die ihn umso mehr drückten, je schlechter die Zeiten waren. Und das hing in sehr viel stärkerem Maße als heute vom Wetter ab.

* * *

Am 3. August des Jahres 1562 schien für die Menschen in Süddeutschland die Welt unterzugehen. Am Vormittag dieses bis dahin schönen Sommertages verfinsterte sich die Sonne, und es wurde Nacht. Zunächst fielen nur ein paar Tropfen Regen, aber dann begann es zu hageln, und es hagelte drei Stunden lang. Faustgroße Hagelkörner durchschlugen die Dächer der Häuser, zermalmten das Getreide auf den Feldern und zerschmetterten die Rebstöcke, entlaubten die Bäume und töteten sogar die Hühner, die sich nicht rechtzeitig unter ein Dach hatten retten können. Ein Chronist klagte, seit hundert Jahren sei Württemberg »nit der massen verderbt an Leib und Gut als jetzt«.

Es war dies einer der ersten Höhepunkte einer Periode, die man heute als Kleine Eiszeit bezeichnet, die bis weit ins 17. Jahrhundert anhalten sollte und zahlreiche Missernten verursachte. Eine schlechte Ernte bedeutet heute allenfalls, dass alles etwas teurer wird, weil dann die Äpfel aus Sizilien, die Weintrauben aus Südafrika oder der Weizen aus Kanada eingeflogen werden müssen. Deshalb bleibt aber kein Regal im Supermarkt leer.

Damals jedoch lebten weit über achtzig Prozent der Menschen noch immer von der Landwirtschaft und die meisten von ihnen, die keine Möglichkeit besaßen, Getreide einzulagern, buchstäblich von der Hand in den Mund. Für diese Menschen bedeutete jede Mißernte eine Katastrophe, und wenn sich derart schlechte Ernten häuften, war ihre Existenz und oft das Leben der ganzen Familie bedroht.

In der zweiten Hälfte des 16. Jahrhunderts froren der Bodensee und die großen Alpenseen zu, Wölfe kamen aus den Wäldern und fielen Dorfbewohner an, 1570 fand man auf den Straßen der süddeutschen Städte erfrorene und verhungerte Menschen. Zwischen 1585 und 1593 wurde Deutschland von zwei großen Pestepidemien heimgesucht, und Anfang des 17. Jahrhunderts folgte eine dritte. Die Winter wurden immer härter und dauerten zunehmend länger, wodurch die Wintersaat erfror, was wiederum Mißernten zur Folge hatte.

Und Teuerungen in einem für uns unvorstellbaren Ausmaß.

Um nur ein Beispiel aus dem 15. Jahrhundert zu nennen: In der Memminger Chronik findet sich folgende Aufstellung:

1480 galt ein Malter Roggen umb Michaelis ein Pfund.
1481 war ein nasses Jahr und galt ein Malter Roggen auff Michaelis zwei Pfund.
1482 war sehr theur, galt ein Malter Roggen nach Weihnachten dreieinhalb Pfund. Die Theurung nahm überhand und galt ein Malter Roggen sechs Pfund ... Es war in diesem Jahr ein Sterbend hier und flohe viel Volcks hinauß. So wuchsen den Leuten Würm im Kopff, daran ihrer viel sturben.
1484 war das gute Jahr genennt, weil alles so wohl gewachsen und wohlfeil ward.

Man stelle sich vor, bei uns würde sich der Brotpreis innerhalb von zwei Jahren versechsfachen!

Das Wetter schlug nun Jahrzehnte lang unberechenbare Kapriolen. Selten waren die Ernten halbwegs ausreichend, und nur in solchen Fällen konnte ein Handwerker – wie »Warenkorbuntersuchungen« beispielsweise aus Augsburg für Anfang des 16. Jahrhunderts ergaben – seine vierköpfige Familie einigermaßen gut ernähren. Wenigstens bis zur Mitte des Jahrhunderts.

Das wurde rapide anders, als sich die Missernten häuften und das Land zusätzlich von Viehseuchen und dann sogar noch von der Pest heimgesucht wurde, die wie gesagt besonders schlimm zwischen 1585 und 1593 wütete. In den folgenden Jahrzehnten änderte sich an der katastrophalen Situation nicht das Geringste, und 1618 brach zu alledem auch noch jener schreckliche Krieg aus, der dann dreißig Jahre dauern sollte.

Zu den Missernten und den daraus resultierenden Teuerungen und Hungersnöten gesellte sich nun noch die nackte Existenzangst. Während sich die Bürger der großen Städte entweder hinter ihre Mauern zurückziehen oder aber sich von Plünderungen freikaufen konnten, waren die Landbewohner den umherziehenden Kriegshaufen völlig schutzlos ausgeliefert. Raub, Folter und Vergewaltigung drohten allenthalben.

Ruchlose Soldateska streifte durch das Land, Städte wurden geplündert, Ortschaften in Brand gesteckt, Bauernhöfe überfallen. Die Söhne wurden zwangsrekrutiert, Frauen und Töchter geschändet, die Bauern selbst so lange gefoltert, bis sie verrieten, wo sie ihr Geld versteckt hatten.

Das Ende der Welt schien nahe. Wen wundert es, wenn – wie am 24. Mai 1626 geschehen – Hagelkörner mehr als einen Meter hoch den Boden bedeckten und ein paar Tage später noch immer schneidender Frost herrschte. Ende Mai! Auch im Jahr 1628 nahm der Winter kein Ende. Die Leute sprachen von einem Jahr ohne Sommer. Die Bevölkerungszahl sank, die Kindersterblichkeit stieg rapide an. Männer, die das vierzigste Lebensjahr erreicht hatten, galten bereits als Greise. Frauen lebten zwar länger, aber häufig in tiefstem Elend, da ihr Ernährer gestorben war.

Und während der größte Teil der Menschen voll Verzweiflung

eine Wende zum Guten herbeisehnte, mussten sie – wie immer in solchen Zeiten – erleben, wie einige ihrer Mitbürger Schmarotzer spielten und von der allgemeinen Not profitierten: etliche Klöster, ein Teil des Adels und andere Großgrundbesitzer, die Lebensmittel horten und später zu weit überhöhten Preisen verkaufen konnten, außerdem natürlich die Händler und letztlich die Spekulanten und die Kreditgeber.

Die Säuglingssterblichkeit nahm bedrohliche Formen an. Nur jedes dritte oder vierte Kleinkind überlebte die ersten Jahre, und nur die Hälfte der Kinder erreichte das zwanzigste Lebensjahr. Angeblich beschloss der fränkische Reichstag 1650, dass Männern unter sechzig Jahren der Eintritt ins Kloster verboten werden solle, dass allen Priestern die Eheschließung gestattet sei und – nahezu unglaublich – dass jeder Mann zwei Ehefrauen nehmen dürfe, sofern er sie ernähren könne und auch sonst gut behandele. Die Quelle ist allerdings unsicher, und deshalb sei dies Kuriosum hier auch nur unter Vorbehalt wiedergegeben.

Verzweiflung machte sich breit und verwandelte sich in Wut. Wer sich am Eigentum eines anderen Menschen bereicherte und dafür haftbar gemacht werden konnte, starb einen entsetzlichen Tod. Bei all den schrecklichen Zahlen, die wir im Zusammenhang mit den Hexenjagden kennen – eines dürfen wir darüber nicht vergessen: Von hundert Hingerichteten starben nur zehn wegen Hexerei. Neunzig Prozent dagegen waren Räuber, Einbrecher und Diebe!

Es muss wahrlich schrecklich ausgesehen haben in Deutschland, wenn sich zumindest die lokalen Kirchenoberen bereit erklärten, wenigstens vorübergehend Bigamie zuzulassen!

Wer aber war verantwortlich für das ganze Elend?

Protestantische und katholische Theologen glaubten es zu wissen und verkündeten von allen Kanzeln, es sei wieder einmal so wie damals mit Noah und den sündigen Städten Sodom und Gomorrha: Gott könne die Schlechtigkeit der Menschen nicht länger mit ansehen und habe beschlossen, das Jüngste Gericht hereinbrechen zu lassen. Also heiße es, umzukehren, Buße zu tun für die Sünden der

Vergangenheit und ab sofort ein gottgefälliges christliches Leben zu führen. Amen.

Das fand auch Luther, der die rhetorische Frage stellte: »Was wollen die unzählig vorher nie erhörten Wunderzeichen und Gesichte anders andeuten, denn dass Christus kommen will in allererster Zeit, zu richten und zu strafen?«

Aber damit gaben sich die Menschen nicht zufrieden. Pech und Schwefel vom Himmel – das wäre ja unabwendbar. Lieber glaubte man da denjenigen, die wissen wollten, dass es andere Kräfte waren, die für Seuchen und Wetterkatastrophen verantwortlich zeichneten. Die These hat nämlich etwas für sich: Gegen den Weltuntergang gibt es kein Mittel. Gegen anderes schon, und die Menschen wollten endlich etwas tun gegen den Satan und seine dienstbaren Geister, die er angestiftet hatte, Böses zu tun. Auf Gott schien kein Verlass mehr, denn, wie ein Winzer von der Mosel wusste, dessen verzweifelter Ausruf überliefert ist: »Gott ist tot, und der Teufel ist jetzt Meister!«

Egal, was die Pfaffen noch über Ketzerei oder Teufelsbuhlschaft predigten, Tatsache war ja wohl, dass Hexen Blitze auf eine Scheune lenken oder Hagel in die Ernte schicken konnten, sie waren an allem schuld, und deshalb mussten sie sterben. Der Glaube daran, dass Hexen örtlich begrenzt Schaden anrichten konnten, war alt; neu allerdings war, dass man sie für einen Jahre hindurch anhaltenden Wetterumschwung haftbar machte.

Ein Grund mehr, sie allesamt und für immer zu vernichten.

Die Fürsten wussten es selbstverständlich besser. Schließlich waren sie es, die den Krieg angezettelt hatten und nun versuchten, sich auf Kosten ihrer Untertanen zu bereichern. Das Hexenproblem interessierte sie allenfalls am Rande. Aber sie unterschätzten den Druck von unten. Und irgendwie waren sie ja auch erpressbar. Wollten sie etwa tatenlos zusehen, wie der Satan höchstpersönlich sein teuflisches Werk betrieb? Wie er mithilfe böser oder doch schwacher Frauen die Menschheit ins Verderben stürzte? Wie er Gottes geheiligten Willen missachtete?

Die Bürger von Wertheim schrieben an ihre Herrschaft, den Grafen Ludwig:

»Und so bitten wir in aller Unterthänigkeit und ums Jüngste Gericht willen, da wir allesamt vor Gottes Richterstuhl erscheinen... die gnädige Herrschaft als Gottes Dienerin, weßhalb sie das Schwert trägt, gerufen aus göttlichem Befehl, welcher in der Heiligen Schrift oft wiederholt ist, mit ernstem Eifer auf die berüchtigten, durch ihren Ruf und gemeinen Leumund der Hexerei halber bezüchtigten Leute inquirieren und sie nach Befund der Sachen exemplarisch abstrafen zu lassen.

Dadurch geschieht Gottes des höchsten Richters Befehl nicht allein, sondern es wird auch seine göttliche Ehre befördert, das verunsäuberte und entheiligte Land von Gottes Zorn und Straf befreit und gesäubert, sodass wir der zuversichtlichen Hoffnung leben, weil dieses Unkraut nunmehr allerorten auszurotten angefangen wird.

Es werden nicht allein um unseren eifrigen Gebetes bessere fruchtbarere Zeiten folgen, sondern der Allmächtige werde auch dem Teufel ein Ziel stecken, dass die unverständige einfältige Jugend, unsere lieben Kinder, nicht so jämmerlich verführt, schmählich hingerichtet und zugleich um Leib und Seel gebracht werde...«

Der mahnende, um nicht zu sagen, drohende Unterton zu Anfang dieser Bitte ist unüberhörbar: Du, Graf, trägst das Schwert durch Gottes Gnade, und nun nutze es auch, wenn du Gottes Willen erfüllen willst!

Der Druck von unten wurde immer stärker und für manche Fürsten sogar bedrohlich. Kurfürst Georg Friedrich von Mainz, der 1626 den südhessischen Ort Dieburg besuchte, wurde von den Einwohnern sogleich bedrängt, dem Zauberunwesen in ihrer Stadt ein Ende zu bereiten. Dem Kurfürsten schien das allerdings überhaupt nicht vordringlich, doch seine Beamten wurden von den Einwohnern ernsthaft bedroht, sodass er schließlich nachgeben musste. Sechsunddreißig angebliche Hexen wurden daraufhin hingerichtet. Nach anderen Angaben sogar deren fünfundachtzig.

Und wenn der Herrscher derart folgsam war, konnte es auch geschehen, dass die Untertanen entsprechenden Beifall spendeten, vor allem nach der endlich einmal guten Ernte von 1590. Da nämlich forderte der Landrichter von Schongau den Herzog von Bayern auf, sich selbst eine »ewige Merksäule« zu errichten zum Gedenken daran, dass er durch seine Verfolgung die Macht der Hexen so weit zurückgedrängt habe.

Doch nicht überall waren die Menschen zu besänftigen. In Andernach am Rhein beschwerten sich die Leute, dass der Amtmann das Hexenproblem ignoriere, in Nürburg in der Eifel forderten sie die Verschärfung der Verfolgung, im Amt Brühl, in Lechenich, in Ahrweiler – überall das gleiche Bild. Und zwar nicht nur in Deutschland. In Schottland drohten Bauern dem Earl of Haddington, sein Land zu verlassen, wenn er nicht energisch gegen die Hexenplage einschreite, und im schwedischen Mora bestanden die Eltern vermeintlich verhexter Kinder darauf, dass dem eigenen Nachwuchs der Prozess gemacht werde!

Die Angst der Menschen war halt groß. Angst vor Tod und ewiger Verdammnis, Angst vor Krieg und Terror, vor Armut und Hunger, vor der Pest und vor allem vor dem personifizierten Bösen. Der seit Jahrzehnten andauernde Krieg und die Spaltung der Religion – den Menschen musste es vorkommen, als sei im wörtlichen Sinn der Redewendung *der Teufel los.*

* * *

Er schien in der Tat allgegenwärtig. Luther hatte angeblich mit ihm gekämpft, und von allen Kanzeln, waren sie nun katholisch besetzt oder von Vertretern der Reformation, wurde vor ihm gewarnt, und der bekannte Jesuit Petrus Canisius erwähnte den Leibhaftigen in seinem Katechismus häufiger als Christus. Martin Luther sagte, er habe sogar körperlich mit ihm gekämpft, und schrieb: »Wir sind alle nach Leib und Gut dem Teufel unterworfen und sind Gäste in der Welt, deren Fürst und Gott er ist.«

Und schaute er nicht sogar vom Dach der Kathedralen, wenn auch als Wasserspeier verkleidet? Wo aber der Satan ist, da gibt es natürlich auch Hexen, die Huren des Teufels, wie Luther sie nannte. Wenn die Obrigkeit sich mit ihrer Verfolgung schwertat, musste man – so wenigstens glaubte man auf dem Land – die Sache selbst in die Hand nehmen.

Dabei ging es, soweit uns das heute bekannt ist, in den meisten Fällen einigermaßen demokratisch zu. Die Männer des Dorfes versammelten sich nach alter Sitte unter der Dorflinde und wählten aus ihrer Mitte angesehene Mitglieder aus ehrbaren Familien, die vernünftig genug schienen, das Problem anzugehen. Sie sollten nun das energisch bekämpfen, was die Obrigkeit nur widerwillig und nach Ansicht vieler Dörfler lediglich halbherzig und schleppend in Angriff nahm. Allerdings sollten sie keineswegs in blindwütigen Verfolgungswahn verfallen, sondern klug und umsichtig handeln.

Natürlich waren sie ungebildet und zumeist Analphabeten, sodass man ihnen hin und wieder einen ausgebildeten Juristen zur Seite stellte, aber der war nur für Formfragen zuständig. Die Untersuchung gewisser Vorfälle sowie das Aufspüren und Verhören Verdächtiger lag allein in den Händen der gewählten Vertreter des Dorfes.

Die drängten sich zumeist keineswegs in dieses Amt, denn es war ebenso mühsam wie undankbar. Zwar war man als Mitglied des Dorfausschusses zunächst einmal halbwegs davor sicher, selbst in den Verdacht der Hexerei zu geraten. Andererseits konnte es auch passieren, dass man von den Beschuldigten gerade deshalb als ihr Komplize und als Teilnehmer am Hexensabbat belastet wurde.

Woran aber sollten die Ausschüsse sich nun orientieren? Beweise für Hexenzauber gab es bekanntlich nicht, und bevor man überhaupt mit einer Untersuchung oder einem Verhör beginnen konnte, musste man schließlich zunächst einmal jemanden finden, der sich – wie auch immer – verdächtig gemacht hatte.

Aber das war ziemlich einfach.

- Da ist die sechzigjährige Witwe, die seit vierzig Jahren im Ort lebt und noch immer als Fremde gilt. Sie wird von einer Nachbarin beschuldigt, deren Mann verführt zu haben, was (in ihrem Alter!) ja wohl nur durch Zauberkräfte gelungen sein kann.
- Da ist der Bauer, der – betrunken – einem Zechkumpan die Pest an den Hals gewünscht hat; wenige Wochen bevor dieser tatsächlich verschied. Woran auch immer.
- Da ist der Hirte, der – so selten war das schließlich nicht – seinen Schafen mehr Zuneigung widmet als der alternden Jungfer, die ihm vergeblich nachstellt und ihn schließlich aus Rache der Hexerei beschuldigt.

Das sind so die Motive enttäuschter und verletzter Dörfler, die sehr wohl wissen, dass ihre Anschuldigungen im Grunde haltlos sind. Aber sie sind ein wunderbares Mittel, sich an verhassten Mitmenschen zu rächen.

Doch es gibt auch andere Gründe, jemanden der Hexerei zu beschuldigen. Zum Beispiel, dass irgendwer für ein großes Unglück büßen muss, das den Ort oder die eigene Familie getroffen hat. Da nimmt man am besten jemanden, der schon immer einen schlechten Ruf hatte. Oder von dem man zumindest gehört hat, dass er schon immer einen schlechten Ruf hatte. Dass schon seine Großeltern im bösen »Geschrey« gewesen seien oder dass es in der Familie schon einmal einen Fall von Schadenszauber gegeben habe. Es muss ja nicht gerade zu einer Verurteilung gekommen sein, damals, aber es reicht schon, dass es ehedem dieses Gerücht gab …

Allein diese kleinen Rivalitäten: bei der Hochzeit und in der Kirche, am Brunnen und im Wirtshaus, bei der gemeinsamen Feldarbeit oder in der Spinnstube. Da fallen auch schnell unschöne Worte, wobei »Schlampe« noch relativ harmlos ist. »Hure« ist schon härter und »Priesterliebchen« geradezu verheerend.

Vielleicht sagt dann die Beleidigte zu ihrer Verleumderin, der

Teufel solle sie holen oder sie würd's ihr schon zeigen beim nächsten Mal, und dann darf ihrer Gegnerin nichts, aber auch gar nichts passieren, sonst steht Erstere als Hexe da. Oder doch zumindest im bösen »Geschrey«.

Wenn sich dann noch ein paar Dorfbewohner an andere, ebenfalls etwas merkwürdige Äußerungen erinnerten, musste der Dorfausschuss tätig werden, um möglichst viel Material zusammenzustellen, das danach einem ordentlichen Gericht übergeben wurde. Die Gefahr, dort verurteilt zu werden – schließlich wurde fast immer ein Geständnis erfoltert –, war ziemlich groß.

Und dann?

Was tat eigentlich die Familie der Beschuldigten?

Die Reaktionen waren höchst unterschiedlich. Bedingungsloses Zueinanderstehen war eher selten. Dafür gab es mehrere Gründe. Zum einen hielten ja häufig die eigenen Verwandten es durchaus für möglich, dass die Angeklagte den Verführungen des Satans erlegen war und tatsächlich die Verbrechen begangen hatte, deren man sie beschuldigte. So etwas gab es ja schließlich. Warum also nicht in der eigenen Familie!

Andererseits wissen wir, dass Liebesheiraten eher die Ausnahme waren. Geheiratet wurde häufig aus rein wirtschaftlichen Erwägungen; um zwei Höfe miteinander zu vereinen, um die Erbfolge zu sichern oder auch ganz einfach, um die Tochter an den Mann zu bringen. Der hatte sie zwar geehelicht, aber von Zuneigung war nie die Rede gewesen, und vielleicht war er ganz froh, sie auf diese Art loszuwerden.

Es konnte auch noch ärger kommen. Zwist und Hader in der Familie konnten zu bösartigen Beschuldigungen führen, wie der Präsident des Kammergerichts Speyer notierte: »Bosheit und Gemeinheit feiern Orgien. Der Schwiegersohn bezichtigt die Schwiegermutter, die Frau und die Schwägerin der Hexerei, die Mutter den eigenen Sohn der Blutschande mit ihr, eine Frau ihren Mann, um die Scheidungsklage wirksam zu unterstützen ...«

Schließlich bestand natürlich auch noch die Möglichkeit, dass die Familie zwar an die Unschuld der Angeklagten glaubte, es aber nicht wagte, offen für sie einzutreten, weil man nicht selbst in den gewissen Verdacht geraten wollte. Da distanzierte man sich vorsichtshalber.

Schlimm genug, dass durch die Verurteilung die Familienehre für unabsehbare Zeit geschändet war!

Sie haben weder Verstand noch Einsicht
und tappen im Dunkeln dahin.
So wanken alle Grundfesten der Erde.

Psalm 82, Vers 5

13 GEFÄHRLICHE ZEUGEN

Agnieß von Gylstorpf wollte kein Risiko eingehen. Sie hatte die beiden Söhne ihrer Schwester gebeten, sie heute Morgen zu begleiten. Das schien ihr gescheiter, als sich auf ihren Mann zu verlassen, einen Kleingärtner, der schon arg wackelig war. Die beiden Neffen waren zwar auch nicht die Kräftigsten, aber ein bisschen Schutz versprach sie sich schon von ihnen.

Angefangen hatte alles am vergangenen Freitag, als sie morgens früh aus dem Haus gegangen war, um in der gegenüberliegenden Bäckerei Brötchen zu holen. Es war ein schöner Sommermorgen, und nicht einmal der an diesem Tag besonders strenge Geruch, der von den Bächen herüberwehte, wo die Färber und die Gerber unter der Woche zugange waren, konnte ihre Stimmung trüben. Sie fühlte sich irgendwie aufgekratzt, als sie den Laden betrat.

Hier arbeitete Gerhard von Nassenberg, der kräftige Bäckergeselle, von dem sie hin und wieder träumte, wenn sie neben ihrem schnarchenden Mann lag. So alt war sie schließlich noch nicht, dass ihr ein gestandenes Mannsbild nicht gefallen hätte. Und nun kam er da aus der hinteren Backstube nach vorn in den Laden, einen Korb voll frischer Wecken vor sich hertragend und nur mit einem schmalen Schurz angetan.

In so einer Backstube ist es heiß, besonders im Sommer, dafür hatte ja wohl jedermann Verständnis, und Agnieß hatte an diesem Morgen ganz besonderes Verständnis, und aus einer Laune heraus – und wohl auch weil Gerhard sich wegen des Korbes auf seinen Armen nicht wehren konnte – fasste sie unter seinen Schurz und fand dort bestätigt, was sie sich in ihrer Fantasie schon häufiger vorgestellt hatte.

Während sie sich mit dem Gefundenen beschäftigte, stellte Gerhard den Korb ab und sagte, wenn sie das wolle, so könne ja auch er auf die Suche gehen. Und da er nun die Hände frei hatte, vergrub er sie zwischen den Schenkeln von Agnieß, die sich dagegen ebenfalls nicht sonderlich wehrte.

Zu mehr aber kam es nicht, da jederzeit andere Kunden den Laden betreten konnten und das frivole Zwischenspiel den beiden für den Augenblick auch genügte.

Der kleine Zwischenfall wäre im Grunde allenfalls etwas für den Beichtvater gewesen, denn kleine Ferkeleien wie diese waren in einer Vierzigtausend-Seelen-Stadt, wie Köln es 1580 war, kaum erwähnenswert. Dieser handgreifliche Flirt zeitigte indes ungeahnte Folgen, denn am nächsten Tag verspürte Gerhard Schmerzen beim Wasserlassen, und außerdem war Blut im Urin.

Was war denn das?

Der Bäckergeselle vertraute sich sorgenvoll einem Nachbarn an, und der hatte nichts Besseres zu tun, als in der Gemeinde der Pfarrkirche St. Jakob sofort die Mär zu verbreiten, die alte Agnieß habe den armen Bäckergesellen nicht nur sexuell belästigt, sondern ihn auch seiner Manneskraft beraubt. Was allerdings noch gar nicht bewiesen war.

Am Sonntag hatten sich bereits erregte Nachbarn zwischen der Pfarrkirche und der Stiftskirche von St. Georg zusammengerottet, aber vielleicht war inzwischen ja alles vergessen, und die Leute gingen wieder ihrer Arbeit nach. Heute – am Montag – wollte sich Agnieß Klarheit verschaffen. Doch kaum war sie mit ihren beiden Neffen bei St. Georg angelangt, da hörte sie schon das hysterische Geschrei der Menge, die gegenüber Sonntag noch angewachsen war und sie aufgebracht als Hexe bezeichnete.

Nun wurde auch Agnieß wütend, und als sich ihr ein Bursche näherte, um ihr ins Gesicht zu spucken, stieß sie ihn zurück und zischte ihm zu, er solle sich in *dreitausend Teufels Namen* schleichen! Das hätte sie wohl besser nicht gesagt.

Die tobende Menge umringte sie, an ihrer Spitze Gerhard, mit dem sie doch immerhin eine sehr anregende Minute verbracht hatte. Aber ihm hatte ein Mann, der angeblich etwas von Zauber verstand, versprochen, man müsse der Hexe nur ordentlich was auf die Nase geben, dann sei man sofort geheilt. Deshalb schlug der Bäckergeselle Agneß nun mit einer Holzlatte nieder, und als sie längst am Boden lag, prügelte er noch immer wie wild auf sie ein, während ihre Neffen, nach denen sie kläglich um Hilfe schrie, sich heimlich aus dem Staub machten.

Irgendwann ließen Gerhard und die Nachbarn von ihr ab, und während Agneß daheim ihren misshandelten Körper pflegte, sann sie auf Rache. Das würde er ihr büßen, dieser scheinheilige Strolch von einem Bäcker. Aber abgesehen davon, dass sie ihm aus tiefstem Herzen eine ebenso gehörige Tracht Prügel wünschte, wie er ihr verpasst hatte: Sie musste sich ganz einfach wehren, sonst würde für immer das Gerücht in der Pfarrei kursieren, dass sie Männer impotent oder sogar – wer weiß – deren Frauen unfruchtbar machen könne.

So zog sie denn vor Gericht, um Gerhard der schweren Körperverletzung zu beschuldigen. Dieser gemeine Mann habe sie – eine unschuldige Bürgerin – der Hexerei bezichtigt und grundlos zusammengeschlagen.

Der Rat der Stadt bewertete die Aussagen des Bäckers und der Nachbarn während der folgenden Verhandlung jedoch höher als die der Klägerin. *Sie* war es schließlich gewesen, wurde argumentiert, die dem armen Gerhard den delikaten Körperteil verhext habe, und *sie* sei es auch gewesen, die beim Streit vor der Pfarrkirche den Teufel angerufen habe. Grund genug, meinten die Ratsherren, sie der Hexerei anzuklagen.

Das Justizwesen in der Freien Reichsstadt Köln war einigermaßen kompliziert, denn der Erzbischof, der längst nicht mehr in seiner Stadt residieren durfte, hatte sich dennoch die Gerichtsbarkeit vorbehalten. Der Rat der Stadt konnte lediglich prüfen – und dieses Recht wiederum behielt *er* sich vor –, ob begründeter Tatverdacht bestehe. Dann wurden die Angeklagten dem Hohen Weltlichen Gericht überliefert, das trotz seines Namens dem Erzbischof unterstand, und dessen Schöffen sprachen dann das Urteil. Und das war im Fall der Agnieß von Gylstorpf eindeutig:

Freispruch!

Immerhin hatte man es nicht für notwendig befunden, Agnieß zuvor der Folter zu unterziehen, um ihr irgendein unsinniges Geständnis abzupressen.

* * *

Agnieß von Gylstorpf hatte das Glück der frühen Geburt. Ebenso wie bereits runde siebzig Jahre zuvor eine gewisse Tringin, die aus Breisig stammte und freimütig gestanden hatte, an einem Hexensabbat teilgenommen und mit dem Teufel in ihrem Haus am Holzmarkt Unzucht getrieben zu haben. Das hätte in späteren Zeiten dreimal gereicht, um als Hexe verbrannt zu werden. Besagte Tringin jedoch wurde lediglich aus der Stadt verwiesen.

Und Verbannung galt für das ganze 16. Jahrhundert so ungefähr als die schärfste Strafe, die in Köln bei Verdacht auf Schadenszauber oder Hexerei verhängt wurde. Aber das sollte sich ändern. Jüngere Schöffen hielten Einzug im Hohen Gericht, und mit dem Generationswechsel nahm die Verfolgung schärfere Formen an. Die ersten Hexen in Köln wurden in den Jahren 1617/18 verbrannt.

Dem spektakulärsten und weit über die Grenzen Kölns hinaus bekannten Prozess fiel die Postmeisterin Katharina Henot zum Opfer. Sie war eine bemerkenswerte Frau und entsprach so gar nicht der Klischeevorstellung, die man sich auch damals schon von einer »typischen Hexe« machte.

Ihre Eltern waren – warum, weiß man nicht – aus den Niederlanden nach Köln gekommen. Vermutlich waren sie, die eine Zeit lang wohl Anhänger Calvins gewesen waren, in den Zeiten des

Aufstands gegen die Spanier geflohen, möglicherweise aber waren auch rein geschäftliche Gründe für den Wechsel ausschlaggebend. Die Kölner, bekanntlich bis heute allen Fremden gegenüber eher misstrauisch eingestellt, verliehen dem Vater erst nach vielen Jahren das Bürgerrecht.

Wie viele Zugereiste, etwa die jüdischen Familien im 19. Jahrhundert, versuchte auch Jakob Henot sich als besonders guter und in diesem Fall katholischer Bürger zu erweisen. Sein ältester Sohn wurde sogar Mitglied des Domkapitels und bekleidete noch viele andere geistliche Ämter, so auch das des Dechanten des Dominikaner-Stiftes St. Andreas. Ein anderer Sohn wurde Dekan von St. Kunibert, und die Schwester von Katharina wurde Nonne im Kloster St. Klara.

Vater Jakob, ursprünglich Handwerker, eröffnete eine Herberge für reisende Kaufleute und wurde später auf Umwegen und auf Fürsprache des Reichsfreiherrn und kaiserlichen Generalpostmeisters Leonhard von Taxis zum Postmeister in Köln bestellt; in jener Zeit noch unter der Hoheit derer von Taxis. Irgendwann übernahm er sich dann finanziell, man entzog ihm das Amt, um das er aber noch lange kämpfte, bis er im Alter von vierundneunzig Jahren starb.

Die Erben – an ihrer Spitze der älteste Sohn Hartger und seine Tochter Katharina – kämpften gegen ihre Entmachtung an, verschwiegen sogar lange Zeit den Tod des Vaters, der ohne kirchlichen Segen heimlich begraben wurde, und fälschten Dokumente, doch alles war vergebens.

Das wahre Unglück aber brach erst im Sommer 1626 über die Familie herein. Im nahen Kloster St. Klara, wo Katharinas Schwester und inzwischen auch ihre eigene Tochter Anna Maria lebten, waren einige Fälle angeblicher Besessenheit aufgetreten, und ein Kleriker versuchte sich an einem Exorzismus, als plötzlich eine der jungen Frauen, die Näherin Margarethe Raußrath, sich outete, wie wir das heute nennen.

Die Postmeisterin Katharina Henot, die in ganz Köln, besonders selbstverständlich aufgrund der verwandtschaftlichen Beziehungen im St.-Klara-Kloster bestens bekannt war, habe versucht, sie dem Satan zuzuführen. Dadurch sei sie krank geworden, und sie könne nur gesunden, wenn man die »Hexe« bestrafe.

Ein solches Gerücht machte schnell die Runde, selbst in einer so großen Stadt wie Köln.

Und es war lebensgefährlich.

Das wusste natürlich auch Katharina Henot. Sie konnte sich zwar nicht vorstellen, dass sie als Angehörige einer Patrizierfamilie tatsächlich ernsthaft in den Verdacht geraten könnte, Buhlschaft mit dem Teufel zu pflegen, aber vorsichtshalber schrieb sie einen Protestbrief an den Generalvikar Johannes Gelenius, wies auf die dubiose Quelle hin und kündigte gerichtliche Schritte gegen die Verleumderin an. Aber die Gerüchte wollten nicht verstummen.

Was dahintersteckte, ist bis heute trotz intensivster Nachforschungen nicht bekannt. Die Theorie, dass die Konkurrenz versucht habe, die Familie Henot endgültig um das Postmeisteramt zu bringen, scheint nicht stichhaltig, denn der Streit war wohl längst zugunsten einer anderen Familie entschieden. Andererseits hatte die pietätlose, ja geradezu heidnische »Entsorgung« des toten Vaters den Ruf der Familie Henot in der Bürgerschaft ziemlich ramponiert, und so kam die offizielle Anklageerhebung gegen Katharina kaum noch überraschend.

Letzter Anlass war neben den Beschuldigungen aus dem Kloster, dem andauernden allgemeinen »Geschrey« und einer nunmehr offiziell eingereichten Beschuldigung der Näherin Raußrath ein neuerliches Geständnis. Dieses kam aus dem nahe Köln gelegenen Ort Lechenich, wohin man eine andere Schwester aus dem Kloster St. Klara gebracht hatte, mit der es folgende Bewandtnis hatte:

Sofia Agnes von Langenberg war eine schillernde Persönlichkeit. Angeblich war sie nicht aus Berufung ins Kloster gegangen, sondern wegen einer unglücklichen Liebe. Als sie eines Tages sehr schwer erkrankte, stand ihr ein Franziskanerpater als Beichtvater bei, der nach ihrer Genesung eine recht abenteuerliche Geschichte verbreitete.

Während sie auf Leben und Tod in ihrer Zelle lag, sei sie etlichen Versuchungen des Leibhaftigen ausgesetzt gewesen und habe eine Reihe von wundersamen Visionen gehabt. Christus selbst sei es schließlich gewesen, der ihre Seele, die schon halb im Himmel gewesen sei, persönlich in ihren Körper zurückgeschickt habe. Danach soll sie übernatürliche Kräfte besessen und eine andere Nonne von einem sehr schmerzhaften Beinleiden befreit haben.

Dann aber geschah etwas überaus Seltsames: Das Kreuz, das in ihrer Zelle hing, begann am Ostersonntag im April 1622 plötzlich zu bluten. Die Mitbrüder von Sofias Beichtvater zeigten es in der Kirche der Gemeinde und wollten es sogar in einer Prozession durch die Stadt tragen, aber da schritt der in Köln residierende Nuntius ein und verbot das Spektakel, da ein derartiges »Wunder« zunächst einmal geprüft werden müsse. Experten untersuchten das Kreuz und gelangten zu der Überzeugung, dass es sich um menschliches Blut handelte. Aber von wem stammte es?

Etwa von Sofia selbst?

Misstrauen schien angebracht, zumal Sofias Mutter angeblich auch einmal der Zauberei verdächtig gewesen war und der Vater als nicht zuverlässig galt. Schließlich hatte er einstmals in protestantischen Diensten gestanden! Der Nuntius ließ das geheimnisvolle Kreuz nach Rom schaffen, und seine Vorsicht erwies sich als gerechtfertigt, als aus der Heiligen plötzlich eine Verdächtige wurde, die von anderen Nonnen im St.-Klara-Kloster beschuldigt wurde, sie verhext zu haben.

Was merkwürdig war: Sofia wurde keineswegs sogleich Verhören und strenger Folter unterzogen, sondern vom Generalvikar persönlich ins nahe gelegene Lechenich geschafft, und zwar nicht ins dortige Gefängnis, sondern ins Schloss, wo es ihr in den kommenden Wochen an nichts fehlte. Sogar eine Magd stand ihr (einer Nonne!) zu Diensten, und ihr Zimmer wurde Tag und Nacht geheizt, was schon ungewöhnlich genug war. Dass es aber dermaßen geheizt wurde, dass sogar die Kaminwand durchbrannte, wirft allerdings die Frage auf, warum der Gefangenen ein solcher Luxus gewährt wurde.

Aber es kam noch toller: Der Kölner Erzbischof, Kurfürst Ferdinand, pflegte – wenn er von der Jagd in der Voreifel zurück nach Bonn ritt – gewöhnlich in Lechenich zu übernachten. Im dortigen Schloss aber wurde Sofia gefangen gehalten, und in deren Nähe wollte sich Seine Durchlaucht auf keinen Fall begeben. Nun hätte es nahegelegen, die Verdächtige ins dortige Gefängnis umzuquartieren, aber weit gefehlt: Es war der Erzbischof, der auswich und samt seinem Gefolge auf der Burg Konradsheim übernachtete.

Was dann schließlich doch zum peinlichen Verhör – sprich zur Folterung – von Sofia führte, ist unbekannt. Tatsache ist hingegen, dass sie bei dieser Gelegenheit Katharina Henot so schwer belastete, dass die Postmeisterin nunmehr offiziell der Hexerei angeklagt werden konnte. Belohnung für Sofia: Sie wurde nicht lebendig verbrannt, sondern zuvor in ihrer Zelle erdrosselt; und zweiter Gnadenerweis: Ihre sterblichen Überreste wurden nicht zu Asche verbrannt, sondern beerdigt.

Katharina Henot wurde nun mehrfach von Generalvikar Gelenius verhört, doch obwohl keinerlei Anhaltspunkte für Hexerei gefunden wurden, gab der Rat unerklärlicherweise dem immer stärkeren »Geschrey« in der Stadt nach und wollte die Postmeisterin festnehmen lassen, was aber zunächst daran scheiterte, dass sie sich im Haus ihres Bruders verschanzte. Der war bekanntlich unter anderem Dechant von St. Andreas, und im Hause eines Klerikers durfte nach damaligem Recht keine Festnahme erfolgen. Als Versuche scheiterten, sie mit List aus dem Gebäude zu locken, griff man zu anderen, völlig illegalen Mitteln. Stadtsoldaten stürmten das Haus und brachten die Verdächtige in den Frankenturm. Das Angebot des Bruders, Kaution zu stellen, wurde abgelehnt.

Wer auch immer und aus welchen Gründen mit dieser Klage befasst wurde: Er urteilte zuungunsten der Katharina Henot. Dabei war sie keine arme alte Vettel, sondern eine Patrizierin, gebildet, vermögend und selbstsicher. Aber Freunde und Verwandte, die sich für sie einsetzten, wurden abgewiesen; ihr Anwalt, der sich um neutrale Rechtsgutachten bemühte, wurde beim Prozess nicht einmal als

Verteidiger zugelassen. Der Erzbischof, den man um sein Eingreifen gebeten hatte, ließ sich gerade einmal dazu herab, seinen Schöffen Objektivität ans Herz zu legen.

Das war alles. Katharina wurde mindestens dreimal gefoltert, um ihr das Eingeständnis unterschiedlichster und wahrlich abstrusester Schandtaten zu entlocken: Ungeborene Kinder sollte sie totgehext und ganze Gärten voll Raupen gezaubert haben, Rutengängerei wurde ihr angelastet, und zudem sollte sie mit hohen Adligen herumgehurt haben, aber seltsamerweise nicht mit dem Teufel.

Laut den erhaltenen Akten hat sie nichts gestanden, auch dann nicht, nachdem ihr beim Verhör die rechte Hand so zugerichtet worden war, dass sie ihre Briefe aus dem Gefängnis nur noch mit der linken Hand hat schreiben können. Vielleicht ist sie schließlich doch noch zusammengebrochen. Wir wissen es nicht mit Bestimmtheit zu sagen. Auch nicht, was aus ihrer Schwester, der Nonne Franziska, geworden ist, die ebenfalls verhaftet und zum Verhör nach Lechenich gebracht wurde.

Katharina jedenfalls wurde am 19. Mai an der Richtstätte, wo sich heute der Melatenfriedhof befindet, vom Henker erdrosselt, und ihre Leiche wurde in einer kleinen Strohhütte verbrannt. Noch auf dem Weg zur Hinrichtungsstätte beteuerte sie vom Karren aus, auf dem sie zwischen zwei Jesuiten saß, einem am Straßenrand wartenden Notar gegenüber ihre Unschuld.

Vergebens natürlich.

Ebenso vergebens wie alle Bemühungen ihres Bruders, der nach ihrer Hinrichtung den Erzbischof bat, die Prozessakten veröffentlichen zu dürfen. Der hohe Herr gab zwar die Erlaubnis, aber dazu kam es nie. Nur ein paar Fragmente erschienen, woraufhin Hartger Henot alle geistlichen Ämter niederlegte.

Warum seine Schwester von den führenden Männern der Stadt dermaßen hartnäckig verfolgt und warum auch der Generalverdacht gegen den Rest der Familie noch lange Jahre anscheinend gezielt genährt wurde, ist bis heute ungeklärt. Sicherlich haben die Intrigen und Querelen um das Amt der Postmeisterei dabei eine Rolle gespielt, sicherlich auch der mehr als pietätlose Umgang mit dem Leichnam des Vaters. Tatsache jedenfalls ist, dass sie aufgrund von mehr als fragwürdigen Indizien angeklagt und schließlich auch verurteilt worden ist.

Sie hatte nicht das Glück der Agnieß von Gylstorpf, die trotz gefährlicher Zeugenaussagen und des »gemeynen Geschreys« davonkam.

Wozu derartige Aussagen – diesmal von einer Angeklagten – führen können, zeigt eine dritte Geschichte aus Köln. Auch hier spielte der Rat der Domstadt eine höchst merkwürdige Rolle.

* * *

Da fährt sie hin, die Hexe«, murmelte der Priester, als der Henkerskarren durch die Ehrenstraße rumpelte. Bürgermeister Johann Hardenrath, der neben ihm aus dem Fenster des vorkragenden Erkers nach unten blickte, brachte kein Wort hervor. In dem dicken Aktenbündel, das man der armen Frau um den Hals gebunden hatte, war auch der Name seiner Frau festgehalten.

Christina Plum hatte sie und viele andere Bürgerinnen und Bürger der Domstadt als Hexen bezeichnet. Mit ihr zusammen sollten auch die Namen der von ihr Beschuldigten ausgelöscht werden und für immer von der Liste der Verdächtigen verschwinden. Gottlob.

Dr. Heinrich Glimbach, Theologieprofessor und Beichtvater der Verurteilten, schien weniger zufrieden. »So milde kann man mit diesen Teufelsweibern nicht verfahren«, stieß er zwischen zusammengebissenen Zähnen hervor. »Weder mit ihr noch mit dem anderen Hexenpack.«

Der Bürgermeister zog es vor zu schweigen. Man wusste nie genau, auf wessen Seite dieser fanatische Dechant von St. Severin gerade stand und ob er die Gunst des Erzbischofs genoss oder einmal mehr in Ungnade gefallen war. Unschuldig an dem ganzen Debakel war er jedenfalls nicht. So viel stand wohl fest.

Angefangen hatte die Geschichte im vergangenen Frühjahr, als irgendein Weibsbild die vierundzwanzigjährige Obstverkäuferin Christina Plum beschuldigte, sie würde von sich selbst behaupten, die vor zwei Jahren hingerichtete Katharina Henot habe sie schon damals zum Hexensabbat mitgenommen.

»Wo hat der stattgefunden?«

»Im Weingarten der Familie Henot.«

»Kanntest du sie denn, die Postmeisterin?«

»Ja, recht gut.«

»Wie gut?«

»Sie hat zuweilen meinen Willen gefordert.«

Man verzichtete darauf nachzufragen, ob sie damit sagen wollte, dass Katharina ihr sexuell nachgestellt habe. Das jedenfalls hätte – sagte Christina Plum, die in diesem Fall in Einzelheiten ging – der Teufel getan, aber sie habe ihm nicht nachgegeben. Er habe sich auch ganz kalt angefühlt. Die Henot habe sie immer wieder aufgefordert, ihr Hostien zu verschaffen, sei ihr auch nach ihrem Tod noch im Traum erschienen und habe versucht, sie vom rechten Glauben abzubringen.

Christina erzählte bei den zahlreichen Verhören alles, was sie selbst auf der Straße, am Brunnen oder auf dem Markt hatte erzählen hören, aber sie selbst – das betonte sie immer wieder – sei nur Opfer gewesen, habe nie mitgemacht bei den Hexentänzen, sei kein Teufelsliebchen gewesen, sei immer nur zum Zuschauen verführt worden.

Dechant Dr. Heinrich Glimbach veröffentlichte zunächst anonym ein Flugblatt, in dem Köln als Brutstätte von Hexen dargestellt und den Herrschenden – insbesondere in Sachen Plum – eine sorglose Untätigkeit vorgeworfen wurde, die der Stadt ihren heiligen Namen raube. Der Rat, entsetzt über die Unruhe, die das Pamphlet unter der Bevölkerung verursachte, verbot die Druckschrift und ließ die Presse, auf der sie hergestellt worden war, aufspüren und zerstören.

Der Streit zwischen kirchlicher und weltlicher Gewalt über die Art der Prozessführung eskalierte. Ratsherren, die als Zeugen bei den

Verhören anwesend sein mussten, weigerten sich, weiterhin daran teilzunehmen, weil sie das obszöne Fluchen der Angeklagten nicht länger ertragen wollten.

Christina Plum trat in den Hungerstreik, was – wie die Behörden klagten – deshalb so lästig war, weil es sie körperlich schwächte und deshalb auch die Anwendung der Folter nicht dienlich erscheinen ließ.

Was machte man mit einer solchen Frau?

Man war sich nicht schlüssig. Der Rat verwies sie an das Gericht des Erzbischofs, das wiederum schickte sie zurück. Eine richtige Hexe schien sie nicht zu sein, doch so ganz unschuldig war sie wohl auch nicht. Und dann platzte die Bombe. Christina hatte wohl nicht klaren Kopfes geplant, was sie da anrichtete, aber das änderte nichts an den Tatsachen: In ihrer offensichtlichen Naivität beschuldigte sie nun nacheinander einige Kleriker und mehrere Mitglieder der städtischen Oberschicht. Dass sie Hartger Henot anklagte, an Hexentänzen teilgenommen zu haben, mochte man ja noch hinnehmen; immerhin war er der Bruder einer Hexe.

Aber nun behauptete Christina, auch die Frau des Bürgermeisters Hardenrath sei dabei gewesen und der Syndikus Dr. Wissius und Catharina, die Frau des Registrators Spiegel ... Den Anwesenden stockte der Atem. Wenn das herauskommen sollte! Undenkbar.

Und die Angeklagte redete und redete, erklärte schließlich sogar, Teilnehmer am Hexentanz hätten sich verabredet, wahllos Schuldige und Unschuldige anzuzeigen, um die Justiz vollends in Verwirrung zu stürzen. Aber dazu brauchte es gar nicht mehr derartiger Beschuldigungen. In der Kölner Oberschicht brach Panik aus. Man griff zu höchst ungewöhnlichen Maßnahmen, die in Hexenprozessen nicht nur unüblich, sondern eigentlich sogar unstatthaft waren: Man erlaubte den von Christina Plum Bezichtigten eine Gegenüberstellung mit der Angeklagten, damit sie sich gegen die Vorwürfe der »Hexe« besser verteidigen könnten.

Wie aber sollte man sich gegen unsinnige Behauptungen zur Wehr setzen? Die Familie der Catharina Spiegel versuchte es, indem sie Leumundszeugnisse für die »ehrbare Matrone« herbeischaffte, was bei einem normalen Hexenprozess – wenn es so etwas denn gibt – überhaupt nichts bewirkt hätte. Folgerichtig weigerte sich Dr. Wissius, irgendetwas zu seiner Verteidigung zu unternehmen, weil das Ganze ohnehin eine Farce sei.

Einig war man sich darüber, dass nichts von dem, was die Plum da so ausposaunte, an die Öffentlichkeit dringen durfte. Unruhe herrschte schon genug, zumal die Mutter der Angeklagten bereits damit drohte, dass, sollte ihrer Tochter etwas zustoßen, auch »mehrere andere diesen Weg gehen« würden. Also musste sie weg, die Plum – ob Hexe oder nicht Hexe.

Und zwar so schnell wie möglich.

Am 16. Januar 1630 wurde ihr auf dem Domhof das Urteil verkündet. Tod durch Verbrennen bei lebendigem Leib. Außerdem sollte sie auf dem Weg zur Richtstätte mit glühenden Zangen gezwackt werden. Allerdings könne man ihr die Gnade gewähren, vor dem Verbrennen erdrosselt zu werden. Sie müsse nur zugeben, dass all die Bürgerinnen und Bürger aus der Oberschicht, die sie der Hexerei bezichtigt habe, unschuldig seien.

Diesem dringenden Wunsch der Obrigkeit kam Christina Plum natürlich sehr gerne nach, und so rollte sie nun unter den Blicken der sehr erleichtert wirkenden Herren Glimbach und Hardenrath auf dem Henkerskarren durch die Ehrenstraße Richtung Melaten. Die Akten über den Prozess wurden in Abstimmung mit dem Erzbischof vorsichtshalber in einer eisernen Kiste im Schöffenschrein eingeschlossen.

Um die ganze Sache ein für alle Mal zu vergessen.

Die Fantasie ist unser
guter Genius
oder unser Dämon.

Immanuel Kant

14 VON HIRTEN UND WÖLFEN

In den Reihen der Leute machte sich Unruhe breit. Den Quatsch da wollten sie nicht hören, aber der Gentleman, der mühsam auf die Kiste geklettert war, um der neugierigen Menge die schreckliche Geschichte vom deutschen Werwolf und von seinem noch schrecklicheren Ende vorzutragen, ließ sich nicht aus der Ruhe bringen. Er hatte das Flugblatt im Gasthaus Zur Rebe erstanden, angelockt von der Abbildung, auf der dargestellt war, was sich im fernen Deutschland ereignet hatte.

Kaum hatte Sir Lambert Godley damit begonnen, die umständliche Einleitung vorzulesen, in der es in gedrechseltem Englisch hieß, dass die Schrift unter anderem deshalb gedruckt worden sei, »um alles, was man in Anbetracht der Raffinesse, die der Satan aufbringt, um die Seelen zu vernichten ...«, als das Geschrei der Umstehenden immer lauter wurde.

»Aufhören! Hört doch auf, was soll denn das! Wir wollen die Geschichte hören!«

»Aber wartet doch, ihr guten Leute ...«

»Hört, Mister!« Eine dralle Frau, ihrem Benehmen und ihrer Ausdrucksweise nach ein Marktweib, wie Sir Godley leicht indigniert bei sich feststellte, fiel ihm ins Wort: »Ihr kennt doch die Geschichte – oder? Warum erzählt Ihr uns das Ganze nicht ganz einfach mit Euren Worten. Bislang habe ich noch kein Wort verstanden.«

Zustimmendes Gemurmel in der Runde.

»Also gut.« Sir Godley seufzte. Wenn er wollte, dass die Geschichte unters Volk kam – und daran war ihm, guter Christ, der er war, sehr gelegen –, musste er nachgeben. Aber er würde sie genau so erzählen. Mit allen Details. Denn das, fand er, war ja das Beste daran. Zumindest das am meisten Abschreckende, korrigierte er sich selbst.

»Also – in der kleinen Stadt Bedburg, das in der Nähe der weitaus größeren Stadt Köln liegt, wuchs ein gewisser Peter Stump – oder so ähnlich – auf, der schon im Kindesalter zahlreiche Zauberkunststücke beherrschte, die er von allen möglichen Feen und Dämonen gelernt hatte. Da ihm das aber anscheinend nicht genügte, verschrieb er sich eines Tages ganz dem Teufel, der ihm seinerseits versprach, alle seine Wünsche zu erfüllen.

Besagter Peter aber erbat sich vom Teufel merkwürdigerweise weder Reichtümer noch gesellschaftliches Ansehen, noch Vergnügungen, wie es sich Menschen ja wohl normalerweise wünschen. Vielmehr wollte er alle seine abartigen Wünsche und Begierden in der Gestalt eines wilden Tiers an Menschen jeden Alters und jeden Geschlechtes ausleben, ohne dass man ihn dafür jemals bestrafen würde.

Der Teufel willigte – natürlich – in diesen Handel ein und gab ihm einen Gürtel, der aus Peter, immer wenn er ihn anlegen würde, einen reißenden Wolf machen sollte; ein riesiges Tier mit mächtigen Tatzen, Augen wie Feuerbällen und messerscharfen Reißzähnen. Wenn er aber den Gürtel ablegen sollte, hätte er sogleich seine menschliche Gestalt wieder.

Das war so recht nach Peters Geschmack. Er nahm den Gürtel und verbarg ihn daheim, und von nun an verging keine Stunde, in der er sich nicht vorstellte, wie es wäre, wenn er sich an all den Nachbarn und Bürgern der Stadt rächen würde, die in ihrer Mehrheit für ihn bislang nichts anderes als Spott und Verachtung gezeigt hatten.

Schon bald setzte er seine Fantasien in die Tat um, und nachdem er zum ersten Mal den Geschmack von menschlichem Blut in seinem Wolfsrachen gekostet hatte, streifte er nur noch über die Felder und durch den Wald, um sich neue Opfer zu suchen.

Keiner aus seiner Umgebung verdächtigte ihn, und so war es ihm ein Leichtes, kleinen Kindern nachzuspüren, die zum Spielen draußen umherliefen, und sich schließlich unter eine Gruppe von Mägden zu mischen, die gerade die Kühe melkte. Da band er sich den Gürtel um und sprang in Wolfsgestalt mitten unter sie. Während die Mädchen in Panik auseinanderliefen, suchte er sich die Schönste aus, und obwohl sie verzweifelt zu entkommen suchte, holte er sie mit seinen schnellen Wolfsbeinen in kurzer Zeit ein, missbrauchte sie und brachte sie schließlich auf viehische Weise um.

Bald genügten ihm die jungen Mädchen nicht mehr. Im Verlauf mehrerer Jahre tötete er dreizehn Kinder und zwei schwangere Frauen. Denen riss er – immer in Wolfsgestalt – ihre ungeborenen Kinder aus dem Leib, um sie zu verschlingen; vor allem die Herzen der Säuglinge, die er als Leckerbissen betrachtete.

Noch bevor er sein wölfisches Leben begann, hatte er mit einer Frau eine Tochter gezeugt, Bella, die bildschön und noch sehr jung war. Auch mit diesem seinem Kind schlief er ebenso wie mit seiner eigenen Schwester, und schließlich war da noch seine Gevatterin Katherine *(Tringen)* Trompin, die schön, hochgewachsen und schlank war. Sie wurde ebenfalls seine Geliebte, aber noch immer blieb er unersättlich, sodass ihm der Teufel schließlich noch eine schöne Frau schickte, die weitere sieben lange Jahre seine Lust befriedigte. Später stellte sie sich als der Satan persönlich heraus.

Sie gebar ihm auch einen Sohn, den er über alles liebte, aber halt auf seine perverse Art. Eines Tages lockte er das Kind in den Wald, tat so, als verspüre er ein gewisses Bedürfnis, und ging hinter einen Busch. Dort aber legte er den Gürtel an, überfiel als Wolf sein eigenes Kind, brachte es um und – man mag es kaum aussprechen – verzehrte sein Hirn, was er, wie er später aussagte, als besondere Delikatesse empfand.

Fünfundzwanzig Jahre lang ging das Morden weiter, und niemals fiel ein Verdacht auf Peter Stump. Aber dann setzte der Herrgott selbst ein Zeichen: Eines Tages spielte wieder einmal eine Gruppe von Kindern inmitten einer Herde von Kühen, die allesamt Kälber dabeihatten. Plötzlich stürmte das Ungeheuer in Gestalt eines Wolfs mitten in die Gruppe der Kinder und fing sich das hübscheste unter ihnen. Er zerrte an ihm herum, um das Kleidchen aufzureißen, aber der Kragen war fest und hielt, sodass der Werwolf den Hals des Kindes nicht durchbeißen konnte.

Während er das Kind hin und her riss, fürchteten die Kühe, dass der Wolf es auch auf ihre Kälber abgesehen haben könnte, senkten ihre Köpfe und drangen allesamt mit vorgestreckten Hörnern auf das Untier ein, das vor ihrer drohenden Haltung die Flucht ergriff und das Kind unverletzt zurückließ. Das hat der Patenonkel des geretteten Kindes selbst miterlebt und in einem Brief an Freunde hier in London geschildert.«

»Wie hat man ihn denn schließlich erwischt?«, fragte die dralle Marktfrau.

»Wieder mit Gottes Hilfe«, sagte Sir Godley und fuhr fort: »Die Menschen in den Orten rings um Köln und Bedburg hatten sich im Lauf der Jahre längst große Hunde, Bulldoggen zumeist, angeschafft, um den Wolf irgendwann nicht nur in eine Falle locken zu können, sondern der umzingelten Bestie dann auch überlegen zu sein. Und der Tag kam. Als er wieder einmal einen Menschen ermordet hatte, gelang es einer Gruppe von Männern mit ihren Hunden, die Bestie zu umzingeln, und zwar so schnell und eng, dass es für sie kein Entkommen gab.

Während er vor seinen Verfolgern floh, riss sich Peter im Laufen den Gürtel ab, und die verblüfften Verfolger sahen an ebender Stelle, wo gerade noch ein Wolf geflohen war, plötzlich einen ihnen bekannten Mann stehen, dessen Brust sich von der Anstrengung hob und senkte. Sie umringten ihn und zwangen ihn, zusammen mit ihnen zurück ins Städtchen zu gehen, um auch die letzten Zweifel an seiner Identität zu beseitigen. Aber es gab keinen Zweifel: Es war ihr Nachbar Peter Stump!

Er wurde sofort zum Verhör in die Folterkammer der Stadt gebracht, aber vor der Tortur hatte der Werwolf schreckliche Angst, und darum entschloss er sich, alles zu sagen, was man von ihm hören wollte. Zunächst wollte man von ihm wissen, wo der Zaubergürtel geblieben sei. Er glaubte, ihn im Wald gelassen zu haben, aber dort war er nicht zu finden, und so nahm man an, dass der Teufel ihn wieder an sich genommen habe.

Die Folter blieb Peter Stump natürlich nicht erspart, denn alles, was man ihm zu Recht oder Unrecht vorwarf, wollte er nun doch nicht gestehen. Immerhin erfuhr man, dass seine Tochter und seine Schwester bei einigen Morden mitschuldig gewesen waren. Also wurden auch sie zum Tode verurteilt. Besonders grausig aber ging die Hinrichtung des Werwolfs vonstatten:

Zunächst wurde Peter Stump nackt auf ein großes Wagenrad gebunden und in dieser Haltung mit glühenden Zangen gezwickt, mit denen das Fleisch bis auf die Knochen herausgerissen wurde. Dann wurden ihm Arme und Beine mit einem Beil zerschlagen, ehe man ihm schließlich den Kopf abhackte. Seine Leiche wurde verbrannt, damit von seinem schändlichen Körper nichts als ein bisschen Asche übrig blieb.

Dies geschah am 31. Oktober des Jahres 1589 in Bedburg in Anwesenheit vieler – auch adliger – Augenzeugen. An diesem Tag wurden außer dem Werwolf auch seine Tochter und die Gevatterin Trompin verbrannt.«

»Lebend?«, rief die dralle Marktfrau.

Sir Godley schaute auf sein Flugblatt. »Davon steht hier nichts«, sagte er.

* * *

Dass ein höchst ausführlicher Bericht über die Hinrichtung eines vermeintlichen Werwolfs im Rheinischen sogar in London als Flugblatt gedruckt wurde und weite Verbreitung fand, beweist, dass die Existenz von Tiermenschen durchaus für möglich gehalten wurde und die Menschen überall in Angst und Entsetzen versetzte.

Das Wort Werwolf ist im Übrigen uralt, kommt schon im Altangelsächsischen vor und bedeutet so viel wie Mannwolf oder Mensch-wolf. Die erste schriftliche Erwähnung in Deutschland findet sich bei Burkhard von Worms (um 965–1025), bei dem in einer Sammlung kirchenrechtlicher Vorschriften auf Lateinisch von Leuten die Rede ist, die glauben, dass sich gewisse Menschen in einen *lupus* – also einen Wolf – verwandeln können, der gemeinhin Werwolf genannt werde.

Bischof Burkhard jedoch, und das ist bezeichnend für die Kir-che jener Zeit, war der Meinung, dass es zwar Abtreibungsgetränke gäbe und wohl auch angehexte Impotenz, dass aber Liebestränke, Wetterzauber und vor allem Verwandlung in Tiere oder gar (sexuel-ler) Umgang mit dem Leibhaftigen auf reinen Fantasievorstellungen beruhten.

Das Volk jedoch glaubte nun einmal seit uralten Zeiten an diese Tiermenschen, und das durchaus nicht nur hierzulande, sondern überall auf der Welt. Bei uns aber verwandelten sich die Dämonen naturgemäß nicht in Schlangen oder Tiger, sondern in heimische Raubtiere, die im waldreichen Europa Furcht verbreiteten und die Fantasie der Menschen anregten. Im hohen Norden trieben Bären-menschen ihr Unwesen, im gemäßigten Süden eben Wolfsmenschen.

Da wir inzwischen wissen, dass Wölfe trotz aller noch immer um-laufenden Schauermärchen im Grunde recht ängstliche Raubtiere sind, die sich – zumindest heute – kaum trauen, einen Menschen anzugreifen, stellt sich die Frage, warum der böse Wolf einen derart schlimmen Ruf genoss, dass er es sogar noch im 19. Jahrhundert zur Schauergestalt in unseren Märchenbüchern gebracht hat.

Zunächst gilt es, sich daran zu erinnern, dass der Wolf der Urahn des »besten Freundes des Menschen« ist: des Hundes. Wölfe beglei-teten unsere Vorfahren seit undenkbaren Zeiten und profitierten von deren Geschick bei der Jagd auf Großwild, indem sie sich von den übrig gebliebenen Fleischresten ernährten. Irgendwann überwan-den sie die instinktive Angst vor den Menschen, wurden zu ihren scheuen Begleitern, endlich zu ihren Freunden und schließlich sogar für spezielle Aufgaben geschult.

Im Gegensatz zu ihren Artgenossen in den Grimm'schen Märchen, wo sie zwar als listig, aber doch eher dümmlich geschildert werden, galten Wölfe bei unseren Altvorderen als klug, sogar als Begleiter des germanischen Göttervaters, und der Sage nach wurde bekanntlich eine Wölfin zur Ziehmutter von Romulus und Remus, den Gründern Roms. Auch bei uns tragen viele Städte einen Wolf im Wappen oder sind sogar nach dem Tier benannt, wie etwa Wolfsburg oder Wolfratshausen.

Aber irgendwann – vor etwa zwölf- bis fünfzehntausend Jahren – war die Zeit der gemeinsamen Jagd vorbei. Aus den menschlichen Jägern wurden nach und nach Bauern und Viehzüchter. Sie lebten nicht länger von erlegten Elchen und Büffeln, sondern von Schafen und Ziegen, und ihre Rinder wurden für sie ebenso lebenswichtig wie die Zucht von Schweinen und Pferden.

Die Wölfe, die nun Jagd auf die zunächst frei weidenden Herden machten, wurden damit zu Todfeinden.

Althergebrachte Jagdmethoden wie das Fangen in Gruben oder mit Schlingen wurden nach und nach durch modernes Gerät ersetzt, durch Fallen aus Eisen, durch Armbrüste und dann durch Gewehre. Aber es waren nicht die Bauern allein, die den Schaden fürchteten, den die Wolfsrudel anrichten konnten: Auch der Adel sah in den Wölfen nun eine Konkurrenz, denn das Wild in den Wäldern gehörte nach seiner Ansicht ausschließlich ihm und weder den Bauern noch irgendwelchem »Raubzeug«.

Die Wölfe, von ihren normalen Jagdgründen weitgehend abgeschnitten, überwanden mit der Zeit ihre Furcht und trieben sich immer häufiger in der Nähe menschlicher Ansiedlungen herum. Aber sie umkreisten nicht nur einsame Gehöfte oder kleine Ortschaften, sondern drangen schließlich – vor allem während des Dreißigjährigen Krieges – sogar in Städte ein, deren Bewohner nicht mehr in der Lage waren, ihre Befestigungsanlagen und Tore wirksam gegen Eindringlinge aller Art zu schützen. Um nur eine Zahl zu nennen: Allein in der Umgebung der Stadt Marburg wurden im Jahr 1683 um die sechshundert Wölfe erlegt!

Aber nicht nur auf Schlachtfeldern oder auf Hinrichtungsplätzen fanden die Wölfe nun Nahrung. Während der großen Epidemien lagen vielerorts die Leichen unbeerdigt in den Gassen oder auf der Straße und dienten als willkommene Beute. Folge: Durch den häufigen Verzehr von Menschenfleisch verloren die Wölfe vorübergehend die Scheu vor menschlichen Ausdünstungen, was sie entsprechend mutiger machte.

Der »böse Wolf« war geboren.

Aber zum Werwolf musste er erst noch werden. So wie sich Menschen seit uralten Zeiten in *Berserker* verwandelten, indem sie sich das Fell *(serkr)* eines Bären anzogen, so schien es anderen möglich, sich durch das Überstreifen eines Wolfsfells oder das Anlegen eines Gürtels in einen mörderischen *Mann-Wolf* oder eben einen *Werwolf* zu verwandeln.

Dies geschah gemeinhin draußen, auf den Wiesen und Feldern, denn dort weideten die Herden, die natürliche Nahrungsquelle der Wölfe. Und bei den Herden waren selbstverständlich die Hirten, die ebenso wie Henker und Müller, Nachtwächter und Leineweber, Gaukler und das andere fahrende Volk zu den unehrlichen Leuten gehörten, zu denen es den braven Bürger trotzdem immer wieder hinzog.

Und das hatte seinen Grund.

Ähnlich wie die weisen Frauen, die am Dorfrand oder noch weiter weg wohnten, galten Schäfer und Hirten in einer Zeit, die weder Haus- noch Tierarzt kannte, als die dringend benötigten Helfer gegen alle Tücken der Natur. Man verachtete zwar die Hirten, weil der brave Bürger damals alle heimatlos umherziehenden Mitmenschen verachtete und selbst heute noch einigermaßen argwöhnisch beobachtet.

Zugleich brauchte man sie jedoch in Ermangelung anderer medizinischer Betreuung als Heilkundige, die unterschiedlichste Segenssprüche kannten und deshalb – natürlich – unter kritischer Beobachtung der Theologen standen. Das Dasein als Hirte machte verdächtig. Man denke nur an die heilige Johanna von Orléans, die 1431 bei ihren Richtern allein schon deshalb Misstrauen erweckte, weil sie in ihrem Heimatdorf Domremy die Schafe gehütet hatte.

Da spielte es keine Rolle, dass die Nachbarn als Zeugen aussagten, dass Johanna das selten getan hatte und hauptsächlich im Elternhaus mit Nähen und Spinnen beschäftigt gewesen war. Die Engländer wollten sie ganz einfach als Hirtin und demzufolge als Hexe sehen.

Erschwerend kam hinzu, dass die von ihr zitierten »heiligen Stimmen« angeblich aus einer Buche zu ihr gesprochen hatten. Die aber wurde in Domremy als Feenbaum betrachtet. Ein weiterer Hinweis auf Hexerei!

Aber man muss nicht die voreingenommenen englischen Richter der heiligen Johanna bemühen – jedermann wusste, dass Schäfer und Hirten geheimnisvolle Kräfte besaßen, deren man sich im Normalfall recht gerne bediente. Beifällig, wenn auch aus respektvoller Entfernung, sahen die Leute zu, wenn der Dorfhirte seine Herde zusammentrieb, mit seinem Stab einen magischen Kreis um sie zog, der die Tiere vor allem möglichen Raubzeug schützen würde, und noch mehr Vertrauen setzten sie in seinen Hokuspokus, wenn er zuvor – wie man sich voll heimlichem Grauen zuflüsterte – in dem Stab eine bei der Kommunion insgeheim entwendete Hostie verborgen hatte.

Das war zwar Gotteslästerung, aber wenn's denn half!

Dass Hirten zwangsläufig nur selten in der Messe auftauchten, machte sie zusätzlich verdächtig. Außerdem verlangten sie für gewisse Dienstleistungen der obskuren Art naturgemäß ein entsprechendes Entgelt. Ebenso natürlich ist, dass sich die zumeist armen Dorfleute zuweilen weigerten, den vereinbarten Obulus zu zahlen; weshalb wiederum seitens der Schäfer damit gedroht wurde, wenn das so sei, dann könne möglicherweise bald etwas Böses passieren mit dem Vieh des säumigen Zahlers … Eine Drohung, die durchaus ernst genommen wurde. Vermutlich stand das ganze Gesindel ja doch irgendwie mit dem Leibhaftigen in Verbindung!

An geheimem Wissen jedenfalls waren sie dem normalen Stadtbewohner bei Weitem überlegen.

Noch aus dem Beginn des 18. Jahrhunderts ist in einem Kräuterbuch ein Rezept überliefert, nach dem Hirten ein Mittel zusammenmischten, mit dem sie nachweislich Wölfe von ihrer Herde fernhalten konnten. Dazu nahmen sie Wolfsbeer und Wolfswurz, »gar gifftige Kräuter«, und dann ging man folgendermaßen zu Werk: »Man dörret und stost die Wurzeln zu Pulver, mischets mit Fleisch, das streut man in Wäldern, so alsdann die Wöllffe, Fuchs und Hunde darvon essen, so müssen sie sterben.«

So etwas muss man ja nicht zwangsläufig in »Wäldern streuen«, sondern könnte es theoretisch auch einer Frau mit nach Hause geben, die allzu gerne Witwe werden möchte. Die Grenzen zwischen Heilern und Mördern waren halt recht fließend.

Hirten galten im Allgemeinen als raue Burschen, und so begegnen sie uns auch heute noch im Western. Sanfte und friedliche Cowboys sind da bekanntlich eher selten. Umso erstaunlicher, dass die Schäfer im Neuen Testament nur im besten Licht erscheinen. Ausgerechnet Hirten waren es, denen auf den Feldern vor Bethlehem von den Engeln die Geburt des Herrn verkündet wurde. Jesus ernennt Petrus und seine Nachfolger zu den Hirten seiner Herde – ihr Symbol ist bis heute der Stab – und wird selbst zum guten Hirten. Ein schönes Gleichnis. Umso schlimmer die Enttäuschung der Gläubigen, wenn sich ihre Oberhirten, wie es in der Zeit der Renaissance besonders häufig vorkam, von guten Hirten in habgierige Wölfe verwandelten.

Aber das war nicht die Ursache des Festhaltens an real existierenden Werwölfen, an die fast alle Menschen felsenfest glaubten und deren plötzliches Auftauchen auch aus ganz praktischen Gründen plausibel erschien.

Es war schon die Rede davon, dass die Zahl der Wölfe vor allem in den Zeiten von Pestepidemien und sich lang hinziehenden Kriegen schnell wuchs, weil auch das Nahrungsangebot sprunghaft anstieg. Wenn nun ein Wolf erlegt worden war, machten sich die Menschen –

vor allem wenn einmal mehr das Gerücht von einem sich in der Gegend herumtreibenden Werwolf kursierte – zuweilen die Mühe, den Mageninhalt einer erlegten Bestie zu untersuchen. Und häufig genug fand man darin Überreste von Menschen.

Von Kindern zumal.

Grund genug, am nächsten Tag erneut eine Treibjagd auf Wölfe zu veranstalten – oder aber den Nachbarn zu verdächtigen, er könne sich mittels eines entsprechenden Gürtels oder einer übergeworfenen Jacke aus Wolfspelz, in jedem Fall aber mit tätiger Unterstützung des Teufels in eine blutrünstige Bestie verwandeln.

Natürlich wissen wir heute, dass dies weder mithilfe des Satans noch ohne dieselbe möglich war. Doch was vermag Logik gegen Aberglauben! Der veranlasste die frühen Jäger dazu, ihr Jagdglück zu beschwören, indem sie sich ein Fell des zu jagenden Wildes überzogen. Das diente keineswegs nur zur Tarnung beim Anschleichen, sondern war zugleich religiöser Kult und sollte das Jagdglück erzwingen.

Vom Menschen in Wolfskleidern bis hin zum Wolfsmenschen war es dann nur ein kleiner Schritt, und von dem Bewusstsein, dass man sich rein optisch in einen Wolf verwandelt hatte, bis hin zum festen Glauben, man sei tatsächlich zum Wolf geworden, ebenso.

Das überaus seltene Phänomen der Lykanthrophie (von griech. *lycos* = Wolf und *anthropos* = Mensch) ist den Psychiatern heute bekannt. Es handelt sich dabei um den bei seelisch kranken Menschen fest verwurzelten Glauben, sie könnten sich zumindest vorübergehend in einen Wolf verwandeln (und sich entsprechend verhalten). Das jedoch haben nicht einmal die Theologen der frühen Neuzeit geglaubt. Ihre Mehrheit allerdings hielt es für erwiesen, dass der Teufel den von ihnen ausgesuchten Menschen einreden konnte, dass sie sich tatsächlich in Wölfe verwandelten und in des Teufels Namen ihre Opfer rissen.

Bemerkenswert daran ist, dass damals selbst die Nachbarn eines solchen »Werwolfs«, sobald sie Jagd auf ihn machten, ihn nicht in seiner menschlichen Gestalt vor sich sahen, sondern eben als Wolf.

Zu Ende war der Spuk erst, wenn der Werwolf wie am Anfang unserer Geschichte entweder seinen Zaubergürtel abwarf oder aber wenn man ihn mit einem gezielten Schuss zur Strecke brachte.

Aber bitte mit einer silbernen Kugel – und mitten ins Herz!

Richtet nicht,
auf dass ihr nicht gerichtet werdet!
Matthäus 7,1

15 DER ABSTURZ

Natürlich hatte er sich nichts dabei gedacht, als der höchst ehrenwerte Herr Rektor der Trierer Universität, der Doktor der Rechtswissenschaften Dietrich Flade, ihn vor ein paar Tagen gefragt hatte, ob er ihn mit nach Beckingen an der Saar nehmen könne. Warum hätte er das dem angesehenen Mitbürger abschlagen sollen! Jetzt ist man natürlich klüger, aber – Gewisper hin, Getuschel her – dass es so weit kommen würde, das hätte Johann von Eltz, Komtur und damit Verwalter des Deutschen Ritterordens in Trier, niemals geglaubt.

Er sah dem gebrechlich wirkenden Mann nach, der einen großen und sehr schweren Beutel hinter sich her auf das Stadttor zu schleppte. Es musste sehr viel Geld darin sein, dachte der Komtur, unglaublich viel Geld, und deshalb wollte Flade ja auch nicht allein reisen, sondern sich seinem Schutz anvertrauen.

Andererseits – und nun, angesichts des prallen Geldsacks, schlug sich der Ritter mit der flachen Hand vor die Stirn: Wie konnte er so naiv sein und Flade diese durchsichtige Geschichte abkaufen! Der Rektor hatte ihm erzählt, er wolle seinen Neffen, den jungen Herrn Johann Homphaeus, zur Universität von Pont-à-Mousson in Lothringen bringen. Außerdem müsse er unterwegs in Beckingen an der Saar und im nahen Bolchen Geldforderungen eintreiben.

Das hatte ja alles glaubhaft geklungen, denn Flade war reich, sehr reich sogar, und noch mehr Vermögen hatte seine Frau angeblich mit in die Ehe gebracht. Überdies war er als geizig bekannt, und so jemand warf sein Geld nicht für eine bewaffnete Eskorte zum Fenster hinaus. Da wandte er sich lieber an gute Bekannte, und der Komtur hatte sich ja auch sofort bereit erklärt, Flade nebst seinem Neffen und einer Magd mitzunehmen. Platz war im Wagen genug, und da Flade auch bereit war, ein paar Tage in Beckingen zu bleiben, wo der Komtur seinerseits etliches zu erledigen hatte, schien alles geregelt.

Nur dass jemand, der angeblich Geld eintreiben wollte, seinerseits wohl kaum so viel Geld bei sich tragen würde.

Gut, er hat sich täuschen lassen, aber warum hätte er auch Argwohn schöpfen sollen! Jedermann in Trier wusste zwar, welche Gerüchte über Flade umliefen, aber bislang hatte der Komtur wie die meisten angesehenen Bürger der Stadt dieses Tuscheln und heimliche Nachforschen für geradezu lächerlich gehalten. Dieser Dr. Flade war schließlich nicht irgendwer. Schon sein Vater und sogar der Großvater hatten bereits im Dienst des Kurfürsten in Koblenz gestanden, der zugleich Fürstbischof von Trier ist. Der Großvater stammte aus St. Vith, war nach Trier umgezogen, um in die dortige Kanzlei einzutreten und schließlich sogar kurfürstlicher Verwalter in Pfalzel zu werden.

Flades Vater war Stadtschreiber in Trier gewesen, alles ehrbare Leute also, und erst der Sohn! Dietrich Flade, promovierter Jurist, Leiter des Trierer Schöffengerichts, Beisitzer am Appellationsgericht Koblenz, Schultheiß der Dompropstei Trier und Schöffe des Hochgerichts St. Maxim, Mitglied des Stadtrats und Vertreter des kurfürstlichen Statthalters, Dekan der Juristischen Fakultät und schließlich sogar – nach dem Tod seiner Frau – Rektor der Universität. Und ein anerkannter und strenger Verfolger des Hexenunwesens.

Dass Hexen und Zauberer unerbittlich verfolgt werden mussten – der Meinung war auch der Komtur. Gerade das vergangene Jahr hatte bewiesen, wie bösartig sie die Menschen zu schädigen wussten. Sie hatten den Winter über alle Maßen hinaus kalt werden lassen. Meterhoch hatte es geschneit, und viele Dörfer in der Eifel und im Hunsrück waren wochenlang von der Außenwelt abgeschnitten

15 DER ABSTURZ

gewesen. Noch im Frühjahr waren die Flüsse und Bäche zugefroren, sodass die Mühlen nicht mahlen konnten. Deshalb fehlte das Mehl, um Brot zu backen. Der Mai war zu trocken, und im Sommer wimmelten die Weinberge nur so vor Schnecken.

Das konnte nur Teufelswerk sein.

Darüber waren er und Flade sich auf der Fahrt nach Beckingen einig gewesen, und während der junge Herr Studiosus mit der hübschen Magd schäkerte, war es zwischen dem Adligen und dem Juristen zu höchst interessanten Gesprächen gekommen, die sie am späten Abend bei einem Glas Wein fortsetzten. Natürlich blieb es nicht bei dem einen Glas, und außerdem war der Wein mit was auch immer gesüßt worden und der Kopf des Komturs am nächsten Morgen noch etwas benebelt, was sich jedoch schlagartig änderte, als er den Brief erbrach, den ein reitender Bote soeben aus Trier gebracht hatte.

Ob er sich darüber im Klaren sei, schrieb da der Statthalter des Kurfürsten, Zandt von Merl, dass er im Begriff sei, einem gesuchten Zauberer zur Flucht zu verhelfen? Er erteile ihm, dem Komtur, hiermit den ausdrücklichen Befehl, den verdächtigen Dr. Dietrich Flade unverzüglich nach Trier zurückzubringen.

Und das hatte er dann auch getan.

Flade hatte sich nicht gewehrt, als er ihm den Befehl vorlas. Wie hätte er auch fliehen sollen, allein und mit seinem dicken Geldsack. So war er denn resigniert zu dem Komtur in den Wagen geklettert, um die Heimfahrt anzutreten. Sein Neffe würde sich schon irgendwie nach Lothringen durchschlagen, und die Magd, die sich an diesem Vormittag wer weiß wo herumtrieb, sollte sehen, wie sie zurechtkam.

Auf der Rückfahrt wurde nicht mehr viel gesprochen. Erst als sie vor dem Stadttor angekommen waren und der Komtur seinem Fahrgast dabei geholfen hatte, den Geldsack vom Reisewagen zu hieven, legte ihm Dr. Flade die Hand auf den Arm und sah ihm in die Augen.

»Johann von Eltz«, sagte er, »haltet denn auch Ihr es tatsächlich für möglich, dass ich ein Hexenmeister bin?«

Der Komtur erwiderte den Blick: »Nein«, sagte er, und nach ganz kurzem Zögern: »Solange Ihr es nicht selber gesteht.«

* * *

Die ersten Gerüchte um die Person des Dietrich Flade waren schon ein Jahr zuvor aufgetaucht. Damals hatten sich zwei Dinge gleichzeitig ereignet: Zum einen lag der erzbischöfliche Kurfürst krank danieder und schwebte sogar einige Tage lang zwischen Leben und Tod. Eine genaue Diagnose konnten die Ärzte zwar nicht feststellen, aber allgemein ging am Hof zu Koblenz das Gerücht um, jemand aus seiner unmittelbaren Umgebung habe Seiner Durchlaucht Gift eingegeben. Wer, wie, was auch immer.

Aber vielleicht hat man ihm ja auch diese Krankheit an den Hals gehext!

Auf nicht ganz geklärte Weise wurden die Jesuiten in Trier auf einen Fünfzehnjährigen aufmerksam, der besessen schien und dem sie den Teufel austreiben sollten. Auf einem Hexensabbat – so stammelte er wirr – sei er gewesen, und da habe man ihm Katzenhirn zu essen gegeben. Die Jesuiten waren ratlos, ihre Bemühungen vergebens. Auf Befehl des Statthalters wurde der Junge in einem abgeschlossenen Raum der Residenz eingesperrt, damit er keinen äußeren Einflüssen mehr ausgesetzt war.

Aber auch dort fantasierte der Junge weiter, und irgendwann erzählte er dann von dem vornehmen Herrn, der sich während des Hexensabbats damit gebrüstet habe, dem Erzbischof, in dessen Diensten er stehe, Gift verabreicht zu haben. Und auch den Statthalter Zandt von Merl würde er demnächst vergiften.

Was war da passiert?

Zwei Möglichkeiten kommen in Betracht: Entweder es handelte sich einmal mehr um die Ausgeburt der krankhaften Fantasie eines Pubertierenden, der genau wusste, wie sehr ihn eine derartige Aussage in den Mittelpunkt des öffentlichen Interesses stellen würde. Oder aber eine Clique bei Hofe, bei der sich Dr. Flade unbeliebt gemacht hatte, benutzte den Jungen als heimtückisches Werkzeug, um den mächtigen, aber vermutlich nicht sonderlich beliebten Juristen loszuwerden.

Sollte es sich tatsächlich um eine Intrige gehandelt haben, so ist ganze Arbeit geleistet worden. Kurze Zeit später nämlich wurde in Pfalzel die aus Ehrang stammende Maria Meyers verbrannt. Unter der Folter hatte auch diese alte Frau gestanden, den Dr. Flade hoch zu Ross auf dem nahe gelegenen Tanzplatz der Hexen gesehen zu haben und darüber hinaus mehrfach auf der berühmt-berüchtigten Hetzerather Heide.

Das ist schon merkwürdig. Wie kommt ausgerechnet eine alte Frau aus einem winzigen Dorf dazu, einen hochgestellten Richter und kurfürstlichen Berater als Teilnehmer an Hexentänzen zu denunzieren? Und wieder gibt es zwei Möglichkeiten: Entweder hatte sich die Behauptung des Fünfzehnjährigen in der Gegend bereits herumgesprochen, was allerdings eher unwahrscheinlich ist; zu streng haben ihn die Jesuiten bewacht.

Wahrscheinlicher ist deshalb, dass man der alten Frau Meyers während der Folter vorgeflüstert hat, wen und was sie denn da alles so gesehen hat. Wer weiß, womit man ihr gedroht und was man ihr versprochen hat, wenn sie bloß bei ihrer Aussage bliebe! Sogar auf dem Weg zur Richtstätte hat sie noch Flades Namen geschrien, was dann aber unterbunden wurde. Schließlich war der Jurist nach wie vor in Amt und Würden und möglicherweise noch mächtig genug, um zurückzuschlagen.

Wir wissen es nicht.

Bei jeder späteren Aussage müssen jedenfalls beide Möglichkeiten in Betracht gezogen werden. In nahezu allen Verfolgungswellen begegnen wir immer wieder der Tatsache, dass sich die Aussagen der gefolterten Delinquenten bis ins Detail hinein decken. Ob es um das Aussehen des Teufels geht oder um seinen Körper, um die Art seiner Versprechen oder seine Anbetung auf dem Sabbat, um die Herstellung von Salben oder das Stehlen von Kindern. Aber nichts ist natürlicher: Jeden Abend saßen die Frauen in den Dörfern beim

Spinnen zusammen und erzählten sich das Neueste von den Hexen und ihrem teuflischen Liebhaber. Wen wundert es da, dass man später aus allen die gleichen Aussagen herausfolterte.

Oder etwas anderes, was man gerne hören wollte. Beispielsweise einen bestimmten Namen.

Noch ging niemand konkret gegen Dietrich Flade vor. Auf sein Bitten hin wurde er – wenn wieder einmal sein Name fiel – dem entsprechenden Delinquenten gegenübergestellt. Erfolg hatte er damit nicht. Keiner der Angeklagten nahm die Bezichtigungen zurück. Und auch der erzbischöfliche Kurfürst in Koblenz und sein Statthalter in Trier waren längst auf Distanz zu ihm gegangen.

Die Anschuldigungen häuften sich. Eine gewisse Margarete Merten aus Euren behauptete, der Doktor Flade habe sie anlässlich eines Treffens auf der Hetzerather Heide dahingehend belehrt, dass die gesamte Ernte im Lande vernichtet werden müsse. Da spitzten die verhörenden Richter natürlich die Ohren. Das musste man im Protokoll festhalten, aber bitte etwas genauer.

»Wann war das?«

»Am Gründonnerstag.«

»Und wie kam er auf die Heide? Auf einem Pferd?«

»Nein, auf einem goldenen Wagen.«

Die Richter konnten gar nicht genug davon bekommen. Und dann hatte er Schnecken gemacht? Aus Lehm?

Ja, wie immer.

Und für das Gewitter, bei dem damals sechsundvierzig Kühe umgekommen sind, war er auch verantwortlich?

Ganz bestimmt.

Im Bach haben er und seine Anhänger gestanden und ihre Köpfe über dem Wasser geschüttelt?

So macht man halt Gewitter. Weiß doch jedes Kind.

Und der ganze Wald von Pfalzel muss vernichtet werden?

Na klar, damit man keine Scheiterhaufen mehr errichten kann.

Keiner der Richter kam auf die Idee, diesen ganzen Schwachsinn in Zweifel zu ziehen. Alles wurde akribisch aufgeschrieben, und der

Ordnung halber wurde die arme Frau mehrfach darauf hingewiesen, dass sie die Wahrheit sagen solle. Sie blieb bei ihrer Aussage, und wir wissen weder in diesem noch in unzähligen anderen Fällen, ob die Richter unglaublich naiv waren oder noch unglaublichere Heuchler.

Ein ganzes Jahr lang liefen die Vorermittlungen. Bemerkenswerterweise wurde Flade in der Stadt Trier von keinem Delinquenten genannt, dafür umso regelmäßiger im Umland. Auch auf diesen Widerspruch ging niemand ein. Schließlich befahl der Kurfürst die Eröffnung des Verfahrens. Der Vorwurf: Vernichtung von Feldfrüchten und Weinernte. Von der angeblichen Vergiftung des Erzbischofs, die Anlass der eingeleiteten Untersuchungen war, war keine Rede.

Richter Christoph Fath, der sich als Verwandter Flades vergeblich um Suspendierung von dieser Aufgabe bemüht hatte, und Notar Peter Omsdorf waren beauftragt, weiteres Belastungsmaterial zu sammeln. Und sie mussten sich nicht sonderlich mühen.

- Bärbel Kirsten aus Medard wollte Flade mehrmals auf dem Hexensabbat gesehen haben.
- Mertins Trein behauptete, Flade habe beim Sabbat auf der Longuicher Höhe mit einer schönen Jungfrau getanzt.
- Margarete Iselbacher wollte Flade – immer erkennbar an einer goldenen Kette um den Hals – auf mehreren Hexentanzplätzen begegnet sein.
- Anna Junghansen aus St. Matthias hatte Flade auf der Hetzerather Heide angeblich auf einem schwarzen Bock reiten sehen.
- Maria Becker-Hansen aus dem gleichen Ort sah ihn an selbiger Stelle auf einem goldenen Thron sitzen, umgeben von einem hundertköpfigen Gefolge. Stets habe er die Vernichtung der Ernte und der Weinberge gepredigt.
- Maria Schellinger aus Hentern wusste zu berichten, dass Flade aus schwarzem Fett ein großes Fass voll Schnecken gemacht habe, die er dann unter Anrufung des Leibhaftigen in Kornsamen geworfen habe.

Nun bekam Flade es ernstlich mit der Angst, und er appellierte an Kollegen aus Trier, an den Rat und das Hochgericht St. Maxim, ihm doch bitte zu bescheinigen, ein wie untadeliger Jurist und gläubiger Christ er doch wäre, und all das wurde ihm auch bestätigt. Nicht zuletzt die Tatsache, dass er selbst bereits in der Vergangenheit acht Menschen wegen Hexerei zum Tode verurteilt habe.

Aber es half alles nichts.

Schließlich packte ihn Panik; er raffte sein Bargeld zusammen und versuchte – wir haben es eingangs gelesen – nach Lothringen zu entkommen. Doch der Statthalter hatte aufgepasst und befahl dem Komtur, ihn zurückzubringen. Aber noch hatte Flade nicht resigniert. Am nächsten Morgen versuchte er, heimlich aus Trier zu entweichen. Die Torwächter jedoch waren darauf vorbereitet, hielten ihn auf und wollten ihn in sein Haus zurückbringen. Auf dem Weg dorthin wurde er von einer aufgebrachten Menschenmenge, die seine Schuld bereits als erwiesen ansah, beschimpft und mit Kot beworfen. Er floh in die Domkirche. Erst am Abend konnte er – unter Bewachung – nach Hause gebracht werden, wurde jedoch unter Arrest gestellt.

Flade wusste, dass ihn der zweifache Fluchtversuch in den Augen der Ermittler noch verdächtiger gemacht hatte, als er ohnehin bereits war. Deshalb wandte er sich direkt an den erzbischöflichen Kurfürsten und beteuerte, die Fahrt nach Beckingen damals sei eine rein geschäftliche Reise gewesen, und neulich habe er auch nicht zu fliehen versucht. Lediglich einen Spaziergang vor den Mauern habe er unternehmen wollen ... Er bitte um die Gnade, den Rest seines Lebens in einem Kloster verbringen zu dürfen, dem er auch sein gesamtes Vermögen überlassen werde, wenn es denn gewünscht sei.

Der Kurfürst zeigte sich wenig beeindruckt, zumal es keineswegs dem Wesen des als geizig bekannten Flade entsprach, freiwillig auf sein erhebliches Vermögen zu verzichten. In den Augen des Fürsten erschien Flade jeden Tag verdächtiger – um nicht zu sagen, schuldiger. Außerdem sagten nun auch zwei wegen Hexerei angeklagte Priester (!) aus, sie hätten ihn vor etlichen Jahren auf besagter

Hetzerather Heide gesehen, wo wie immer die Vernichtung von Feldfrüchten und Weinernte besprochen wurde. Und einmal – so Pfarrer Johann Rauwe – sei Flade auf einem Wagen aufgekreuzt, der von vier schwarzen Pferden gezogen worden sei.

Je bunter die Details, umso gieriger wurden sie aufgezeichnet. Auf die Frage, ob er nicht am Gründonnerstag auf der Hetzerather Heide gewesen sei, um dort Schnecken zu machen, antwortete Flade wahrheitsgemäß, an selbigem Tage habe er bekanntlich bereits unter Arrest gestanden, und vier Soldaten könnten bezeugen, dass er das Haus nicht verlassen habe.

Na gut. Weiter.

Am 17. August 1589 – rund zwei Jahre nach den Beschuldigungen jenes Fünfzehnjährigen – wurde Flade erstmals offiziell verhört. Er hatte Angst, und er wusste, warum und wovor. Zu oft hatte er selbst schon ein peinliches Verhör angeordnet, was nicht deshalb so heißt, weil es dem oder der Angeklagten unangenehm war, nackt vor die Richter geschleppt zu werden, sondern weil es Pein verursachte. Unsägliche Pein.

Schon erschien der Trierer Henker Meister Lamprecht. Gleich würde er dem Delinquenten die Hände auf dem Rücken zusammenbinden, und was dann käme, wäre die Hölle. Also versuchte Flade, mit einem seltsamen Geständnis die Richter gnädig zu stimmen. Er gab zu, dem Teufel erlegen zu sein. Nicht direkt. Aber einer teuflischen Versuchung. Genauer: einer Versuchung des Fleisches.

Wieso das? Die Richter waren erstaunt.

Flade wand sich. Er druckste herum und gestand letztendlich, dass eines Abends – ganz plötzlich – eine Jungfrau in seinem Bett gelegen habe, und da habe ihn leider die Geilheit überkommen. Er drückte sich ziemlich verschwommen aus. Er stammelte und faselte dummes Zeug. Angeblich hat die Jungfrau, die natürlich der Teufel war, seinen Samen mitgenommen, mit dessen Hilfe er sich auf dem Sabbat scheinbar in jenen Dr. Flade verwandelt habe, den dann alle dort gesehen haben wollten. Im Grunde aber sei das nicht er, sondern vermutlich der Teufel selbst gewesen.

Die Richter waren zwar bereit, auch den größtmöglichen Unsinn zu glauben, aber das hier passte leider nicht in ihr Konzept. Das war nun überhaupt nicht das, was sie gerne hören wollten. Also wurde Meister Lamprecht erneut herbeizitiert, der sich nun daranmachte, Flade die Hände auf dem Rücken zusammenzubinden. Sofort wurde Flade geständnisbereiter, zumal ihn der Henker schon einmal ein wenig in die Höhe zog, wobei von richtiger Folter noch gar keine Rede sein konnte.

Nun erinnerte sich Flade plötzlich daran, dass besagte Jungfrau sechsundzwanzig oder siebenundzwanzig Jahre alt war und dass sie sich direkt nach dem Beischlaf in Luft aufgelöst habe. Und dann fiel ihm auch noch ein, dass er tatsächlich bei Hexensabbaten anwesend gewesen sei, wo man in der Tat allgemein darüber gesprochen habe, die Ernten zu vernichten. Ja, doch, erinnerte er sich, Schnecken habe er natürlich auch gemacht.

Da waren die Richter schon zufriedener. Man musste gar nicht sonderlich foltern. Der ältere Herr hatte ja ohnehin einen Leistenbruch und war nicht sehr widerstandsfähig. Auch mental nicht. Aber die Anwesenheit des Scharfrichters konnte ja nicht schaden. Inzwischen sprudelten die Geständnisse nur so, und Flade nannte weitere Namen, sogar die von guten Freunden und Bekannten und pikanterweise auch die einiger seiner Richter.

Was für die allerdings ohne Folgen blieb.

Endlich wurde auch die Frage nach dem Giftanschlag auf den Kurfürsten gestellt. Flade beschuldigte ausgerechnet den Trierer Domdechanten Bartholomäus von der Leyen. Irgendwer hat später versucht, diesen Namen im Verhörprotokoll unleserlich zu machen. Vergeblich. Er wurde doch entziffert. Der Domdechant ist allerdings nie belangt worden.

Flade war klar, dass sein Schicksal besiegelt war. Er machte sein Testament, in dem er darum bat, auf dem Friedhof seiner Pfarrei St. Antonius bestattet zu werden. Eigentlich hätte er wissen müssen, dass die Asche verbrannter Hexen und Zauberer niemals in geweihter Erde beigesetzt wurde.

Das Urteil – Tod auf dem Scheiterhaufen nach vorherigem Strangulieren – war nur noch Formsache. Dr. Dietrich Flade soll trotz seines mutlosen Verhaltens während der Verhöre angeblich stolzen Hauptes zum Hinrichtungsplatz gegangen sein.

Kurios: Die Stadt schuldete Flade viertausend Gulden. Sie wurden nicht einbehalten, sondern quasi in eine Stiftung eingebracht, aus der vier Pfarreien noch heute Geld beziehen.

Je weniger Aberglaube, umso weniger Fanatismus,
je weniger Fanatismus, umso weniger Unheil.

Voltaire

16 DIE KEPLERIN

E in Abend im August des Jahres 1615 in Leonberg, einem protestantischen Städtchen in der Nähe von Stuttgart. Die Männer
waren allesamt schon ziemlich betrunken, als sie die Treppe hinauf-
stolperten. Prinz Achilles, der Bruder des Herzogs von Württemberg, hatte nach einer Jagd zum Essen ins Haus des Forstmeisters
eingeladen, und schon dort war reichlich Wein geflossen. Anschließend war Lutherus Einhorn, der Vogt, mit einigen Kumpanen in die
Vogtei gezogen, wo das Gelage fortgesetzt wurde.

Zu ihnen gehörte auch Urban Kräutlein, der Leibbarbier des
Prinzen, ein wichtiger Mann am Stuttgarter Hof, denn er war nicht
nur verantwortlich für die äußere Erscheinung seines Herrn, sondern
notfalls auch in der Lage, frische Wunden zu behandeln. Ebenso
wichtig war nach dem Aufkommen der seuchenartig um sich grei-
fenden Syphilis auch die Behandlung verschiedenster – teils deli-
kater – Krankheiten, und die konnte man nicht nur mit Kräutern
bekämpfen, sondern, wenn auch eher heimlich, mit gewissen magischen Mitteln.

Nachdem man noch ein paar weitere Krüge geleert hatte, kam
die Rede auf die acht Hexen, die man vor und nach der Jahreswende
hingerichtet hatte, und daher, meinte der Vogt, sei die Stadt nun
endlich hexenfrei.

»Issnichwahr«, antwortete der Hofbarbier und erhob sich schwan-
kend. »Issnichwahr«, wiederholte er. »Iss immer noch eine da, weiss
ich genau!«

Der Vogt runzelte die Stirn und sah sein Gegenüber fragend an. »Und wer soll das sein?«

Der Barbier musste sich einen Augenblick konzentrieren, bevor er antwortete: »Die Nachbarin von meine Schwester, jawoll, die alte Vettel, das Kätterle.«

Lutherus Einhorn schien plötzlich hellwach. Hexen zu jagen bereitete ihm großen Spaß, zumal er wusste, dass die große Mehrheit der Bürger ihn dabei voll unterstützte. »Wie heißt die Frau?«, fragte er interessiert.

»Die Keplerin isses, wohnt neben meine Schwester. Genau! Direkt neben meine Schwester, inne Kirchgasse.«

»Und Ihr seid sicher, dass sie eine Hexe ist?«

»Ganssicher«, sagte der Barbier und richtete sich mit einiger Mühe würdevoll auf. »Aber soll sie Euch selber sagen, könnt sie ja herholen lassen. Wohnt direkt neben meine Schwester.« Und damit ließ er sich zurück auf die Bank fallen.

Der Vogt brauchte nicht lange, um zu einem Entschluss zu kommen. Er winkte zwei Wächter herbei und befahl ihnen, die besagte Frau herzubringen. Das konnte vielleicht noch eine interessante Nacht werden.

*   *   *

Katharina Kepler war zu diesem Zeitpunkt achtundsechzig Jahre alt. Ihr Vater war Wirt in der benachbarten Markung Eltingen gewesen, und in dessen Gasthaus hatte sie auch Heinrich Kepler kennengelernt, der eine gute Partie zu sein schien, denn sein Vater war unweit von Stuttgart ebenfalls Wirt und dazu Bürgermeister. Katharina ließ sich von Heinrich schwängern, bezog dafür, obwohl schwanger, von ihren Eltern eine ordentliche Tracht Prügel, musste auf ihren Befehl hin den Vater ihres noch ungeborenen Kindes heiraten – und damit war ihre Zukunft auch schon zu Ende.

Nach sieben Monaten kam Sohn Johannes in dem nahe Stuttgart gelegenen Ort mit dem merkwürdigen Namen *Weil der Stadt* zur Welt, und ihm folgten sechs weitere Kinder, von denen drei jedoch früh starben. Katharinas Mann war unstet und jähzornig, versuchte sein Glück auf höchst unterschiedliche Weise, schließlich auch als Soldat, und seine Frau blieb tapfer bei ihm, folgte ihm sogar auf einen Feldzug in den Niederlanden und ließ sich schließlich mit ihm in Leonberg nieder.

Aber glücklich war sie nie.

Irgendwann verprügelte er sie zum wiederholten Male, verschwand dann für immer und ließ sie mit den Kindern allein zurück. Immerhin besaß sie in Leonberg ein Häuschen und etwas Land, das sie verpachten konnte.

Johannes, der Älteste, der einmal ein berühmter Astronom werden sollte, interessierte sich schon früh für Mathematik und Astronomie und durfte trotz der begrenzten Mittel der Familie in Tübingen studieren, lehrte später in Graz, wurde sogar kaiserlicher Hofmathematiker, der unter anderem die Horoskope für Seine Majestät erstellte. Schließlich nahm er eine Stelle als Mathematiker in Linz an, die er auch noch bekleidete, als das Verfahren gegen seine Mutter begann.

Heinrich, der zweite Sohn, hieß nicht nur wie sein Vater, sondern war ebenso wie dieser eine völlige Enttäuschung, verließ mit sechzehn Jahren die Mutter, um zwanzig Jahre später als angeblicher Kriegsheld zurückzukehren, obwohl er ein recht armseliges Dasein geführt hatte. Seine Mutter ließ ihn ihre Verachtung deutlich spüren mit der Folge, dass er überall in der Stadt erzählte, sie sei nichts anderes als eine alte und bösartige Hexe, die ihn aus lauter Geiz verhungern lassen wolle.

Derartige Bezichtigungen durch den eigenen Sohn sollten die Keplerin später stark belasten, aber noch ehe sich Heinrich in weiteren Beschuldigungen ergehen konnte, segnete er das Zeitliche. Übrig blieben der geprüften Mutter jetzt nur noch ihre bildschöne Tochter Margaretha, die den Pfarrer Georg Binder heiratete, und der tüchtige Zinn- und Kannengießer Christoph, der ebenfalls heiratete und sich in Leonberg niederließ.

Nun hätte Katharina Keplers weiteres Leben durchaus in geordneten Bahnen verlaufen können, da ihr missratener Mann und ihr ebenso missratener zweiter Sohn unter der Erde waren, während der älteste Karriere in Graz und Linz machte und Margaretha und Christoph eigene Familien gründeten. Aber der Keplerin, die geheimnisvolle Kräutermixturen fertigte, alte Segenswünsche kannte und sich etwas Geld verdiente, indem sie kranke Nachbarn pflegte, wurde ihr Naturell zum Verhängnis. Sie war nicht nur ein neugieriges Tratschweib, sondern ging auch keinem Streit aus dem Weg, und so kam, was irgendeinmal kommen musste: Sie legte sich mit einer Nachbarin an.

Und das war ihre bis dahin beste Freundin, Ursula Reinbold, die mit einem Glaser verheiratet und – sehr viel wichtiger – die Schwester jenes Hofbarbiers Urban Kräutlein war, den wir beim Saufgelage mit dem Vogt Lutherus Einhorn kennengelernt haben. Die Reinboldin war ein loses Weib in den Vierzigern. Als sie, ein junges Ding noch, in einer Apotheke in Ansbach gearbeitet hatte, war sie einem dort angestellten Gesellen verfallen, der ihr allerlei Verhütungsmittel verabreichte, die auch tatsächlich verhinderten, dass sie schwanger wurde.

Nachdem sie wegen kleinerer Delikte vorübergehend im Diebsturm eingesessen hatte, heiratete sie einen unsympathischen Gesellen, den Glaser Jakob Reinbold, was sie aber nicht daran hinderte, ihren lockeren Lebenswandel fortzuführen. Da sie fürchtete, einer ihrer vielen Liebhaber könnte sie schwängern, ließ sie sich von irgendeinem reisenden Medikus angeblich unfruchtbar machen, nahm aber vorsichtshalber weiterhin alle möglichen Mittelchen zu sich, deren eines ihr – wie sie ihrer Noch-Freundin Katharina Kepler gestand – »fast das Herz abgestoßen und die Augen heftig zum Kopf herausgetrieben hat«.

Doch dann geriet sie mit Christoph Kepler, der eine Arbeit für sie hatte ausführen sollen, in einen heftigen Streit. Dabei ging es offensichtlich recht deftig zu, und Christoph, der wie alle Bürger der Stadt um den lockeren Lebenswandel der Reinboldin wusste, machte ein paar diesbezügliche Andeutungen. Woraufhin die so Gekränkte schnurstracks zur Keplerin stürmte und sich über deren Sohn beklagte.

Nun hätte die Angelegenheit eine völlig andere Wendung genommen, wenn die Keplerin ihrer Freundin recht gegeben und ihren Sohn zusammengestaucht hätte, aber sie tat das genaue Gegenteil. Zum einen verteidigte sie vehement ihren Sohn, zum anderen spielte sie auf die vielen Wehwehchen der Nachbarin an. Wenn sie Schmerzen im Unterleib hätte, dann solle sie doch mal darüber nachdenken, woran das wohl liegen könne. Wie viele Männer dort im Lauf der Jahre wohl ein und aus gegangen wären, und so was hinterlasse halt Spuren!

Und das sagte sie nicht nur der Freundin ins Gesicht, sondern vertrat diese Ansicht auch im ganzen Städtchen.

Wutentbrannt holte die Reinboldin zum Gegenschlag aus, und dabei wusste sie sich der Unterstützung des Vogts sicher, denn auch der hegte einen tiefen Groll gegenüber der Katharina Kepler. Er hatte seinerzeit, als er nach Leonberg kam, ein Auge auf die schöne Margaretha geworfen, war aber der Keplerin als Schwiegersohn wohl nicht gut genug gewesen, und die alte Frau hatte ihn mit seiner Werbung kühl abblitzen lassen. Und Urban Kräutlein, der Reinboldin Bruder, hatte schließlich als Hofbarbier großen Einfluss auf den Vogt. Da solle sich die Keplerin jetzt aber mal warm anziehen.

Aber ganz warm!

Von Stund an begann Ursula Reinbold, am Brunnen und auf dem Markt, an den Stadttoren und in den Gassen des Städtchens Verleumdungen auszustreuen. Ihre Nachbarin sei eine Giftmischerin, die ihr einen schrecklichen Trank eingeflößt habe, unter dessen Folgen sie immer noch leide, sie verhexe die Tiere, und – abgesehen von allem anderen – die Tante der Keplerin habe man auch schon als Hexe verbrannt!

Schließlich nahm die Hetze derartige Formen an, dass Katharinas Sohn Christoph sich an den Vogt wandte mit der Bitte, er möge doch diesem bösartigen Treiben Einhalt gebieten. Aber Lutherus

Einhorn dachte nicht im Traum daran, gegen die Schwester des von ihm geschätzten Hofbarbiers vorzugehen. Und an besagtem Abend, als der betrunkene Kräutlein ihn aufforderte, die Keplerin in die Vogtei zu zitieren, fand er das sehr spannend.

Hexen hatten ihn, wie gesagt, schon immer interessiert.

* * *

Von allen Seiten wurde auf die eingeschüchterte Frau eingebrüllt. Sie solle endlich gestehen, eine Hexe zu sein, den bösen Blick zu haben und der ganzen Stadt zu schaden. Der Vogt ermahnte sie streng, wenn sie der Reinboldin eine Krankheit angehext habe, so müsse sie diese Krankheit auch wieder weghexen. Aber die alte Frau tappte nicht in die ihr gestellte Falle. Hätte sie nämlich versprochen, der Nachbarin eine Krankheit wegzuhexen, hätte sie damit zugleich zugegeben, ihr die Krankheit zuvor angehext zu haben.

So stritt sie alle Vorwürfe standhaft ab, was den Hofbarbier dermaßen aufbrachte, dass er sein Schwert zog, ihr die blanke Klinge gegen die Brust drückte und drohte, sie abzustechen, wenn sie nicht endlich gestehe. Das endlich ließ den Vogt zur Besinnung kommen, der Schlimmeres verhinderte und die Keplerin nach einem stundenlangen, einschüchternden und dazu völlig rechtswidrigen Verhör schließlich nach Hause entließ.

Die Familie Kepler wollte das alles nicht auf sich beruhen lassen und versuchte, gerichtlich gegen die Verleumdungen vorzugehen. Doch dem Vogt gelang es, die Angelegenheit immer wieder zu verschleppen, was die Reinboldin erfolgreich dazu nutzte, neue Zeugen für die Hexenkünste der Keplerin zu benennen. Als Erstes schickte sie die Schinder Burga an die Front, die ihr hin und wieder im Haus half und auch sonst von den Almosen lebte, die ihr die Frau des Glasers zusteckte. Besagte Walburga hatte ihren Beinamen erhalten, als sie einen gewissen Jörg Haller heiratete, einen üblen Säufer und Sohn eines Schinders, der zu den unehrlichen Leuten zählte.

Das allerdings schien den Vogt nicht zu stören, der dem bösen

Weib jede noch so abstruse Anklage gegen die Keplerin glaubte, auch dass diese die zwölfjährige Tochter der Schinder Burga am Arm verletzt habe. Das Kind, das für einen Ziegeleibesitzer schwere Steine zum Ofen hatte tragen müssen, litt vermutlich an einer Sehnenscheidenentzündung, aber der Vogt war sich vollkommen sicher, dass die Keplerin schuld sei und bei der Kleinen ganz eindeutig einen »Hexengriff« angewandt hatte.

Dann erinnerte sich der Totengräber von Leonberg daran, dass die Keplerin ihn eines Tages auf dem Friedhof angesprochen hatte, ob er ihr nicht den Schädel ihres vor längerer Zeit verstorbenen Vaters ausgraben könne. Sie wolle ihn nämlich in Silber fassen lassen und ihrem so talentierten Sohn, einem berühmten Mathematiker, als Trinkgefäß schenken. Der Totengräber lehnte den einigermaßen bizarren Wunsch ab – und erzählte die Geschichte natürlich im Wirtshaus herum.

Schließlich beging Katharina, die langsam in Panik geriet, einen nahezu unverzeihlichen Fehler, als sie in ihrer Not den Vogt aufsuchte und um eine gerechte Behandlung ihres Falls bat. Wenn er ihr helfen würde, so versprach sie, würde sie ihm – ohne es ihren Kindern zu sagen – auch einen schönen silbernen Becher schenken. Das war, wie wir heute sagen würden, selbstverständlich der unverzeihliche Versuch einer Beamtenbestechung, und Lutherus Einhorn meldete diesen Vorfall mit den entsprechenden Kommentaren sofort nach Stuttgart, wo der Hofbarbier seinen ganzen Einfluss geltend machte, dass alsbald der Beschluss gefasst wurde, die Keplerin einzusperren.

Christoph und seine Schwester Margaretha erkannten natürlich die große Gefahr, in der ihre Mutter schwebte, und sie riefen ihren berühmten Bruder zu Hilfe. Man war sich schnell einig, dass Katharina Kepler unbedingt aus Leonberg verschwinden müsse. Am besten solle sie erst einmal bei ihrer Tochter Unterschlupf suchen, die mit ihrem Mann in Heumaden wohnte, das heute ein Stadtteil von Stuttgart ist. Doch die alte Frau war schwierig und unentschlossen, ließ sich aber schließlich von ihrem Ältesten vorübergehend zu ihm

16 DIE KEPLERIN   203

nach Linz holen, was ihr später übrigens als Fluchtversuch und damit gewissermaßen als Schuldbekenntnis ausgelegt wurde.

Inzwischen wurde deutlich, dass die Familie Reinbold und nach und nach auch andere Mitbürger deshalb so scharf auf einen Prozess gegen die Keplerin waren, weil sie sich nach deren Verurteilung Schadenersatz für alle Unbilden versprachen, die sie angeblich durch die Zauberei der alten Frau erlitten hatten. Währenddessen bemühte sich Johannes Kepler, auf direktem Weg beim Herzog in Stuttgart zu intervenieren, indem er immer wieder darauf hinwies, dass er schließlich der Hofmathematiker des Kaisers sei, was zweifellos Eindruck machte und auch einen gewissen Erfolg zeitigte.

Nachdem 1618 der Dreißigjährige Krieg ausgebrochen war, geschah lange Zeit nichts Entscheidendes. Beide Seiten sammelten fleißig Material, wobei sich besonders Johannes sehr ins Zeug legte und auch namhafte Verteidiger für seine Mutter fand, die allerdings in der Nacht des 7. August 1620 überraschend im Pfarrhaus ihres Schwiegersohns in Heumaden festgenommen und heimlich in einer Truhe aus Eichenholz nach Leonberg geschafft wurde.

Wie einseitig und gehässig die erste Vernehmung verlief, lässt sich schon aus dem Protokoll des Stadtschreibers Werner Feucht ersehen, dem jede Sachlichkeit fehlt. Weil auch er die Keplerin nicht ausstehen konnte, beschrieb er ihre Verteidigung als Ansammlung »heilloser Entschuldigungen« und »liederlicher Ausreden«. Und bei anderer Gelegenheit, als Johannes Kepler seine Mutter zur Befragung begleitete, lesen wir im Protokoll: »Die Verhaftin erscheint *leider* mit Beistand ihres Herrn Sohns, Johan Keplers, Mathematici.«

Am 26. August wandte sich Christoph Kepler direkt an den Herzog in Stuttgart und bat flehentlich darum, seine Mutter an einen anderen Ort bringen zu lassen, denn der Hohn und Spott, dem sie täglich ausgesetzt seien, solange die Angeklagte allmorgendlich durch die Gassen und an seinem Haus vorbei zum Verhör gebracht werde, sei für ihn und seine Familie unerträglich.

Schämte sich der Sohn seiner Mutter, oder handelte er nur klug, indem er darum bat, den Prozess andernorts stattfinden zu lassen, wo die Menge vielleicht nicht dermaßen aufgehetzt, sondern ein wirklicher fairer Prozess möglich war? Wir kennen sein Motiv nicht. Tatsache jedoch ist, dass das Verfahren in Güglingen im Zabergau fortgesetzt wurde, was weder den Vogt noch der Familie Reinbold, noch den inzwischen zahlreichen Nebenklägern recht war.

Aber auch für die Keplerin wandelte es sich zunächst keineswegs zum Guten, denn sie wurde in einem finsteren, nassen und kalten Loch angekettet und von zwei Halunken bewacht, die nie genug Geld zum Saufen hatten und sich jeden kleinen Dienst von der Gefangenen bezahlen ließen.

Auch der Stadtknecht von Güglingen wollte an ihr verdienen. Alles, was über die kargen Gefängnisrationen hinausging, ließ er sich von Johannes Kepler teuer bezahlen, und er schrieb zudem große Mengen an Fleisch auf die Rechnung, obwohl die längst zahnlose Keplerin das überhaupt nicht mehr essen konnte.

Der Prozess zog sich endlos in die Länge, und während die Anklage die alten, aber auch immer neue Zeugenaussagen präsentierte, konnten die Verteidiger ihrerseits viele seriöse Zeugen benennen, durch die Katharina Kepler weitgehend entlastet wurde. Irgendwann riss auch den weiß Gott geduldigen Herrschaften am Hof in Stuttgart die Geduld, und das Gericht wurde angewiesen, sich ein Gutachten der Juristischen Fakultät der Universität Tübingen einzuholen, wie mit der Angeklagten weiter zu verfahren sei.

Das dort gefällte Urteil war eindeutig: Die Vorwürfe gegen sie seien nicht eindeutig bewiesen, andererseits spreche auch einiges für ihre Schuld, sodass sie dem ersten Grad der Folter zu unterwerfen sei, der sogenannten *territio*, die keine eigentliche Folter war, sondern darin bestand, dem Delinquenten anschaulich darzustellen, welche Torturen ihn bei weiterem Leugnen erwarten würden.

So detailgetreu wie möglich hatte der Henker – in diesem Fall der Schinder der Stadt – der Keplerin die einzelnen Folterinstrumente zu zeigen, ihr zu schildern, wie man ihr mit den Daumenschrauben die Finger und mit den spanischen Stiefeln die Beine zerquetschen werde, was es bedeutet, mit nach hinten gefesselten Armen in die

16 DIE KEPLERIN   205

Luft gezogen zu werden, und wie es sich anfühlt, wenn dabei die Schultern aus den Gelenken springen; wie es ist, ausgepeitscht zu werden, oder wie es sich anfühlt, wenn einem der Henker die Haare am ganzen Körper absengt.

Die Keplerin, diese zähe alte Frau, wurde vielleicht bleich, aber gestanden hat sie nicht. Wenn man ihr auch eine Ader nach der anderen aus dem Körper ziehen werde, erklärte sie, würde sie nie zugeben, eine Hexe zu sein. Sie wisse, Gott werde die Wahrheit an den Tag bringen und seinen Heiligen Geist nicht von ihr nehmen. Er werde die Zeugen strafen, die sie in diesen Kerker gebracht hätten, denn es geschehe ihr Gewalt und Unrecht.

Da sie standhaft blieb, befahl Herzog Johann Friedrich von Württemberg, Katharina Kepler geltendem Recht entsprechend sofort freizulassen. Lutherus Einhorn versuchte zwar noch, die Entlassung zu verzögern, aber da wurde ihm mitgeteilt, dass er ab sofort die Kosten für Bewachung und Verpflegung der Gefangenen aus der eigenen Tasche zu zahlen habe.

Am 7. Oktober 1621 konnte Johannes Kepler seine Mutter aus dem Gefängnis abholen. Seit der Überstellung von Leonberg nach Güglingen waren vierhundertfünf Tage verstrichen. Und seit der ersten fragwürdigen Vernehmung durch den Vogt in Leonberg über sechs Jahre.

Katharina Kepler starb sechs Monate nach ihrer Freilassung – sicherlich auch an den Folgen der langen Haft.

Frauen wie sie, alt und einigermaßen halsstarrig, klatschsüchtig und wohl auch scharfzüngig, gab es in jedem Ort, und schon ein kleiner Fehler konnte – wie wir gesehen haben – den Ruf ruinieren, erste Beschuldigungen provozieren und irgendwann zur Festnahme führen. Und das war dann fast immer das Ende.

Es sei denn, man hatte einen Sohn, der Johannes Kepler hieß.

*Lässt für die Sterblichen
größeres Leid sich erdenken,
als sterben zu sehen die Kinder?*

Euripides

17 UNSCHULDIGE KINDER

Grimmig polterte der breitschultrige Mann die enge Treppe hinunter. Nicht das tote Kind auf seiner Schulter hatte ihn wütend gemacht, auch nicht die verzweifelte Tat des Jungen, obwohl – es war natürlich eine schwere Sünde, sich das Leben zu nehmen. Aber vielleicht hatte ja der Herrgott ein Einsehen und nahm ihn trotzdem zu sich.

Nein, wütend war der Mann darüber, dass ihn die hohen Herrschaften oben auf dem Domberg dermaßen zusammengestaucht hatten. Wie das nur passieren konnte! Was jetzt die Leute sagen würden, und wieso er nicht besser aufgepasst habe!

Na klar. Einer musste ja schuld sein. Keine Rede davon, dass man vielleicht selbst hätte darauf kommen müssen, dass man Kinder nicht fast zwei Jahre einsperren und immer wieder verhören und quälen konnte. Johann Dietrich Hörmann war mit Sicherheit nicht sonderlich zart besaitet. Wie sollte man das auch sein, wenn man schon an die zehn Jahre Scharfrichter in Freising war. Da hatte man schon Schrecklicheres tun müssen, als Lausebengel zu verprügeln. Mit Spitzruten »streichen« hieß der Fachausdruck, den die hohen Herren dafür benutzten. Man sollte aber wissen, dass es sich bei diesen Spitzruten um Peitschen aus Hanfschnüren handelte, in die spitze Nägel eingeflochten waren, die schreckliche Verletzungen verursachten. Mehr als fünfzehn Hiebe ertrugen so junge Kerlchen kaum, selbst wenn der Scharfrichter sich beim Zuschlagen etwas zurückhielt.

Der kleine Andreas, den er gerade runter zum Henkerskarren in den Hof trug, um ihn dann zur Hinrichtungsstätte zu bringen und dort zu verscharren, bestand ohnehin nur aus Haut und Knochen. Er hätte niemals geglaubt, dass der noch fähig gewesen wäre, sich mit der schweren Kette, mit der er an die Wand gefesselt war, zu erdrosseln.

Allerdings hatte er vorher wie wild an die Tür seiner Zelle geklopft, sagte wenigstens Martha, die Magd des Henkers. Leider zu spät, denn als er nachsehen gegangen war, hing der Kleine schon dort. Mausetot. Er und die anderen hatten sich häufig mit Klopfzeichen untereinander verständigt, aber der Henker hatte sich nie die Mühe gemacht, irgendetwas davon zu verstehen.

Was konnten sie sich auch schon zu erzählen haben – diese Bettelbuben!

Angefangen hatte das alles etliche Jahre zuvor. Andreas war das Kind einer streunenden Bettlerin, die ihn im Stall beim Bauern Plänkl zur Welt gebracht hatte. Nach dem Tod seiner Eltern ist er mal hier, mal dort untergekrochen und schließlich erneut auf dem Plänkl-Hof gelandet, wo er ein bisschen aushalf. Eines Nachts hatte er wieder einen seiner Albträume gehabt und so laut geschrien, dass ihn die Bäuerin verprügelte. Da ist er weggelaufen und hat sich zusammen mit ein paar Gleichaltrigen in der Umgebung von Freising herumgetrieben. In die Stadt selbst ließ man sie nicht hinein.

Sie lebten vom Stehlen und Betteln, aber das fanden einige Stadtkinder, die sich mit ihnen anfreundeten, natürlich aufregend. Da ihnen die Fremden zudem alle möglichen Tricks zeigten, wussten sie nichts Besseres zu tun, als solche Kunststückchen auch ihren Spielkameraden innerhalb der Stadtmauern vorzuführen und sich als Magier und Hexer aufzuspielen.

Leider hörte auch ein Lehrer davon und – hysterisch, wie Leute nun einmal auf das Wort Hexerei reagierten – zeigte die Jungen sofort an.

Fünf kleine Bettler und zwei Schüler aus der Stadt. Die Kinder verstanden kaum, was man ihnen eigentlich vorwarf. Andreas erzählte deshalb unbefangen von seinen nächtlichen Albträumen, und da hakten die Vernehmer sofort ein: Er sei doch bestimmt schon einmal auf einem Hexensabbat gewesen, und habe ihn dort nicht der Teufel umgetauft? Und wer da noch gewesen sei, und was man ihm zu tun befohlen habe. Und zaubern könne er doch sowieso – oder? Mäuse machen zum Beispiel oder Ferkel, das hätten die Kinder aus der Stadt selbst gesehen.

Erst allmählich begriffen die Kleinen, was man ihnen da zu unterstellen versuchte, und wurden immer vorsichtiger. Bis sich dann einer bereitfand, etwas zu erzählen, wenn man ihn denn anschließend freiließe …

Natürlich hatten die Behörden ihn in dem Glauben gelassen, und als der Erste einmal gestand, da erzählten auch die anderen, was immer man von ihnen hören wollte. Da sie allerdings energisch bestritten, irgendjemandem Schaden zugefügt zu haben, und sich auch nur untereinander belasteten, waren sie im Grunde nicht zu verurteilen. Ihr eigenes Zeugnis nämlich zählte nicht, weil sie als *unehrliche Personen* galten. Und die Stadtkinder eindringlich zu befragen, ob denn von der Bettlerbande wirklicher Zauber verübt worden sei – das versäumten die hohen Herren ganz einfach.

Dann die Sache mit dem angeblichen Teufelsmal! Wenn die Jungen »mit Ruten gestrichen werden«, zieht der Henker sie zuvor natürlich aus, und bei dieser Gelegenheit entdeckte dann einer der Anwesenden ein angebliches Hexenmal. Aha! Da war es ja. Wir haben es doch gewusst!

Von wegen. Von einem Hexenmal konnte keine Rede sein. Ein ganz normales Muttermal war das, wie es auch einer der anwesenden Stadtväter deutlich sichtbar auf seinem Handrücken trug. Der Henker hat alle im Raum darauf hingewiesen und es als ganz natürlich bezeichnet. Bei dem Jungen als auch beim Herrn Stadtrat. Es war einwandfrei kein Hexenmal!

Also freilassen?

Aber nicht doch! So konnte man sich schließlich nicht blamieren. Zwar hatte sich schon einer der fünf Jungen erdrosselt, und ein weiterer lag im Sterben. Aber die restlichen – zwei Vierzehnjährige und ein Zwölfjähriger – durften ihrer gerechten Strafe nicht entgehen. So hat der Stadtrat den Richter Joseph Rumpfinger beauftragt, ein Gutachten zu schreiben, was man denn nun mit den angeblichen Hexern anstellen könne oder dürfe oder müsse. Und besagter Jurist hat beschlossen, dass alle Erzählungen über die Teilnahme an Hexenveranstaltungen wahr sein müssten, weil – man höre und staune – die Kinder Dinge gestanden hätten, *die Unschuldige nicht wissen könnten!*

Also würde Johann Dietrich Hörmann in den nächsten Tagen im Norden der Stadt drei Scheiterhaufen um einen Pfahl errichten, an den er drei in seinen Augen unschuldige Bettelkinder binden wird. Die beiden Schüler aus der Stadt würde man vermutlich verschonen, aber eines stand schon jetzt fest: Sie müssten zusehen, wie der Henker das tat, was für die drei zum Tode verurteilten Kinder eine Gnade darstellte, für ihn dagegen eines von den schlimmeren Dingen war, die man ihm zuweilen zumutete.

Er musste – bevor er die Flammen anzündete – drei kleinen Menschlein mit seinem großen Richtschwert den Kopf abschlagen.

* * *

Kinder als Magier? Als Schaden anrichtende Zauberer? Als Teilnehmer am Hexensabbat? Eine abartige Vorstellung – wenigstens für uns als mehr oder weniger aufgeklärte und von der Vernunft gesteuerte Menschen. Nicht so in früheren Jahrhunderten oder gar Jahrtausenden. Damals war das Verhältnis der Erwachsenen zu den eigenen Kindern und zu Kindern überhaupt einigermaßen widersprüchlich.

Das hatte verschiedene Gründe. Zum einen gab es keinerlei Kenntnisse darüber, wie eigentlich ein Kind gezeugt wurde. Dass es mit dem Sexualakt zusammenhing, war so ungefähr das Einzige, was den Menschen klar war. Keine Vorstellung dagegen hatten die weitaus meisten vom monatlichen Zyklus der Frau und den daraus resultierenden fruchtbaren und unfruchtbaren Tagen. Und da es natürlich auch noch keine künstlichen Verhütungsmittel wie Kondome, Spiralen oder gar die Pille gab, war man auf dubiose Praktiken angewiesen, die vermeintlich weise Frauen empfohlen oder aber gerissene Scharlatane sich ausgedacht hatten, um ihre Mixturen an Gutgläubige zu verhökern.

Dabei muss zwischen (versuchter) Verhütung, Abtreibung und Kindesmord unterschieden werden, denn egoistische, arme oder verzweifelte Frauen schreckten zu allen Zeiten vor nichts zurück. Schon Bischof Caesarius von Arles schrieb im 6. Jahrhundert an die Priester seiner Diözese, sie sollten die Frauen ermahnen, nicht zu verhüten und niemals etwas zu sich zu nehmen, das sie unfruchtbar machen könnte, »denn eine christliche Frau ist nur durch Keuschheit unfruchtbar«.

Eine Ermahnung, die auch schon damals nichts gefruchtet hat, denn die Männer hielten mehrheitlich nichts von Enthaltung. Ein anderer französischer Bischof aus dem 9. Jahrhundert hat uns ihre Einstellung überliefert: »Unsere Frauen sind uns rechtmäßig angetraut. Wenn wir von ihnen und zu unserem Vergnügen und wann immer wir wollen Gebrauch machen, so sündigen wir nicht. Unsere Geschlechtsorgane wurden von Gott geschaffen, damit die Ehepartner Beziehungen zueinander haben. Es ist nicht einzusehen, warum es ein Fehler sein soll, wenn ein solcher Akt aus Vergnügen vollzogen wird.«

Zumindest die Männer also dachten nicht an freiwillige Keuschheit, und da der Koitus interruptus, also der Samenerguss außerhalb der Scheide, ebenso streng verboten war wie übrigens auch die Selbstbefriedigung, sahen sich die Frauen gezwungen, nach anderen Mitteln zu suchen, und eine der von Kräuterfrauen empfohlenen Maßnahmen liest sich so:

Die Frau reibt das Glied ihres Mannes mit Bleiweiß und Zedernöl ein, führt sich selbst ein Kügelchen ein, das aus einem Mix aus Öl, Kohlsamen, Skammoniablättern und Alraune gefertigt wurde, und schließlich trinkt sie noch eineinhalb Liter Wasser mit gehacktem Basilikum.

Noch schwieriger – und von der Kirche noch strenger verurteilt – war die Abtreibung. Auch hier ein Beispiel, das zeigt, wie wenig Erfolg versprechend gewisse Praktiken gewesen sein müssen. Im Kloster Sankt Gallen wurde folgende (natürlich verdammungswürdige) Methode aufgezeichnet: Um die Frucht abzutreiben, trinken Frauen in Wein gekochte Wacholderbeeren mit einer Selleriewurzel, Fenchel, Liebstöckel und Petersilie und legen sich Rainfarn, Fieberkraut und Beifuß in Butter auf den Nabel.

Aber auch so etwas half selbstverständlich nicht, und deshalb entschlossen sich immer wieder verzweifelte Frauen dazu, ihr Neugeborenes vor einer Klosterpforte auszusetzen oder es gar zu töten. Da Säuglinge bei den Eltern im Ehebett schliefen, war es relativ leicht, einen Säugling »versehentlich« im Schlaf zu erdrücken. Nachzuweisen war ein solcher Kindermord fast nie. Das klingt zwar brutal, aber außerhalb des christlichen Kulturkreises gab es Gesellschaften, in denen das Töten eines gerade geborenen Kindes völlig straffrei blieb.

Natürlich waren die Menschen zu keiner Zeit kinderfeindlich, und die meisten Eltern werden ihren Nachwuchs ebenso zärtlich geliebt haben wie die Mehrheit der heutigen. Dennoch gibt es einen gigantischen Unterschied. Da die meisten Verhütungsversuche ebenso erfolglos blieben wie die steten Ermahnungen der Kirche zu Keuschheit in und außerhalb der Ehe, war der Kindersegen enorm groß, wobei wir dahingestellt sein lassen, ob es für die Frauen ein Segen war, pausenlos schwanger zu sein.

Tatsache indes ist, dass es – und das galt ja bis weit in unsere Zeit hinein – keine Ausnahme war, acht, zehn, zwölf oder gar mehr Kinder zu empfangen. Ich sage bewusst »empfangen«, weil aufgrund mangelhafter Ernährung und grassierender Seuchen nicht jede Schwangerschaft mit einer Niederkunft endete. Früh- und Fehlgeburten waren durchaus nicht ungewöhnlich, und die Kindersterblichkeit war erschreckend hoch. Noch in der frühen Neuzeit überlebte, wie bereits an anderer Stelle erwähnt, durchschnittlich nicht einmal jedes dritte Kind die ersten zwölf Monate, und nicht einmal die Hälfte aller Kinder wurde auch nur fünf Jahre alt.

Stellen wir uns eine Bauersfrau vor, die sich nicht nur um ihre Familie, sondern auch noch um das Vieh zu kümmern hat, die schon fünf Kinder hat und kurz vor der Niederkunft steht. Sie muss die Familie bekochen, waschen und das Haus in Ordnung halten, sich um Knechte und Mägde kümmern, jederzeit für ihren Mann da sein, und dann kommt Kind Nummer sechs. Es ist eher klein und wirkt kränklich. Aber natürlich wird es gewaschen und gewiegt, gewickelt und gestillt. Alles muss zwangsläufig linker Hand und nebenbei geschehen, und nach ein paar Tagen ist der Säugling tot. Die Mutter hat überhaupt noch keine Zeit gehabt, ihn lieb zu gewinnen.

Bald wird sie ohnehin wieder schwanger sein.

Das war die Normalität. Nicht nur auf dem Land, sondern auch bei den Handwerkern in der Stadt und sogar auf der nahen Burg der Grafen. Kinder kamen – Kinder gingen. Und gegenüber der verzweifelten und alleinerziehenden Mutter von heute, deren einziges Kind gestorben ist, hielt sich die Trauer der Familien dazumal eher in Grenzen.

Gern zitiert wird der französische Philosoph Michel de Montaigne, der – immerhin noch im 16. Jahrhundert – gestand, er habe »zwei oder drei Kinder im Säuglingsalter verloren, zwar nicht ohne Bedauern, aber auch ohne Verdruss«. Er wusste also überhaupt nicht genau, wie viele Kinder es waren, und Trauer hat er darob ganz offensichtlich auch nicht verspürt. Über die Empfindungen seiner Frau schwieg er sich bezeichnenderweise aus. Vermutlich haben sie ihn nicht interessiert.

Halten wir – etwas vergröbernd – also fest: Es wurden viele Kinder geboren. Sehr viele von ihnen starben sehr früh. So früh, dass sich noch keine tiefe Bindung zwischen ihnen und den Eltern entwickeln konnte. Aber dennoch: Kinder galten in ihrer Reinheit als etwas ganz Besonderes.

Aus den Märchen wissen wir, dass Hexen es aus ebendiesem Grund häufig auf Kinder abgesehen hatten. Das war uralter Volksglaube, dem wir schon in frühen Mythen begegnen, doch davon war in einem anderen Kapitel schon die Rede.

Aber nicht allein, dass Hexen angeblich gezielt Kinder töteten – die Menschen in nahezu allen frühen Kulturen boten diese unschuldigen Wesen den Göttern als Opfer an. Im Alten Testament stoßen wir immer wieder auf Stellen, in denen die Propheten vor solchen Opfern warnen, wie sie die »Heiden« darbringen. Im 5. Buch Mose, dem Deuteronomium, heißt es in Kapitel 12, Vers 30–31: »Such nicht nach ihren Göttern, indem du fragst: ›Wie haben jene Völker ihre Götter verehrt, damit ich auch so tue?‹ Solches darfst du nicht tun, denn alles, was dem Herrn ein Gräuel ist und was er hasst, haben sie zu Ehren ihrer Götter getan. Selbst ihre Söhne und Töchter verbrannten sie ihren Göttern zu Ehren.«

Und das war nicht ein vereinzeltes Volk, das diese Bräuche pflegte. Nahezu alle Stämme, mit denen die Israeliten in Berührung kamen (und manchmal waren es sogar ihre Landsleute), brachten Menschenopfer dar. Bei Jesaja heißt es beispielsweise: »Seid ihr nicht Sündenkinder, eine Lügenbrut? Die ihr die Kinder schlachtet in den Tälern inmitten der Felsenklüfte.«

Jeremias zürnt: »So spricht der Herr der Heerscharen, der Gott Israels: Siehe, ich bringe Unheil über diesen Ort, dass jedem, der davon hört, die Ohren gellen sollen, weil mich die Menschen dort verlassen, diese Stätte missbraucht und an ihr fremden Göttern geopfert haben, die weder sie noch ihre Väter, noch die Könige Judas gekannt haben. Sie haben diese Stätte mit dem Blut Unschuldiger erfüllt und dem Baal auf den Höhen Tempel gebaut, um ihm ihre Kinder als Brandopfer darzubieten, was ich ihnen niemals geboten habe.«

Nun werden Bibelfeste einwenden, es sei ja ebendieser Gott gewesen, der dem Patriarchen Abraham geboten habe, seinen einzigen Sohn Isaak zu opfern. Natürlich ist diese Geschichte – wann auch immer sie niedergeschrieben worden ist – lediglich als Gleichnis gemeint. Gott prüft seinen Diener, indem er zum Schein Ungeheuerliches von ihm fordert, lässt dieses Opfer jedoch von einem Engel verhindern, und dies ist der Augenblick, wo das bis dahin im ganzen Nahen Osten übliche Menschenopfer, zumindest was die Israeliten angeht, vom Tieropfer abgelöst wird.

Andernorts jedoch werden weiter Menschen geopfert, von Babylon bis ins Land Kanaan, von Malta bis Sardinien, bei den Ägyptern, Phöniziern und Karthagern. Manche Wissenschaftler behaupten zwar, dies sei gezielt gestreute Gräuelpropaganda von den jeweiligen Gegnern (Rom!) gewesen und die gefundenen Kindergebeine stammten lediglich aus normalen Gräbern. In diesen Streit wollen wir uns jedoch nicht einmischen, zumal überall auf der Welt noch sehr lange Kinder geopfert wurden, sei es von den Azteken, die – Regentropfen gleich Kindertränen – ihre Regengötter günstig stimmen wollten, sei es von den Indern, die noch im 19. Jahrhundert Kinder in den Fluss warfen, damit die gerade errichtete Brücke auch der Flut standhielt.

In allen Kulturkreisen und Religionen ging von der Unschuld ein geheimnisvoller Zauber aus. Da waren die jungfräulichen Priesterinnen der Vesta in Rom, da war – natürlich – das Jesuskind, und dieser geheimnisvolle Zauber endet auch nicht beim jeweiligen Dalai Lama, der sich ja ebenfalls als neugeborenes Kind und somit als Inkarnation des verstorbenen Vorgängers offenbart.

Doch zurück zur frühen Neuzeit in Mitteleuropa.

Kinder treten in der Geschichte der Hexenverfolgungen in drei verschiedenen Funktionen in Erscheinung: erstens (sehr selten) als Opfer der Hexen, zweitens (schon häufiger) als Verdächtige und drittens (in sehr vielen Prozessen) als Belastungszeugen, die in dieser Eigenschaft allerdings selbst leicht zu Angeklagten werden konnten und auch geworden sind.

Wenden wir uns zunächst jenen Kindern zu, die angeblich von Hexen dem Teufel geopfert wurden.

Hier müssen wir eine Klammer öffnen und einmal mehr daran erinnern, wie gewisse Aussagen und Behauptungen zustande gekommen sind. Angesichts der schrecklichen Foltermethoden müssen wir in Bezug auf unsere Wortwahl sehr vorsichtig sein. Es gibt Worte, die hier einigermaßen deplatziert wirken, denn wenn wir sagen, dass Hexen derartige Verbrechen *gestanden* haben, könnte man ja annehmen, dass es tatsächlich so gewesen ist. Ganz gleich, ob die

Hexe *gesteht* oder *bekennt, beichtet* oder *einräumt, enthüllt* oder *zugibt* – all das klingt nach erwiesener Schuld, die selbstverständlich gesühnt werden muss.

Anders und wohl auch neutraler würde es sich vielleicht lesen, wenn die gequälten Frauen nur einfach etwas *schildern* oder *erzählen* würden, aber nicht einmal das haben sie ja getan. Sie haben halb bewusstlos und vor Schmerz keuchend bestätigt, was ihre Folterer von ihnen hören wollten, was diese ihnen sogar größtenteils in den Mund gelegt haben. Das aber lässt sich nicht immer wieder von Neuem darstellen. Wir wissen auch so, was solche »Geständnisse« wert waren, und nehmen uns vor, beim Lesen dieses Wortes stets daran zu denken, wie solche Aussagen zustande kamen. Klammer zu.

Die Unschuld, die einst den Göttern scheinbar so sehr gefallen hat, musste doch – so dachte das immerhin seit weit über tausend Jahren christianisierte Europa – ganz bestimmt dem Teufel ebenfalls Freude bereiten, und zwar nicht nur die reinen Seelen der Kinder, sondern auch und ganz besonders ihr kleiner, feiner Körper.

Etwa um die Mitte des 16. Jahrhunderts berichtet da stellvertretend für viele andere ein Chronist aus Luzern, dass unter besagten bösen Weibern etliche waren, die ihre eigenen Kinder töteten und verzehrten. Oder sie suchten Gebärende auf, vergifteten das Neugeborene, und wenn es dann begraben worden war, gingen sie nachts hin, gruben es wieder aus und verspeisten es in fröhlicher Runde mit anderen Weibern.

Da man dies allseits glaubte, wundert auch nicht die Methode, die man beim Verhör vermeintlicher Hexen benutzte. Da wird rein schematisch und schon routinemäßig abgefragt:

- Wie oft sie nachts auf den Friedhof gegangen sei, um Kinderleichen auszugraben.
- Wann es passiert sei, wer ihr dabei geholfen habe und wessen Kinder es überhaupt gewesen seien.
- Wer das Kind aus dem Grab geholt habe und wohin es gebracht worden sei.

- Ob sie das Kind gesotten, gekocht oder gebraten hätte, wo das Essen stattgefunden und ob es allen geschmeckt habe (!).
- Was sie mit dem übrig gebliebenen Fleisch angestellt hätte.
- Ob sie die Reste zur Herstellung von Zaubermaterial verwendet hätte.

Wohlgemerkt: Man fragt die Frauen nicht etwa, ob sie Derartiges überhaupt getan hätten, sondern forscht gleich nach den Details!

Dass Hexen es auf unschuldige Kinder abgesehen hatten, stand für alle Theologen und Juristen fest. Entsprechend fielen die Verhöre aus, und so erstaunt es uns keineswegs, wenn beispielsweise alle sechs Hexen, die 1633 in Reutlingen hingerichtet worden sind, unter der Folter bekannten, sie hätten sich – in welcher Form auch immer – an Kindern vergangen, hätten sie krank gemacht oder dem Teufel zugeführt.

Wir erinnern uns, dass man aus jedem Menschen den einfältigsten – und unappetitlichsten – Unsinn herausfoltern kann. Leider schenkte man im Normalfall jeder vermeintlichen Hexe Glauben. Auch wenn sie berichtete, man würde natürlich nicht immer warten, bis ein Kind auf natürliche Weise sterbe. Am liebsten erwürge man einen noch nicht getauften Säugling im elterlichen Bett, weil die Mutter ja am nächsten Tag annehmen müsse, sie selbst habe das Kleine erdrückt.

Nach dem Begräbnis hole man die Leiche aus der Gruft, koche das Fleisch, bis es fast flüssig sei, um es dann zu trinken. Aus der verbliebenen festen Masse würden dann Salben gemacht, die man für die Fahrten zum Hexensabbat brauche. Den Rest des Getränks fülle man dagegen in Flaschen, und wer davon trinke, der werde damit automatisch Mitglied der Hexenzunft.

Weil man zudem glaubte, dass Kindern heilige Kräfte innewohnten, schien es logisch, dass ihr Verzehr diese Kräfte auf den übertrug, der sie verspeiste. Und der ihr Blut trank! Zumindest im südöstlichen Europa galt das Trinken von Blut als kräftespendend (Vampire!); wenn es von Kindern stammte – ersatzweise von Jungfrauen –, war es natürlich besonders wirksam.

Getrunkenes Kinderblut verlängerte angeblich die eigene Lebenszeit, konnte bei Bedarf unsichtbar machen und verlieh übernatürliche Kräfte, die gegebenenfalls halfen, sogar unter härtester Folter zu schweigen. Das zarte Fleisch dagegen galt beim Hexensabbat als Leckerbissen. Manche Kinder allerdings wollte der Teufel nicht in Form von Speis und Trank, sondern als Sexualpartner für sich selbst oder andere Anwesende. Wichtig war aber nach wie vor die Verarbeitung der kleinen Leichen zu Pulvern und Salben.

Da die Henker, die bei den Verhören ja stets aktiv mitwirkten, nahezu alles von dem Unfug mitbekamen, den man aus den armen Frauen herausfolterte, hielten sie sich mit der Zeit für Experten auf dem Gebiet der Wundermittel. Einer verriet folgendes Rezept: Man nehme Pulver von verbrannten Kreuzen, die man am Wegesrand gestohlen hat, dazu am Gründonnerstag (!) gemahlene Kinderknochen, verrühre das Ganze mit Wasser zu einem Teig und lasse wiederum am Gründonnerstag eine Messe darüber lesen.

Nicht verraten hat der gute Mann leider, was man mit einem solchen Zaubermittel angeblich bewirken konnte.

Dreiundsechzig Hexen und Unholde wurden Mitte des 16. Jahrhunderts im schwäbischen Wiesensteig verbrannt. Sie hatten angeblich Salben hergestellt, in denen folgende Zutaten vermengt waren: Fleisch von Ratten, Ziegen, Hunden und Hasen, (vornehmlich rote) Menschenhaare, Wolle, Milben, Spinnweben, Eierschalen, Weinbrand sowie alle möglichen Giftkräuter.

Und so unglaublich es klingen mag: Aufgrund derartiger Aussagen, die einerseits von den zuständigen Behörden via Flugblatt, aber natürlich auch von den Henkern und ihren Gesellen in Umlauf gebracht wurden, glaubten immer mehr schlichte Menschen an die Wirkung solcher Fantasiemittelchen, sodass es für umherziehendes Gesindel zu einem lukrativen Geschäft wurde, unter den Galgen oder auf unbewachten Kirchhöfen Leichen auszugraben und stückchenweise zum Verkauf anzubieten.

Schlimmer noch: Es gibt bezeugte Fälle, da streunende Verbrecher schwangere Frauen überfallen und ihnen die Leibesfrucht herausgeschnitten haben, um diese in Teilen unter der Hand Interessenten anzubieten. Wer dabei gefasst wurde, und deren gab es etliche, wurde mit der schlimmsten aller damaligen Strafen belegt und lebend und mit zersplitterten Gliedmaßen aufs Rad geflochten.

Von diesen meist ungeborenen Kindern einmal abgesehen, wird die Zahl der tatsächlich von Frauen zu magischen Zwecken ermordeten Kinder – Aberglauben hin und her – relativ klein gewesen sein. Nahezu alle uns bekannten angeblichen Morde beruhen mit ziemlicher Sicherheit auf den erpressten Geständnissen der unglückseligen Frauen, die solcher Untaten bezichtigt worden waren. Aber wer waren denn nun diese Personen, die vor Gericht unschuldige Frauen »besagten«, wie der Fachausdruck damals lautete?

Sehr oft Kinder!

Das wirft natürlich neue Fragen auf. Zunächst einmal: Aus welchen gesellschaftlichen Schichten kamen sie? Waren sie mit den beschuldigten Frauen verwandt, oder handelte es sich um Nachbarn? Oder gar um völlig Fremde? Welche Motive konnte ein Kind haben, erwachsene Frauen (und oft auch Männer) zu beschuldigen? Gab es konkrete Anhaltspunkte, oder handelte es sich um reine Fantasien? Wenn es aber Fantasien waren: Was konnten Kinder über Details eines überhaupt nicht existierenden Hexensabbats wissen? Was über sexuelle Praktiken? Und wie wurden aus den vermeintlichen Opfern der Hexen Ankläger, die plötzlich die eigenen Eltern und häufig sogar sich selbst der Hexerei bezichtigten?

Schauen wir uns zunächst das Umfeld der angeblichen Zeugen an. Wie eingangs dieses Kapitels schon geschildert, fiel – bei jedwedem Vergehen – der Verdacht der ansässigen Bevölkerung grundsätzlich auf das allgegenwärtige fahrende Volk, also auf Musiker und Gaukler, Studenten und Possenreißer, Sänger und Bärenführer, Taschendiebe und Wunderheiler. Jedem Nichtsesshaften wurde grundsätzlich tiefes Misstrauen entgegengebracht. Wer Kunststückchen beherrschte, konnte möglicherweise richtig zaubern, und wer stahl, konnte auch anderweitig Schaden anrichten – Schadenszauber eben.

Fremdenfeindlichkeit ist uralt und selbst uns Menschen des 21. Jahrhunderts nicht fremd. Nur: Die Gutmenschen von heute haben noch immer nicht begriffen, dass es sich bei dem instinktiven Misstrauen gegenüber Fremden nicht um Hass handelt, sondern um Angst, die erst durch Bildung und geschulten Verstand besiegt werden kann. Davon allerdings konnte im 17. Jahrhundert keine Rede sein.

Vergessen wir nicht, dass fast alle Menschen damals vom Dreißigjährigen Krieg traumatisiert waren, der 1648 zu Ende ging. Ein Beispiel nur: Die Stadt Reutlingen, Schauplatz schlimmer Kinderhexenprozesse, ist in diesem Krieg von verschiedenen Truppen mehrfach besetzt, geplündert und gebrandschatzt worden. Von kaiserlichen Truppen und von französischen, von schwedischen und denen des berüchtigten Feldherrn Piccolomini. Die Einwohnerzahl ging auf ein Drittel zurück, und noch Jahre nach Kriegsende mussten hohe Schulden abgezahlt werden.

Mit welchen Gefühlen werden die Bürger der Stadt wohl Fremden gegenübergetreten sein!

Aber es waren nicht nur die Scharen von Bettlern, die von Kindern der Hexerei bezichtigt wurden. Es waren auch die Nachbarn, die Verwandten, etliche Priester und sogar die eigenen Eltern. Warum? Wie kamen die Kinder dazu? Niemand konnte sich darauf einen Reim machen, und die Folgen waren verheerend. Dass eine Frau die Nachbarin, auf die ihr Mann ein Auge geworfen hatte, der Hexerei beschuldigte, konnte man ja noch als Racheakt ansehen und entsprechend werten.

Aber welches Motiv sollten »unschuldige« Kinder haben, falsches Zeugnis abzulegen? Niemand verstand das, und auch heute werden erst langsam die Motive deutlich, die allerdings nur im Zusammenhang von Reformation und Gegenreformation zu verstehen sind. Katholiken, Lutheraner und Calvinisten lieferten sich im 17. Jahrhundert erbitterte Auseinandersetzungen und beschuldigten sich gegenseitig der Ketzerei, die bekanntlich nicht weit vom Hexenwesen angesiedelt war.

Vor allem in den reformierten Ländern wurde gepredigt, dass der Mensch von Grund auf schlecht sei und die Kinder allemal. Deshalb müsse man sie auf das Strengste in der Furcht des Herrn erziehen und täglich (möglichst mehrmals) in die Kirche schicken. Zusammen zu spielen war Jungen und Mädchen strikt untersagt, selbst noch so harmlose körperliche Berührungen waren nicht zu dulden. Wen wundert das, wenn auch die Sexualität der Erwachsenen kontrolliert wurde. Vorehelicher Geschlechtsverkehr wurde penibel bestraft, und selbst wenn eine verheiratete Frau schwanger wurde, rechnete man – nicht in der Kirche, sondern im Stadtrat – nach, wie viel Zeit denn seit der Eheschließung vergangen war und ob sie nicht schon vorher mit ihrem Verlobten …

Und gegen diese bigotte Atmosphäre, da sind sich heute die meisten Historiker einig, richteten sich möglicherweise unbewusst die Bezichtigungen der Kinder, die eben nur selten Unbekannte betrafen, sondern sehr häufig diejenigen Personen aus ihrem Umfeld, von denen sie sich eingeengt, unterdrückt, bevormundet oder ungerecht behandelt fühlten. Das konnte die Mutter sein oder der Lehrer, vielleicht auch der Pfarrer oder ganz einfach der ältere Bruder.

Rufen wir uns in Erinnerung, dass damals als Christenpflicht verkündet wurde, alle Ketzer – und dazu zählten auch die Hexen – den Behörden zu melden. Das bedeutete im Klartext, dass Kinder auch ihre Eltern anzuzeigen hatten und Männer ihre Frauen. Keiner sollte demjenigen treu sein, der Gott untreu geworden war.

Im schwedischen Mora wurden zweiundsiebzig Frauen und fünfzehn Heranwachsende hingerichtet, weil sie von Kindern – darunter ein erst vierjähriger Junge – als Hexen bezeichnet worden waren. Anfangs war man von den Aussagen der Kinder nicht sonderlich überzeugt und baute den Angeklagten sogar goldene Brücken, was in Hexenprozessen nicht gerade die Regel war. So fragte man die Beschuldigten eindringlich, ob sie die (natürlich unter der Folter) gestandene Teilnahme am Hexensabbat vielleicht nur geträumt hätten.

Aber je mehr Kinder fantastische Geschichten über den Teufel und den Flug der Hexen zum Tanzplatz erzählten, desto größer wurde die Hysterie; im Volk wie bei den Richtern. Als jüngere und vorurteilsfreie Juristen Zweifel an den Aussagen der Kinder äußerten, wurden sie von den Geistlichen dahingehend belehrt, dass aus den Kleinen der Heilige Geist spreche.

Schließlich wurde dann von einem Kind ein besonders geachteter Mann als Hexer bezeichnet. Daraufhin ging einer der jungen Juristen hin und versprach dem kleinen Zeugen einen halben Taler, wenn er zugeben würde, dass er sich geirrt habe, und einen anderen Namen nenne. Was der kleine Bengel natürlich sofort tat, und damit war die These vom Heiligen Geist, der aus Kindermund spreche, vom Tisch.

Was zugleich das Ende der Prozesse von Mora bedeutete. Für die meisten Angeklagten kam die Rückkehr zur Vernunft allerdings zu spät. Sie waren bereits verbrannt worden.

Kinder konnten natürlich auch aus Rache denunzieren: die strafende Großmutter oder den ungerechten Lehrer. Und bei Mädchen – auch das lässt sich nachweisen – aus verdrängter, weil verbotener Liebe, etwa gegenüber dem Vater. Beispiele gibt es genug.

Letztendlich dürfen wir nicht vergessen, dass die Sexualität sich nicht erst im Lauf der Pubertät entwickelt. Gerade bei jungen Mädchen, die besonders häufig als Anklägerinnen auftraten, aber auch bei Jungen, die sorgfältig von den Mädchen ferngehalten wurden, war auch schon damals der Wunsch nach Intimitäten vorhanden, und während die Erwachsenen (natürlich unter der Folter) perverse Einzelheiten des Hexensabbats schilderten, erzählten Jungen und Mädchen ganz unbefangen, wie sie sich gegenseitig »aufgedeckt und geherzt« hätten. Für sie war das lediglich ein harmloses Knutschen, von dem sie im Verhör erzählten, weil sie insgeheim davon träumten.

Ihren Eltern und allen Erwachsenen wurde von der Kanzel herab dagegen immer wieder eingeredet, dass Sexualität die Wurzel allen Übels und Lust allenfalls in der Ehe gestattet sei und auch nur deshalb, weil ohne ein gewisses Maß an Lust keine Kinder zu zeugen sind. Eigentlich sei Sexualität aber des Satans und nach Möglichkeit zu meiden. Nicht einmal seine eigenen Kinder durfte man zärtlich lieben und streicheln. Liebe gebührte einzig und allein dem Allerhöchsten.

Wen wundert es da, dass sich Kinder die Streicheleinheiten dort suchten, wo sie bereitwillig angeboten wurden: bei ihresgleichen. Wenn auch in aller Heimlichkeit.

Waren es auf der einen Seite offener Hass beziehungsweise verdrängte oder unbewusste Liebesgefühle, die Kinder zu Denunzianten werden ließen, so gab es für die zahlreichen Selbstbezichtigungen einen völlig anderen Grund. Sehr häufig stammten sie von traumatisierten Kindern, die entweder sexuell missbraucht worden waren oder das entsetzliche Schauspiel einer Hexenverbrennung nicht verarbeitet hatten, die anzusehen man sie vonseiten der Eltern oder Lehrer gezwungen hatte.

Am häufigsten allerdings stammten die Selbstbezichtigungen von Kindern, die von den Eltern verlassen, verstoßen oder in anderer Weise vernachlässigt worden waren oder sich zumindest so fühlten. Man stelle sich ein verschlafenes Nest vor, in dem das ganze Jahr über so gut wie nichts passiert. Und da ist ein kleines Mädchen, von den Eltern herumgeschubst und bei den Spielkameraden unbeliebt.

Dann – eines Tages – die Sensation: Das Kind bekommt in der Kirche Schreikrämpfe, wälzt sich am Boden, weicht kreischend vor irgendeiner Frau zurück und schreit, dieses Weib sei eine Hexe! Woher es das denn wisse? Weil sie, weint das Mädchen, ja selbst eine sei und mehrmals im Monat mit besagter Frau auf deren Heugabel durch den Kamin hinaus zum Hexentanzplatz fahre, und da habe sie gesehen, wie diese Hexe und alle anderen dem Teufel den Hintern geküsst haben.

Und so weiter.

Es folgt die allseits bekannte Geschichte vom Hexensabbat. Richtig, die Kleine muss es ja gesehen haben, sonst wüsste sie doch nicht solche Details! Niemand kommt auf den Gedanken, dass die Weiber beim Spinnen und am Brunnen seit Jahren pikante Geschichten die-

17 UNSCHULDIGE KINDER   223

ser Art erzählen, sodass auch jedes Kind sie inzwischen auswendig hersagen kann. Im Gegenteil. Kindermund – das weiß man schließlich – tut bekanntlich Wahrheit kund.

Das Mädchen behauptet, besagte Hexe habe den teuflischen Auftrag, Raupen in die Weinberge zu zaubern und Häuser in Brand zu stecken. So macht es sich interessant, es bleibt im Mittelpunkt, und da es sieht, dass man die von ihr beschuldigte Frau einsperrt und foltert, kommt es auf den Gedanken, dass es da doch noch mehr Leute im Ort gibt, denen man auch eines auswischen könnte. Das bis dahin von keinem beachtete, eher blass wirkende kleine Mädchen steht plötzlich im Zentrum des allgemeinen Interesses, und es verspürt etwas, was es bislang nie gekannt hat und auch ohne seine Selbstbezichtigung nie kennengelernt hätte: ein Gefühl der Macht.

Dass man es ebenfalls eines Tages anklagen, auspeitschen und vielleicht sogar verbrennen könnte, darauf kommt es erst, als es zu spät ist. So redet es sich denn um Kopf und Kragen, und niemand ist da, der ihm Einhalt gebietet oder zumindest seine sich oft widersprechenden Aussagen kritisch analysiert und als Fantasterei abtut.

Aber es sind nicht nur die sich selbst bezichtigenden Kinder, die Gefahr laufen, auf dem Scheiterhaufen zu landen. In einem Würzburger Flugblatt heißt es auf dem Höhepunkt der dortigen Verfolgungen: »Es sind etliche Mädlein von sieben, acht, neun und zehn Jahren unter diesen Zauberinnen gewesen. Zweiundzwanzig von ihnen sind hingerichtet und verbrannt worden. Sie haben über ihre Mütter gezetert, die sie solche Teufelskunst gelehrt haben.«

Nach dem Grundsatz, dass der Apfel nicht weit vom Stamm falle, sind die Würzburger Behörden dem berüchtigten *Hexenhammer* gefolgt, in dem behauptet wird, dass Kinder von angeblichen Hexen schon von Geburt her verdächtig sind. Wir lesen da, dass die Mütter ihre Kinder meistens den Dämonen darbringen oder sie unterrichten und dass die ganze Sippschaft gemeinhin infiziert ist. Die Richter sind daher gehalten, »auf die Familie, die Abstammung und die Nachkommenschaft aller eingeäscherten oder auch nur festgenommenen Hexen achtzugeben«.

Hunderte Kinder sind so in den Verdacht geraten, gleich nach der Geburt dem Satan versprochen worden zu sein. Gottlob wurde nicht überall so barbarisch gerichtet wie in Würzburg, wo etwa ein Viertel aller Opfer minderjährig war. Gemäß der Reichsgerichtsordnung *Carolina* durften Kinder unter vierzehn Jahren, die lediglich einen »normalen« Diebstahl begangen hatten, nicht hingerichtet werden. Wenn es sich allerdings um einen besonders schweren Fall handelte, waren die Richter gehalten, sich auch eine besondere Strafe einfallen zu lassen. Dann kam durchaus das Hängen infrage.

Nun galt Hexerei bekanntlich als ein extrem schweres Verbrechen, wofür es keinerlei mildernde Umstände gab. Dennoch war die Todesstrafe für Kinder unter vierzehn Jahren nicht zwingend, und viele Richter beließen es – vor allem wenn Aussicht auf Besserung bestand – beim Aushauen mit Ruten oder der Verweisung aus Stadt oder Land.

Die schrecklichste aller Praktiken wurde zum Glück nur in Ausnahmefällen praktiziert: Hier und da verurteilte man Kinder zum Tode – und kerkerte sie dann ein paar Jahre ein, um sie bei Vollendung ihres vierzehnten Lebensjahres endlich hinrichten zu können.

Weh denen, die das Recht in bitterer Wermut verwandeln
und die Gerechtigkeit zu Boden schlagen.
Ihr bringt den Unschuldigen in Not,
lasst euch bestechen und weist den Armen bei Gericht ab.

Der Prophet Amos, 7,14

18 HABGIERIGE HALUNKEN

Sie ergriffen ihn in der Gasse hinter seinem Haus zum Schwarzen Anker, führten ihn jedoch nicht sofort in die Harnischkammer, sondern überbrachten ihm den Befehl des Fürstabtes, sich unverzüglich nach Hause zu begeben und dort alles Weitere abzuwarten. Aus dem weit über die Stadtgrenzen von Fulda hinaus bekannten und gefürchteten gnadenlosen Hexenjäger Balthasar Nuss war selbst ein Gefangener geworden, und es sah nicht gut aus für ihn.

Überhaupt nicht gut.

Für die Nachbarn, die lieber einen großen Bogen um ihn schlugen, war er stets nur der »Balzer Nuss«, aber auch sie wussten weder, wie alt er eigentlich war, noch, von wo er stammte. »Nuss« war jedenfalls kein einheimischer Name, deutete eher auf die Wetterau hin, von wo ja auch der damalige Fürstabt Balthasar von Dernbach stammte. Der allerdings war im vergangenen Jahr gestorben, und damit hatte der Hexenjäger nicht nur seinen Dienstherrn, sondern auch seinen Schutzpatron verloren.

Es gab Leute, die behaupteten, der Fürstabt habe seinen treuen Diener dazu benutzt, unter dem Vorwand der Hexenverfolgung missliebige Untertanen und die rebellische Ritterschaft im Umland zu drangsalieren. Man wusste es aber nicht genau. Tatsache war, dass sich die römische Kirche gegen die Reformation zur Wehr setzte und dass Balthasar von Dernbach die Jesuiten zu Hilfe gerufen hatte. Aber der kleine Mann auf der Straße war von den politischen Auseinandersetzungen im Grunde völlig überfordert. Er hatte allenfalls verstört reagiert, als er eines Tages erfuhr, dass der mächtige Fürstabt von Ritterschaft und Stiftskapitel zur Abdankung gezwungen worden war und sein Amt dem Würzburger Erzbischof Echter von Mespelbrunn überlassen musste.

Ins vorübergehende Exil auf Schloss Bieberstein begleitete ihn unter anderem unser Balthasar Nuss, der seinem Herrn in Fulda als eine Art Förster gedient hatte. Nun ernannte ihn der Abt zum Malefizrichter und Zehntgraf in Hofbieber und im Amt Bieberstein. Nuss bekleidete zusätzlich das Amt des Stallmeisters, was ihm von seinen Feinden höhnisch vorgehalten wurde: Er tauge gerade mal dazu, Sättel zu schrubben und die Ställe auszumisten.

Mochten derlei spitze Bemerkungen auch gehässig gewesen sein – für das Amt eines Richters war Balthasar Nuss sicherlich nicht qualifiziert. Anscheinend war er ursprünglich auch noch Protestant, aber schnell und skrupellos wieder zum alten Glauben übergetreten, als es ihm aus Karrieregründen tunlich erschien. Auf seine Zuverlässigkeit, bedingungslose Unerschütterlichkeit und Treue gegenüber seinem Herrn hat er sich sehr viel später, als er selbst angeklagt wurde, immer wieder berufen.

Allerdings vergeblich.

Im Jahr 1602 kehrte der Fürstabt nach vierundzwanzigjährigem Exil in sein Amt in Fulda zurück, und mit ihm kam auch Nuss, der prompt zum Zehntgrafen des Hochstifts bestellt wurde. Zu diesem Zeitpunkt war er etwa siebenundfünfzig Jahre alt, und mit ihm brach über Stadt und Umland die Hölle herein. Sie währte zwar nur drei Jahre, aber während dieser Zeit ließ Balthasar Nuss an die dreihundert Menschen als Hexen oder Hexenmeister anklagen, foltern und größtenteils lebendig verbrennen.

Von anderen Hexenjägern unterschied er sich im Wesentlichen in dreierlei Hinsicht. Zum einen versuchte er niemals auch nur den Anschein zu erwecken, dass ihm das Wohl der Kirche oder das Seelenheil der Angeklagten am Herzen liege. Er bediente sich – zweitens – nicht allein »normaler« Foltermethoden, sondern erfand obendrein ständig neue. Mit einem Wort: Er war ein Sadist. Zum

Dritten aber, und das war wohl das Schlimmste: Er handelte aus purer Geldgier.

Und die sollte ihm zum Verhängnis werden.

Betrachten wir den Prozess, wenn man diese Farce denn überhaupt so nennen mag, den er gegen eine gewisse Merga Bien führte. Sie war damals wohl Mitte dreißig und bereits in dritter Ehe verheiratet. Ihr erster Mann war schon bald nach der Hochzeit gestorben und hatte ihr ein kleines Barvermögen hinterlassen, das in etwa einem heutigen Geldwert von rund vierzigtausend Euro entsprach.

Sie heiratete wieder, bekam von ihrem neuen Mann zwei Kinder, die aber ebenso wie ihr Vater bald starben, möglicherweise an der Pest. Der dritte Mann, Blasius Bien, wurde ein angesehener Zehntgraf und Schultheiß in den Dörfern des Umlands, quittierte jedoch nach einem Streit mit der dortigen Herrschaft den Dienst und kehrte mit seiner Frau nach Fulda zurück.

Aneinandergeraten war Blasius jedenfalls, aus welchen Gründen auch immer, mit einem gewissen Johann Hartmann, seinem Amtsnachfolger in Michelsrombach, wo – welch merkwürdiger Zufall – auch Balthasar Nuss Land besessen hatte und jenen Johann Hartmann gut kannte, der nun Merga Bien beschuldigte, ihm drei Kühe verhext zu haben, woraufhin eine von ihnen erkrankt und die beiden anderen gestorben seien. Außerdem wisse man, wurde überall erzählt, dass schon Merga Biens Mutter der Zauberei bezichtigt und ihre Schwester gar als Hexe verbrannt worden sei.

Balthasar Nuss ließ die Frau festnehmen, aber im Gefängnis war kein Platz mehr. Man fesselte die schwangere Frau und sperrte sie in eine Hundehütte nahe dem Backhaus des Schlosses. Dort konnte sie nur auf allen vieren kriechen, hockte in ihren eigenen Exkrementen und war hilflos jeder Art von Ungeziefer ausgesetzt.

Aber ihr Mann war ja nicht irgendwer. Schließlich war er Schultheiß, und so klagte er beim Reichskammergericht in Speyer gegen die menschenunwürdigen Haftbedingungen und wies vorsorglich auf die Schwangerschaft seiner Frau hin, denn er wusste: Die *Caro-*

lina (die peinliche Gerichtsordnung) verbot es, dass Frauen, die in anderen Umständen waren, gefoltert wurden.

Das Gericht entschied erstaunlich schnell, dass Frau Bien ohne erheblichen Verdacht nicht gefoltert werden dürfe, sie zudem in ein anderes Gefängnis verlegt werden und ihr Kontakt mit einem Rechtsanwalt ermöglicht werden müsse; außerdem seien alle anderen rechtlichen Vorschriften genau zu beachten.

Nuss antwortete zurückhaltend, setzte aber zur gleichen Zeit den Ehemann dermaßen unter Druck, dass dieser die Klage zurückzog. Parallel dazu ließ Nuss andere Frauen so lange foltern, bis sie gestanden, Merga Bien auf verschiedenen Hexentanzplätzen gesehen zu haben. Und foltern ließ er auch die unglückselige Frau, trotz des Urteils aus Speyer, denn er wollte von ihr das entscheidende Geständnis: dass sie ihren zweiten Mann und dessen Kinder vergiftet habe und – vor allem – dass das Kind, das sie trage, vom Teufel gezeugt worden sei, denn von ihrem jetzigen Mann könne es nicht sein, sonst wäre sie bestimmt früher von ihm schwanger geworden.

Und nicht erst nach vierzehn Jahren.

Wir wissen inzwischen, dass man jeden Menschen dazu bringen kann, alles zu gestehen, was man zu hören wünscht. Merga Bien hielt die Folter immerhin viele Wochen aus, bis sie schließlich alles zugab (»Ach Gott, so will ich es eben getan haben!«). Für die Hinrichtung im Herbst 1603 nahm Balthasar dem Ehemann einundneunzigeinhalb Gulden an Hinrichtungskosten ab.

Historiker haben ausgerechnet, dass man sich damals dafür fünf Pferde hätte kaufen können. Oder fünfundvierzig Schweine.

Wie bestialisch Merga Bien gefoltert wurde, ist uns in Einzelheiten zwar nicht überliefert, aber andere Fälle zeigen, wie schlimm in Fulda unter Balthasar Nuss mit Verdächtigen umgegangen wurde.

- Die Frau von Hennes Steub wurde aus dem Wochenbett heraus verhaftet, gefoltert und verbrannt. Ihr soeben geborenes Kind verhungerte.

- Die achtzigjährige (!) Witwe des Heinrich Weißenburger wurde so hart gefoltert, dass sie noch auf der Streckbank starb.
- Der Heinfurterin wurden während des Verhörs die Füße auf einen Topf mit glühenden Kohlen gestellt, sodass sie »zusammenschrumpften«.
- Die Frau des Barthel Niebling war ebenfalls schwanger, als man sie folterte. Sie wurde zwar für unschuldig befunden, brachte aber ein missgestaltetes Kind zur Welt und blieb selbst ihr ganzes Leben ein Krüppel.
- Die Frau von Töll Glüb wurde so unmenschlich gefoltert, dass selbst Balthasar Nuss befürchten musste, der Ehemann würde ihn anzeigen. Er steckte ihm hundert Taler Schweigegeld zu.

* * *

So viel zum Sadisten Balthasar Nuss. Größer als seine Grausamkeit war nur seine Habgier. Es war leider die Regel, dass die Angeklagten, ob schuldig gesprochen oder als unschuldig erkannt, für die zum Teil recht hohen Gerichtskosten aufzukommen hatten, und bei Hinrichtungen wurden, wie wir gerade bei der nicht unvermögenden Merga Bien gesehen haben, die Verwandten zur Kasse gebeten.

Balthasar Nuss scheute sich nicht, auch die Ärmsten der Armen zu schröpfen. Dem Klaus Jordan von Niederrode beispielsweise, dessen Frau er als Hexe hatte verbrennen lassen, forderte er sechs Gulden ab, die der arme Kerl, ein Kleinbauer, beim besten Willen nicht aufbringen konnte. Nuss zwang den Mann, seine Kuh zu verkaufen, um ihn zu bezahlen.

Aber er knöpfte nicht nur den Hinterbliebenen zu viel Geld ab. Er legte auch falsche – wir würden sagen – Spesenabrechnungen vor, die zum Gegenstand der späteren Anklagen gegen ihn wurden. So hatte er zum Beispiel nach einem Prozess die Kosten geltend gemacht, die angeblich beim Wirt des Wirtshauses Zum Halben Mond angefallen wären: immerhin siebenhundertachtzehn Gulden.

Im Nachhinein wurde ihm vorgerechnet, wie viel die Mitglieder des Gerichts im Höchstfall hätten verzehren können. Und jetzt wurde endlich nachgeholt, was die Aufsicht anscheinend über Jahre hinweg großzügig übersehen hatte: Was war gegessen worden und wie viel getrunken? Zur Fischsuppe beispielsweise hatte es sicherlich keinen Wein gegeben, ganz abgesehen davon, dass einige Schöffen tagsüber nie Alkohol tranken. Nach sorgfältiger Prüfung stellte sich schließlich heraus, dass die Bewirtungskosten allenfalls vierhundertdreißig Gulden hätten betragen dürfen.

Den Rest hatte sich Nuss in die Tasche gesteckt.

Kistenweise wurden gefälschte Unterlagen herbeigeschafft. Dabei war man sich durchaus bewusst, dass man ausschließlich schriftlich vorgelegte Beweise als gefälscht entlarven konnte. Bestechungsgelder, die man damals beschönigend »Verehrungen« nannte, waren natürlich nicht nachweisbar, sondern allenfalls zu erahnen. Allerdings gab es diesbezüglich einige Zeugenaussagen. Zum Beispiel die:

Als die Frau eines gewissen Martin Guttmann verhaftet und sofort unter Folter verhört wurde, fragte der Ehemann über einen Mittelsmann an, wie man die Sache erledigen könne. Wörtlich ließ er ausrichten, »es solle ihn (Nuss) wieder ein Stein treffen, welcher ihm nicht wehe tue«.

Nuss erwiderte, er wolle sehen, was sich machen lasse. Es handle sich bei Guttmanns Gattin schließlich um eine brave Frau. Er holte die Angeklagte in sein eigenes Haus, ließ sie dort pflegen, bis die Spuren der Marter nicht mehr zu sehen waren, und schickte sie dann heim zu ihrem Mann.

Nanu? Ohne Gegenleistung etwa?

Nicht doch. Zufällig schuldete Nuss dem Ehemann schon seit längerer Zeit zweiundzwanzig Gulden. Von Rückzahlung – darüber war man bei dem Handel stillschweigend übereingekommen – war nun natürlich keine Rede mehr.

Das ging ein paar Jahre gut, und niemand weiß so recht, warum der Fürstabt, der Nuss im kleinen Kreis zuweilen mit wenig schmeichelhaften Ausdrücken belegte, so lange Geduld für ihn aufbrachte.

War es tatsächlich so etwas wie Komplizentum? Schwer vorstellbar, dass der mächtige Fürstabt scharf auf die Gelder gewesen sein soll, die Nuss von seinen Opfern eintrieb. Geld stinkt zwar nicht, wie schon der römische Kaiser Vespasian seinen Sohn Titus lehrte, und tatsächlich haben auch hohe Herren nicht auf zusätzliche Einkünfte gespuckt, wie wir gleich sehen werden. Dennoch: Einem Balthasar von Dernbach wollen wir das nicht unterstellen.

Zu dessen Lebzeiten jedenfalls blieb Balthasar Nuss unbehelligt, obwohl er bei Hofe gemeinhin nur »Luegen Balzer« genannt wurde. Erst nach dem Tod des Fürstabtes im Jahr 1606 und unter dessen Nachfolger Johann Friedrich von Schwalbach häuften sich die Klagen Geschädigter in solchem Maß, dass sich die Obrigkeit schließlich doch zum Einschreiten gezwungen sah. Schnell erkannte man, dass Nuss nicht nur die meisten Familien seiner Opfer, sondern auch das Hochstift durch gefälschte Abrechnungen betrogen hatte. Der Henker wanderte hinter Gitter.

Dort sollte er lange bleiben.

Nuss, inzwischen in dritter Ehe verheiratet, versuchte vergeblich, gegen Kaution freizukommen. Mit den Jahren schwanden zwar seine Hoffnungen auf Freispruch. Allzu hart jedoch kann seine Haft in der Harnischkammer nicht gewesen sein, denn seine Frau gebar ihm in dieser Zeit ein Kind nach dem anderen. Vier insgesamt.

Im Dezember 1614 schrieb Maria Nuss, »ihr armer, kranker, gefangener Mann sei ganz zum Krüppel gemacht, an Armen und Beinen verkrummt, sein Kopf und Mund zerrissen, sodass er keine Kost mehr zwingen und die Sprache nicht mehr brauchen und kaum ein oder zwei Wörter vorbringen könne; es sei ein Jammer, wenn man ihn die rohe Kerkerkost essen sehe. In der bereits neunjährigen Untersuchung sei ihr alles, das sie besessen, darauf gegangen und könne sie ihm nicht einmal mit einem halben Maß Wein seinen ganz abgematteten Leib laben. Siebzig Jahre zähle er nun, und in sieben Jahren sei er dreimal vom Schlag getroffen worden«.

Und Nuss selbst jammerte aus der Harnischkammer:

»Da unser Herrgott mir die Frau herniedergeworfen, dass sie in das Kindbett gekommen ist, habe ich jetzund keinen lebendigen Menschen, der von meinetwegen vor die Thüre gehe, auch niemanden, der mir einen Prokurator bestellen kann. Auch will sich niemand aus Furcht meiner annehmen; so lieg ich da als eine arme, schwache, gefangene Kreatur, welche keines Menschen mehr werth sein kann.«

Das Mitleid der Bürger in Fulda mit dem Inhaftierten wird sich in engen Grenzen gehalten haben. Im Gegensatz zu seinen Hunderten von Opfern ist er während der Untersuchungshaft nicht gefoltert worden, und als man ihn endlich für schuldig befand und zum Tode verurteilte, wurde er – wiederum im Gegensatz zu den meisten seiner Opfer – nicht lebendig verbrannt.

Man hackte ihm einfach den Kopf ab.

* * *

Balthasar Nuss war zweifellos ein Sadist. Nach allem, was wir über ihn wissen, hat das Foltern ihm Spaß gemacht, aber die abwegigen Veranlagungen Einzelner waren in der damaligen Zeit keineswegs der Hauptgrund der allgemeinen Hysterie und der daraus resultierenden Verfolgung verdächtiger Mitbürger. Auslöser der meisten Hexenjagden war die allgegenwärtige Angst der Menschen. Angst vor dem bösen Blick der Nachbarin, Angst vor Armut und Krankheit, Angst vor Katastrophen aller Art, Angst vor Tod und Teufel.

Aber da war noch etwas, das manche Mitmenschen dazu verleitete, zumindest mitzumachen oder sich gar – wie Balthasar Nuss – aktiv an den Hexenjagden zu beteiligen: das liebe Geld.

Da waren zunächst einmal die Landesherren, die immer Geld brauchten. Aber auch die kleineren Herrschaften, die ja viel näher am Geschehen waren, sahen sowohl im Reliquiengeschäft als auch in der Hexenverfolgung ein probates Mittel, die eigene Kasse aufzufüllen.

Das fand auch die Herrschaft von Lindheim, einem kleinen Ort, etwa vierzig Kilometer nordöstlich von Frankfurt in der Wetterau gelegen. Lange Zeit hindurch hatten sich die Mitglieder der adligen Familie als Raubritter betätigt, bis der Landgraf von Hessen diesem Treiben ein Ende setzte. Die Familie auf ihrer reichsfreien Burg verarmte völlig, nicht zuletzt durch die zahlreichen Belagerungen, Brände und Eroberungen während des Dreißigjährigen Krieges.

Da tauchte eines Tages der Schultheiß von Oeynhausen vor den Mauern auf. Georg Ludwig Geiss hatte nur eine einzige Qualifikation, wenn man das denn so nennen darf: Er war im Krieg Landsknecht gewesen. Vielleicht hatte er dort gelernt, wie man auf ebenso brutale wie schnelle Art zu Geld kommen kann. Jedenfalls überzeugte er die adlige Familie auf Schloss Lindheim davon, dass man »nicht eher ruhen dürfe, als bis das verfluchte Hexengeschmeiß zu Ehre des Dreifaltigen Gottes in Lindheim und allerorten vom Erdboden vertilgt« sei.

Und in seinem formellen Antrag, dieses Werk im Namen der Herrschaft in Angriff zu nehmen, heißt es weiter: »Was das leidige Zauberwerk angeht, so geht dasselbe leider Gottes dahier so stark in Schwung, dass man sich nicht genug vorsehen kann, und ist vor wenigen Tagen ein junger Schmiedegesell, der einen Zauber(trank) bekommen hat, daran gestorben, und hat über die Person auf seinem Totenbette laut geschrien, dass darüber der größte Teil der Bevölkerung sehr bestürzt wurde. Bitte etliche derowegen aus der Gemeinde Euer Hochadligen Gestrengen untertänig, in dieser Sache Verordnung zu tun, dass das Unkraut möglichst ausgerottet werde, wovon die Herrschaft doch keinen Nutzen hätte, sondern allzeit diejenigen wären, welche sich am widerspenstigsten erzeigten. Erwarten daher gnädigst Einsicht und Verordnung usw. Lindheim, den 7. Dezember Anno Christi 1661.«

Man hätte es auch kürzer sagen können: Gebt mir die Vollmacht, und ich schaffe euch die Hexen vom Hals. Es soll euer Schaden nicht sein. Und meiner auch nicht!

Warum aber sollten die Herrschaften das tun? Kaum anzunehmen, dass sich in dem winzigen Ort Heerscharen von Hexen tummeln konnten. Doch Geiss hatte ein schlagendes Argument, denn den Familien verurteilter Hexen konnte man das Vermögen entziehen, und das brachte Geld, was wiederum die herrschaftliche Familie dringend benötigte. So fehlte bei Geiss natürlich nicht der Hinweis darauf, dass mit den zu erwartenden Einnahmen – die man sich großzügig teilen würde – beispielsweise die örtliche Kirche wieder instand gesetzt werden könnte. Und die Brücke über den Fluß natürlich auch.

Die Familie stimmte freudig zu, da man sich dabei nicht einmal die Hände schmutzig machen, sondern im Gegenteil ein gutes Werk tun würde. Da sah man großzügig darüber hinweg, dass dem Schultheißen nachgesagt wurde, er habe eigenhändig einen Priester umgebracht und dass er darüber hinaus auch eine Frau vergewaltigt haben sollte.

Geiss suchte sich selbst seine Schöffen und die Mitglieder für sein Inquisitionsgericht aus, und die Herrschaften verschlossen tapfer die Augen vor der Tatsache, dass nur einer der Ausgewählten, ein Leineweber, seinen eigenen Namen schreiben konnte. Die anderen waren tumbe Ackersleut'.

Dann ging man ans Werk.

Es wäre müßig, ihr Vorgehen zu beschreiben, weil es überall auf die gleiche Weise geschah: Verdächtige wurden ausgeguckt, festgenommen, gefoltert und verbrannt. Manche lebend, manche nach ihrer Enthauptung. Ihr Vermögen wurde zwischen Geiss und der Herrschaft aufgeteilt, und damit hatte es sich. Dennoch sei hier ein einziger Fall geschildert, weil mit ihm deutlich wird, wie unglaublich lange die Menschen dieser Willkür tatenlos zuschauten, bevor sie sich endlich zur Wehr setzten.

Zu den von Geiss Festgenommenen gehörte die Hebamme des Ortes, die unter der Folter gestand, das Kind des Müllers, das ein Jahr zuvor tot geboren worden war, umgebracht zu haben, obwohl die Mutter niemandem die Schuld an dem Unglück geben wollte. Nun wurden wahllos sechs Frauen verhaftet, die mittels Folter gezwungen wurden zuzugeben, die Leiche des unmittelbar nach der

Geburt verstorbenen Kindes ausgegraben, zerhackt und zu Hexen-salbe verarbeitet zu haben.

Der Müller, der diese Schauergeschichte nicht glauben mochte, ließ das Kindergrab öffnen, und man fand – wie unter anderem zwei dabei anwesende Schöffen bezeugten – die zwar verweste, aber keineswegs zerhackte Leiche des Säuglings. Geiss indes erklärte das alles für eine Sinnestäuschung durch den Satan und ließ die sechs Frauen verbrennen. Schließlich hatten sie die Tat gestanden. Wenn auch nur unter der Folter.

Der Müller selbst wurde ebenso wie seine Frau verhaftet, denn er war ziemlich vermögend. Geiss nahm ihm achtundachtzig Taler ab, was fast zum offenen Aufruhr geführt hätte, denn der Müller war sehr beliebt in Lindheim. Es gelang ihm, zu fliehen und in Würzburg um Hilfe nachzusuchen, womit ihm jedoch kein Erfolg beschieden war. Schlimmer noch: Während seiner Abwesenheit ließ Geiss des Müllers im Gefängnisturm zurückgebliebene, völlig unschuldige Frau verbrennen.

Das jedoch erfuhr der tapfere Mann erst, nachdem er aus Würz-burg zurückgekehrt und selbst verhaftet worden war. Seine Frau, sagte man ihm, habe ihn unter der Folter beschuldigt, ebenfalls ein Hexer zu sein. Und so quälte man ihn, bis auch er ein Geständnis ablegte, das er jedoch sofort widerrief. Daraufhin setzte man die Tortur fort, bis schließlich im Ort – endlich – ein Tumult ausbrach, in dessen Verlauf der Müller befreit wurde.

Es blieb nicht bei diesem einen Aufruhr. Die wilden Szenen vor dem Gefängnis häuften sich, und endlich hatte die Herrschaft ein Einsehen, verzichtete auf die einträglichen Geschäfte mit Geiss und entließ den Hexenjäger »in Gnaden«.

Das war's dann.

Der Überlieferung zufolge soll er sich wenig später während eines Ausritts beim Sprung über eine Grube den Hals gebrochen haben. Jedenfalls heißt der Unfallort noch heute Teufelsgraben.

* * *

Bleiben wir beim Geld, das bei der Jagd auf Hexen nicht gerade selten abfiel. Nutznießer konnte – wie in der gerade geschilderten Geschichte – die Herrschaft sein, aber auch der Hexenjäger, ob er nun Balthasar Nuss hieß oder Georg Ludwig Geiss. Hier bereicherte man sich wie in Tausenden anderer Fälle auch direkt am Vermögen der betroffenen Familien. Eleganter war natürlich das Verfahren, das beispielsweise der Trierer Dompropst Hugo Cratz von Scharfenstein (gest. 1625) anwandte. Er bevorzugte es, Grundstücke zu erwerben, die zahlungsunfähigen Verurteilten abgenommen worden waren, um dann für wenig Geld versteigert zu werden.

Dies verstieß zwar einwandfrei gegen die *Carolina*, in der festgeschrieben war, dass niemand durch die Gerichtskosten »uberflussig beschwerdt« werden dürfe und auch keine Beschlagnahme von Grund und Boden gestattet sei, weil dadurch Weib und Kind an den Bettelstab gebracht würden. Aber wen interessierte das schon! In Lothringen war es zum Beispiel durchaus gestattet und allgemeiner Brauch, den beweglichen Besitz Hingerichteter durch den zuständigen Amtmann schätzen zu lassen und auf dem nächsten Wochenmarkt zu verkaufen.

Die Not der Hinterbliebenen kann man erahnen, aber nur schwerlich in ihrem ganzen Ausmaß nachvollziehen. Da verliert eine Familie den Vater oder die Mutter, gerät bei der Nachbarschaft für ewig in Verruf, und dann beraubt man sie auch noch jeglicher Existenzgrundlage.

Umso verwerflicher zu beurteilen sind diejenigen, die sich durch freiwillige Besagung und bösartige Denunziation schuldig gemacht haben. Umso mehr, wenn sie dafür Geld erhielten. Und das war keineswegs eine seltene Ausnahme. Zum Beispiel gab es im Bistum Bamberg für jede Anzeige zehn Gulden, was sehr viel Geld war, und wenn der oder die Bezichtigte dann auch noch für schuldig befunden wurde, winkte sogar ein Anteil am konfiszierten Vermögen.

Welch eine Versuchung für arme Nachbarn!

Nun muss man zugeben, dass Hexenprozesse (und nicht nur die) eine Menge Geld kosteten, wobei dahingestellt sei, ob das, was da abgerechnet wurde, alles seine Richtigkeit hatte. Im Fall des Balthasar Nuss haben wir gesehen, dass viele Abrechnungen gefälscht waren und ein Haufen Geld in die eigenen Taschen geflossen ist. Unbestreitbar dagegen ist, dass die Unterbringung und Ernährung von Gefangenen und die Gerichtsverhandlungen einigermaßen teuer waren.

Da mussten die Richter bezahlt werden und die Schöffen, die Henker und ihre Knechte, die Gefängnisaufseher und deren einspringende Ehefrauen, die Bauern, die aus dem Wald das Holz für Galgen und Scheiterhaufen herbeischafften, die Handwerker, die – sofern ihre Standesehre es ihnen nicht verbot – die Folterinstrumente herstellten und die verschiedenen Seile besorgten, und schließlich mussten alle für die Dauer der teils endlosen Verfahren ernährt werden.

Und das nicht zu knapp!

Das war beileibe keine Schonkost, die da im Normalfall aufgefahren wurde. Manchmal fiel eine solche Schlemmerei sogar auf, wie die bei einem Hexenprozess in Hadamar. Als der Dillenburger Graf die Abrechnungen prüfte, entdeckte er, dass von Richtern, Schöffen und Bütteln während des siebentägigen Verfahrens dreihundertsiebzig Liter Wein getrunken worden waren.

Nehmen wir einmal (recht großzügig) an, dass es sich um zwei Richter, drei Schöffen und zehn Henker mitsamt Knechten gehandelt hat, käme das einem Weinverzehr von dreieinhalb Liter pro Tag und Nase gleich.

Der gerüffelte Kellermeister begründete diese gewaltige Menge damit, sie sei vom Henker bestellt worden, dessen Forderungen er sich nicht habe widersetzen können.

Es stimmt zweifellos, dass bei den Vernehmungen der armen Sünder(innen) viel verzehrt und getrunken wurde. So viel, dass manche Historiker glauben, der Begriff »Henkersmahlzeit« stehe eigentlich nicht für das letzte Essen, das dem Delinquenten serviert wurde, sondern für das Gelage, das Richter und Henker während der Prozesstage veranstalteten.

Satt wurde man dabei womöglich, betrunken ganz sicherlich, aber wirklich reich?

Das wurden allenfalls Notare, Wirte und vor allem die Richter, sofern sie nicht gerecht, sondern bestechlich, nicht ehrsam, sondern geldgeil waren. Und auch einige Henker. Wie im Erzbistum Trier beispielsweise, von wo der Domherr Johann Linden im 17. Jahrhundert berichtete: »Der Scharfrichter ritt ein Vollblutpferd wie ein Edelmann vom Hofe und trug Gold- und Silberborten. Sein Weib wetteiferte in prunkvoller Kleidung mit vornehmen Damen. Die Kinder der Hingerichteten dagegen wurden ins Elend hinausgejagt; ihr Hab und Gut wurde beschlagnahmt.«

Aber nicht nur die Armen wurden ärmer. Ganze Dörfer verelendeten, weil die Gerichtskosten ins Unermessliche stiegen. Es war der Erzbischof von Köln, der 1630 in einem Erlass auf die Reduzierung der Prozesskosten drängte, »damit die exorbitantien und nottwendige clagen vermitten (vermieden) bleiben, oder wir zu ernstlicher bestrafung nit verursacht werden«.

Auch er hatte inzwischen erkannt, dass sich viele, allzu viele an den Verfahren zu bereichern suchten. Die Hexenjagd war zu dem geworden, was der Trierer Theologieprofessor Cornelius Loos (1546–1595), Katholik und Gegner der Verfolgungen, zynisch so bezeichnete: »eine neue Alchymie, die aus Menschenblut Gold macht«.

Wer die Wahrheit nicht weiß, der ist bloß ein Dummkopf.
Aber wer sie weiß und sie eine Lüge nennt, der ist ein Verbrecher.

Bertolt Brecht, *Leben des Galilei*

19 IN DREI TEUFELS NAMEN

Der Kardinal wedelte zornig mit einem Papier herum, das er schließlich seinem Gegenüber hinstreckte. »Was soll das alles?«, fragte er wutentbrannt. »Habe ich nicht genug am Hals, als dass mir nun auch noch hysterische Weiber in die Quere kommen müssen?«

Staatsrat Jean-Marie Baron de Laubardemont hob ratlos die Schultern. Auch er hatte von den höchst merkwürdigen Vorkommnissen in Loudon gehört, einem kleinen Marktort im Südwesten Frankreichs, aber er wusste, dass es eigentlich nicht um diese verrückten Nonnen ging, sondern der Kardinal hatte es auf jemand anders abgesehen: einen kleinen Pfarrer mit viel Einfluss.

Armand-Jean I. du Plessis de Richelieu, Kardinal, Herzog von Richelieu und Fronsac, Generalabt von Cluny, Citeaux und Prémontré, um nur einige seiner Titel zu nennen, war erster Berater König Ludwigs XIII., und seine beiden Lebensziele waren zum einen die Bekämpfung des Hauses Habsburg und zum anderen die Stärkung des französischen Königtums, wozu es ihm notwendig erschien, den Einfluss des Hochadels einzuschränken und die Sonderrechte der Hugenotten aufzuheben.

Sechsunddreißig Jahre lang waren die Calvinisten in Frankreich verfolgt worden. In der berüchtigten Bartholomäusnacht war es in Paris 1572 zu einem Massenmord gekommen, und einige Tausende Protestanten waren aus Frankreich geflohen, doch das war noch nicht das Ende der Glaubenskriege. 1598 schließlich kam es zum Edikt von Nantes, was gleichbedeutend mit einem Sieg der Hugenotten war, denn sie behielten zahlreiche Festungen und Städte unter ihrer Verwaltung und wurden zudem kräftig von England unterstützt.

Ihre militärische Macht verloren sie schließlich dann doch, und zwar 1628 nach dem Fall der stark befestigten Hafenstadt La Rochelle, die sich nach über einjähriger Belagerung ergeben musste. Als der König und Richelieu in die Stadt einritten, zeigte sich, dass drei Viertel der Bewohner während der Belagerung verhungert waren. Ihr Märtyrertod beeindruckte den Kardinal nicht. Er war gewillt, im wörtlichen Sinne *über Leichen zu gehen*, um seine Ziele durchzusetzen.

Doch noch war es nicht so weit. Nach wie vor besaßen die Calvinisten ihre Kulturhoheit und durften ihre Religion frei ausüben. Heimlich verbanden sie sich – davon war der Kardinal überzeugt – mit dem Hochadel, der die absolutistische Stellung des Königs nach wie vor nicht anerkennen wollte, und auch im Bürgertum rumorte es. Da wagte es doch tatsächlich ein ganz gewöhnlicher Pfarrer, ein Pamphlet gegen Seine Eminenz in Umlauf zu bringen. Anonym natürlich, aber jedermann wusste, dass es aus der Feder jenes Urbain Grandier stammte.

Und wo war dieser Monsieur Pfarrer daheim? In Loudon – genau dort, wo jetzt die Nonnen verrücktspielten. Und wer ist die Oberin dieser toll gewordenen Ursulinen von Loudon? Richelieu starrte Laubardemont an, der peinlich berührt den Kopf senkte.

»Eure ehrenwerte Cousine«, tobte Richelieu, »Madame Jeanne de Belciel oder – wie sie sich jetzt als Nonne nennt – Jeanne des Anges, Johanna von den Engeln!«

Der Staatsrat machte eine hilflose Geste.

Richelieu senkte die Stimme. »Ich kann Euch das ja nicht vorwerfen«, sagte er. »Aber das müsst Ihr doch einsehen: Überall im Land werden Festungen geschleift, denn wozu sollten sie noch gut sein. An den Grenzen sind sie sinnvoll, wem aber nutzen sie im Inneren? Allenfalls den Feinden des Königs. Also werden sie abgetragen. Übrigens auch die von Loudon, mit deren Zerstörung Ihr beauftragt seid. Und bei dieser Gelegenheit schafft Ihr mir da unten Ordnung. Hugenotten, die aufgrund ihres Glaubens Unruhe stiften, sind weiß

Gott schlimm genug. Aber Katholiken, die auf andere Art Unruhe stiften, werde ich ebenso bekämpfen, und wenn es eines gibt, das die öffentliche Ordnung stört, dann sind es Ausbrüche von Hass und Hysterie.«

Laubardemont nickte zustimmend.

»Es ist mir doch im Grunde völlig gleichgültig, wer auf welche Weise selig werden will. Von mir aus auch als Hugenotte, solange er sich als treuer Diener des Königs erweist. Was die Calvinisten leider ablehnen, weshalb wir sie notfalls mit Gewalt bändigen müssen. Aber fast ebenso schlimm sind Untertanen, die – wie auch immer – die von Gott gewollte Ordnung stören, sei es, indem sie Hassschriften gegen den König oder mich verfassen, sei es, dass sie Teufelsspuk und Hexenzauber unterstützen. Darum habe ich beschlossen, Euch, Monsieur de Laubardemont, nach Loudon zu schicken, damit Ihr dort aufräumt. Und beachtet die Reihenfolge der Notwendigkeiten: Zuerst muss dieser Pfaffe weg, dann beendet das Treiben im Kloster. Wisst Ihr schon, wie Ihr vorgehen wollt?«

»Ich denke, Eminenz, solche Dämonen können wir nur mit den Schlägen des Schwertes verjagen; das Kreuz wird dabei nicht ausreichen.«

Richelieu nickte. »Ihr habt jede Vollmacht. Ihr werdet Untersuchungsbeamter, Ankläger und Richter in einem sein. Nur hütet Euch: Der Pfaffe hat mächtige Freunde, die ihm in der Vergangenheit schon beigestanden haben. Aber«, fügte er listig hinzu, »mächtiger als ich sind sie nun auch wieder nicht.«

* * *

Urbain Grandier legte verächtlich lächelnd den Lorbeerzweig auf den Sekretär in seinem Arbeitszimmer. Hinter ihm fiel die Tür ins Schloss, und nun hörte man kaum noch etwas von dem wütenden Geschrei vor seinem Haus. Lass sie doch toben, dachte er. Ich hab den Prozess gewonnen, und darum habe ich mir auch das Recht genommen, den Gerichtssaal mit einem Lorbeerzweig zu verlassen. Siege muss man auskosten – auch wenn es dem Pöbel nicht gefällt.

Sicher, gestand er sich ein, das war nicht der Abschaum der Stadt, der sich von ihm provoziert fühlte. Im Gegenteil: Das waren Mitglieder der sogenannten besseren Gesellschaft, aber hätte er sich etwa mit den Ehefrauen und Töchtern weniger vornehmer Mitbürger einlassen sollen? Doch nicht er: Urbain Grandier, Sohn einer angesehenen Familie aus Xaintes, dessen Onkel ebenfalls Priester war. Urbain hatte bei den Jesuiten in Bordeaux studiert, die ihn auch als Pfarrer in Loudon bestimmt hatten, das wiederum den Jesuiten von Poitiers untersteht. Außerdem wurde er auch noch Stiftsherr im Kapitel der hiesigen Kirche vom Heiligen Kreuz.

Ein rundum angesehener Mann.

Wäre da nicht sein unstillbarer Drang gewesen, die Damen der besseren Gesellschaft zu verführen. Was ihm leichtfiel. Er war ein ausnehmend schöner Mann, ganz ohne Frage. Er war nicht nur attraktiv, was sein Äußeres anging; nicht nur groß, schlank, gut aussehend, mit dunklen Augen und einem gepflegten Bart. Er war zudem charmant, gebildet und wortgewandt, und es gab kaum eine Dame im Ort, die seinem Charme nicht erlag, wenn er es darauf anlegte. Er wusste das, aber das machte ihn Frauen gegenüber nicht hochmütig oder überheblich. Umso mehr gegenüber ihren Vätern, Brüdern und vor allem den Ehemännern.

Die ließen ihn dafür ihren ganzen Hass spüren. Mehr als deutlich und zuweilen sogar handgreiflich. Zu seinen Intimfeinden gehörten neben den vielen, deren Familie er Schande angetan hatte, in erster Linie

- Jean Mignon, wie Grandier selbst Stiftsherr der Kirche vom Heiligen Kreuz, zudem später offizieller Beichtvater der Ursulinen;
- ferner Barot, der Onkel Mignons, kinderlos, reich und deshalb von seinen Erben umschmeichelt, die auf seinen Nachlass hofften, während Grandier ihn offen verachtete;
- Staatsanwalt Trinquant, ebenfalls ein Onkel von Mignon, dessen

Tochter Grandier geschwängert hatte, was die Familie auf jede
nur mögliche Weise zu vertuschen suchte;

- der Advokat Menuau, ebenfalls verwandt mit Mignon und leidenschaftlich verliebt in eine Dame, die seine Zuneigung jedoch
nicht erwiderte, weil auch sie heimlich Grandier anbetete;
- Monsieur de Thibault, ein reicher und angesehener Bürger, der –
zu Recht oder zu Unrecht – Grandier in aller Öffentlichkeit
dermaßen verleumdete, dass dieser im gleichen Ton antwortete,
woraufhin ihn Thibault unter der Kirchentür mit seinem Stock
bearbeitete;
- Pierre Barré, Pfarrer und Kanonikus an St. Jacques im nahe gelegenen Chinon.

Die Mitglieder dieser Gruppe, nahezu allesamt miteinander verwandt, beschuldigten Grandier nun, wahllos und vor allem selbst
an geheiligten Orten Unzucht mit den Frauen der Stadt getrieben
zu haben, und sie benannten auch Zeugen, darunter den Priester
Gervais Mêchin, aber die fielen schließlich allesamt um. Mêchin
bekannte unter anderem, man habe ihn überredet auszusagen, dass
Grandier ständig Frauen in der Kirche (!) empfangen und dort mit
ihnen Unzucht getrieben habe. Daran sei aber nichts Wahres, und
da auch keine einzige Frau zu dem Geständnis gebracht werden
konnte, der beschuldigte Geistliche habe sich ihr gegenüber – wann
und wo auch immer – unsittlich benommen, brachen alle Anklagepunkte zusammen.

Vor dem Gericht des Erzbischofs von Bordeaux wurde Grandier
von jeglicher Schuld freigesprochen, jedoch ebenso wohlwollend
wie ernsthaft ermahnt, sein Einkommen als Pfarrer in einer anderen
Gemeinde zu suchen. Dazu jedoch war er nicht bereit, denn – man
höre und staune – er hatte sich gerade jetzt vielleicht zum ersten Mal
ernsthaft verliebt und war deshalb nicht gewillt, vor seinen Feinden,
die er ohnehin verachtete, aus Loudon zu fliehen.

Vor seinem Freispruch hatte er einige Monate unter den damals
üblichen grauenvollen Umständen in Untersuchungshaft verbrin-

gen müssen, und das wollte er seinen Gegnern, in erster Linie jenem Thibault, nun heimzahlen. Tatsächlich erreichte er, dass besagter Herr, der ihn seinerzeit vor der Kirche verprügelt hatte, zu verschiedenen Bußübungen, Schmerzensgeld und zur Begleichung der Gerichtskosten verurteilt wurde.

Dann aber starb der geistliche Leiter des Klosters und Beichtvater der Nonnen, Prior Moussaut, und es galt, möglichst rasch einen Nachfolger zu finden.

* * *

Marie Aubin war sechzehn Jahre alt und wie alle anderen ihrer Altersgenossinnen noch keine Nonne. Die Mädchen entstammten verarmten adligen oder bürgerlichen Familien, die für sie keinen Mann finden konnten, weil einfach die Mittel für eine entsprechende Mitgift fehlten.

Das Leben im Konvent war ärmlich, und man verdiente sich das tägliche Brot, indem man Internatsschülerinnen unterrichtete. Um wenigstens ein bisschen Frohsinn in den trostlosen Alltag zu bringen, ließen sich die älteren Mädchen allen möglichen Geisterspuk einfallen, mit dem sie die jüngeren ängstigten, aber auch von den Nonnen fielen etliche auf die makabren Spielchen herein. Im Ort begann man bereits, vom Spuk im Kloster zu raunen, und so war der Boden entsprechend vorbereitet, als die Schwester Oberin »besessen« wurde.

Marie wusste, wen sich Schwester Jeanne des Anges als Nachfolger für den verstorbenen Prior Moussaut wünschte. Schließlich war es kein Geheimnis, dass alle Frauen von Loudon – und da bildeten weder die Nonnen noch die Schülerinnen im Ursulinenkonvent eine Ausnahme – ganz offen für Urbain Grandier schwärmten. Auch wenn nur die wenigsten ihn jemals zu Gesicht bekommen hatten.

Jede aber kannte ihn zumindest dem Namen nach, und jede wusste um seine amourösen Abenteuer. Wenig konnte eine in der keuschen Stille ihrer Zelle schlafende, einsame Frau mehr erregen als der Gedanke, wenigstens einmal in ihrem Leben eine Stunde

fleischlicher Lust zu erleben. Da machte auch die Oberin keine Ausnahme, obwohl sie im Rücken verwachsen war.

Oder vielleicht gerade deshalb.

Niemand war zugegen, als Urbain Grandier nach wiederholten
Gesprächen mit der Oberin endgültig absagte. Deshalb wusste auch
niemand, ob er es eher auf höfliche oder aber schroffe Art getan
hatte, was seinem Wesen mehr entsprochen hätte. Tatsache ist, dass
die Oberin an jenem Abend ihren ersten Anfall erlitt. Marie und
andere Frauen waren zugegen, als sich Schwester Jeanne des Anges
plötzlich zu Boden warf, in Krämpfe verfiel und schreckliche Obszönitäten von sich gab. Dabei spreizte sie die Beine und griff sich
dorthin, wo sich Frauen in Anwesenheit Dritter gemeinhin nicht
berühren.

Die anderen Frauen stürzten davon, die einen aus Scham, die
anderen, um Monsieur Mignon zu rufen, denn da es im Augenblick
keinen Beichtvater im Kloster gab, war er der Einzige, der vielleicht
wusste, was jetzt zu tun war. Es gelang ihm tatsächlich, die Oberin
zu beruhigen, aber die Anfälle wiederholten sich in den nächsten
Tagen, und dann wurde auch eine weitere Schwester davon befallen.

Da Urbain Grandier sich geweigert hatte, neuer Beichtvater der
Nonnen zu werden, blieb ihnen keine andere Möglichkeit, als Jean
Mignon für dieses Amt zu wählen, und der stellte als Erstes fest,
dass ein Teufel in die Oberin gefahren sein müsse. Die Frage war
lediglich: Wie?

Das konnte nur der Dämon selbst beantworten, der anscheinend
von der Oberin Besitz ergriffen hatte, und so wurde mit allen nur
denkbaren Ritualen der Teufelsaustreibung versucht herauszufinden,
wie er denn heiße, der Teufel in der Oberin, und vor allem, wie er
denn überhaupt in ihren Körper gelangt sei.

Die Befragungen wurden entweder von Monsieur Mignon durchgeführt oder aber von seinem Freund Jean Barré, dem Pfarrer aus
Chinon.

Allgemein war man seinerzeit der Ansicht, jeder Teufel beherr-
sche sowohl Griechisch als auch Latein, aber Astaroth – so nannte

sich der Dämon in der Oberin – antwortete auf ihm gestellte Fragen in derart schlechtem Latein, dass sich ein rechter Teufel dafür zutiefst hätte schämen müssen. Griechisch verstand er überhaupt nicht.

Immerhin gelang es Mignon und Barré, dem Dämon zu entlocken, dass es Urbain Grandier gewesen sei, der nicht nur ihn – Astaroth – in das Innere der Oberin gezaubert habe, sondern dass er auch durch andere geheimnisvolle Pakte weitere Teufel in die Körper anderer Frauen innerhalb des Klosters geschmuggelt habe.

In der Tat fielen in den nächsten Wochen weitere Nonnen und Schülerinnen in Ekstase, schrien unzüchtiges Zeug in die Gegend und wälzten sich in eindeutigen Zuckungen auf dem Boden. Urbain Grandier, der natürlich davon erfuhr, wandte sich, Unheil witternd, an den örtlichen Amtmann, und der wiederum versuchte, Einfluss auf das Geschehen hinter den Klostermauern zu nehmen; aber dagegen wehrten sich Mignon und Barré vehement. Auf kirchlichem Boden hätten weltliche Behörden nichts zu melden, und sie unterstünden einzig und allein dem Bischof von Poitiers.

Der allerdings zählte zu den erklärten Feinden des beschuldigten Pfarrers, und deshalb wandte sich Grandier gleich an den Erzbischof von Bordeaux. Dieser wiederum entschied schließlich, die ganze Angelegenheit solle von drei unabhängigen Ärzten untersucht werden. Dabei sollten auch noch andere Ungereimtheiten geklärt werden. Etwa ob die Besessenheit nur vorgetäuscht, vielleicht sogar von den erklärten Gegnern Grandiers veranlasst worden sei. Und wissen wolle er auch, wieso die mutmaßlichen Teufel so schlechtes Latein sprächen und überhaupt kein Griechisch!

Die angeblich besessenen Frauen müssten in jedem Fall sofort von ihrer bisherigen Umgebung isoliert werden, damit sie keinen willkürlichen Einflüsterungen ausgesetzt seien. Über diese absolut notwendige Maßnahme hätten der Amtmann und ein neutraler Strafrichter zu wachen, und man möge ihm nicht damit kommen, das würde zu teuer. Er, der Erzbischof, werde die anfallenden Kosten tragen.

Und das war das vorläufige Ende der Hysterie.

$* * *$

Das Machtwort des Erzbischofs hatte jedoch verheerende Folgen für das Ursulinenkloster, das von heute auf morgen in einen denkbar schlechten Ruf geriet. Mit der Folge, dass besorgte Eltern ihre Kinder aus dem Internat zurückholten, und nun blieben auch die letzten Einkünfte der Nonnen aus. Schon glaubten die Frauen, das Kloster müsse ganz aufgegeben werden, als sie eines Tages von Jean Mignon zu einer geheimen Versammlung gebeten wurden.

Was dort genau besprochen wurde, weiß niemand, aber aus dem, was in der Folgezeit geschah, darf geschlossen werden, dass Mignon einen Plan enthüllte, der wieder Geld nach Loudon bringen sollte: Spenden und Almosen von Wallfahrern, die nur auf eine einzige Art angelockt werden konnten – durch den Anblick wahrhaftig vom Teufel besessener Nonnen!

Allerdings war es nicht ganz ungefährlich, sich erneut mit Grandier zu befassen, da dieser erkennbar unter dem Schutz des Erzbischofs stand. Da traf es sich günstig, dass just in diesen Tagen der Staatsrat Jean-Marie Baron de Laubardemont in Loudon eintraf, um im Auftrag von Kardinal Richelieu auch die dortige Festung schleifen zu lassen.

Mignons Freunde und die Honoratioren der Stadt um Monsieur de Thibault, Staatsanwalt Trinquant und Advokat Menuau brauchten den Gast aus Paris nicht erst dahingehend aufzuklären, dass zwischen dem berüchtigten Schwerenöter Grandier, der selbst Nonnen verhexe, und dem hochverehrten Kardinal eine herzliche Feindschaft existiere, die noch aus den Tagen herrühre, da auch Richelieu nur ein kleiner Prior war. Schließlich war der Staatsrat ja bereits vor seiner Abreise vom Kardinal entsprechend informiert worden. Er wusste bestens Bescheid.

Unmittelbar nach seiner Ankunft fielen im Kloster die Teufel wieder über die Frauen her. Mignons Aufruf an die Nonnen zeigte die erhoffte Wirkung. Dämonen bemächtigten sich erneut der Oberin und insgesamt weiterer fünfzehn Frauen, und schon bald wurde es den Teufeln im Kloster anscheinend zu eng, denn nun krochen sie auch in verschiedenen Stadthäusern unter, wo sie sich über junge Mädchen hermachten, die nun ebenso wie die befallenen Nonnen ihren sinnlichen Fantasien freien Lauf ließen und von morgens bis abends lüstern Grandiers Namen stammelten.

Laubardemont reiste mit einem Bericht über die jüngste Entwicklung nach Paris und kehrte mit einem Haftbefehl für Urbain Grandier zurück. Auch die juristisch weniger Gebildeten in Loudon bemerkten jedoch mit Erstaunen, dass der Prozess gegen ihren Pfarrer zum einen wider Erwarten ein zweites Mal aufgerollt werden sollte und dass zum anderen an seinem Anfang nicht etwa – wie es normal gewesen wäre – eine Untersuchung stehen würde, sondern gleich ein Haftbefehl ausgestellt worden war.

Grandier wurde auf der Stelle in das Schloss Angers gebracht, wo er die nächsten vier Monate bleiben sollte.

Seine Mutter und die wenigen ihm noch verbliebenen Freunde mühten sich vergebens mit Eingaben beim Parlament in Paris um einen fairen Prozess, aber die Antwort lautete lakonisch, der König habe es eben für notwendig befunden, dem Parlament und allen anderen Richtern zu untersagen, sich in diese Affäre einzuschalten.

Als der Prozess in die entscheidende Phase eintrat, wurde Grandier in ein Haus in Loudon umquartiert, das Mignon gehörte, in dem jedoch ein Sergeant namens Bontemps wohnte, dessen Frau den Gefangenen ausspionierte und darüber Mignon unterrichtete. Der wiederum informierte die »besessenen« Nonnen, aus denen dann der jeweilige Dämon »hellseherisch« verkündete, was Grandier gerade tat.

Zur ärztlichen Betreuung der Nonnen wurden nicht etwa angesehene neutrale Mediziner aus den großen Städten ringsum verpflichtet, sondern unbekannte Ärzte aus den nahe gelegenen Dörfern. Als Apotheker holte man einen wegen sexueller Belästigung einer jungen Frau vorbestraften Barbier, der (natürlich) ein Vetter Mignons war. Niemand kontrollierte, ob er die von den Ärzten verschriebenen Medikamente für die Nonnen auch in der richtigen Menge verabreichte oder ob er den »Patientinnen« viel zu hohe Dosierungen gab und auf diese Weise durchaus willkommene Überreaktionen auslöste.

Das Ganze war jedenfalls eine lächerliche Farce. Zunächst jedoch strömten Scharen von Neugierigen herbei, die auch eine Menge Geld in Loudon ließen. Doch da das laienhafte Schauspiel, das die angeblich besessenen Frauen den neugierigen Pilgern boten, allzu durchsichtig war, blieben die Zuschauer nach und nach wieder aus, und auch angereiste Gelehrte machten aus ihrem Ärger über die dilettantischen Aufführungen Mignons und seiner Frauen kaum noch einen Hehl.

Irgendetwas Überzeugenderes musste geschehen, und so wurde angekündigt, drei der inzwischen sieben Teufel, die in der Oberin hausten, würden an dem und dem Tage mit Sicherheit aus ihr ausfahren, und zwar handle es sich dabei um Asmodi, Gresil den Glänzenden und Aman den Mächtigen. Und beim Ausfahren würden sie der guten Frau drei Wunden an ihrer linken Seite beibringen sowie die entsprechenden Löcher in Hemd, Rock und Kleid reißen.

An dem betreffenden Tag war die Kirche vom Heiligen Kreuz überfüllt, denn man wollte endlich sehen, ob die Teufel wenigstens diesmal Wort halten würden, nachdem sie schon so oft versprochen hatten, die Körper der Frauen zu verlassen. Als es so weit war, trat der Medikus Duncan, Direktor der protestantischen Akademie Saumur und Professor der Philosophie, vor und erinnerte daran, dass man versprochen habe, der Oberin die Hände zu fesseln, um jede Form von Täuschung auszuschließen.

Die Teufelsaustreiber bestätigten das, erinnerten jedoch daran, es seien viele Zuschauer gekommen, die unbedingt sehen wollten, wie die Dämonen den Körper der Frau hin und her zerren würden, und deshalb wolle man zunächst von der Fesselung absehen. Dann setzten sie die Beschwörungen fort, und alsbald wurde der Körper der Oberin grässlich verzerrt; sie warf sich zu Boden, verdrehte die Schenkel extrem nach außen, fiel dann auf die linke Seite und verharrte eine Weile so.

Dann hörte man sie stöhnen, sah, wie sie die Hand aus dem Tuch zog, das ihren Busen verhüllte – und siehe da: Ihre Finger waren blutverschmiert. Die Ärzte, die herbeistürzten, um sie zu untersuchen, fanden Löcher in Hemd und Unterkleid und bei näherem Hinsehen auch winzig kleine Wunden auf ihrer Brust, die sie sich mit Sicherheit selbst beigebracht hatte. Auch die Löcher in der Kleidung waren wohl vorher hineingeschnitten worden.

Der Arzt aus Saumur hat jedenfalls später ein vor Ironie triefendes Protokoll über diese Szene angefertigt – aber da er ein Hugenotte war, nahm man es der Einfachheit halber gar nicht erst zur Kenntnis. Allerdings war allen Anwesenden vollkommen klar, dass es sich hier um einen billigen Bluff gehandelt hatte.

Nun wollte man es zu einer großen öffentlichen Gegenüberstellung von Grandier und den Nonnen kommen lassen, aber die Begegnung in der Kirche vom Heiligen Kreuz artete aus, wie wir im diesbezüglichen Protokoll lesen können. Als Grandier den Frauen gegenüber sagte, er sei gewiss in anderer Hinsicht ein Sünder, aber Abscheulichkeiten, wie man sie ihm hier unterstelle, habe er nie begangen, hieß es:

»An dieser Stelle wird es nun unmöglich, mit Worten auszudrücken, was auf die Sinne einstürmte: Auge und Ohr erlebten eine solch ungeheure Raserei, dass man nie zuvor Ähnliches wahrgenommen haben kann, wenn man nicht gerade an solch finstere Szenen gewöhnt ist. Als er dann noch sagte, er sei weder ihr Meister noch ihr Diener, und es klinge doch wirklich mehr als unglaubwürdig, wenn sie ihn einerseits als ihren Meister hinstellten, zugleich aber anböten, ihn zu erwürgen, entarteten Aufruhr und Raserei völlig. Die Anwesenden mussten sogar eingreifen und verhindern, dass der Urheber dieses Schauspiels dabei sein Leben einbüßte. Alles, was man in dieser Situation tun konnte, war, ihn schleunigst aus der Kirche zu bringen.«

Etwas Besonderes ließ sich eine der Nonnen einfallen, als sie einem der Exorzisten gegenüber behauptete, Grandier habe mehreren Jungfrauen etwas geschickt, »was die Scham zu nennen verbietet«, damit sie Monstren empfingen. Sonderlich groß kann die Scham allerdings nicht gewesen sein, denn die Nonne enthüllte schließlich, dass es sich dabei um seinen Samen gehandelt habe.

Der Exorzist kam offensichtlich überhaupt nicht auf die Idee, darüber nachzudenken, wie Grandier das denn in seiner augenblicklichen Situation hätte anstellen können, sondern fragte nur naiv, warum es denn nicht geklappt habe mit den Monstern. Worauf das Mädchen mit einer Flut von Gotteslästerungen und Obszönitäten antwortete. In der Öffentlichkeit kam eine zunehmend feindselige Stimmung gegenüber den angeblich Besessenen auf.

Aber das widersprach natürlich den Absichten von Mignon und seinen Freunden. Also wurden Dekrete erlassen, und es wurde verkündet, dass es jedermann – gleich welchen Standes – strengstens verboten sei, schlecht über die Nonnen zu reden und sie anders zu bezeichnen als »von bösen Wesen heimgesuchte Kreaturen«. Wer Schlechtes über sie oder die Priester zu sagen wagte, musste mit hohen Geldbußen oder gar körperlichen Strafen rechnen.

Immer wieder kam es zwar vor, dass eine der Nonnen, von Gewissensbissen geplagt, öffentlich widerrief und bekannte, man habe sie zu diesen Aussagen gezwungen, aber sie könne nun nicht mehr länger damit leben. Doch auch das wurde von den Exorzisten wieder als böser Einfluss der Dämonen bezeichnet.

Langsam schien es jedoch allen Beteiligten sicherer zu sein, dem Spuk ein Ende zu bereiten, bevor die ganze Sache als hässlicher Betrug aufflog.

Es war wahrlich ein kurzer Prozess, den man dem Angeklagten machte, nicht weniger schlimm als die Schauprozesse in heutigen Diktaturen. Es gab keinen Verteidiger und keine neutralen Gutachten, Entlastungszeugen wurden bedroht, ihre Aussagen nicht protokolliert. Gewichtet wurden nur die wirren und vermutlich auswendig gelernten Aussagen der Nonnen. Ankläger und Richter in einer Person war Jean-Marie Baron de Laubardemont, vorbehaltlos unterstützt von Mignon und seinem Freundeskreis.

Urbain Grandier wurde dazu verurteilt, auf dem Platz vor der Heilig-Kreuz-Kirche bei lebendigem Leib verbrannt zu werden. Zuvor jedoch war noch eine außerordentliche Befragung angeordnet, was nichts anderes bedeutete, als dass man ihn vor seinem Tod noch einmal härtester Folter unterzog, obwohl es überhaupt nichts gab, das man von ihm hätte erfahren können.

So klemmte man denn seine Beine zwischen zwei gewaltige Holzklötze, die man so hart zusammenschraubte, dass Grandiers Ober- und Unterschenkel zersplitterten. Er bat seine Peiniger, ihn doch in Frieden sterben zu lassen, aber selbst das wurde ihm noch als Verstocktheit ausgelegt. Irgendwann trug man ihn dann zur Richtstätte. Gehen konnte er schon lange nicht mehr.

Angeblich hatte man versprochen, ihn vor dem Entzünden des Scheiterhaufens zu erdrosseln, wie es häufig in solchen Fällen gewährt wurde. Dies geschah anscheinend jedoch nicht. Es ist schon erschreckend, wie man mit einem – wenigstens im Sinne der Anklage – Unschuldigen umgegangen ist. Und zwar nicht aus dumpfer Angst vor Hexerei wie in vielen anderen Fällen, auch nicht aus religiösem Wahn. Diesmal war das Motiv Eifersucht und Hass.

Nackter Hass unter Christenmenschen.

Man verzeihe mir, wenn ich gegen die Folter laut Einspruch erhebe.
Ich wage die Partei der Menschlichkeit gegen
einen Gebrauch zu nehmen, der für Christen und Kulturvölker
gleich schimpflich und ebenso grausam wie überflüssig ist.

Friedrich II., der Große

20 DER BRIEF

Es war nicht sonderlich viel Licht, das da durch das hoch gelegene kleine und vergitterte Fenster in die Zelle fiel. Aber es musste reichen, dachte der Mann, der mit seinen verstümmelten Händen unter dem Stroh nach dem Blatt Papier suchte, das er dort versteckt hatte. Zusammen mit einer Feder und einem kleinen Gefäß für die Tinte.

Johannes Junius, der fünfundfünfzigjährige Bürgermeister der Stadt Bamberg, noch vor wenigen Tagen einer der angesehensten Männer im Hochstift, war von mehreren Zeugen – unter der Folter natürlich – als Hexenmeister besagt und von den Schergen des Fürstbischofs sofort festgenommen worden. Er war Tage hindurch *peinlich* – also qualvoll – befragt worden, und man hatte ihm ebenso wie denjenigen, die zuvor ihn beschuldigt hatten, geradezu wörtlich in den Mund gelegt, wie er den Pakt mit dem Satan geschlossen habe, wer noch zur Schar der Teufelsanbeter gehöre und wo man sich gemeinhin treffe.

Er wusste, dass er sterben würde. Das Todesurteil war nur noch Formsache. Die einzige Gnade, auf die er hoffen konnte, war, dass man ihn nicht lebendigen Leibes verbrannte, sondern zuvor erdrosselte. Das tat man, wie bereits erwähnt, zuweilen bei geständigen Sündern. Und gestanden hatte er wirklich alles, was man von ihm hatte hören wollen.

Nun hatte er nur noch ein einziges Anliegen: seine Tochter Veronika zu warnen, sie möge nur ja nicht in Bamberg bleiben, sondern ein bisschen Geld zusammenkratzen und sich aus dem Staub machen. Wohin auch immer. Nur weg aus dem Hochstift, wo seit Jahrzehnten ein erbittert geführter Kampf tobte zwischen zwei Gruppierungen: denjenigen, denen die neue reformierte Lehre relativ gleichgültig war, die sich nach wie vor wie liberale Renaissancefürsten gaben und gute Kontakte zum – meist protestantischen – Landadel im Umland pflegten, auf dessen Unterstützung das seit Jahren finanziell klamme Stift letztlich auch dringend angewiesen war.

In erbitterter Feindschaft standen dieser eher laschen Clique die Kleriker um den neuen Fürstbischof Johann Georg II. Fuchs von Dornheim gegenüber, der ein überaus eifriger Betreiber der Gegenreformation war und sich zur Bekämpfung des Hexenwesens mit Dr. Johann Schwarzkonz einen Spezialisten aus Eichstätt holte und ihn zusammen mit dem Bamberger Experten Ernst Vasoldt an die Spitze einer Hexenkommission berief.

Dritter im Bunde war der Generalvikar und Weihbischof Friedrich Förner, ein blindwütiger Fanatiker, der in unzähligen Predigten zur Verfolgung der vermeintlichen Hexen und Hexenmeister aufrief und eine tollkühne Theorie vertrat: Angesichts der Tatsache, dass sich unter den katholischen Bürgern eine größere Anzahl von Hexen finde, lehrte er, sei dies der unwiderlegbare Beweis dafür, dass der Katholizismus die einzig wahre Religion sei. Der Satan nämlich bemühe sich ja ganz offensichtlich darum, seine teuflischen Pakte ausschließlich mit Katholiken abzuschließen, da die Anhänger der neuen Lehre bekanntlich ohnehin Ketzer und ihm daher von vornherein verfallen seien!

Der Weihbischof hatte sich vorgenommen, jede Hexe im Hochstift aufzustöbern, und da dann – so seine Hochrechnung – das herkömmliche Gefängnis zu klein sein würde, ließ er 1627 extra für die in Zukunft zu verhaftenden Teufelsanbeter ein neues Gefängnis bauen, das sogenannte Trudenhaus, wo man bis zu vierzig Beschuldigte unterbringen konnte.

Truden – das war damals in Bamberg die Bezeichnung für Hexen und Hexenmeister.

20 DER BRIEF

Johannes Junius hatte inzwischen sein Schreibzeug gefunden. Ein Wärter hatte es – gegen ein üppiges Trinkgeld, versteht sich – bei seiner Tochter Veronika geholt und würde auch den Brief, den er jetzt zu schreiben begann, zu ihr nach Hause bringen. Junius würde ihr dringend raten zu fliehen, obwohl: Er selbst war ja auch nicht geflohen. Inzwischen konnte er seinen eigenen Leichtsinn nicht mehr nachvollziehen. Schließlich hatten die Hexenjäger des Fürstbischofs seine eigene Frau im Februar abholen, foltern und verbrennen lassen.

Die Frau des Bürgermeisters!

Hatte er tatsächlich allen Ernstes geglaubt, an ihn selbst würden sie sich nicht heranwagen?

Sogar ein Kanzler des Hochstifts hatte bereits dran glauben müssen. Das war gerade erst passiert, aber die Geschichte hatte schon viel früher begonnen, als jener Georg Haan nach Bamberg gekommen und dort Vizekanzler unter dem damaligen Fürstbischof Johann Philipp von Gebsattel geworden war. Der nun war wirklich kein sonderlich gottesfürchtiger Mensch, sondern lebte mit einer Frau zusammen und hatte sage und schreibe sieben Kinder in die Welt gesetzt. Zu deren Vormund bestimmte er jenen Georg Haan, was beweist, dass der junge Mann bereits einen großen Einfluss bei Hofe ausübte.

Während religiöse Themen den Fürstbischof langweilten, hielt Haan überhaupt nichts von der grassierenden Hexenhysterie, denn nicht nur seine eigene Mutter war im Stift Fulda als Hexe verdächtigt worden; die Mutter seiner Frau Katharina war in Mergentheim sogar verbrannt worden. Was Wunder, wenn er im Hochstift Bamberg nun als Gegner jeglicher Hexenjagd auftrat und sie später sogar gänzlich verbot.

Aus finanziellen Gründen, wie er sagte.

Die Befürworter dagegen wurden unter dem neuen Fürstbischof Johann Georg II. immer mächtiger. Haan – der inzwischen zum bischöflichen Kanzler avanciert war – jedoch direkt anzugreifen schien ihnen denn doch zu gefährlich. Also streuten sie zunächst

16. Hexen begrüßen ihren Herrn und Gebieter mit einem Kuss auf dessen Hinterteil. (Holzschnitt aus: Francesco Maria Guazzo, *Compendium maleficarum*, Mailand 1626)

17. Hexen kommen zum Blocksberg geflogen, um dort mit den Teufeln zu tanzen. In der Mitte küsst eine von ihnen den Hintern des Oberteufels. Darstellung aus dem Buch von Johann Prätorius *Blockes-Berges Verrichtung*, das 1669 in Leipzig erschien.

18. *(oben)* Hexenhysterie in der Schweiz: Drei Frauen werden bei lebendigem Leib verbrannt. (Foto: Bildarchiv Preußischer Kulturbesitz, Berlin)

19. *(unten)* Hexenverbrennung vor den Mauern des Schwarzwald-Städtchens Schiltach, 1533. (Holzschnitt von Stefan Hamer, spätere Kolorierung, Foto: Archiv für Kunst und Geschichte, akg-images gmbh, Berlin)

20. *(oben)* Eine Hexe wird gehängt. Nach ihrem Tod fahren zwei böse Geister aus ihrem Körper aus. (Florenz 1520)

21. *(unten)* Flugblatt aus Nürnberg: Im Harz-Städtchen Derneburg werden drei Hexen verbrannt. Der Teufel – in Gestalt eines Drachens – holt sich ihre Seelen. (Holzschnitt von Jörg Merckel, 1555)

22. Aus ständiger Angst vor Klima-
katastrophen, Hunger und der allerorts
marodierenden Soldateska suchte die
Bevölkerung besonders im 17. Jahrhundert
nach Schuldigen und glaubte, sie in
Hexen und Zauberern gefunden zu haben.
(Radierung »Der geharnischte Reiter«
von Hans Ulrich Franck, 1645)

23. *(oben)* Weit verbreitet war die Vorstellung, gewisse Menschen könnten sich in Werwölfe verwandeln, die dann loszogen, um – wie dieser Holzschnitt von Lukas Cranach d. Ä. zeigt – Kinder zu rauben und zu verschlingen. (Um 1550)

24. *(Mitte)* Kinder tauchen in Hexenprozessen in verschiedenen Rollen auf: zum einen als Denunzianten, denen fast immer Glauben geschenkt wurde, aber auch als Opfer. Sie werden – wie auf diesem zeitgenössischen Holzschnitt zu sehen – von den vermeintlichen Hexen verbrannt oder gekocht.

25. *(unten)* Kinder werden auf dem Hexensabbat Teufeln vorgestellt. (Holzschnitt aus: Francesco Maria Guazzo, *Compendium maleficarum*, Mailand 1626)

26. *(oben)* Der Teufel begrüßt einen Zauberlehrling. (Holzschnitt aus: Francesco Maria Guazzo, *Compendium maleficarum*, Mailand 1626)

27. *(links)* Der englische Hexenjäger Matthew Hopkins präsentiert auf diesem Holzschnitt aus dem Jahr 1647 zwei Hexen, die ihre *imps* (Hilfsgeister) mit Namen vorstellen.

28. Englische Frauen, die der Hexerei für schuldig befunden wurden, konnten sich glücklich schätzen, wenn ihnen der Scheiterhaufen erspart blieb und sie »lediglich« zum Tod durch Erhängen verurteilt wurden. (Holzschnitt aus dem 17./18. Jahrhundert, spätere Kolorierung, aus Privatsammlung; Foto: The Bridgeman Art Library, London)

einmal diffamierende Gerüchte über die Familie aus, verhafteten Freunde und Bekannte der Haans, und als die Sache dem Kanzler zu gefährlich wurde und er zum Reichskammergericht nach Speyer reiste, um Schutz für sich und seine Familie zu erbitten, schlugen sie zu: Sie verhafteten seine Frau und seine vierundzwanzigjährige Tochter.

Als der Kanzler mit einer Art Schutzbrief für seine Familie nach Bamberg zurückkam, war es zu spät: Frau und Tochter hatten bereits (unter der Folter) gestanden, und damit galten sie – Schutzbrief hin oder her – als schuldig. Die Mehrheit der Juristen glaubte allen Ernstes, dass ein Mensch unter der Folter in jedem Fall die Wahrheit sagte, da eine Lüge als Todsünde galt, mit der sich der Betreffende kurz vor seinem Tod kaum belasten würde.

Wie es wirklich zuging, hatte Johannes Junius inzwischen am eigenen Leibe erfahren.

Auf den Kanzler Georg Haan jedoch wurde nach der Hinrichtung von Frau und Tochter die Treibjagd eröffnet, zumal er sich noch mehr Feinde schuf, als er beispielsweise den Hexenkommissar Dr. Vasoldt einen Trunkenbold nannte. Aus jedem neuerlich Verhafteten wurde nun eine Besagung des Dr. Haan herausgefoltert, bis der Kanzler schließlich selbst ins Trudenhaus gebracht und dort so schrecklich gepeinigt wurde, dass er die unglaublichsten Dinge gestand.

Und das Gleiche galt für seinen ebenfalls verhafteten Sohn.

Georg Haan bat darum, nicht bei lebendigem Leib verbrannt zu werden, aber selbst das wurde ihm nur unter einer einzigen Bedingung gewährt: Er sollte sein Geständnis noch einmal in aller Öffentlichkeit wiederholen. Anscheinend hatte man nun doch Angst bekommen, das Reichskammergericht in Speyer könnte den merkwürdigen Prozessen im Hochstift Bamberg – immerhin sind dort während der Regierungszeit von Fürstbischof Johann Georg II. Fuchs von Dornheim an die tausendzweihundert Menschen verbrannt worden – etwas tiefer auf den Grund gehen. Das klare und öffentliche Geständnis eines hochrangigen Delinquenten hätte –

Folter hin oder her – nach damaliger Auffassung die Glaubwürdigkeit des Gerichts untermauert.

In Anwesenheit von über dreißig hochrangigen Zeugen fand laut Protokoll diese Befragung statt:

>>Ob er alles so bekannt?
Er habs bekannt.
Ob alles, so in diese Ausgabe begriffen, die rechte gründliche pur lautere wahrheit sey?
Respondet: Ja.
Ob er nunmehr bey so gestalteten Dingen darbey Leben und Sterben wolle?
Respondet: Ja.<<

Im Morgengrauen des 14. Juli wurde der ehemalige Kanzler des Hochstifts Bamberg in Anwesenheit von etwa achtzig Bürgern geköpft. Sein Körper wurde anschließend heimlich zur Richtstätte gebracht und dort verbrannt.

Und das war gerade einmal zehn Tage her.

* * *

Johannes Junius hätte wissen müssen, wozu die Hexenjäger des Fürstbischofs imstande waren. Er hatte es wohl einfach nicht wissen wollen. Er hatte die Augen vor der schrecklichen Wahrheit ganz fest verschlossen, so wie die vielen Menschen, die noch immer im Stift blieben, obwohl jeder Einzelne von ihnen jeden Tag mit Verhaftung, Folter und Feuertod rechnen musste.

Aber wenigstens Veronika, seine geliebte Tochter, musste fliehen. Mit seinen verstümmelten Fingern tauchte er die Feder in das kleine Tintengefäß und begann mühsam zu schreiben:

>>Ich wünsche Dir von Herzen eine gute Nacht, meine liebe Tochter Veronika!

Ich bin zu Unrecht in dieses Gefängnis gekommen, ich bin zu Unrecht gefoltert worden, und zu Unrecht muss ich sterben. Denn wer in dieses Haus hier kommt, der wird zwangsläufig zum Hexer, oder er wird so lange gefoltert, bis er sich selbst irgendetwas Derartiges ausdenkt, falls ihm, mit Gottes Hilfe, etwas einfällt. Ich will Dir erzählen, wie es mir ergangen ist:

Als ich zum ersten Mal verhört wurde, waren Dr. Braun, Dr. Kötzendörffer und die zwei fremden Doktoren anwesend. Dr. Braun fragte mich: Na, Schwager, wie kommt Ihr hierher? Ich gab zur Antwort: Durch ein Unglück. Hört, sagte er, Ihr seid ein Hexer! Gebt es lieber freiwillig zu, sonst wird man Euch Zeugen gegenüberstellen – und der Henker wird neben Euch stehen! Ich entgegnete: Ich bin kein Hexer, in der Sache habe ich ein reines Gewissen, auch wenn Ihr tausend Zeugen bringt, ich bleibe dabei. Doch die Zeugen möchte ich gerne hören.

Da wurde mir der Sohn des Kanzlers gegenübergestellt. Ich fragte ihn: Herr Doktor, was wisst Ihr über mich? Habe ich doch zeit meines Lebens noch nie mit Euch zu tun gehabt, weder im Guten noch im Bösen! Er antwortete: Doch, Herr Collega, vor dem Landgericht. Ich bitte Euch um Verzeihung, aber in der Hofhaltung habe ich Euch gesehen.

Na und?

Mehr wisse er auch nicht.

Da bat ich die Herren Bevollmächtigten, sie möchten ihn unter Eid nehmen und genauestens befragen. Dr. Braun meinte aber: Wir werden es nicht so machen, wie Ihr es wollt; es reicht, dass er Euch gesehen hat. Ihr könnt gehen, Herr Doktor!

Darauf rief ich: Ja, Herr, was ist das für eine Art der Prozessführung? Wenn ein Verhör so verläuft, dann genießt Ihr so wenig Sicherheit wie ich oder sonst ein ehrlicher Mann! Aber keiner hörte mir zu.

Danach kam der Kanzler selbst und erklärte, ebenso wie sein Sohn, er habe mich gesehen, mir aber nur auf die Füße geschaut, wisse nicht, wer ich gewesen sei. Darauf sagte die Hopfen Else aus, sie habe mich im Hauptsmoorwald tanzen sehen. Ich fragte: Mit wem? Sie entgegnete, das wisse sie nicht. Da beschwor ich die Herren in Gottes Namen, sie hörten doch, dass dies lauter falsche Zeugen seien, man solle sie doch unter Eid nehmen und entsprechend verhören!

Das lehnten sie aber ab und sagten, ich solle gutwillig bekennen, oder der Henker würde mich zwingen. Ich erwiderte, ich hätte Gott noch niemals verleugnet, deshalb wolle ich es auch jetzt nicht tun, Gott werde mich gnädig davor bewahren. Lieber wolle ich deshalb ertragen, was immer auf mich zukäme.

Ach, und dann, Gott im höchsten Himmel erbarme sich meiner, kam der Henker, legte mir die Fingerschrauben an und drückte mir die Hände so zusammen, dass das Blut zu den Nägeln herausdrang und ich die Hände vier Wochen nicht habe gebrauchen können, wie Du auch an meiner Schrift noch erkennen kannst. Da habe ich mich Christus in seine heiligen fünf Wunden befohlen und gerufen: Weil es um die Ehre Gottes und seinen Namen geht, den ich niemals verleugnet habe, will ich meine Unschuld und all diese Qualen in seine fünf Wunden legen; er wird mir meine Schmerzen lindern, damit ich sie ertragen kann.

Danach hat man mich erst ausgezogen, mir dann die Hände auf den Rücken gebunden und mich an ihnen in die Höhe gezogen. Da dachte ich, Himmel und Erde gingen unter, denn in dieser Weise haben sie mich achtmal aufgezogen und wieder fallen lassen, was mir unselige Schmerzen verursachte. Und währenddessen war ich völlig nackt, weil sie mich vorher haben ausziehen lassen.

Als ich mich mit Gottes Hilfe wieder etwas erholt hatte, sagte ich zu ihnen: Gott vergebe Euch, dass Ihr einen unschuldigen Menschen so quält, ohne dass er sich etwas hat zuschulden kommen lassen. Ihr wollt ihn wohl nicht allein um Leib und Seele bringen, sondern habt es auch auf sein Hab und Gut abgesehen!

Dr. Braun erwiderte: Du bist ein Lump!

O nein, rief ich, das bin ich nicht, auch nicht im Entferntesten, ich bin so ehrbar wie Ihr alle, aber wenn es so zugeht, dann ist kein

ehrlicher Mann in Bamberg mehr sicher, Ihr genauso wenig wie ich
oder irgendein anderer! Da meinte der Doktor, er sei nicht vom
Teufel angefochten. Ich auch nicht, gab ich zur Antwort, aber Eure
falschen Zeugen und Eure grausame Tortur, das sind die wahren
Teufel! Denn Ihr lasst keinen frei, auch wenn er alle Folterqualen
erträgt.

Das geschah am Freitag, dem 30. Juni, da musste ich, bei Gott,
die Tortur über mich ergehen lassen. Die ganze Zeit habe ich mich
nicht anziehen und auch sonst die Hände nicht gebrauchen können,
von den anderen Schmerzen ganz abgesehen, die ich unschuldig
erleiden musste.

Als mich der Henker wieder in das Gefängnis brachte, sagte er
zu mir: Herr, ich beschwöre Euch um Gottes willen, gesteht etwas,
ob es der Wahrheit entspricht oder nicht. Denkt Euch irgendetwas
aus, denn die Folter, der man Euch unterwirft, könnt Ihr doch nicht
aushalten. Und wenn Ihr sie wider Erwarten doch ertrüget, so kämet
Ihr doch nicht frei, selbst wenn Ihr ein Graf wäret. Vielmehr wird
eine Marter die andere ablösen, bis Ihr zugebt, ein Hexer zu sein,
und redet. Vorher lässt man Euch nicht zufrieden, wie man an ihren
anderen Urteilen erkennen kann, die sich alle gleichen.

Später kam der Georg und berichtete, die Hexenkommissare
hätten verkündet, mein Herr wolle ein derartiges Exempel an mir
statuieren, dass man davon reden solle. So hätten sich auch alle Fol-
terknechte geäußert, und sie wollten mich erneut quälen. Deshalb
bitte er mich um Gottes willen, ich solle mir doch nur irgendetwas
ausdenken. Auch wenn ich ganz und gar ohne Schuld wäre, käme
ich doch niemals wieder lebendig aus dem Gefängnis heraus. Das
Gleiche sagten mir der Kandelgießer, der Neudecker und andere.
So bat ich, man solle mir, weil ich mich so elend fühle, einen Tag
Bedenkzeit geben und einen Priester schicken. Den Priester hat man
mir abgeschlagen, die Bedenkzeit aber bewilligt.

Ach, liebste Tochter, kannst Du Dir vorstellen, in welcher Gefahr ich mich befand und jetzt noch befinde? Ich soll gestehen, ein
Hexer zu sein, und bin doch keiner, soll also jetzt Gott verleugnen

und habe es doch bislang nicht getan. Tag und Nacht habe ich mit mir gerungen, endlich kam ich aber doch zu einem Entschluss. Ich wollte mir keine Gewissensbisse mehr machen, weil mir kein Priester geschickt wurde, mit dem ich mich beraten könnte, wollte ich mir etwas ausdenken und das dann gestehen.

Es wäre ja immer noch besser, wenn ich etwas nur behauptete, es in Wahrheit aber gar nicht getan hätte. Das wollte ich dann beichten und die, die mich dazu gezwungen hätten, die Verantwortung dafür übernehmen lassen. Danach habe ich dann nach dem Vater Prior des Predigerklosters verlangt, ihn aber nicht empfangen dürfen. Und das, was jetzt kommt, ist meine Aussage, die aber von Anfang an erlogen ist.

Nun folgt, mein liebstes Kind, was ich ausgesagt habe und wodurch ich der schweren Folter und der grausamen Tortur entgangen bin, welche ich unmöglich noch länger hätte ertragen können. Als ich nämlich im Jahr 1624 oder 1625 einen Rechtsstreit in Rottweil gehabt hätte, hätte ich für den Doktor und das, was in der Angelegenheit zur Wahrung meiner Rottweil'schen Interessen sonst noch erforderlich war, an die sechshundert Gulden benötigt und mich an zahlreiche ehrbare Leute gewandt, die mir ausgeholfen hätten.

So weit entspricht alles der Wahrheit. Jetzt aber beginnt die durch und durch erfundene Aussage, die ich aus Angst vor der drohenden schrecklichen Marter habe machen müssen und derentwegen ich sterben muss. Demzufolge sei ich auf meinen Acker nahe beim Friedrichsbrunnen gegangen, voller Sorgen, und hätte mich dort niedergesetzt.

Da sei eine Grasmagd auf mich zugekommen und hätte mich gefragt: Herr, was ist mit Euch, warum seid Ihr so traurig? Ich hätte erwidert, dass ich das selbst nicht wüsste. Daraufhin hätte sie sich an mich herangemacht und mich dazu gebracht, dass ich ihr beigewohnt hätte.

Als das geschehen sei, habe sie sich in einen Geißbock verwandelt und zu mir gesagt: So, jetzt siehst du, mit wem du es zu tun hast, habe mich gewürgt und gerufen: Du musst mir gehören, oder ich

bringe dich um! Ich erwiderte: Gott bewahre mich davor! Da sei der
Leibhaftige verschwunden, aber bald darauf wiedergekommen in
Begleitung zweier Frauen und dreier Männer. Ich solle Gott verleugnen. Also hätte ich Gott und die himmlischen Heerscharen verleugnet. Darauf habe er mich getauft, und die zwei Frauen hätten Pate
gestanden. Sie hätten mir einen eingewickelten Dukaten geschenkt,
der sich aber später als bloße Scherbe erwiesen hätte.

Nun dachte ich, ich hätte es überstanden, aber da holten sie
erst den Henker. Sie fragten, wo ich denn zum Hexentanz gewesen
sei. Da wusste ich nicht aus noch ein; mir fiel aber dann ein, dass
der Kanzler, sein Sohn und die Hopfen Else bei ihren Aussagen die
alte Hofhaltung, die Ratsstube und den Hauptsmoorwald genannt
hatten; also nannte ich diese Orte auch, ebenso andere, von denen
ich bei solchen Anlässen gehört hatte. Danach sollte ich angeben,
wen alles ich dort gesehen hätte. Ich behauptete, ich hätte sie nicht
gekannt.

Da sagten sie: Du elender Lump, wir müssen dir wohl den Henker auf den Hals hetzen! Rede weiter, ist der Kanzler nicht dabei
gewesen? Da sagte ich eben Ja. Wer noch? Ich hätte keinen von
ihnen gekannt.

Da verlangte der Dr. Braun: Geh eine Gasse nach der anderen
durch; beginne am Marktplatz! Da musste ich etliche Personen nennen. Dann kam die Lange Gasse. Ich kannte niemanden, habe aber
doch acht Personen von dort angeben müssen. Es folgte der Zinken-
wörth, auch hier musste ich einen nennen. Dann von der Oberen
Brücke bis zum Georgtor auf beiden Seiten. Mir fiel niemand ein.
Ob mir niemand in der Burg bekannt sei, wer auch immer es sei,
ich solle ihn ohne Scheu nennen. In dieser Weise haben sie mich
hinsichtlich aller Gassen ausgefragt, bis ich nichts mehr habe sagen
wollen und können.

Da haben sie mich dem Henker übergeben, der musste mich ausziehen, mir die Haare abschneiden und mich auf die Tortur ziehen.
Sie sagten: Der Halunke kennt einen Hexenmeister auf dem Marktplatz, hat täglichen Umgang mit ihm und will ihn nicht nennen!

20 DER BRIEF

Dann haben sie mir den Bürgermeister Dittmayer vorgesagt, und ich habe ihn auch angeben müssen. Anschließend sollte ich gestehen, was ich für Übeltaten angerichtet hätte. Ich erwiderte: Keine. Der Teufel hätte es wohl verlangt, mich aber, weil ich nichts dergleichen hätte tun wollen, geschlagen.

Daraufhin sagten sie zum Henker: Zieh den Halunken auf! Also habe ich angegeben, ich hätte meine Kinder umbringen sollen, hätte aber stattdessen ein Pferd getötet. Doch auch das hat noch nicht gereicht. Ich hätte außerdem eine geweihte Hostie entwendet und in die Erde eingegraben. Als ich das »gestanden« hatte, da haben sie mich endlich zufriedengelassen.

Nun, mein liebstes Kind, das waren Verhör und Aussage, aufgrund deren ich nun sterben muss. Und, so wahr mir Gott helfe, alles ist erfunden und erlogen. Ich war gezwungen, so auszusagen, aus Furcht vor der mir angedrohten Tortur und angesichts der bereits ausgestandenen Qualen. Denn sie hören nicht auf zu foltern, bis man etwas gesteht; ist einer auch noch so fromm, hier wird er ein Hexer. Es kommt auch niemand frei, selbst wenn er ein Graf wäre. Und wenn Gott kein Mittel schickt, dass das Unrecht an den Tag kommt, dann wird noch die ganze Familie verbrannt. Denn man muss auch von anderen Menschen Dinge bekennen, die man überhaupt nicht von ihnen weiß, so wie auch ich es habe tun müssen. Nur Gott im Himmel weiß, dass ich nicht das Geringste dafür kann und von all dem nichts weiß. So sterbe ich denn unschuldig und als Märtyrer.

Mein liebes Kind, ich weiß, dass du genauso fromm bist wie ich, doch wirst du ebenso wohl schon große Angst haben, und wenn ich dir raten soll, so nimm deinen Anteil vom Geld und von den Wechseln, was du gerade bei der Hand hast, und begib dich für etwa ein halbes Jahr auf eine Wallfahrt oder wohin du sonst außerhalb des Stifts hingehen kannst, bis man erkennt, wie es hier weitergeht. Denn mancher ehrliche Mann und manche ehrbare Frau gehen, nichts Böses ahnend und mit reinem Gewissen, hier in Bamberg in die Kirche und ansonsten ihren anderen Geschäften nach – wie auch ich bisher, wie du weißt, bis zu meiner Festnahme.

Nichtsdestoweniger können sie in dem Hexengefängnis denunziert werden, und wenn man nur ihren Namen hat, müssen sie sterben, sie seien gerecht oder nicht. Der Neudecker, der Kanzler, sein Sohn, der Kandelgießer, Wolf Hofmeisters Tochter, die Hopfen Else, alle haben meinen Namen angegeben, alle zur gleichen Zeit – meine Verhaftung war zwangsläufig. So geht es vielen und wird es auch weiterhin noch vielen gehen, wenn Gott keine Rettung schickt.

Liebes Kind, halte diesen Brief verborgen, damit er nicht bekannt wird, sonst werde ich so gefoltert, dass es zum Erbarmen ist, und meine Bewacher werden geköpft. So streng ist es verboten. Dem Herrn Schwager Steiner kannst Du es aber doch anvertrauen und ihn auch diesen Brief lesen lassen, er wird Stillschweigen bewahren.

Liebes Kind, gib dem Überbringer dieses Briefes einen Reichstaler. Ich habe mehrere Tage daran geschrieben, meine Hände sind noch nicht wieder richtig zu gebrauchen, ich bin überhaupt übel zugerichtet. Um des Jüngsten Gerichts willen bitte ich Dich, lass dies Schreiben niemand sehen! Und bete für mich, Deinen Vater, der wahrhaftig ein Märtyrer ist.

Nach meinem Tode verhalte Dich, wie Du es für richtig hältst, aber hüte Dich, diesen Brief bekannt zu machen! Auch Deine Schwester Anna Maria lass für mich beten! Darauf kannst Du in meinem Namen getrost einen Eid leisten, dass ich kein Hexer, sondern ein Märtyrer bin. Aber ich sterbe gefasst.

Leb wohl, Dein Vater Johannes Junius wird Dich nicht mehr wiedersehen!

Am 24. Juli des Jahres 1628.«*

* * *

Veronika Junius hat diesen Brief nie erhalten. Der Bote, vermutlich ein Gefängniswärter, dem Junius den Brief anvertraut hatte,

---

* Der Wortlaut des Originalbriefs ist hier um der besseren Lesbarkeit willen in unbedeutenden Einzelheiten leicht verändert worden.

ist entweder gefasst worden, oder er hat den Brief freiwillig den Er-
mittlern übergeben. Und die haben ihn – erstaunlich genug – zusammen mit den anderen Prozessakten aufbewahrt. Er ist ein besonders
erschreckendes Dokument, in dem ein Opfer vom unvorstellbaren
Grauen eines Verhörs unter der Folter erzählt.

Dass der Brief nie angekommen ist, scheint der Tochter von
Johannes Junius nicht geschadet zu haben. Jedenfalls ist in den ziemlich gut erhaltenen Aktenbeständen des Bamberger Hochstifts kein
Hinweis auf einen gegen sie gerichteten Prozess zu finden. Entweder
ist sie rechtzeitig geflohen, oder aber sie wurde – warum auch immer – verschont. Vielleicht aber haben ihr auch das reichlich späte,
dann aber ziemlich energische Einschreiten von Kaiser Ferdinand II.
und der im Dezember 1630 erfolgte Tod von Weihbischof Förner
das Leben gerettet.

Als sich im Rahmen des Dreißigjährigen Krieges die schwedischen Truppen im Februar 1632 der Stadt Bamberg näherten, floh
der Fürstbischof Johann Georg II. nach Österreich, wo er auch starb,
und die letzten zehn Inhaftierten aus dem Trudenhaus wurden ent-
lassen. Das Haus selbst wurde abgerissen; die Steine fanden beim
Bau des Kapuzinerklosters Verwendung.

Die Hexen soll man töten, denn sie verüben Diebstahl,
Ehebruch, Raub und Mord. Etliche meinen wohl verächtlich,
sie könnten solches nicht tun. Allein – sie können es gewiss.
Mit teuflischer Hilfe richten sie großen Schaden an.

Martin Luther

21 DER REITENDE TOD

Reverend John Gaule, Vikar einer kleinen Landgemeinde im Osten Englands, war mehr als skeptisch, als die Anfrage eintraf. Ob er nicht auch der Meinung sei, stand in dem Schreiben, das ein reitender Bote gebracht hatte, dass es hohe Zeit sei, etwas gegen das grassierende Hexenunwesen zu unternehmen, von dem anscheinend ganz England befallen sei. Zahlreiche Ortschaften hätten sich bereits bei der Bekämpfung dieser Seuche helfen lassen, und deshalb möge doch auch er als Mann Gottes sich bei den zuständigen Behörden dafür einsetzen, einen kompetenten Menschen anzuheuern, um dieser Plage ein für alle Mal ein Ende zu setzen.

Unterzeichnet war das Schreiben mit »Matthew Hopkins«. Ein Name, den jedermann in der Gegend kannte. Und fürchtete.

John Gaule wusste, dass besagter Hopkins seit einiger Zeit mit einer kleinen Schar von Helfern über Land ritt und überall seine Dienste anbot. Er behauptete, Hexen – und natürlich auch Hexer – sofort erkennen zu können. Was allerdings einiges kosten würde, da ja auch die Befragung und die Hinrichtung irgendwie finanziert werden müssten.

Der Reverend hatte da so seine Bedenken, und die teilte er mit vielen aus seiner Gemeinde. Jede alte Frau mit faltiger Haut, Runzeln im Gesicht, mit schlechten Zähnen oder einem Damenbart galt von vornherein als verdächtig. Wenn sie zudem auch noch schielte, bucklig war, zerrissene Kleider trug und von einem Rudel räudiger Köter oder einer schwarzen Katze begleitet wurde – umso schlimmer!

John Gaule war für einen Landpfarrer ungewöhnlich belesen und wusste daher auch, wie man auf dem Kontinent über Hexen dachte. Dort glaubte man allen Ernstes, dass gewisse Weiber einen richtigen Pakt mit dem Leibhaftigen schlossen, der sich ihnen meist als attraktiver junger Mann näherte. Sie verkehrten sogar fleischlich mit ihm, und dafür gewährte ihnen Satan die Macht über die Mitmenschen, aber auch über das Wetter, die Ernte oder ganze Tierherden.

Alles Unfug!

Natürlich gab es Hexen, böse und weniger böse. Aber sie gaben sich nicht dem Satan hin. Sie benutzten als Hilfsgeister vielmehr ihre Familienkobolde, die *imps*, für ihre Zauberei. *Imps* – das konnten Katzen sein oder Hunde, aber auch Mäuse, Igel, Wiesel oder Kröten, die es bei den meist einsamen Frauen gut hatten und gefüttert und auch sonst in jeder Hinsicht verwöhnt wurden. Fast wie eigene Kinder.

Leider konnten Außenstehende eine normale graue Hauskatze nicht von einem gefährlichen *imp* unterscheiden! Und umgekehrt natürlich auch nicht.

Der Reverend beschloss, die Anwesenheit jenes Matthew Hopkins in der Gegend auszunutzen und unter dem Vorwand, man sei an seiner Hilfe eventuell interessiert, dem Hexenjäger ein paar konkrete Fragen zu stellen, setzte er sich auf sein Pferd und ritt los.

In dem Wirtshaus, in dem der Hexenjäger mit seinen Leuten abgestiegen war, traf er zunächst auf einen wenig sympathischen Mann, der sich ihm als John Stearne vorstellte und sogleich einen großen Krug Bier orderte. Der Reverend, vom Ritt ermüdet, zögerte nicht, ihn anzunehmen und in wenigen Zügen zu leeren. Es war nicht ungewöhnlich, als Geistlicher in der Öffentlichkeit Alkohol zu trinken. Alle Menschen tranken. Überall in England wurde doppelt so viel Gerste angebaut wie Weizen. Bier war nicht nur nahrhaft, es brachte auch die Kinder zum Einschlafen und half den Eltern zuweilen über das tägliche Elend hinweg.

Andererseits wollte John Gaule sich gerade jetzt nicht betrinken, jedenfalls nicht vor dem Gespräch mit Hopkins. Immerhin leerten die beiden noch einen weiteren Krug, ehe Stearne den Reverend ins Obergeschoss zu Matthew Hopkins brachte.

»Ich will Euch nicht lange belästigen«, sagte Gaule nach einer kurzen Begrüßung. »Ich habe den Auftrag«, log er, »Euch nach den Methoden und Techniken zu fragen, die Ihr beim Aufspüren von Hexen anwendet. Unsere Behörden wollen zunächst ein klares Bild von Euch haben, bevor sie Euch – vielleicht – verpflichten.«

Hopkins, ein noch junger Mann, lächelte. »Aber gewiss«, antwortete er verbindlich. »Nur zu.«

Gaule räusperte sich und sah sein Gegenüber direkt an. »Ihr behauptet, Hexen sofort zu erkennen. Dazu müsstet Ihr zaubern können. Seid Ihr ein Zauberer?«

Hopkins lachte: »Der Satan wäre doch wohl verrückt, wenn er ausgerechnet mir Zauberkräfte verliehen hätte, mir, der umherzieht, um seine Anhänger auszurotten.«

Nicht ungeschickt, dachte Gaule und fragte weiter: »Habt Ihr vielleicht ein Buch gelesen, in das der Teufel die Namen aller Hexen eingetragen hat?«

»Hätte ich ein solches Buch, könnte ich es nur vom Teufel haben, und ich müsste mich dafür schämen.«

»Und was macht Euch so sicher, eine Hexe auf den ersten Blick erkennen zu können?«

»Meine Erfahrung.«

Gaule sah ihn zweifelnd an. »Ihr seht noch sehr jung aus. Allzu groß kann Eure Erfahrung ja wohl kaum sein.«

»Groß genug. Nur um Euch ein einziges Beispiel zu nennen: Da, wo ich früher wohnte, in einem kleinen Ort in Essex, habe ich eine Gruppe alter Frauen beobachtet, die sich alle paar Wochen freitags trafen. Ich habe eine von ihnen belauscht und dabei erfahren, dass sie mit einem ihrer *imps* sprach. Ich habe sie festgenommen, und im Verhör hat sie auch die Namen ihrer anderen *imps* verraten: *Holt, Newes, Sack* und *Sugar, Farmara* und *Vinegar Tom*. Dann haben wir auch das Hexenmal gefunden, und ihre Freundinnen haben schließlich auch gestanden.«

»Unter der Folter?«

»Ihr wisst doch, dass Folter verboten ist.«

Ja, weiß ich, dachte Gaule, aber wer hält sich dran? Hopkins sicherlich nicht. Man erzählt sich im Land, dass er den achtzigjährigen Pastor von Brandeston der Hexerei angeklagt hat, der ein jähzorniger und in seiner Gemeinde sehr umstrittener Mann gewesen war. Dieser Greis wurde in seiner Zelle pausenlos umhergetrieben, sodass er tagelang nicht zum Schlaf kam und zuletzt nicht mehr wusste, was er da vor sich hin brabbelte. Man hatte ihn sogar ins Wasser getaucht, aber das taugte als Beweis nicht, weil etliche nachweislich Unschuldige bei solchen Proben nicht untergegangen, sondern – wie vermeintlich Schuldige – an der Wasseroberfläche getrieben waren.

Er fragte weiter: »Viele, besonders ältere Menschen, haben bestimmte körperliche Merkmale. Woher wollt Ihr wissen, dass es sich um Teufelsmale handelt?«

»Mich begleitet – wie Ihr vielleicht wisst – die zuverlässige Mary Phillips, eine erfahrene Hebamme, die sich in derlei Dingen bestens auskennt.«

Gaule verabschiedete sich höflich – ärgerlich über sich selbst, dass er wirklich geglaubt hatte, von diesem Menschen irgendetwas Gescheites oder doch zumindest Wissenswertes erfahren zu können. Wenn überhaupt etwas Erfolg versprach, dann war es das Studium der Hexenjagden in anderen europäischen Ländern.

* * *

Natürlich gab es zu Beginn der Neuzeit viele Gemeinsamkeiten zwischen den Menschen auf dem Kontinent und jenen in England. Hüben wie drüben lebte die große Mehrheit von der Landwirtschaft, aber Großgrundbesitzer waren die Ausnahme. Die meisten Bauern waren bettelarm, lebten von der Hand in den Mund und waren schutzlos allen Katastrophen ausgesetzt, ob sie nun als Missernte, Seuche oder marodierende Soldateska über sie hereinbrachen.

Das Wissen um die eigene Ohnmacht schürte naturgemäß die ohnehin latent vorhandenen Ängste und damit den Drang, einen aus der jeweiligen Gemeinde als Schuldigen zu entlarven und als Sündenbock zu opfern. Dieses stellvertretende Sühneopfer kennen wir aus dem Alten Testament. Die alten Israeliten opferten allerdings keine Menschen, sondern Tiere. Von zwei Böcken – symbolisch beladen mit den Sünden der Gläubigen – wurde einer geopfert, während der andere in die Wüste hinausgejagt wurde, wo er natürlich auch umkam. Aber wenigstens hatte sich niemand an ihm die Hände schmutzig gemacht.

Wüsten allerdings gab es hierzulande nicht mehr, und bei Hexen schien eine sofortige Hinrichtung allemal sicherer.

Nachfolger der unverehelichten und kinderlos gebliebenen Königin Elizabeth I., der Tochter des berühmt-berüchtigten Heinrichs VIII., wurde 1603 James I. (Jakob), der Sohn Maria Stuarts, der bereits seit sechsunddreißig Jahren König von Schottland und in religiöser Hinsicht sehr tolerant war. Das waren leider nicht alle seine Untertanen. Im Gegenteil: Es herrschte nahezu ein Religionskrieg, in dem sich besonders die Puritaner unrühmlich hervortaten. Als strenge Calvinisten opponierten sie heftig gegen die in ihren Augen zu lasche anglikanische Kirche, die ihnen noch immer zu katholisch schien.

Im Gegensatz zu Frankreich, wo die Könige uneingeschränkt regierten, und zum Deutschen Reich, wo der Kaiser zumindest pro forma anerkannt wurde, herrschte in England ein permanenter Krieg zwischen König und Parlament, was letztendlich zur Hinrichtung des Königs und der (vorübergehenden) Abschaffung der Monarchie führte.

Wichtig für die Haltung der Engländer in der Hexenfrage war dreierlei: Zum einen hatte man auch schon vor Heinrich VIII. einige Distanz gegenüber Rom gewahrt. Nach dem Kampf gegen die Katharer in Südfrankreich und der Verfolgung der Templer hatte die Inquisition zwar auch in England nach Ketzern gesucht, aber da Folter auf der Insel verboten war, brachten die Befragungen Verdächtiger keinerlei Erfolg. Die Hexenbulle (*Summis desiderantes affectibus*) von Papst Innozenz VIII. aus dem Jahre 1484 war nur für den deutschen Raum bestimmt, und Kramers *Hexenhammer* war auf der Insel nahezu unbekannt.

Zum Zweiten waren die Bischöfe in England zwar nicht ohne Einfluss, aber der war in keiner Weise vergleichbar mit dem ihrer deutschen Brüder, die – wie beispielsweise die Erzbischöfe von Köln, Trier und Mainz – zu den deutschen Kurfürsten gehörten und die entsprechende politische Macht verkörperten.

Während etliche von ihnen hierzulande die Jagd auf vermeintliche Hexen förderten, zum Teil sogar erst in Gang setzten, waren es in England vornehmlich die Puritaner, die heidnische Überlieferungen und katholische Liturgie in einen Topf warfen, fromme Riten heidnischem Teufelswerk gleichsetzten und infolgedessen selbst Priester als Ketzer betrachteten. Sie stürmten sogar katholische Kirchen, um der »Zauberei« ein Ende zu bereiten.

Der wichtigste Unterschied aber bestand darin, dass man auf der Insel nicht an die Teufelsbuhlschaft glaubte, die auf dem Kontinent Zigtausenden Frauen unterstellt wurde. Magie und Zauberei wurden lediglich als das Zufügen von Schaden angesehen und entsprechend bestraft – oder auch nicht.

Immer wieder wurden zwar Gesetze gegen Magie erlassen, aber ebenso oft auch wieder abgeschafft. Vielfach überließ man die alten, verschrobenen Weiber mit ihren *imps* sich selbst und drückte beide Augen fest zu, solange sie mit ihren Haustieren keinen erkennbaren Schaden anrichteten. Im Normalfall galt die Regel: Mach einen Bogen um verdächtige Nachbarn, reize sie nicht, und wende im äußersten Notfall halt einen Gegenzauber an!

So richtig gefährlich wurde es nur sporadisch, wenn es Puritanern gelungen war, ein Dorf aufzustacheln. Und genau solche Situationen benutzten Menschen wie Matthew Hopkins, die durch die Lande zogen und jedermann versprachen, die betroffene Gemeinde und alle anderen in der Gegend vom Hexenunwesen zu befreien. Gegen Geld natürlich.

* * *

Matthew Hopkins ist ein Phänomen. Wir wissen nichts Genaues über seine Geburt und überhaupt nichts über seinen Verbleib. Es gibt eine Eintragung in einem Pfarramt in Suffolk, der zufolge am 12. August 1647 ein gewisser Matthew, Sohn von James Hopkins, gestorben und zu Mistley begraben sei. Besagter James Hopkins wiederum war wohl – wie andere Quellen vermuten lassen – Student in Cambridge und später Pfarrer in einem kleinen Dorf zwischen Ipswich und Colchester.

Sein Sohn Matthew, jüngster von vier Brüdern, wurde wahrscheinlich 1620 geboren und erzählte, er entstamme einer Familie von Pädagogen und Theologen, aber sein richtiger Name laute Hopequins, und das komme daher, dass sein Großvater – übrigens katholisch – als Diplomat in den Niederlanden tätig gewesen sei.

Niemand weiß, was davon Dichtung und was Wahrheit war. In den nur vierzehn Monaten, in denen Hopkins wütete, sollen einige Hundert Frauen als Hexen gehängt worden sein. Sicher ist diese Zahl keineswegs. Völlig unklar ist ferner, aus welchen Motiven er zum Hexenjäger geworden ist. Besonders fanatisch scheint er jedenfalls nicht gewesen zu sein. Tat er es ausschließlich, um sich zu bereichern? Einiges deutet darauf hin. Andererseits brauchte er tatsächlich Geld für seine »Arbeit«. Die Jagd auf Hexen war nachweislich kostspielig. In Deutschland gibt es dafür haufenweise Unterlagen. Im Fall Hopkins fehlen derartige Belege völlig.

Da seriöse Unterlagen oder gar Gerichtsakten fehlten, wucherten die Legenden, die sich um ihn und vor allem um seinen Tod rankten. Dass ein Mensch, der so viel Unglück über Hunderte von Frauen gebracht hat, schlicht und ergreifend in seinem Bett an Tuberkulose gestorben ist, gilt unter Historikern zwar als wahrscheinlich, war dem Volk allerdings zu unspektakulär.

Deshalb wird erzählt, dass er von einer Angeklagten, einer gewissen Rebecca West, selbst als Hexenmeister bezeichnet wurde, weshalb die Stimmung im Gerichtssaal plötzlich umkippte. Man schleppte den Hexenjäger gewaltsam zur Wasserprobe, und da er oben schwamm und nicht unterging, schien der Verdacht gegen ihn begründet. Man verfuhr mit ihm, wie er mit vielen seiner Opfer verfahren war.

Man hängte ihn kurzerhand an den nächsten Baum.

Ich verlegte mich darauf,
in Weisheit nachzuforschen und zu grübeln
über alles, was geschieht unter der Sonne.
Es ist das eine schlimme Plage,
die Gott den Menschen gab, sich damit zu mühen.

Salomo 1,13

22 ANGST UND ABSCHEU

Der alte Mann schob die vor ihm liegenden Blätter zu einem großen Stapel zusammen. Von der nahe gelegenen Oude Kerk schlug es sieben Uhr, und die Dämmerung brach herein. Es war zu spät, um weiterzuarbeiten, und bald war es ja auch geschafft. Katharina, seine zweite Frau, hatte schon mehrfach missmutig ins Zimmer geschaut, ob er seine Zeit und ihr Geld noch immer mit diesem Firlefanz vergeudete, der ihn schon beschäftigte, als sie ihn kennengelernt hatte.

Wen wird es schon interessieren, dachte die Frau, was er da vor sich hinkritzelte. Einen richtigen Wälzer würde das wohl geben, wenn es erst fertig wäre; ebenso dick wie kostspielig. Dabei könnten sie das Geld, das dabei draufgeht, weiß Gott besser verwenden. Und die Zeit natürlich auch. Würde er sich mehr aufs Geschäftliche konzentrieren, könnten sie sich bestimmt mehr leisten, aber so trägt er das bisschen, was der Handel noch einbringt, lieber zum Kupferstecher und zum Drucker.

Hermann Löher seufzte ebenfalls. Warum hatte er sie eigentlich geheiratet, diese reiche Witwe aus der Nachbarschaft, die ursprünglich aus Radevormwald stammte und vor langer Zeit mit ihrem Mann, einem Radmacher aus Elberfeld, nach Amsterdam gekommen war. Vor ein paar Jahren war er plötzlich gestorben, und Hermann Löher hatte die Witwe, die weitaus jünger war als er, eher zufällig kennengelernt. Sie sah ganz gut aus, und da seine geliebte Kunigunde, die ihm acht wohlgeratene Kinder geschenkt hatte, auch schon seit etlichen Jahren tot war, taten sich die beiden zusammen und heirateten.

Die große Liebe war es natürlich nicht, und von Leidenschaft war auch keine Rede gewesen, aber sie besaß ein kleines Vermögen, das er gerade gut brauchen konnte. Andererseits galt sie als Ehefrau eines angesehenen Kaufmanns bei den streng calvinistischen Bürgern in einer Stadt wie Amsterdam mehr als die Witwe eines Deutschen, den es – wer weiß, aus welchen Gründen – nach dort verschlagen hatte.

Das alles interessierte Hermann Löher nur wenig. Er schrieb an seinen Erinnerungen, und da er kein gebildeter Mensch war, bedeutete das harte Arbeit. Eigentlich hatte er überhaupt kein rechtes Konzept. Ständig kamen ihm neue Gedanken, erinnerte er sich an unbedeutende Einzelheiten, fiel ihm Wichtigeres ein. Dann schrieb er ein neues Vorwort, streute Zitate oder andere Texte aus der Bibel ein. Es war ziemlich verworren, was er da zu Papier brachte, aber er musste es einfach loswerden. Wobei er selbst nicht wusste, warum er sich so sehr darin verbiss.

Oder doch? An einer Stelle zitierte er das Lukas-Evangelium, wo Christus sagt:

»›Seyt Barmhertzig, wie ewer Vatter Barmhertzig ist, richtet nicht, dann werdet ihr nicht gerichtet. Verdambt nicht, dan werdet ihr nicht verdambt.‹ Hatten die Scheffen zu Reimbach Fertzheim/ Meckenheim und anderen örten das und ein mehrers, das nötig wahr, betrachtet, sey selber und ihre Weiber zu sambt hundert anderen sollten nicht verbrent seyn worden.«

Wollte er als seinerzeit mitschuldig Gewordener ein Geständnis ablegen und mit sich selbst ins Reine kommen? Oder war es eine Anklage gegen die blindwütigen Fanatiker, die – sei es aus religiösem Übereifer, sei es aus Bösartigkeit oder Habgier – weiterhin Jagd auf unschuldige Menschen machten? Er wusste es selbst nicht.

Er musste es einfach tun.

* * *

Für den alten Mann, der sich im Jahr des Herrn 1675 bei untergehender Sonne über einen großen Stapel Papier beugte, war es offensichtlich lebensnotwendig, sich die ganze Last von der Seele zu schreiben. Auch für uns ist das, was er da auf sechshundertachtunddreißig Seiten hinterlassen hat, von unschätzbarem Wert. Es ist die einzige Beschreibung einer Hexenverfolgung durch jemanden, der zwar ein aktiv Handelnder war, aber weder ein fanatischer Inquisitor noch ein übereifriger Mönch, weder ein strenger Hexenkommissar noch ein devoter Stadtschreiber.

Hermann Löher gehörte zur besseren Gesellschaft in einem kleinen deutschen Städtchen, war ein braver Bürger, ein Spießbürger, wie wir heute sagen würden, wurde jedoch andererseits – und jetzt denken wir an unzählige Mitmenschen seinesgleichen im Dritten Reich – erst zum Mitläufer, dann zum Täter und schließlich um ein Haar zum Opfer des Systems.

Zur Welt kam der kleine Hermann 1595 als erstes Kind seiner Eltern am östlichen Rande der Eifel in (Bad) Münstereifel, das damals zum Herzogtum Jülich zählte. Sein Vater Gerhard, von Beruf Kaufmann, zog sechs Jahre später mit der Familie nach Rheinbach um, in ein Städtchen, das, nur wenige Kilometer von Münstereifel entfernt, südwestlich von Bonn liegt und damals zum Erzstift Köln gehörte. Vater Löhers Geschäfte gingen auch in diesem Sechshundert-Seelen-Städtchen nicht schlecht, und wie alle Bürger, die es in jener Zeit zu etwas brachten, wurde er irgendwann Schöffe und sogar Bürgermeister.

Was aber nicht hieß, dass er seinem Sohn eine höhere Bildung angedeihen ließ. Hermann wurde wie alle anderen Kinder in die Gemeindeschule gesteckt und lernte dort lesen, schreiben und rechnen. Etwas anderes brauchte der Sohn eines Kaufmanns schließlich nicht. Was hätte er auch mit dem Studium der schönen Künste anfangen sollen, zu denen damals Grammatik und Dialektik, Rhetorik und Musik, Arithmetik, Geometrie und Astrologie zählten!

Nach unbeschwerter Kindheit stieg er als Fünfzehnjähriger ins Geschäft des Vaters ein, um es nach dessen Tod ganz zu übernehmen. Da war er dreißig Jahre alt und stiftete der Bruderschaft Unserer lieben Frau hundert Reichstaler, einen stattlichen Betrag, den er später verdoppelte. Jeweils am Todestag des Vaters sollte dafür ein Jahrgedächtnis gehalten werden; die Zinsen, die besagte Stiftung einbrachte, wurden an die Armen in der Gemeinde verteilt.

Der Bürger Hermann Löher war in allem, was er damals tat, ein wirklich vorbildlicher Mensch. So sollte – dachte er sich – auch seine Ehefrau sein, und da er ein derart tugendhaftes Mädchen in Rheinbach anscheinend nicht fand, suchte er sie in den Nachbardörfern; beispielsweise in Flerzheim, wo ihm die Stieftochter des dortigen Schultheißen Matthias Frembgen auffiel. Ein Schultheiß stammte immer aus angesehener und wohlhabender Familie. Das war das Kriterium, nach dem diese Männer vom Kurfürsten ausgesucht wurden, damit sie als Richter beim jeweiligen Schöffengericht fungieren sollten.

Vom Schicksal des Matthias Frembgen wird noch zu reden sein. Wenden wir uns zunächst seiner Tochter Kunigunde zu, die den dreiundzwanzigjährigen Hermann Löher heiratete und schon bald den Sohn Bartholomäus zur Welt brachte, dem noch weitere sieben Kinder folgten. Hermanns Geschäft blühte. Er handelte mit Eisen und Stahl, Wolle und Leinen, Früchten und Wein und kaufte und verkaufte seine Waren im ganzen Land zwischen Köln und Aachen, zwischen Frankfurt und Düren. Im Jahr 1627 – da war er gerade mal zweiunddreißig Jahre alt – wurde er Bürgermeister und mit sechsunddreißig Jahren das jüngste Mitglied im Schöffenkollegium.

Und das war der Anfang vom Ende.

Bis dahin hatte – was den Hexenwahn anging – in Rheinbach eine trügerische Ruhe geherrscht. In der Umgebung allerdings, besonders im nahe gelegenen Amt Hardt, brannten schon seit einiger Zeit die Scheiterhaufen, und in Köln war nach einem aufsehenerregenden Prozess gerade die Postmeisterin Katharina Henot verbrannt worden.

Bevor wir uns mit den nun anlaufenden Verfahren beschäftigen, gilt es, einen Blick auf das damalige Justizsystem zu werfen, das einigermaßen kompliziert war. Es gab drei verschiedene Gerichte:

Das Kirchengericht, der sogenannte Send, entschied in kirchlichen Fragen. Mit Beschuldigungen wegen Hexerei beschäftigte es sich zu dieser Zeit schon lange nicht mehr, weil Schadenszauber, wie er den Beschuldigten gemeinhin vorgeworfen wurde, ein absolut weltliches Delikt war.

Das Hochgericht des Landesherrn (in diesem Fall der Kölner Kurfürst) war zuständig für schwere Verbrechen und allein berechtigt, die Todesstrafe zu verhängen. Hexerei galt wegen der dabei eingesetzten Magie als Majestätsverbrechen und deshalb als todeswürdige Tat.

Das Markgericht war das Ortsgericht und nur für eher kleinere Delikte und Ordnungswidrigkeiten zuständig.

Während der Vogt, vom Landesherrn eingesetzt, das Hochgericht und das Ortsgericht kontrollieren sollte, hatte der Amtmann im Vorfeld die Vorwürfe zu prüfen, das Verfahren einzuleiten und die Anklage zu erheben. Die Schöffen schließlich sollten an allen drei Gerichten urteilen, wurden von den Gemeinden bestellt und setzten sich im Allgemeinen ausschließlich aus Mitgliedern angesehener und wohlhabender Familien zusammen. Schließlich gab es noch einen Kommissar, der Jurist sein musste und den in Gerichtsfragen zumeist völlig unerfahrenen Schöffen zur Hand gehen sollte.

Was ja auch vernünftig war.

Sofern sie sich an ihren Auftrag gehalten hätten, was sie jedoch häufig nicht taten. Und gerade in Rheinbach sollte das schreckliche Folgen zeitigen, denn nach dort war der aus Euskirchen stammende Dr. Franz Buirmann geschickt worden. Er war der Sohn einfacher Eltern und von Natur aus eher unansehnlich. Augenzeugen schildern ihn als einen hochgewachsenen, dürren, kahlköpfigen Mann, der auf Frauen abstoßend wirkte. Immerhin gelang es ihm schließlich, die Tochter eines Bonner Salpetergräbers zu ehelichen. Was nicht gerade standesgemäß für einen jungen Mann ist, der kürzlich zum Dr. jur. promoviert worden und seit Kurzem beim Hohen Gericht in Bonn angestellt war. Salpetergräber galten damals nicht viel mehr als fahrende Musikanten.

Binnen kürzester Zeit machte er sich als Hexenjäger einen Ruf, obwohl er ja vom Kölner Erzbischof ausschließlich damit beauftragt war, die Schöffen vor Ort zu beraten. Aber gerade die Bürger kleinerer Orte, in denen sich seine vermeintlichen Talente schnell herumgesprochen hatten, waren begierig, ihn in ihre Mauern zu holen, auf dass er – so abartig das klingen mag – bei ihnen nach Hexen fahnde und möglichst viele von ihnen als Teufelsbuhlen entlarve und verbrennen lasse. Schon nach kurzer Zeit war sein Ruf so schrecklich, dass die jeweiligen Schöffen längst nicht mehr zu protestieren wagten, wenn er nicht länger nur ihr Berater sein wollte, sondern sich selbst die Rolle des Richters anmaßte.

* * *

Nach dem, was wir über Buirmann wissen, fahndete er in allen Ortschaften, in denen er tätig wurde, weniger nach gefährlichen Hexen als vielmehr nach wohlhabenden Bürgern, deren Vermögen er nach erfolgter Verurteilung für sich und seine jeweiligen Komplizen einziehen konnte.

Eines der ersten Opfer in Rheinbach war die Witwe Christina Böffgen, etwa sechzig bis fünfundsechzig Jahre alt, Geschäftsfrau und kinderlos. Sie galt als reich, und tatsächlich wurden nach ihrer Hinrichtung im Keller ihres Hauses an die viertausend Taler gefunden, was nach heutigem Geld eine Summe von weit mehr als hunderttausend Euro war. Ein wirklich lohnendes Opfer also, das auch prompt in den Kerker geworfen wurde.

Der Henker wusste anscheinend, was dem Dr. Buirmann – von Geld abgesehen – Spaß bereitete: Nachdem er die Angeklagte in einem Nebenraum entkleidet und am ganzen Körper rasiert hatte, schilderte er dem Kommissar auf hämische Weise Details ihres nackten Körpers. Dann begann die Folter. Sie dauerte mehrere Tage und wurde immer wieder aufgenommen, obwohl der Henker dringend davon abriet, weil er aus Erfahrung wusste, dass eine schwächliche alte Frau eine derartige Qual nicht durchstehen konnte.

Und sie überlebte auch nicht.

Der Henker verteidigte sich gegenüber Buirmann und den sieben Schöffen, die bei der Folterung hatten anwesend sein müssen: »Ich hab's ja gesagt, ich habe Euch gewarnt, dass sie das nicht überleben kann!«

Und Buirmann, dem durchaus bewusst war, dass er mit der fortgesetzten Tortur geltendes Recht überschritten hatte, wandte sich an die Schöffen und schrie, sie hätten es doch mit eigenen Ohren gehört, wie es gekracht habe, als der Teufel der Alten den Hals gebrochen habe. Nicht an der Folter sei sie gestorben, sondern der Leibhaftige habe sie umgebracht, damit sie keine Komplizinnen verraten könne!

Die Schöffen blickten betreten zu Boden, und da kam auch noch der Vogt Dr. Schwegeler hinzu, der sich bestens auskannte und genau Bescheid wusste, was laut kaiserlicher Halsgerichtsordnung gestattet war und was nicht. Er fuhr den Amtmann wütend an und sagte, was mit diesem armen Weib geschehen sei, das könne man weder vor Gott noch vor dem Landesherrn, noch vor den Menschen in der Stadt verantworten.

Buirmann, voller Panik, man könnte ihn beim Fürsten anzeigen, rannte umher und schrie stets aufs Neue: »Pfui, pfui, pfui! Wie's hier stinkt. Das war der Teufel, der diesen faulen Geruch hinterlassen hat!«

In seinem Buch gesteht Hermann Löher, dass niemand der Schöffen an diesen Satan geglaubt habe. Schließlich hatten sie nur zu gut miterlebt, wie und warum Christina Böffgen gestorben ist. Er gibt aber auch zu, dass Buirmann alle Schöffen später dermaßen eingeschüchtert hat, dass letztlich niemand mehr den Mut fand, dieses Verbrechen zur Anzeige zu bringen.

Und wer einmal schweigt, der muss auch beim nächsten Mal schweigen.

Das nächste Opfer war der – natürlich reiche – Bauer Hilger Lirtz. Er wurde grauenvoll gefoltert, aber er war ein bärenstarker Mann, und er kannte sich, da er früher selbst Bürgermeister gewesen war, mit der Prozessordnung aus. Daher wusste er, dass man ihn zumindest theoretisch freilassen musste, wenn er eine mehrstündige Tortur ohne Geständnis überstand. Und er schaffte es. Buirmann, noch verunsichert durch den Tod der alten Böffgen, ließ ihn tatsächlich frei. Aber nur für kurze Zeit. Dann fand er einen Grund, den Bauern erneut festzunehmen, und diesmal wurde Lirtz, der jetzt unter der schweren Folter zusammenbrach und angebliche Verbrechen gestand, verurteilt und bei lebendigem Leib verbrannt.

Unter den Rheinbacher Schöffen gab es nur zwei, die zu allem, was Buirmann verlautbarte, Ja und Amen sagten. Das waren Jan Theinen und Dietrich Halfmann. Die anderen wurden irgendwann zu seinen Opfern. Da war Jan Bewel, Schwiegersohn des verbrannten Bauern Lirtz, der in seiner Angst und Verzweiflung zum Trinker wurde. Buirmann wusste längst, dass die Schöffen ihm nicht mehr trauten, und deshalb änderte er nun die Taktik. Er ließ sie einen Haftbefehl gegen eine Frau unterzeichnen, deren Namen er ihnen nicht nennen wollte. Die Schöffen wehrten sich, mussten aber schließlich nachgeben, weil er immer unverhüllter drohte, auch gegen sie ein Verfahren einzuleiten.

Umso größer war ihr Entsetzen, als die Verhaftete vorgeführt wurde: Es war die Ehefrau des Schöffen Gotthart Peller, der soeben noch ahnungslos den Haftbefehl gegen sie unterzeichnet hatte. Angeblich wollte Buirmann sich an ihr rächen, weil ihre Schwester seine eindeutigen Anträge abgewiesen hatte.

Den heftigsten Widerstand gegen derartige Blankohaftbefehle leistete Herbert Lapp, der älteste der Schöffen. Er endete mit seiner Frau auf dem Scheiterhaufen.

Vor allem in den wohlhabenden Familien Rheinbachs brach Panik aus. Hilfe war von niemandem zu erwarten, denn der vom Landesherrn eingesetzte Amtmann Schall von Bell war durch und durch korrupt und wurde fürs Wegschauen natürlich von Buirmann großzügig belohnt. Von dessen Bestechlichkeit profitierte aber auch Hermann Löher, der – inzwischen selbst in höchster Gefahr – die Frau des Amtmanns »schmierte« und fürs Erste in Ruhe gelassen wurde.

Das allerdings galt nicht für seinen Schwiegervater Matthias Frembgen, Schultheiß und Richter im benachbarten Flerzheim, wo es ebenso wie in Rheinbach unter den Schöffen einige Jasager gab. Am gefährlichsten allerdings war ein gewisser Augustin Strom, ein Weber, der wegen eines nicht näher bezeichneten Leidens seinen eigentlichen Beruf nicht mehr ausübte, sondern nur noch Garn spinnen konnte.

Löher mokiert sich in seinem Buch, dass »Strom wider Mans auctoriteyt auff einen Weibischen Spin Raht flässen garn span« – also einer unmännlichen weiblichen Arbeit nachging. Strom betätigte sich nebenbei als Stadtschreiber und scheint der eigentliche Drahtzieher der Schreckensherrschaft in Flerzheim zu sein. Hermann Löher nennt ihn nur einen Ehebrecher und Läusehund. Er war maßgeblich dafür verantwortlich, dass selbst ein so angesehener Mann wie der Schultheiß Frembgen angeklagt, fünfeinhalb Tage gefoltert und schließlich verbrannt wurde.

Löhers Leben und das seiner Familie glich nun einem Drahtseilakt. Er wollte den Folterungen und Hinrichtungen nicht länger beiwohnen, aber das war seine Pflicht als Schöffe. Nur einmal, als wieder einige Frauen verbrannt werden sollten, gelang es ihm, gemeinsam mit seiner Frau für einen Tag nach Köln zu reisen, um sich so der Teilnahme an dem grausigen Spektakel zu entziehen. Aber das war eine Ausnahme.

Noch einmal würde er sich das kaum leisten können.

Um sein Gewissen zu beruhigen und das Leben einiger Mitbürger zu retten, bestach er zum wiederholten Mal den korrupten Amtmann Schall von Bell. Die Schmiergelder wurden sicherheitshalber nicht in Rheinbach überreicht; seine Söhne brachten sie in das Haus des Amtmanns an der Würfelpforte in Köln. Dann jedoch wurde sogar der hoch angesehene und gebildete Vogt Dr. Andreas Schwegeler der Hexerei angeklagt und vor den Toren der Stadt verbrannt, und im benachbarten Meckenheim rettete den dortigen Pfarrer nur ein Machtwort des Kölner Erzbischofs vor dem Scheiterhaufen.

Das war der Zeitpunkt, da Hermann Löher endgültig erkannte,

dass er sich absetzen musste. An die hundertdreißig Menschen, darunter allein fünf Schöffen und zwölf Ehefrauen von Schöffen, sind im Rheinbacher Bezirk Buirmann und seinen Kumpanen zum Opfer gefallen.

Ein letztes Mal floss eine größere Summe in die Taschen des korrupten Amtmanns, damit er seine Augen verschloss; dann floh Löher mit einem Teil seiner Familie nach Amsterdam. Was sich von seinem Vermögen versilbern ließ, machte er in aller Stille zu Bargeld. Zurück blieben sein Haus und sein übriges Vermögen, das sofort eingezogen wurde, denn Flucht war nach damaliger Auffassung der Hexenverfolger, wie schon gesagt, gemeinhin das Eingeständnis von Schuld. Natürlich brachen damit auch Löhers geschäftliche Beziehungen zusammen, sodass ihm – nach eigener Schätzung – ein Gesamtschaden von rund zehntausend Reichstalern entstand.

Viel Geld – aber angesichts der Alternative bestimmt nicht zu viel!

Er kam einigermaßen zurecht in Amsterdam; sicherlich nicht ganz so gut wie in Rheinbach, aber immerhin: Man hat überlebt. Sechs Jahre nachdem seine Frau Kunigunde gestorben war, heiratete er 1668 die erwähnte Witwe Katharina, und alles deutete auf einen geruhsamen Lebensabend hin. Dann jedoch griff dieser ungebildete Mann plötzlich zur Feder, vernachlässigte sehr zum Ärger der neuen Ehefrau seine Geschäfte und schrieb sich von da an alles von der Seele, was er offensichtlich seit seiner Flucht aus Rheinbach mit sich herumschleppte.

Warum gerade jetzt?

Seine Verbindungen zu seiner Heimat sind nie völlig abgerissen. Zwei seiner Söhne waren offensichtlich damals zurückgeblieben. Wir wissen es zumindest von seinem ältesten Sohn Bartholomäus, dem der Vater von Amsterdam aus ein Haus in Bonn gekauft hat. Aber Löher stand auch in brieflichem Kontakt mit dem Pfarrer Weynardt Hartmann, der ihm die trostlose Lage in Rheinbach schilderte:

»Nun ist Ungerechtigkeit, weniger oder keine Ordenung under Scheffen, Raht undt Burgerschaft, scheindt es alles in kinder

Haenden gekommen, ehebrecher, versoffen, eigenbadige fuehren das Regiment, ohrenblasser, anbrenger sein alle ... bey der Oberheit und Ambtmann da ist keine rechte Justitia, ein jeder suchet seinen nutzen ...«

Hermann Löher hörte zunächst von mehreren Stadtbränden, zu denen es während der Einquartierung fremder Truppen gekommen war, und schließlich las er in der Zeitung von der großen Katastrophe im Jahr 1673. Im sogenannten Holländischen Krieg, den der französische König Ludwig XIV. angezettelt hatte, stand Prinz Wilhelm von Oranien mit seinen Truppen vor der Stadt und verlangte Quartier und Lebensmittel für seine Soldaten. Die Bürger von Rheinbach, durch die vorhergehenden Ereignisse bereits völlig verarmt, weigerten sich. Da ließ der Prinz die Stadt stürmen und in Brand setzen. Zurück blieb ein rauchender Trümmerhaufen.

Für den alten Mann stand fest: Das war die Strafe des Himmels für alle Verbrechen, die in seiner Heimatstadt Rheinbach verübt worden waren. Er, Hermann Löher, hatte zu lange zugesehen. Tatenlos. Und war dadurch mitschuldig geworden.

Zu diesem Zeitpunkt entschloss sich Hermann Löher endgültig, sein Buch zu schreiben, das er *Wemütige Klage der frommen Unschültige* nannte und von dem er tausend Exemplare drucken ließ und verkaufen wollte. Aus erhaltenen Notizen seiner Frau Katharina ersehen wir, wie unmutig und skeptisch sie auf diese in ihren Augen völlig sinnlose Geldverschwendung reagierte. Und sie behielt recht. Für dieses für uns heute so wertvolle Buch, von dem anscheinend nur zwei Exemplare verkauft wurden, die gottlob erhalten sind, interessierte sich damals kein Mensch. Nicht einmal der Erzbischof oder die Inquisition.

Die frustrierte Witwe Katharina verkaufte den ganzen Kram als Altpapier.

Der Teufel überwältigt den, der Angst hat.
Wenn du sie beseitigst, wird der Teufel
niemandem etwas anhaben können.

Empfehlung aus Rom an den Bischof von Paderborn
wegen der Besessenen von Brakel

23 VOM TEUFEL BESESSEN

Der Mönch mit der spitzen Kapuze hatte dem bizarren Schauspiel lange genug zugesehen. Die beiden Mädchen grunzten nach wie vor wie Wildschweine auf Trüffelsuche, spuckten auf die Dielen, verrenkten Arme und Beine, krochen auf dem Boden herum und schließlich unter das Bett. Die Mutter schluchzte hemmungslos, der Vater schüttelte immer wieder den Kopf, und für die Nachbarn, die sich in der Tür drängten, stand fest: Die Kinder waren vom Teufel besessen.

Das sah Pater Antoninus vom Kapuzinerorden anders, behielt seine Meinung jedoch vorerst für sich und ließ die beiden Halbschwestern Klara Fincken und Katharina Maneken in die Klosterkirche bringen, wo er – wie er sagte – ihnen den Teufel schon austreiben würde.

Angesichts der sich in den letzten Jahren häufenden Berichte über angeblich Besessene hatte die katholische Kirche 1614 das sogenannte *Rituale Romanum* festgelegt, an das sich alle Exorzisten streng zu halten hatten. Es hieß darin, dass der mit einer Teufelsaustreibung befasste Geistliche zunächst einmal sehr sorgfältig untersuchen müsse, ob es sich im vorliegenden Fall tatsächlich um einen Besessenen handelte oder lediglich um einen schwermütigen Kranken.

Wirklich besessen könne der fragliche Mensch nur sein,

- wenn er mehrere Worte in einer ihm unbekannten Sprache redet oder einen anderen versteht, der in dieser Sprache mit ihm spricht,
- wenn er von entfernten oder verborgenen Dingen weiß,
- wenn er eine seinem Alter oder natürlichen Zustand überlegene Stärke zeigt und dergleichen mehr.

Je mehr Zeichen dieser Art, desto sicherer die Merkmale einer Teufelsbesessenheit.

Pater Antoninus täuschte nun in Anwesenheit vieler Zeugen eine Teufelsaustreibung vor, indem er scheinbar Weihrauch aufsteigen ließ, die Mädchen mit Weihwasser besprengte und sie mit den Gebeinen von Heiligen segnete. Das Weihwasser aber war in Wirklichkeit Bier, der vermeintliche Weihrauch stieg von heißem Pech auf, und die angeblichen Reliquien waren gewöhnliche Schafsknochen.

Ein richtiger Teufel hätte das erkennen müssen, aber das tat er offensichtlich nicht. Er konnte auch nicht antworten, als der Pater ihn auf Französisch ansprach, und was das Latein anging – nun ja, ein paar Brocken, wie man sie in der Messe hörte, kannte er schon, mehr jedoch nicht.

Daraufhin wurde der Pater rabiat, nahm einen Strick und erteilte den beiden Halbschwestern eine ordentliche Tracht Prügel, weil sie nichts anderes seien als dumme Gören, die sich einen Spaß daraus machten, ihn und ihre Leute an der Nase herumzuführen.

Nun hätten die Eltern dankbar sein müssen, dass ihre Kinder erwiesenermaßen nicht vom Teufel besessen waren, aber das genaue Gegenteil trat ein. Pater Antoninus und alle Kapuziner in dem kleinen Städtchen Brakel, das zum dreißig Kilometer westlich gelegenen Hochstift Paderborn gehörte, zogen sich den Hass der Familie zu und nicht nur das. Viele Bürger wollten anscheinend unbedingt, dass es Besessene in ihren Reihen gab, und liefen sofort zu jenem Mann über, der nun die Bühne betrat: dem Jesuitenpater Bernhard Löper, der Theologieprofessor an der Paderborner

Universität war und sich für einen ausgewiesenen Exorzismus-Experten hielt.

Als Kämpfer für die Gegenreformation schien ihm gerade die Teufelsaustreibung als das geeignete Mittel, um nachzuweisen, dass allein der Katholizismus den Satan besiegen könne, während alle reformierten Seelsorger teuflischen Dämonen völlig hilflos gegenüberstünden. Da kam ihm der Fall der beiden Halbschwestern in Brakel natürlich gerade recht. Er holte sie zunächst einmal nach Paderborn und begann in der dortigen Bartholomäuskapelle mit seiner eigenen Art von Teufelsaustreibung.

Aber es klappte nicht!

Die Dämonen nämlich, die angeblich aus den Mädchen sprachen, behaupteten plötzlich, sie würden nur dann aus den Körpern der beiden ausfahren, wenn man die Hexen, durch die sie in die Schwestern hineingelangt seien, auf den Scheiterhaufen bringe. Zunehmend mehr Mädchen zeigten in der Folge Anzeichen von Besessenheit, und jede Einzelne von ihnen beschuldigte auf Befragen Löpers irgendeinen Bürger, ihr durch Verabreichung von Essen oder Getränken den Dämon in den Körper geschickt zu haben. In Gruppen zogen sie durch das Städtchen, verprügelten ehrbare Frauen oder warfen den Nachbarn die Fensterscheiben ein. Wer ihren Zorn oder ihre Eifersucht weckte, wurde als Hexe oder Hexer bezeichnet.

Jetzt wurde es gefährlich für alle, die sich bei Pater Löper unbeliebt gemacht hatten. Das waren natürlich in erster Linie die Kapuziner, die das alles für ausgemachten Humbug hielten, aber gefährlich war es auch für eine gewisse Katharina Meier. Die nämlich sollte es gewesen sein, die den beiden Schwestern den Teufel in den Leib geschickt hatte.

Außerdem war besagte Katharina die Magd des Bürgermeisters Heinrich Möhring, und der war dem Jesuitenpater allein schon deshalb verdächtig, weil er die Kapuziner unterstützte. Diese wiederum waren die erklärten Feinde des Jesuiten, weil sie von Löpers Exorzismus überhaupt nichts hielten. Aber immer mehr Bürger von Brakel benahmen sich wie vom Teufel besessen, und immer mehr andere Mitbürger wurden von ihnen bezichtigt, die Dämonen in sie hineingehext zu haben.

So spaltete sich das Städtchen mit der Zeit in zwei Lager: Die einen wollten sich die Dämonen nicht ausreden lassen, und die anderen hielten es wie Möhring und die Kapuziner. Irgendwann wandte man sich an den Landesherrn in Paderborn, den Bischof Dietrich Adolf von der Recke, der sich zwar am liebsten aus der ganzen Sache herausgehalten hätte, aber das war auf Dauer nicht möglich, und so schickte er nach Rom, um sich von dort Unterstützung zu holen.

Es traf sich gut, dass einer seiner Domherren ein Berater von Papst Alexander VII. war, der sich in Deutschland gut auskannte. Gegen Ende des Dreißigjährigen Krieges hatte er vier Jahre in Westfalen verbracht, um zusammen mit vielen anderen Diplomaten den Westfälischen Frieden von Münster vorzubereiten. Er hatte damals sogar ein Gedicht geschrieben, in dem er sich über das für einen Italiener einigermaßen trübe Wetter, vor allem aber über die speziellen Gerichte ausließ, die er offensichtlich sehr schätzte: Schwarzbrot, westfälischer Schinken, geräuchertes Rindfleisch und das gute Bier aus Münster! Aber das nur in Klammern.

Der Papst jedenfalls, juristisch geschult, machte sich höchstpersönlich an das Studium der Akten, in denen Löper die Ergebnisse seiner Bemühungen festgehalten hatte.

Und war entsetzt. Einerseits über die Leichtgläubigkeit des Jesuitenpaters und seiner Anhänger, andererseits über die Bösartigkeit der angeblich Besessenen, die ihre Nachbarn der Hexerei beschuldigten. Nichts sei wirklich bewiesen, wie es doch durch das *Rituale Romanum* zwingend vorgeschrieben sei. Also sei die Behauptung, tatsächlich besessen zu sein, höchstwahrscheinlich völlig aus der Luft gegriffen, und deshalb dürften diese Mädchen auch nicht als Zeuginnen gegen Dritte zugelassen werden.

Trotz dieser klaren Stellungnahme des Papstes zögerte der Bischof, dem Spuk ein Ende zu machen, zumal Löper die Bürger von

23 VOM TEUFEL BESESSEN

Brakel weiter gegen ihn aufhetzte und ihn sogar als Hexenanwalt bezeichnete. Eine härtere Haltung als der Bischof vertraten dagegen die Jesuiten selbst, die das seltsame Gebaren ihres Ordensbruders schon lange missbilligend verfolgten und ihn schließlich aus Brakel abzogen und in die Niederlassung St. Goar am Rhein verbannten, von wo er auch nicht zurückkehren sollte.

Bischof Dietrich Adolf von der Recke sah sich indes auch nach Löpers Abgang stärkstem Druck der Bevölkerung ausgesetzt, sodass er schließlich nachgab. Es wurde zwar auch weiterhin nicht gestattet, nur aufgrund der Bezichtigung seitens der Besessenen Anklage gegen Bürger zu erheben, aber die Folter eröffnete ja auch andere Möglichkeiten, um missliebige Personen aus dem Weg zu räumen.

Und das ging beispielsweise so:

Sollte eine bestimmte Person, die von einer Besessenen besagt worden war, angeklagt werden, erfolgte das auf einem Umweg. Man nahm willkürlich eine dritte Person fest und entlockte ihr unter der Folter durch Suggestivbefragung den erwünschten Namen. So konnte jene Person sofort festgenommen und der Hexerei beschuldigt werden. Auf diese Weise wurde sogar der Kämmerer der Stadt, der zuvor vergeblich von den Halbschwestern der Hexerei bezichtigt worden war, letztlich durch einen Trick »überführt« und hingerichtet.

Allerdings fanden viele Bürger von Brakel die ganze Prozedur als zu umständlich und langwierig. Demzufolge kam es in mehreren Fällen zu Lynchjustiz, bei denen vermeintliche Hexer von den angeblichen Besessenen kurzerhand erschlagen oder erwürgt wurden. Besonders viehisch und sinnlos war der Mord an einem Boten, einem sogenannten Läufer, der mit Briefen auf dem Weg von Lemgo nach Rhoden in der Grafschaft Waldeck unterwegs war.

In der Nähe des Dorfes Borlinghausen waren etliche Männer damit beschäftigt, eine Wiese zu mähen. Zu ihnen stieß ein Schäfer, der sich wie ein Besessener benahm. Niemand störte sich daran, denn derlei Benehmen war in der Gegend schließlich hinlänglich bekannt. Als nun der Läufer an ihnen vorbeikam, sagte der Schäfer:

»Ich rieche einen Werwolf«, und Vitus, einer der anderen Männer, meinte, er röche wohl auch einen, und den müsse man totschlagen. Die beiden warfen ihre Sensen weg, rissen Stöcke und Knüppel aus einer Hecke, stürzten sich auf den ahnungslosen Boten und schlugen ihn nieder.

Der Bote rief vergebens um Hilfe. Immer wieder prügelten sie auf ihn ein, obwohl er längst stark blutend am Boden lag. Dann kam auch noch eine Fünfzehnjährige hinzu, die man ebenfalls für besessen hielt, und schlug mit ihrer Harke auf den Unglücklichen ein, bis er wie tot liegen blieb. Daraufhin bedeckten sie ihn mit Erdklumpen und machten sich davon.

Aber der Läufer lebte noch. Mit letzter Kraft grub er sich aus und schleppte sich bis zu einer Hecke, wo er dann später tot gefunden wurde.

Waren nun auch diese Mörder und die anderen, die man in diesen Wochen wegen ähnlicher Taten festnahm, wirklich Besessene oder lediglich Simulanten, die nur vorgaben, an Hexen und Hexerei zu glauben, um so ihre abartige Brutalität auszuleben? Jedenfalls kippte durch diese Vorfälle sowohl die Stimmung in der Bevölkerung als auch in der Umgebung des Bischofs, der nun endlich durchgriff und den Tätern den Prozess machen ließ.

Ob alle an dem Mord Beteiligten hingerichtet wurden, ist nicht bekannt. Sicher weiß man es nur von besagtem Vitus, aber jetzt wurden auch die aggressiven Mädchen endlich isoliert, sodass sie kein Publikum mehr hatten, und langsam kehrten im Hochstift Paderborn wieder normale Verhältnisse ein.

* * *

Knapp vierzig Jahre später und Tausende Kilometer entfernt: In Salem, einem kleinen Ort in Neuengland, im heutigen US-Staat Massachusetts, glaubte der Geistliche Samuel Parris seinen Augen nicht zu trauen. Seine neunjährige Tochter Elizabeth und seine elfjährige Nichte Abigail Williams krochen auf allen vieren durchs Haus, heulten und grunzten wie Tiere, warfen mit der Heiligen Schrift nach ihren Eltern, verweigerten das Gebet und störten den Gottesdienst.

Die puritanische Gemeinde war ratlos.

Gut, man sprach sehr viel vom Teufel, der das Seelenheil eines jeden Christenmenschen bedroht, und vielleicht hatte man dadurch die Fantasie der Kinder überstrapaziert. Vielleicht waren auch die schrecklichen Geschichten der Auslöser, die ihnen Tituba ständig erzählte, eine geheimnisvolle Frau unbestimmter Rasse, die zusammen mit ihrem Ehemann als Sklavin im Haus des Geistlichen lebte.

Aber im Verlauf der nachfolgenden Wochen zu Anfang des Jahres 1692 beobachtete die Gemeinde Anzeichen von Besessenheit nicht nur bei kleinen Kindern, sondern auch bei älteren Mädchen und jungen Frauen, die plötzlich die gleichen Symptome zeigten und behaupteten, sie würden von (unsichtbaren) Dämonen unentwegt geschlagen und gebissen, gekniffen und gekratzt. Ein Bürger namens John Proctor glaubte nicht an diese Geschichten. Er prügelte sein Dienstmädchen, das angeblich auch von den unbekannten Dämonen bedrängt wurde, so gründlich durch, dass ihre Anfälle ausblieben.

Wenigstens solange der Hausherr daheim war.

Die anderen Gemeindemitglieder indes bedrängten die scheinbar gequälten jungen Damen, sie sollten doch um des Himmels willen sagen, wer für diese schrecklichen Qualen verantwortlich sei, und die Mädchen benannten – natürlich – besagte Tituba, aber auch eine alte Bettlerin, ferner eine bettlägerige alte Dame, mit der die Familie einer der vermeintlichen Besessenen noch eine Rechnung offen hatte, sowie eine weitere Frau, die ein Kind von einem Indianer hatte, folgerichtig als unmoralisch galt und deshalb mehr als verdächtig war.

Wer auch immer von den Mädchen beschuldigt wurde, wanderte ins Gefängnis, aber da es in Neuengland, damals noch eine englische Kolonie, keine richtige Regierung gab, mangelte es auch an einer funktionierenden Justiz. Erst als Gouverneur Phips nach Salem geschickt wurde, konnten die Prozesse gegen die Angeklagten be-

ginnen, aber die Art, wie sie durchgeführt wurden, stieß bei vielen
liberal denkenden Menschen auf heftigen Widerstand.

Richter Dudley Bradstreet aus Andover beispielsweise weigerte
sich, weitere Haftbefehle zu unterschreiben. Daraufhin beschuldigte
man ihn flugs, neun Menschen ermordet zu haben und selbst ein
Hexer zu sein. Er floh, bevor man ihn einsperren konnte. Seinem
Bruder John warf man daraufhin vor, seinen Hund mittels seiner
Hexenkünste zu einem Verbrechen angestiftet zu haben. Er kam mit
dem Leben davon. Der Hund indes wurde gehängt.

Hauptmann John Alden hatte sich im Kampf gegen die Indianer
den Ruf eines Helden erworben. Er wurde von den Mädchen schwer
beschuldigt und kam nach Boston ins Gefängnis, aus dem ihm allerdings die Flucht gelang.

John Willard, ein Bauer und ehemaliger Polizist aus Salem, hatte
den Mut zu behaupten, die »Hexenschlampen« – und damit meinte
er die Mädchen – hätten sich die meisten Anschuldigungen nur ausgedacht, eigentlich müsste man *sie* an den Galgen hängen. Daraufhin
wurde er so massiv bedroht, dass er aus Salem floh. Das half ihm
wenig. Zehn Tage später ergriff man den tapferen Mann, beschuldigte ihn sieben schwerer Verbrechen und knüpfte ihn auf. Dasselbe
Schicksal ereilte auch jenen John Proctor, der seinem Dienstmädchen die Flausen aus dem Kopf hatte prügeln wollen. Er starb ebenso
am Galgen wie seine Ehefrau Elizabeth.

Der hochwürdige George Burroughs, von 1680 bis 1682 Pfarrer
von Salem, wurde von den Mädchen bezichtigt, ein gottesläster-
liches Abendmahl mit ihnen gefeiert, anderen Hexen Brot und Wein
»so rot wie Blut« angeboten und zudem seine beiden Ehefrauen ermordet zu haben. Dass er vor Gericht fehlerfrei und ohne sich zu
versprechen das Vaterunser betete, löste bei den Zuschauern allge-
meines Erschrecken aus. Glaubte man doch, ein Hexer sei dazu nicht
imstande. Aber der Ankläger überzeugte das Gericht, dass besonders
begnadete Hexer sogar dazu in der Lage seien. Der Pfarrer starb wie
neunzehn andere Angeklagte am Galgen. Die Leichen wurden wie
üblich verbrannt.

Fünfundfünfzig weitere Beschuldigte hatten sich gleich zu Anfang zu einem Geständnis überreden lassen und entgingen so der Todesstrafe. Unter ihnen befand sich auch jene Tituba, auf die allerdings erneut ein hartes Schicksal wartete. Damals mussten die Verurteilten (oder ihre Familien) zusätzlich zu ihrer Strafe auch die Prozesskosten tragen. Da Tituba naturgemäß mittellos war, wurde sie nochmals als Sklavin verkauft.

Das schlimmste Los traf den achtzigjährigen Giles Cory, der sich beharrlich weigerte, zu den Beschuldigungen, die gegen ihn vorgebracht wurden, auch nur Stellung zu beziehen. Um ihn zum Reden zu bringen, legte man ihn nackt auf ein Feld und packte schwere Steine auf seinen ausgemergelten Körper. Nach zwei Tagen war er tot.

Robert Calef, ein Händler aus Boston, der uns die grausige Geschichte überliefert hat, erspart uns auch nicht dieses Detail: Ein Polizist, der bei dem alten Mann Wache hielt, sah, wie sich durch den hohen Druck der Steine die Zunge des Greises aus seinem Mund schob.

Da nahm er einen Stock und stopfte sie wieder hinein.

* * *

Katholiken in Brakel, rigorose Protestanten in Salem – erschreckend ist, mit welcher Selbstverständlichkeit die Menschen, gleich, welcher Religion, im 17. Jahrhundert die Existenz von Hexen und Hexerei bejahten. Und ebenso erschreckend ist die Tatsache, dass den Beschuldigten nicht die geringste Chance gewährt wurde, sich gegen die durchsichtigsten Anschuldigungen zu wehren. Auch wenn sie von »Besessenen«, also möglicherweise kranken Menschen, vorgebracht wurden.

Aber was war das eigentlich, diese Besessenheit? Gab es sie wirklich, oder war sie in allen uns bekannten Fällen nur vorgetäuscht? War es eine Art Hysterie oder eine extreme Melancholie? War sie möglicherweise eine krankhafte Fantasie, ausgelöst durch irgendein Rauschgift? Oder eine Kombination von allem?

Wir wissen es bis heute nicht. Das liegt zum großen Teil daran, dass sich die Menschen damals überhaupt nicht der Mühe unterzogen, diesen doch höchst merkwürdigen Erscheinungen wirklich auf den Grund zu gehen. Warum auch! Man glaubte schließlich – und das ging quer durch die Gesellschaft – felsenfest an die Existenz von Hexen. Teufelsbuhlschaft war umstritten, die Möglichkeit, dass der Teufel mit Menschenweibern Kinder zeugen konnte, erst recht. Aber daran, dass es Hexen gab, daran zweifelte weder der jeweilige Papst noch Martin Luther, noch Johannes Calvin.

Man verdächtigte sie, zu jeder nur denkbaren Schandtat fähig zu sein. Widersprüche übersah man dabei großzügig. Bestandteil eines jeden Hexenprozesses war beispielsweise die Suche nach einem Hexenmal. Niemand befasste sich mit der Antwort auf die naheliegende Frage, warum der Teufel seine Anhänger mit einem solchen Mal ausstatten sollte, anhand dessen sie doch leicht erkannt werden konnten.

Oder: Warum entlohnte der Teufel seine Gefolgsleute stets mit Geld, das sich sofort in Dreck oder Schlimmeres verwandelte? So vergrault man doch seinen Anhang.

Oder: Warum ermordete der Teufel (angeblich) einige seiner Anhänger im Kerker, damit sie nicht aussagen konnten? Warum nur einige und nicht alle, wenn es denn tatsächlich in seiner Macht stand?

Man könnte die Liste derartiger Widersprüche endlos fortsetzen, aber schon anhand weniger Beispiele wird klar, dass logisches Denken dort ein Ende fand, wo die Angst grassierte. Und schreckliche Angst und Unsicherheit prägten jene Zeit im 17. Jahrhundert, vor dem Dreißigjährigen Krieg, in den Jahrzehnten der barbarischen Kampfhandlungen und auch noch danach, als die Hexenhysterie und die durch sie verursachte Verfolgungswelle ihren Höhepunkt erreichten.

Was waren nun die jungen Leute im Hochstift Paderborn? Vom Teufel besessen waren sie bestimmt nicht, aber was dann? Fühlten sie sich denn wenigstens subjektiv so? Oder waren sie schlicht und einfach krank? Oder wollten sie ihre Mitmenschen nur auf den Arm nehmen?

Einige halbwegs medizinisch gebildete Mitmenschen glaubten damals, es könne sich um eine übersteigerte Melancholie handeln, eine Modekrankheit jener Zeit, an der vornehmlich Damen aus der Oberschicht litten. Aber zum einen entstammten die vermeintlich Besessenen zumeist den unteren Volksschichten, und zum anderen machten sie keineswegs den Eindruck, sonderlich depressiv zu sein. Im Gegenteil. Sie gebärdeten sich durch die Bank aggressiv, und daher können wir diese These vergessen.

Historiker vermuten heute, dass die Besessenheit eher eine wie auch immer geartete Form der Hysterie war, die sich in den verschiedensten Formen äußerte und nicht unbedingt gespielt war. Erinnern wir uns, wie unterschiedlich »Besessene« agiert und reagiert haben:

- Im Baskenland behaupteten 1609 Hunderte von Heranwachsenden, von Teufeln gequält zu werden. Elf Kinder wurden verbrannt, ehe die spanische Inquisition der Verfolgung relativ schnell ein Ende setzte.
- Im schwedischen Mora befanden sich auch Erwachsene unter den fast hundert Opfern, von denen etliche – im Gegensatz zum Baskenland – behauptet hatten, Hexen hätten sie mit auf den Flug zum Hexensabbat genommen.
- In Salem behaupteten die Mädchen lediglich, die (für andere unsichtbaren) Hexen hätten sie körperlich gequält.
- In Loudon bezichtigten Nonnen ihre Beichtväter, sie sexuell missbraucht zu haben.
- In Köln behauptete eine Laienschwester dagegen, eine Dame der Oberschicht, die Postmeisterin Katharina Henot, habe sie verhext.

In Brakel war es hingegen anders. Hier waren die Anfälle möglicherweise durch frühere Erkrankungen ausgelöst worden. Später spielten die Mädchen Jesuiten und Kapuziner gegeneinander aus, wussten ihre angebliche Besessenheit geschickt zu ihren Gunsten auszunutzen, warben um Mitleid, erbettelten Almosen und vermochten sich alle möglichen Vorteile zu verschaffen.

Hätte der Paderborner Bischof Dietrich Adolf von der Recke dem blindwütigen Exorzismus-Treiben früher ein Ende gesetzt und die Mädchen isoliert, wäre es in Brakel und anderen Teilen des Hochstifts nicht zu derartigen Ausschreitungen gekommen.

Schließen wir das Kapitel über die Besessenheit nicht ab, ohne die Theorie zu erwähnen, die von der amerikanischen Psychologin Linda Carporael stammt, die zwar sehr umstritten, aber dennoch interessant ist. Sie hat sich vornehmlich mit den Geschehnissen in Salem beschäftigt, und ihr ist aufgefallen, dass die dort geschilderten Symptome der Mädchen auch bei Jugendlichen aufgetreten waren, die sie in einer Hippie-Kolonie während eines LSD-Trips beobachtet hatte.

Sie glaubt nun, dass bei den Ereignissen von Salem das Mutterkorn eine Rolle gespielt haben könnte. Der Mutterkorn-Pilz ist äußerst giftig. Bereits fünf bis zehn Gramm können tödlich wirken. Hebammen wussten schon damals, dass Mutterkorn sowohl anregend wirken als auch für Abtreibungen benutzt werden kann. Mutterkorn tritt am häufigsten bei Roggen auf, und nach Linda Carporael war das Wetter 1691 in Massachusetts besonders günstig für sein Gedeihen; vor allem in den tief gelegenen und feuchten Feldern auf der Ostseite des Dorfes Salem.

Die Wirkungsweise von Mutterkorn ist bereits 1938 wissenschaftlich erforscht worden, als ein Schweizer Wissenschaftler damit experimentierte und zu sehr seltsamen Ergebnissen kam. Er produzierte während seiner Experimente einen Stoff namens Lysergsäurediäthylamid, der bei ihm Halluzinationen auslöste. Ebendieser Stoff wurde später unter der Abkürzung LSD bekannt.

In Mutterkorn-Mehl könnte er sich jahrelang halten. So geschehen auch 1951 in einem kleinen französischen Dorf, wo es zu zweihundert Vergiftungsfällen kam. Viele Opfer glaubten sich von

Fabeltieren angegriffen; ein kleiner Junge hat sogar versucht, seine Mutter zu erwürgen, und eine ältere Frau meinte, sie könne fliegen, und stürzte sich aus dem Fenster ihres Hauses.

Auslöser war damals nachweislich Mutterkorn.

*Verflucht sei, der für Geld
unschuldiges Blut vergießt.*

5. Buch Mose 27,25

24 DAS HEXENNEST

David Clauss verabscheute seinen Beruf. Das war nicht immer so gewesen. Schließlich entstammte er einer angesehenen Familie, die schon weit über hundert Jahre den Scharfrichter gestellt hatte. Und nicht allein in Lemgo, sondern auch in der gesamten Grafschaft Lippe. Den Bürgern seiner Heimatstadt hatten weder sein viel zu früh verstorbener Stiefvater, von dem er das Amt übernommen hatte, noch er selbst jemals Anlass zur Klage gegeben.

Sichtbarer Beweis war die Achtung, die seine Familie in Lemgo genoss. Das war schließlich nicht in allen Städten des Reiches so. Pfarrer Andreas Koch – der Henker bekreuzigte sich jedes Mal, wenn er an jenen Mann dachte, den er selbst hatte hinrichten müssen – hatte ihm vor langen Jahren einmal das Entstehen dieses doch recht ungewöhnlichen Berufes erklärt.

In den alten Zeiten waren die Henker die Boten des Königs gewesen, die durch die Lande ritten, um verurteilten Rechtsbrechern das Todesurteil zu überbringen und es im Namen des Herrschers auch gleich zu vollstrecken. Ihr rotes Gewand wies sie als königliche Abgesandte aus und galt deshalb als Ehrenkleid. Das allerdings änderte sich mit dem Verfall des Königtums. Der Henker wurde ehrlos und in den entstehenden neuen Städten zuständig für alles, womit sich die ehrbaren Bürger nicht mehr die Hände schmutzig machen wollten.

In Lemgo aber war das anders. Hier wurde der Scharfrichter David Clauss geachtet. Er galt zwar immer noch nicht als voll gleichberechtigter und ehrbarer Bürger. Er war sich gewisser Grenzen sehr wohl bewusst, und die Familie blieb unter sich. Seine Mutter beispielsweise war ebenfalls die Tochter eines Henkers, der hatte im nahen Höxter amtiert und war als einigermaßen wohlhabender Mann gestorben.

Henker waren im Lipper Land keineswegs arm. Viele besaßen gute Kenntnisse in der Chirurgie, und wenn ein Glied amputiert werden musste, ging man nicht zum Medikus, sondern zum Scharfrichter, der sich auf solche Sachen verstand und entsprechend bezahlen ließ. Außerdem besaß er – und nur er – das Recht, Tierkadaver zu häuten, bevor sie endgültig entsorgt wurden. Das war zwar noch entehrender, als Menschen zu foltern und hinzurichten, aber es brachte auch viel Geld ein. Derart niedere Arbeit überließ David Clauss allerdings seinen Gesellen, die von den angesehenen Bürgern nun wirklich wie Ausgestoßene behandelt wurden.

Er selbst dagegen heiratete Agnesa Bröcker, die Tochter eines Scharfrichters aus der Umgebung, und zeugte mit ihr eine große Kinderschar. Außerdem war seine Frau mit einer ansehnlichen Mitgift ausgestattet, die es ihm erlaubte, ein stattliches Haus in schöner Lage zu kaufen und später noch ein zweites, ein etwas kleineres zwar, aber was wollte man mehr!

Gerechtigkeit zum Beispiel.

David Clauss hatte endlich begriffen, warum er nahe daran war, seinen Beruf zu hassen. Er wusste es im Grunde schon lange, aber er hatte die Augen vor dem verschlossen, was rings um ihn vorging. Und er wollte das Netz nicht sehen, in das er selbst verstrickt war.

Als er 1647 sein Amt antrat, hieß der Bürgermeister von Lemgo noch Heinrich Kerckmann. Er war damals bereits sechzig Jahre alt, hatte als junger Mann in Rostock und Gießen Jura studiert und war nicht nur für die Grafen von Lippe tätig, sondern auch ein angesehener Bürger der Stadt Lemgo, wo er immer wieder für eine Amtszeit von zwei Jahren zum Bürgermeister gewählt wurde.

Während des dreißig Jahre währenden großen Krieges wurde die Stadt mehrmals geplündert. Kerckmann verlor seine Frau, heiratete wieder, aber die Pest raffte auch diese Frau nur acht Wochen nach der Hochzeit dahin. Wie ihm erging es vielen Bürgern in Lemgo. Hunger und Elend herrschten in der Stadt. Wie immer in Zeiten großer Not suchten die Menschen nach Schuldigen, und das war der Beginn einer schrecklichen Verfolgungsepoche. Maßgeblich gefördert wurden die Hysterie und die sich unweigerlich anschließende Jagd auf vermeintliche Hexen von Heinrich Kerckmann und seinen Gefolgsleuten.

Nun sollte man wissen, dass Gerichtsverhandlungen – wie schon dargestellt – einigermaßen viel Geld kosteten. Für die Dauer des Prozesses waren die Teilnehmer zu beköstigen und – sofern sie von außerhalb kamen – zu beherbergen. Richter, Schreiber und Gutachter wollten schließlich auch leben. Vom Henker und seinen Gesellen ganz zu schweigen. Sehr teuer waren die Hinrichtungen, besonders wenn das Urteil »Tod durch Verbrennen« lautete. Das Material für Galgen und Holzstoß war zu beschaffen, dazu das Pech und eventuell auch noch Schwefel.

Gut, die Kosten wurden den Verwandten der Hingerichteten aufgebürdet; wenn sie zu arm waren, wurden ihre Äcker oder das Haus gepfändet. Aber häufig war nicht einmal das vorhanden, und dann musste die Stadt einspringen. Heinrich Kerckmann besaß zwar genügend Autorität, um das Murren der Bürger ignorieren zu können, aber deren Bereitschaft, sich an der Verfolgung Verdächtiger zu beteiligen, hielt sich in Grenzen. Sie würde zweifellos stärker, wenn ihnen dadurch keine Unkosten entstünden. Also musste man vor allem bei einigermaßen begüterten Familienangehörigen versuchen, zusätzliches Geld einzutreiben.

Eine gute Gelegenheit dazu bot da das sogenannte Gnadengeld. Das Gericht konnte beschließen, der oder dem Angeklagten das qualvolle Verbrennen bei lebendigem Leib zu ersparen, indem man die Delinquenten zunächst enthauptete und erst dann den toten Körper den Flammen übergab. Aber das ließ man sich teuer bezahlen. Auf dieses Gnadengeld erhob zwar auch die Herrschaft in Detmold Anspruch, aber das war eine andere Geschichte.

Fassungslos lesen wir heute in den erhaltenen Akten, auf wie unterwürfige Art die Verwandten an die Obrigkeit schrieben, um die Gunst zu erbetteln, dass ihre Angehörigen »nur« enthauptet und nicht bei lebendigem Leib verbrannt wurden. Schon allein die Anrede, mit der beispielsweise eine gewisse Lisabet Sprick, geborene Reinikings, bei den hohen Herren um Gnade für ihren Mann bat, lässt erahnen, wie völlig ausgeliefert sich die Menschen damals dem Bürgermeister und seinen Komplizen fühlten.

Die Bittschrift begann mit der Anrede »Ernveste, hochgelarte, Groß-achtbahre, wolweise und Fürsichtige großgünstige liebe Herren ...«

Sie müssen sich ihren drangsalierten Mitbürgern gegenüber tat-sächlich wie der liebe Gott selbst gefühlt haben, diese »großgüns-tigen und lieben Herren«.

Bei der großen Verfolgungswelle in den Jahren zwischen 1628 und 1637 waren, wie David Clauss später erfuhr, knapp neunzig der Hexerei Beschuldigte hingerichtet worden, die meisten von ihnen Frauen. Auch David Clauss hatte seit seinem Amtsantritt viele Ur-teile vollstreckt – ohne größere Anteilnahme. Das war schließlich sein Beruf, und die Hingerichteten waren der Hexerei überführt und hatten ihre Untaten gestanden.

Unter der Folter natürlich, aber wie sonst sollte man Verstockte zum Reden bringen, wenn der Teufel selbst sie zu Verschwiegenheit verpflichtet hatte!

Dass es Hexen gab, war in der ganzen Stadt unbestritten; auch dass man sie verfolgen und verbrennen musste. David Clauss aber war sich der Tatsache sehr wohl bewusst, dass nicht jeder Verdacht begründet war. Eines Tages nämlich hatte eine Frau aus der Nach-barschaft sein eigenes Weib, seine geliebte Agnesa, der Hexerei beschuldigt. Er hatte die Nachbarin daraufhin in der Dunkelheit aufgesucht, aber niemals verraten, was er ihr bei diesem heimlichen Besuch angedroht hatte. Jedenfalls wurde die Anklage gegen Agnesa urplötzlich fallen gelassen.

Was natürlich nicht bedeutete, dass es überhaupt keine Hexen gab.

***

Auf die wurde nun nach einer Periode relativer Ruhe erneut Jagd gemacht. Bürgermeister Heinrich Kerckmann war inzwischen ein Greis von achtundsiebzig Jahren. Die Bürger von Lemgo hatten ihn stets wiedergewählt, obwohl es längst eine nicht unbedeutende Opposition in der Stadt gab. Zu der gehörten Mitglieder alter und vornehmer Familien und mittlerweile auch der Pfarrer Andreas Koch, seit 1647 Nachfolger seines Vaters als Pastor an der Altstadtkirche St. Nicolai.

Neben ihren Aufgaben als Pfarrer fungierten Andreas Koch und seine Kollegen als neutrale Zeugen, die den guten oder schlechten Leumund der Angeklagten und später deren Geständnis bestätigen sollten. Zudem standen sie den Delinquenten mit ihrem Gebet zur Seite und begleiteten sie auf deren letztem Weg zur Richtstätte. Dieser Aufgabe kam Andreas Koch auch am 27. Juni des Jahres 1665 nach, als Elisabeth Tillen sterben sollte. Im Angesicht ihres nahen Todes tat sie etwas, was in Lemgo noch nie nach Folter und Urteil geschehen war: Sie beteuerte ihrem Beichtvater wenige Minuten vor ihrem Tod unter Tränen ihre völlige Unschuld.

Anscheinend war es dieses Schlüsselerlebnis, das Andreas Koch, den schon seit längerer Zeit Zweifel an der Prozessführung in Lemgo beschlichen hatten, bewog, erstmals öffentlich vor der vorschnellen Verurteilung von Verdächtigen zu warnen. Aber das war wohl noch zu früh. Die Mehrzahl seiner Mitbürger wandte sich gegen ihn. Damit war sein Schicksal eigentlich besiegelt, denn auch bei Heinrich Kerckmann und seinen Kumpanen hatte er sich schon seit einer Weile äußerst unbeliebt gemacht, weil er ihren unmoralischen Lebenswandel von der Kanzel herab angeprangert hatte.

Dazu bestand einiger Anlass, denn der greise Bürgermeister hatte einen höchst dubiosen Kreis von Anhängern um sich geschart. Da war zum einen sein alter Studiengenosse, der amtierende Stadtsekretär Johannes Berner, vor allem aber der Gastwirt und Kornhändler Hilmar Kuckuck, von dem unter anderem folgende bezeichnende

Geschichte erzählt wurde: Eines Tages schleppte man ein altes Weib vor das Gericht, erkannte dort aber schnell, dass es sich nicht um die Verdächtige, sondern um eine völlig andere Frau handelte. Daraufhin wollte man sie wieder heimbringen, aber Kuckuck schrie, man solle sie gleich hierbehalten. Es komme ja ohnehin alles auf dasselbe hinaus! Also folterte man die Frau, bis sie das Gewünschte gestand, und verbrannte sie. So viel zu Herrn Kuckuck.

Von diesen Gepflogenheiten wusste natürlich auch der Pfarrer Andreas Koch und war damit ein gefährlicher Zeuge. Aber noch hatte man nichts Konkretes gegen ihn in der Hand. Bis eines Tages in einem anderen Zusammenhang die reichste Frau der Stadt, eine gewisse Frau Böndel, zum zweiten Mal der Hexerei beschuldigt wurde. Beim ersten Mal hatte sie ihr Sohn Dr. Sprute, ein glänzender Jurist, freibekommen, aber diesmal gelang ihm das nicht.

Als eine andere Frau – schwer gefoltert – unter vielen anderen Namen auch den der Frau Böndel herausstieß, wurde die Beschuldigte ebenfalls grauenhaft gefoltert und gestand schließlich, dass sie den Pastor Andreas Koch das Zaubern gelehrt habe. Mehr wollten die Richter nicht hören, und Bürgermeister Kerckmann bat sofort die in jenen Jahren allzeit willige Juristische Fakultät der Universität Rinteln um ein Gutachten, das wie gewünscht ausfiel: Der Pastor sei der Hexerei zumindest verdächtig. Das Predigen sei ihm daher sofort zu verbieten.

Der ebenso mutige wie naive Pfarrer legte beim Grafen Hermann Adolph zur Lippe Beschwerde ein; mit dem Erfolg, dass man seine Klage in Detmold nicht nur abwies, sondern auch zwei Gegengutachten der Universität Helmstedt nicht beachtete. Im Gegenteil: Der Prozess gegen Koch wurde ausdrücklich zugelassen. Natürlich wurde der tapfere Pfarrer gefoltert, gestand, widerrief, wurde wieder gefoltert und schließlich zum Tod durch Verbrennen verurteilt. Seine Frau erreichte wenigstens beim Grafen in Detmold die Begnadigung zur Enthauptung.

Dies geschah in aller Heimlichkeit morgens früh um fünf Uhr und folglich unter Ausschluss der Öffentlichkeit.

Das war höchst ungewöhnlich, aber anscheinend begann man im Rathaus die Reaktion der Bevölkerung zu fürchten, denn die wurde zunehmend unberechenbarer, vor allem nachdem Bürgermeister Kerckmann gestorben und ein Mann aus seiner engsten Umgebung die Nachfolge angetreten hatte: Hermann Cothmann, der Lemgo endgültig zum in ganz Deutschland berüchtigten *Hexennest* machen sollte.

Was das Hexenwesen anging, war Cothmann vorbelastet. Unter seinen Verwandten befanden sich zwar Beamte, Professoren und Wissenschaftler; leider war die Familie trotzdem nicht sonderlich wohlhabend. Auch das Ansehen, das sie in der Stadt genoss, hatte die Männer um Kerckmann nicht daran gehindert, Hermann Cothmanns Mutter als Hexe anzuklagen und hinzurichten.

Den Sohn der »Hexe« berührte der Justizmord an seiner Mutter anscheinend wenig. Im Gegenteil: Er schien durch Übereifer zu versuchen, die Schande auszulöschen, die sie über die Familie – und vor allem über ihn – gebracht hatte. Es gelang dem jungen Juristen, sich in den Kreis um Bürgermeister Kerckmann einzuschmeicheln, sodass ihn dieser schon nach kurzer Zeit zum Prozessdirektor und damit indirekt zu seinem Nachfolger bestimmte. Bereits in seinem ersten Amtsjahr wurden siebenunddreißig Menschen hingerichtet.

Diesmal waren es mehrheitlich Männer.

Man mag es kaum glauben, aber ungeachtet der neuen Gräuel folgten die Lemgoer – immer noch mit einer deutlichen Mehrheit – dem Vorschlag des Verschiedenen, wählten den siebenunddreißigjährigen Cothmann sowie Kerckmanns Komplizen Johannes Berner zu neuen Bürgermeistern und ermöglichten damit die nächste Verfolgungswelle, die noch schrecklicher begann als alle vorangegangenen.

Unter der Folter hatte der Pfarrer Andreas Koch wie alle solchermaßen Gequälten letztendlich jeden Bürger »beklafft«, wie man das damals im Lipper Land nannte, den das Gericht beschuldigt wissen wollte. Unter anderem hatte man ihm den Namen eines Mannes genannt, mit dem der Bürgermeister schon lange eine Rechnung offen hatte. Es war nämlich ein Flugblatt gefunden worden, in dem die Machenschaften der Regierenden im Rathaus angeprangert wurden.

Dieses Pamphlet stamme doch mit Sicherheit von Mitgliedern der Familie Kleinsorge, nicht wahr?

Wer lange genug gefoltert wird, gesteht – wie wir wissen – alles, was die Peiniger hören wollen, und Andreas Koch war kein Übermensch. Ja, einer von den Kleinsorges sei's gewesen, bestätigte er schließlich. Man hatte den armen Pfarrer so schrecklich gefoltert, dass er ein paar Tage später mit seinen verstümmelten Füßen nicht einmal mehr zur Hinrichtungsstätte gehen konnte.

Man musste ihn dorthin tragen.

Die Familie Kleinsorge gehörte zu den angesehensten und ehrlichsten der Stadt. Das achtundsechzigjährige Familienoberhaupt, das Ratsherr und sogar einmal Bürgermeister gewesen und mit jenem Dr. Sprute befreundet war, der damals seine Mutter, die reiche Frau Böndel, verteidigt hatte, war Cothmann und seinen Komplizen schon lange ein Dorn im Auge. Noch war er unangreifbar, aber vorsichtshalber hatte man das entsprechende »Geständnis« des Pfarrers beim Scharfrichter Clauss so bestellt. Der wusste natürlich, was von ihm erwartet wurde. Aber Befehl ist Befehl. Was nicht ausschließt, dass sich der Henker schon zu diesem Zeitpunkt seine Gedanken gemacht hat.

Doch nicht nur der Scharfrichter begann zu grübeln. Auch verschiedenen Ratsherren kamen ernsthafte Zweifel, und sie wiesen Cothmann und Kuckuck auf den schlechten Ruf hin, den ihre Stadt schon jetzt als Hexennest hatte. Als zwei Ratsherren eine Fortsetzung der Hexenjagd ablehnten, soll ihnen Kuckuck angeblich entgegnet haben: »Wir müssen noch vierzehn Personen weghaben, sonst kriegen wir selber einen Prozess an den Hals.«

Die beiden Söhne des oben erwähnten Ratsherrn Kleinsorge, Dietrich Alphonse und sein jüngerer Bruder Heinrich Balthasar, schwebten derweil in Lebensgefahr. Immer wieder gelang es Cothmann und seinen Leuten, aus Verdächtigen Anschuldigungen gegen die beiden herauszufoltern. Heinrich Balthasar floh schließlich und begab sich in den Dienst des Großen Kurfürsten, der sich jedoch bei den Grafen zur Lippe vergeblich für ihn verwendete. Die Herrschaften dachten gar nicht daran, sich um die Missstände in Lemgo zu kümmern.

Als die Mutter der Brüder in Lemgo im Sterben lag, ritt der jüngere Sohn zu ihr, wurde jedoch verraten, und schon stürmten Stadtsoldaten das Haus. Ohne Rücksicht auf die Sterbende schlugen sie die Türen mit Äxten ein, aber Heinrich Balthasar entkam durch ein Fenster. An seiner Stelle wurde nun sein Bruder eingesperrt. Drei Jahre lang saß er im Gefängnis, ehe man ihn vorläufig freiließ.

Der jüngere Bruder trat derweil als Beamter in preußische Dienste. Später wurde er sogar geadelt und erster Polizeidirektor von Berlin. Zunächst aber lernte er am Hof des Großen Kurfürsten den Vater der Gräfin zur Lippe kennen. Besagter Graf von Dohna verwendete sich bei seinem Schwiegersohn für die Kleinsorges, und da nichts über gute Beziehungen zum Berliner Hof ging, knickte der Graf ein und verfügte, dass alle Anklagen gegen die Familie fallen zu lassen seien.

Doch nicht jeder hatte derartige Beziehungen in Berlin. Während Cothmanns Komplizen Hilmar Kuckuck und Johannes Berner das Zeitliche segneten, ließ er selbst in Lemgo weiter foltern und hinrichten. Eine Gruppe von Leuten beschwerte sich beim Grafen in Detmold im Namen aller Bürger über die Missstände in der Stadt und vor allem über den Bürgermeister: »Es ist ein Jammer, wie die Stadtdiener bei Zahlungsunfähigkeit ohne Weiteres Kühe und Hausgeräte wegnehmen, ja den armen Leuten bei harter Winterzeit ihre Betten aus den Häusern tragen und an die Juden verkaufen ...«

Keine Reaktion aus Detmold. Weitere Bürger versuchten es erneut und schrieben, der Bürgermeister sei ein »schrecklicher Flucher, ein Wucherer, ein ungerechter und eigensüchtiger Mensch«. Kein Fremder zöge mehr in die Stadt, »weil Lemgo zu jetziger Zeit eine verachtete Stadt sei, die vorher doch hoch angesehen« gewesen sei. Und wiederum andere Einwohner appellierten an den Grafen mit dem Hinweis, er sei doch schließlich der Statthalter Gottes in diesem Land. Da endlich reagierte die Herrschaft. Anstatt sich allerdings um Cothmanns Schreckensherrschaft zu kümmern, wurden die Hilfe suchenden Bürger zu je hundert Talern Geldbuße wegen Verleumdung der Obrigkeit verurteilt.

* * *

David Clauss hatte gehofft, der Allmächtige würde irgendwann ein Einsehen haben und die leidgeprüfte Stadt möglichst bald von ihrem Bürgermeister erlösen. Vielleicht wollte Gott die törichten Bürger aber dafür bestrafen, dass sie zum Teil aus Angst, zum Teil aber auch aus grenzenloser Dummheit Hermann Cothmann immer wieder gewählt hatten.

Der wiederum wollte einmal mehr seine Macht unter Beweis stellen und zitierte die sechsunddreißigjährige Maria Hermessen, eine geborene Rampendahl, vor sein Tribunal. Maria entstammte einer angesehenen Familie. Ihr Vater, gelernter Bäcker und Brauer, war nicht unvermögend und saß im Rat der Stadt. Ihre Mutter war die Tochter eines wohlhabenden Barbier-Chirurgen.

Aber, und darin unterschied sich die Familie kaum von vielen anderen in Lemgo, die Rampendahls waren in den zahlreichen Hexenprozessen von gefolterten Angeklagten immer wieder beklafft worden. 1653 hatte man ihre Großmutter als Hexe hingerichtet, und um den Tod ihres jüngeren Bruders (1667) und den ihres älteren Bruders (1673) rankten sich merkwürdige Gerüchte. Maria selbst war schon als Kind in Verdacht geraten, was angesichts dieser Verwandtschaft niemanden verwundern konnte.

Infolgedessen fand sie auch erst im reifen Alter von dreißig Jahren einen Mann, der sich über alle Gerüchte hinwegsetzte und den Mut hatte, sie zur Frau zu nehmen. Es war der Barbier-Geselle Hermann Hermessen, der dank seines Fleißes und der tatkräftigen Unterstützung seiner Frau schon bald ein schönes Haus kaufen konnte. Immerhin am Marktplatz! Vier Kinder, in rascher Reihenfolge geboren, machten das Glück des Paars vollkommen – bis eine Frau, die man die Blattgarstsche nannte, Maria Hermessen der Hexerei bezichtigte.

Eigentlich hatte der Ruf der Stadt Lemgo im ganzen Reich bereits dermaßen Schaden genommen, dass nicht nur viele Bürger, sondern mit der Zeit auch der Graf zur Lippe sowie die Rechtsfakultäten vieler deutscher Universitäten an der Seriosität der dortigen Prozesse Zweifel hegten. Schon hoffte man allerorten, dass der Spuk ein Ende nähme, als die Blattgarstsche vor Gericht gezerrt wurde und unter der Folter behauptete, sie habe Maria Hermessen um eine Arznei für das kranke Kind ihres Bruders gebeten, und die Maria habe ihr daraufhin Wurmkraut und Milch gegeben, woran das Kind dann gestorben sei.

Der Scharfrichter David Clauss, dem das Foltern offensichtlich unschuldiger Mitbürger schon lange zuwider war, spürte aufgrund all seiner Erfahrung, die er in Hunderten von Prozessen erlangt hatte, dass dieses Verfahren merkwürdig halbherzig durchgeführt wurde. Im Gegensatz zu früheren Vernehmungen wollte zum Beispiel niemand wissen, ob Maria Hermessen zum Hexensabbat geflogen sei und fleischlichen Umgang mit dem Teufel gehabt habe.

Der Henker zog daraus wohl seine eigenen Schlüsse, und bevor man die Angeklagte zum peinlichen Verhör holte, suchte er sie vermutlich im Kerker zu einem vertraulichen Gespräch auf. Er konnte schließlich Daumen- und Beinschrauben mehr oder weniger fest anziehen, und auch auf der Streckbank hatte ein erfahrener Scharfrichter durchaus die Möglichkeit, sein Opfer zu schonen, ohne dass die anderen Anwesenden Verdacht schöpften.

Die Gefolterte musste nur laut genug jammern.

Wie es genau gewesen ist, geht aus den Akten nicht hervor. Fest steht lediglich, dass die Angeklagte, obwohl sie nichts gestand, nur ein einziges Mal gefoltert worden ist und dann – höchst ungewöhnlich – zur Landesverweisung verurteilt wurde. Und ebenso ungewöhnlich war die bedingungslose Unterstützung, die Maria Hermessen durch ihren Mann erfuhr. Er nahm in Kauf, dass die

Barbiere der Stadt ihn aus ihren Reihen verstießen, und folgte seiner Frau mit den Kindern ins Exil nach Rinteln.

Von dort aus kämpften die beiden um ihre Ehre, verklagten schließlich sowohl den Grafen zur Lippe als auch die Stadt Lemgo, wobei sie die Unterstützung der Universität Rinteln genossen, wo inzwischen jüngere und liberalere Gelehrte die angeforderten Gutachten erstellten. Das Reichskammergericht in Speyer rehabilitierte Maria Hermessen in letzter Instanz zwar nicht vollständig, verurteilte aber den Grafen zur Lippe und die Stadt Lemgo dazu, die Hälfte der Prozesskosten zu tragen.

Was so ungewöhnlich war, dass es schon fast einem Freispruch und einer Rehabilitierung gleichkam. Wenige Tage nach der Urteilsverkündung starb Hermann Cothmann an einer fiebrigen Erkrankung.

Maria Hermessen war das letzte Opfer des Lemgoer Hexenwahns. Aber erst im Dezember 1715 wurde das Schwarze Buch der Stadt, auch Hexenbuch genannt, öffentlich zerschnitten und verbrannt.

Als Begründung hieß es im Protokoll, »weilen die darin angeführten Passagen guten Teils nunmehr für thorheiten gehalten werden«. Weiter heißt es: »Und möchte man wünschen, dass dergleichen Buch niemalen gemacht wäre, alsdann diese gute Stadt noch wohl in besserem Flora seyn würde, weil sie guten Teils durch solchen fameusen Prozess ruiniert worden.«

Zu dieser Erkenntnis hätte man auch früher kommen können.

Das Gefährliche an den Halbwahrheiten ist,
dass immer die falsche Hälfte geglaubt wird.

Hans Krailsheimer

25 WAHN UND WIRKLICHKEIT

Das war ja geradezu unglaublich! Man lernte doch nie aus. Der alte Mann in der Bibliothek putzte umständlich seine Brille und setzte sie wieder auf, um das noch einmal zu lesen, was da in seinem Lieblingsblatt, der *Berlinischen Monatszeitschrift*, stand. Neun Millionen! Das hätte er nicht für möglich gehalten.

Er war schließlich gebildet, und er wusste eine ganze Menge über die Hexenverfolgung, die nun endgültig und gottlob zu Ende gegangen war. Man befand sich schließlich im Zeitalter der Aufklärung, und die Zeiten, da die Kirchen zur Verfolgung sogenannter Hexen aufgerufen hatten, waren für immer vorbei.

Hoffentlich.

Der alte Mann war Historiker. Nicht von Berufs wegen. Da war er Kaufmann. Aber Geschichte hatte ihn schon immer interessiert, und deshalb wusste er auch, dass die Kirche – damals gab es ja nur eine einzige – bis ins 13. Jahrhundert hinein die Existenz von Hexen, wie sie später dargestellt wurde, entschieden abgestritten hat. Der Flug durch die Lüfte wurde lange als Ausgeburt antiker und somit heidnischer Fantasie abgelehnt und der Glaube daran mit Kirchenbußen bestraft. Burkhard von Worms nahm 1020 entsprechende Vergehen in seinen Beichtspiegel auf.

Der Glaube an Hexen müsse bestraft werden, hatte der Bischof gelehrt, nicht aber die Hexe als solche, denn es gibt sie überhaupt nicht!

Um 1200 hatten dann Kaiser und Papst eine Vereinbarung getrof-

fen, wie man gegen die Ketzer in Südfrankreich vorgehen solle. 1232
wurde der Orden der Dominikaner mit der Inquisition beauftragt.
Noch immer ging es gegen Ketzer, die die Lehre der Kirche und die
Autorität Roms anzweifelten, aber bei der Vernehmung der Beschuldigten wurde damals auch die Folter zugelassen. Reinigungseide
oder Gottesurteile wurden verboten, unbußfertige Ketzer verbrannt.

1233 – erinnerte sich der alte Mann – veröffentlichte Gregor IX.
die sogenannte *Ketzerbulle*, in der erstmals ein Zusammenhang zwischen Ketzerei und Teufelspakt hergestellt wurde. Als eines der
schlimmsten Verbrechen wurde die Verhöhnung der Sakramente
angesehen. Ein gewisser Konrad von Marburg war damals als Generalinquisitor durch Deutschland gezogen und hatte viele Menschen
auf den Scheiterhaufen geschickt, bis er von Adligen, denen er ebenfalls nachgestellt hat, erschlagen wurde.

Das hatte für Deutschland zunächst einmal für die Dauer von
zweihundertfünfzig Jahren das Ende aller Hexenjagden bedeutet.

Gegen Ende des 13. Jahrhunderts dann hatten die Dominikaner
Albertus Magnus und Thomas von Aquin sowie der Franziskaner Bonaventura von Bagnoregio mit der Lehre von Inkubus und Sukkubus
die Theorie vom Geschlechtsverkehr zwischen dem Teufel und Menschen aufgestellt, worauf sich später viele Ankläger berufen sollten.

Und dann die schlimmen Geschichten, die in Frankreich passiert
und noch immer nicht richtig aufgeklärt sind! Anfang des 14. Jahrhunderts hatte sich die Inquisition, die doch heilig sein wollte, vom
französischen König Philipp IV. missbrauchen lassen, der schon
lange ein begehrliches Auge auf den Reichtum des Templerordens
geworfen hatte. Auf seine Anordnung hin wurden an die zweitausend Ritter des Ordens verhaftet und gestanden unter der Folter
die abenteuerlichsten Schandtaten; unter anderem Ketzerei und
Unzucht. Erstmals war auch von Hexensabbat die Rede.

Aus politischen Gründen wurde 1431 in Rouen Jeanne d'Arc, die
Jungfrau von Orléans, von den Engländern verbrannt. Teufelsbuhlschaft aber, das weiß der alte Mann genau, wurde ihr nicht vorgeworfen.

Zu dieser Zeit wurden wegen Hexerei Verurteilte noch ziemlich milde bestraft. In Landshut wurde 1417 eine Frau wegen ihrer Zauberkünste öffentlich zur Schau gestellt. Im Wiederholungsfall drohte man ihr die Ausweisung aus der Stadt an. Zehn Jahre später wurde in München dann tatsächlich eine Frau der Stadt verwiesen, weil sie mit ihren Liebeskünsten einen Kaplan betört haben sollte.

Anders war das bereits bei einer Serie von Hexenprozessen, zu denen es von 1459 an im französischen Arras kam. Irgendwo hatte der alte Mann gelesen, dass damals schon ein Verfahren in Gang kam, wie es später auch in Deutschland zur Regel wurde. Unter der Folter gestanden Frauen den fleischlichen Verkehr mit dem Teufel, Verwandlung in Tiere, Herstellung von Salben aus den Leichen ermordeter Kinder, Hexenflug zum Sabbat, Anbetung des Teufels und Verhöhnung des Glaubens. Von da an reichte auch die Denunziation, um Verfahren gegen weitere Personen einzuleiten.

1484 erschien schließlich der berüchtigte *Hexenhammer*, in dem heute noch nachzulesen ist, was eine Hexe angeblich tut, woran man sie erkennen kann und wie sie zu bestrafen ist. Das Buch erreichte innerhalb von knapp zweihundert Jahren an die dreißig Auflagen. Es dauerte allerdings eine ganze Weile, bis es seine verheerende Wirkung zeitigte. Drei große Verfolgungswellen schwappten über das Reichsgebiet und erreichten ihren jeweiligen Höhepunkt ungefähr in den Jahren 1590, 1630 und 1660. Schuld daran war die ständige Angst der Menschen, Angst vor Hunger und Krieg, vor Pest und dem jähen Tod, der direkt in die Hölle führte.

Wobei wir wieder bei der katholischen Kirche wären, dachte der alte Mann, der sich ziemlich sicher war, dass es nur die Jesuiten waren, die aus lauter Frauenhass die armen Weiber verbrannt hatten. Nur – dass es so viele waren, wie er gerade gelesen hat. Das hat nicht einmal er gewusst. Neun Millionen!

* * *

S timmt denn das? Wurden wirklich mehr als neun Millionen Frauen als Hexen verbrannt? Natürlich nicht. Aber wer hat diese Zahl in die Welt gesetzt?

Es war der Stadtsyndikus von Quedlinburg, ein gewisser Gottfried Christian Voigt, der seine fantastische Hochrechnung 1784 in der oben erwähnten, durchaus seriösen *Berlinischen Monatszeitschrift* veröffentlichte. In seinem Artikel heißt es unter anderem, es bestehe nach wie vor die Gefahr, in Barbarei und Unwissenheit zurückzufallen und den Ruhm der Aufklärung zu verlieren, wenn man nicht ständig auf der Hut sei.

Vor allem, was den Hexenwahn angehe, bestehe bei Gelehrten wie Ungelehrten, bei Juristen wie Theologen – gleich, welcher Religion sie angehörten – nicht nur in abgeschiedenen Dörfern, sondern auch in großen und bedeutenden Städten noch immer der dümmste und schändlichste Aberglaube. Und das gelte nicht nur für das törichte Volk, sondern auch für die gehobenen Schichten.

Natürlich kannte Voigt Voltaire, der schließlich der (Ex-)Freund seines Königs war und sogar zwei Jahre als Gast Friedrichs II. am Hof in Sanssouci geweilt hatte, bevor die beiden sich zerstritten. Und natürlich kannte er auch dessen – völlig aus der Luft gegriffene – Zahl der verbrannten Hexen. Hunderttausend sollen es laut Voltaire europaweit gewesen sein, aber diese Behauptung schien Voigt zu pauschal.

Und vor allem viel zu niedrig.

Also machte er sich daran, die genaue Zahl der Hinrichtungen auszurechnen, und als Unterlage diente ihm das Archiv zu Quedlinburg. Den vorliegenden Akten entnahm er, dass in den letzten dreißig Jahren in der Stadt und der näheren Umgebung wenigstens dreißig Hexen verbrannt worden seien. Er ging aber davon aus, dass lange nicht alle Akten vollständig seien und dass es, ohne zu übertreiben, wohl rund vierzig gewesen sein dürften.

Wenn es also innerhalb von dreißig Jahren vierzig Hinrichtungen gegeben hat, so wären das in hundert Jahren hundertdreiunddreißig und in den sechseinhalb Jahrhunderten, da Menschen wegen Hexerei verfolgt worden waren, achthundertsechsundsechzig Todesurteile. Allein in Quedlinburg!

Und was bedeutete das europaweit?

Originalton Voigt: »In Deutschland, Frankreich, Italien, Spanien und England, und überhaupt in dem Theile Europens, welcher seit dem Ausgang des 6. Jahrhunderts sich zur christlichen Religion bekannt hat, sind wenigstens einundsiebzig Millionen Einwohner anzunehmen. Wenn nun in einem so kleinen Bezirk Deutschlands, welcher kaum elf- bis zwölftausend Menschen fasset, in einem Jahrhundert hundertdreiunddreißig Personen als Hexen hingerichtet worden sind, so beträgt dieses in der ganzen christlichen Kirche auf jedes Jahrhundert 858 454, und auf den von mir bezeichneten Zeitraum von elf Jahrhunderten neun Millionen vierhundert zwei und vierzigtausend neunhundert vier und neunzig Menschen.«

Abgesehen davon, dass diese Hochrechnung schon mathematisch fehlerhaft ist, setzt sie fälschlicherweise voraus, dass es durch die Jahrhunderte hindurch eine kontinuierliche und in allen Ländern gleich starke Hexenverfolgung gab, was bekanntlich Unsinn ist. Außerdem kann man gewisse Berechnungen nicht einfach per Dreisatz lösen. Wenn beispielsweise in einem Dorf von tausend Einwohnern innerhalb eines Jahres ein Einwohner vom Blitz erschlagen wird, kann man daraus nicht folgern, dass von den rund einundachtzig Millionen Bundesbürgern jährlich einundachtzigtausend Menschen bei Gewittern umkommen.

Solchen Argumenten gegenüber waren die meisten Menschen im 19. Jahrhundert nicht zugänglich; und schon gar nicht in dessen zweiter Hälfte, als der Kulturkampf tobte, der selbst angesehenen Wissenschaftlern den Blick trübte. Im Kampf zwischen dem Vatikan und den liberalen und protestantischen Kräften in Europa ging jede Objektivität verloren. So war allein schon an seiner Haltung zur Neun-Millionen-Theorie zu erkennen, ob sich ein Historiker zur katholischen oder zur protestantischen Kirche bekannte. Oder ob er Atheist war.

Im 20. Jahrhundert diente Voigts Hochrechnung schließlich den

Nazis, denen ein gesondertes Kapitel in diesem Buch gewidmet ist, als willkommene Munition gegenüber den Kirchen, und selbst für gewisse Feministinnen war die von der modernen Wissenschaft längst ad absurdum geführte Neun-Millionen-Theorie Wasser auf die Mühle. Sie sprachen von einem Frauen-Holocaust und übersahen geflissentlich die hohe Zahl an Männern, die ebenfalls wegen angeblicher Hexerei hingerichtet worden waren.

Aus früherer Zeit sind andere Schätzungen überliefert, die von den tatsächlichen Zahlen weit abweichen. Zum einen waren es die Hexenjäger selbst, die sich mit der Menge der von ihnen zur Strecke gebrachten Hexen rühmten.

Da gab es beispielsweise Ludovico a Paramo, den Inquisitor auf Sizilien, das damals Spanien unterstand. Er prahlte 1598 damit, wie verdient sich die Inquisition um die Menschheit gemacht habe, indem sie eine riesige Zahl von Hexen hingerichtet habe: »Sie sind von den Inquisitoren so scharf bekämpft worden, dass in den letzten hundertfünfzig Jahren mindestens dreißigtausend verbrannt wurden, die, wenn sie ohne Strafe davongekommen wären, leicht dem ganzen Erdkreis das Ende und die Verwüstung gebracht hätten. Denn nicht nur der wahren Religion, sondern auch den weltlichen Gütern schaden sie sehr ...«

Auch das ist völliger Unsinn, denn in ganz Spanien (inklusive der Philippinen, Mexikos und Perus) hat die Inquisition lediglich achtundfünfzig Personen wegen Hexerei hingerichtet. Aber ausgerechnet dieses Zitat (von einem Inquisitor höchstpersönlich!) wird gerne und häufig benutzt, um die übergroße Schuld der Kirche nachzuweisen.

Die erste Prozesswelle gegen Hexen wurde von der Inquisition in Südfrankreich in Gang gesetzt, wo zwischen 1460 und 1475 wohl dreißig Hexen verbrannt wurden. Nach einer längeren Pause loderten dann in Norditalien die Scheiterhaufen, aber die Gesamtzahl der von der mittelalterlichen Inquisition hingerichteten Personen lag deutlich unter tausend und die der 1542 gegründeten römischen Inquisition noch sehr viel niedriger.

Aber da war ja noch die Fantasie mancher Opfer, die verheerende Folgen zeitigte. Der Hexerei angeklagte Frauen prahlten zuweilen mit der riesigen Zahl ihrer Mitschwestern. So beispielsweise eine Dame namens Trois-Echelles, die gegenüber dem französischen König Karl IX. behauptete, in seinem Reich lebten dreihunderttausend Hexen. Und so etwas wurde tatsächlich geglaubt. Was Wunder, wenn die Bevölkerung in Panik geriet und ihre Herrschaft bedrängte, die ganze Brut zu vernichten!

Wenden wir uns aber nun den gesicherten oder zumindest von seriösen Historikern hochgerechneten Zahlen zu. Die Forschung ist sich heute einig, dass die Zahl der wegen Hexerei hingerichteten Personen europaweit zwischen fünfzig- und sechzigtausend Personen jeden Alters und Geschlechts liegt. Mehrfach höher ist die Zahl der überlebenden Opfer, deren Namen in keinem Protokoll festgehalten worden sind und die folgerichtig in keinem Archiv auftauchen.

Es geht um Hunderttausende von Menschen, die von wem auch immer denunziert und gefoltert wurden, aber wie durch ein Wunder der Hinrichtung entkommen sind. Halb wahnsinnig vor Angst, von Marter und Tortur geistig und körperlich gebrochen, mit glühendem Eisen fürs Leben gebrandmarkt, ihres Eigentums beraubt, aus der Gemeinde verstoßen und selbst von der eigenen Familie verlassen, fristeten sie als Bettler ein elendes Dasein, bis sie in irgendeinem Rinnstein starben.

Ihr Schicksal war oft grausamer als der schnelle Tod durch das Schwert oder den Strang, der manchem Verurteilten vom Richter gewährt wurde, bevor man den Leichnam verbrannte.

Die meisten Todesurteile – man schätzt sie auf etwa zwanzigtausend – wurden im deutschsprachigen Raum vollstreckt. In manchen Gebieten wurden die Akten nachlässig angefertigt, unvollständig archiviert oder später gezielt oder durch Unachtsamkeit vernichtet. Anderswo wurden die Akten penibel geführt, beispielsweise in Würzburg, wo eine Todesliste aufbewahrt wird, deren bürokratische Kälte uns noch heute das Blut in den Adern gerinnen lässt.

25 WAHN UND WIRKLICHKEIT

Hier das »Verzeichnis der Hexen-Leut, so zu Würzburg mit dem Schwert gerichtet und hernacher verbrannt worden«:

»Im ersten Brandt vier Personen.
Die Lieblerin.
Die alte Anckers Witwe.
Die Gutbrodtin.
Die dicke Höckerin.

Im andern Brandt vier Personen.
Die alte Beutlerin.
Zwey fremde Weiber.
Die alte Schenckin.«

Und weiter unten heißt es:

»Im zehnten Brandt drei Personen.
Der Steinacher, ein gar reicher Mann.
Ein fremd Weib.
Ein fremder Mann.

Im elften Brandt vier Personen.
Der Schwerdt, Vicarius am Dom.
Die Vögtin von Rensacker.
Die Stiecherin.
Der Silberhans, ein Spielmann.

Im zwölften Brandt zwey (…) fremde Weiber.

Im dreyzehnten Brandt vier Personen.
Der alte Hof-Schmidt.
Ein alt Weib.
Ein klein Mägdlein von neun oder zehn Jahren.
Ein geringeres, ihr Schwesterlein.«

Und noch weiter unten:

»Im neunzehnten Brandt sechs Personen.
Ein Edelknab von Rotenhan, ist auf dem Cantzley-Hof
gerichtet und am anderen Tag verbrannt worden.
Die Secretärin Schellharin.
Noch ein Weib.
Ein Knab von zehn Jahren.
Noch ein Knab von zwölf Jahren.
Die Brüglerin, eine Beckin, ist lebendig verbrannt worden.

Im zwanzigsten Brandt sechs Personen.
Das Göbel Babelin, die schönste Jungfrau in Würzburg.
Ein Student in der fünften Schule, so viel Sprachen gekonnt
und ein vortrefflicher Musikus vocaliter und instrumentaliter.
Zwey Knaben aus dem neuen Münster von zwölf Jahren.
Der Steppers Babel Tochter.
Die Huterin auf der Brücken.«

Und so geht es immer weiter. Eine Liste des Grauens, die uns unter
anderem lehrt, dass man keinen Unterschied machte zwischen Arm
und Reich, Alt und Jung; runzelige Vetteln finden sich unter den
Opfern und die schönste Jungfrau der Stadt, kleine Mädchen und
ein Domvikar.

Wobei wir auch schon bei der Frage sind, wieso sich auch Männer
unter den Opfern befanden. Richtete sich die Hexenjagd denn nicht
ausschließlich gegen Frauen?

Auch das ist eines dieser hartnäckigen Vorurteile, das anscheinend unausrottbar ist. Gewiss, der größte Teil der Hingerichteten
war weiblichen Geschlechts, und zumindest zu Beginn der großen
Verfolgungsjagden ging es um Schadenszauber. Da war es nahe-
liegend, dass ihn die alte Frau in ihrem Häuschen am Waldesrand
auszuüben verstand, die sich so gut mit allen Mittelchen auskannte,
die wusste, wie dem liebesmüden Gatten neue Manneskraft erwach-

sen oder wie der Liebestolle gedämpft werden konnte, wenn's seiner Frau zu viel wurde. Sie kannte Kräuter, die bei der Geburt halfen oder aber eine Schwangerschaft verhinderten. Sie wusste vieles, was die Männerwelt ängstigte und sie schon allein deshalb verdächtig machte.

Kein Wunder, dass frau als Erstes in Verdacht geriet, wenn man eine Zauberin suchte. Und als dann die Geschichte von der Teufelsbuhlschaft aufkam, stellte man sich natürlich erst einmal vor, dass der Teufel – schließlich war er männlichen Geschlechts – die Gestalt eines hübschen Galans annahm und die ohnehin leicht verführbaren Frauen anmachte. Erst später schrieb man dem Teufel auch die Fähigkeit zu, sich in ein verführerisches Weibsbild zu verwandeln, um auf diese Weise mit den Männern anzubandeln und sie zur Hexerei zu verführen.

Im Allgemeinen betrug der Anteil an Männern unter den Beschuldigten wohl zwischen zwanzig und fünfundzwanzig Prozent, wobei es einige bemerkenswerte Ausnahmen gibt:

In Island beispielsweise wurden zwischen 1604 und 1720 genau hundertzehn Männer der Hexerei angeklagt, aber nur zehn Frauen. Auch in Finnland, Estland und im Westschweizer Waadtland lag der Anteil der Männer außergewöhnlich hoch.

Etwas höher war er auch in katholischen Gegenden. Dazu gibt es eine Theorie, die auf Luthers Bibelübersetzung zurückgeht:

Im 2. Buch Mose (Exodus) findet sich eine Anweisung des Allerhöchsten, derzufolge man Hexen nicht am Leben lassen solle. Im Originaltext steht dort das Wort *Mechaschepha*, was eindeutig Zauberinnen heißt. Und so hat es Luther auch übersetzt. In der lateinischen Bibel der katholischen Kirche, der Vulgata, steht aber, man dürfe die *Zauberer* nicht am Leben lassen. In protestantischen Gegenden, wo sich die Menschen besonders streng an die Worte der Bibel hielten, soll dies angeblich der Grund dafür gewesen sein, dass dort – nachweislich – weniger Männer der Hexerei angeklagt wurden.

Weil es halt keine Zauberer gab. Nur Zauberinnen.

Dabei hätten die Protestanten doch merken müssen, dass spätestens im Neuen Testament keine weiblichen Magier mehr vorkommen. Männer, wohin man schaut. Die sogenannten Heiligen Drei Könige, die nach Bethlehem kamen, waren Magier. Jesus und seine Apostel, anscheinend alle mit magischen Kräften ausgestattet, die sie nutzten, um böse Geister auszutreiben. Sie waren schließlich ebenso Männer wie die von ihnen lächerlich gemachten Magier oder jene heidnischen Zauberer, mit denen es Paulus in Ephesus zu tun bekam.

Kehren wir zurück zu den vielen Vorurteilen, die mit dem Begriff »Hexen« verbunden sind. Das am meisten gepflegte ist die Meinung, dass die Verfolgung von der katholischen Kirche veranlasst und durchgeführt worden sei.

Um es noch einmal deutlich zu sagen: An Hexen glauben die Menschen seit vorgeschichtlicher Zeit. An gute und an schlechte. Wenn man davon überzeugt war, dass sie Schäden anrichteten, wurden sie verurteilt, mehr oder weniger streng, aber meistens hart. Die Kirche – damals gab es ja nur die eine – glaubte dagegen nicht an Hexen, ja, sie verurteilte sogar alle, die daran glaubten. Jahrhunderte hindurch und selbst Ketzern gegenüber verhängte sie zunächst nur Kirchenstrafen und gewährte Vergebung, wenn der Sünder Buße tat und in ihren Schoß zurückkehrte.

Das änderte sich in den Kriegen gegen Katharer und Albigenser, aber als die ersten Scheiterhaufen errichtet wurden, gab es noch immer keine Trennung zwischen Katholiken und Protestanten. Es gab nur eine Christenheit, und die begann nun allmählich, sich vor dem Teufel (und damit auch vor seinen möglichen Helfern) zu fürchten. Die Folge waren schreckliche Verfolgungswellen.

Aber dann kam die Reformation. In der Kirche tat sich zwar einiges, nur das in unserem Fall Wichtigste änderte sich nicht: der Glaube der breiten Masse an Hexen.

Aber Martin Luther! Man sollte doch meinen, dass wenigstens er ...

Nein, er unternahm überhaupt nichts gegen die Jagd auf vermeintliche Hexen, denn er hatte selbst panische Angst vor ihnen, fürchtete sie ebenso wie fast alle Menschen seiner Zeit. Er hat das auch immer wieder zum Ausdruck gebracht, so, als er einmal sagte, der Teufel könne auch »durch die Hexen, seine Huren und Zauberinnen, den armen Kindlein viel Schaden tun, als mit Herzdrücken, Blindheit. Ja, er kann wohl ein Kind stehlen und sich an seiner statt in die Wiege legen. Wie ich denn etwa gehört habe, dass ein solch Kind in Sachsen gewesen sein soll, dem fünf Weiber nicht genug haben können zu saugen geben, und solche Exemplare sonst vielmehr«.

Geschlechtsverkehr von gewissen Frauen mit Dämonen hält er unter Berufung auf Thomas von Aquin und Augustinus für eine Tatsache. Luther hat zwar selbst keine Hexenjagden organisiert, aber er und, seinem Beispiel folgend, auch fast alle protestantischen Prediger riefen von ihren Kanzeln zur Tötung der Hexen auf. Es kommt sicher nicht von ungefähr, dass im Jahr 1540, also noch vor der Zeit der allgemeinen Hysterie, in der Luther-Stadt Wittenberg vier Hexen verbrannt wurden.

Am Beispiel Martin Luther ist leicht zu belegen, dass es nicht ausschließlich die katholische Kirche gewesen ist, die als einzige Institution zur Hexenjagd geblasen hat. Hinrichtungen fanden sowohl in protestantischen und calvinistischen als auch in katholischen Gebieten statt, wobei die Hexenprozesse im protestantischen Norden offensichtlich relativ fair verlaufen sind. Aber ausgerechnet das ebenfalls protestantische Mecklenburg erlebte eine Hexenverfolgung, wie sie im Süden Deutschlands schlimmer nicht vorstellbar war.

Die Rolle, die die jeweilige Religion in den einzelnen Ländern gespielt hat, ist auch heute noch nicht zufriedenstellend erforscht, aber sie war allem Anschein nach von eher untergeordneter Bedeutung. Ganz offensichtlich wichtiger waren dagegen die Geschlossenheit beziehungsweise Zersplittertheit des jeweiligen Territoriums.

Wenn wir von den Erzbistümern Köln und Trier einmal absehen, über die große Verfolgungswellen schwappten, gilt die Faustregel: Je größer und in sich geschlossener der jeweilige Herrschaftsbereich, umso seltener waren Hexenjagden. Wenn es einen Herzog gab oder einen Bischof, der sein Land und damit auch die lokalen Gerichte wirklich im Griff hatte, waren Auswüchse so gut wie ausgeschlossen. Anders lagen die Dinge, wenn es kleine und mittlere Territorien waren, an deren Spitze ein Abt oder ein kleiner Ritter stand; dort geriet die Situation leicht außer Kontrolle.

Vergessen wir nicht, dass die Herrschenden fast immer unter dem Druck von unten auf Hexenjagd gingen. Ein mächtiger Herzog konnte diesem Druck widerstehen, ein kleiner Landadliger mit Sicherheit nicht. So finden wir heftige Verfolgungen in kleineren geistlichen Territorien wie in den Hochstiften Bamberg, Würzburg oder Fulda, aber auch in kleineren weltlichen Herrschaften, die gleichwohl die Hohe Gerichtsbarkeit beanspruchten – und häufig missbrauchten. In den seltensten Fällen gab es einen besonnenen Potentaten, der ihnen da hineinreden durfte.

Ein besonders eindrucksvolles Bild vermittelt uns die recht kleine Fürstpropstei Ellwangen in Südwestdeutschland, die absolut selbstständig war und keinem Herrscher unterstand. Innerhalb von sieben Jahren wurden hier Anfang des 17. Jahrhunderts rund vierhundert Menschen wegen Hexerei verbrannt.

Ein anderes und zwar sehr typisches Beispiel ist aus der Gemeinde Elz bei Limburg an der Lahn überliefert, wo die Dorfgemeinschaft an ihren Herrscher, den Kurfürsten von Trier, schrieb, es habe derart schreckliche Unwetter gegeben, bei denen »seltsame Eyse und Kieselsteine« vom Himmel gefallen seien, die die ganze Ernte vernichtet hätten. Derartiges könnten bekanntlich nur Hexen bewirken, und deshalb möge der gnädige Herr endlich etwas unternehmen, sonst – und nun kommt eine ernste und damals keinesfalls seltene Drohung – müsse man leider »mit Weib und Kindern entlaufen«!

Und dann könne der Herr ja schauen, von wem er den Zehnt und alle anderen Abgaben bekomme.

Natürlich waren solche Briefe nicht die alleinigen Auslöser großer Verfolgungswellen. Tatsache ist aber, dass in den folgenden Jahren in den Dörfern rund um Trier über dreihundert Hinrichtungen stattgefunden haben.

Hier also wurde die Herrschaft massiv unter Druck gesetzt, aber zuweilen war es auch die Herrschaft selbst, die aus mehr als merkwürdigen Gründen Hexenprozesse anstrengte, zum Beispiel um die eigene Gerichtshoheit unter Beweis zu stellen. In der winzig kleinen Eifelherrschaft Wildenburg beispielsweise wurden extra eine Hinrichtungshütte für Verbrennungen gebaut und ein ganzes Team von Henkern angeheuert, nur um im Streit mit der benachbarten Grafschaft zu Salm-Reifferscheid die eigenen Hochgerichtsrechte zu demonstrieren.

Und dafür mussten dann einige Frauen und Männer sterben!

Das Gegenbeispiel stellt die Kurpfalz dar, angrenzend an so starke Verfolgungszentren wie Trier und Mainz. Während dort die Hexenhysterie tobte, waren und blieben die beiden Kurfürsten Friedrich IV. und Friedrich V. bei ihrer Meinung, dass es keine Hexen gäbe. Keine Hexen, also auch keine Hexenprozesse, die zu führen jedem lokalen Gericht auf das Strengste untersagt wurde.

In Kurpfalz wurde in der Zeit ihrer Regierung (1583–1632) keine einzige Hexe verbrannt.

* * *

Von vielen Vorurteilen mussten wir uns bis hierhin schon verabschieden. Stimmt es denn wenigstens, dass zumeist nur alte und hässliche Runzelweiber als Hexen verbrannt worden sind?

Mit Sicherheit nicht. Die Jungfrau von Orléans war zumindest sehr jung und die Agnes Bernauerin sehr hübsch. Tatsache natürlich ist, dass man sich zunächst einmal immer an sozial schwache Personen heranwagte. Dazu zählten in erster Linie alleinstehende Frauen, die womöglich als weise Frauen galten, die am ehesten in den Verdacht gerieten, viel von Magie zu verstehen, und deshalb ebenso geschätzt wie gefürchtet wurden.

Zudem war da kein Mann, der sie beschützen konnte, und wenn sie das vermeintliche Zaubern von ihrer Mutter oder Großmutter gelernt hatte (die vermutlich auch schon eine Hexe war!), konnte leicht Verdacht keimen, und dann war es bis zur Beschuldigung nicht mehr weit.

Sehr gefährdet waren auch die Bettler, deren Zahl gerade im 16. und 17. Jahrhundert rapide zunahm, weil immer mehr Menschen durch Missernten, Krankheiten und Krieg Haus und Hof und damit ihre Existenz verloren. Was blieb ihnen anderes übrig, als über das Land und durch die Straßen der Städte zu ziehen und um Almosen zu flehen. Sie waren zumindest ebenso schutzlos wie die alten Weiber, und während man diese zumeist gut kannte, weil sie schon ewig im Dorf oder am nahen Waldrand wohnten, gehörten Bettler zum nicht sesshaften und damit unehrlichen Volk.

Und noch eines kam hinzu. Nicht von jedermann wurden Bettler mit ein paar Münzen oder etwas Essbarem beschenkt. Häufig genug wurden sie abgewiesen, und allzu oft entfuhr ihnen dann ein Fluch oder eine Verwünschung. Und wenn dem hartherzigen Geizhals dann tatsächlich der Hof abbrannte oder ein Kind starb …

Mit Beschuldigungen armer und schwacher Personen begannen nahezu alle Verfolgungswellen. Nahmen die jedoch Fahrt auf, scheuten sich die Gerichte nicht, auch angesehene und wohlhabende Mitbürger anzuklagen, wie wir schon der Würzburger Todesliste entnehmen konnten, auf der sich unter anderem die Namen von mehreren Chorherren und der der Frau des Hochstiftskanzlers finden.

Historiker weisen darauf hin, dass die Justiz bis zur Französischen Revolution noch nie die hierarchischen Strukturen einer Gesellschaft derart radikal eingerissen hat wie bei den Verfolgungswellen in einigen deutschen Städten. Da wird kein Unterschied mehr gemacht zwischen Bürgermeister und Büttel, zwischen Vogt und Viehtreiber.

Das kam nicht von ungefähr: Zum einen gab es machtpolitische Motive, besonders in den größeren Städten, wo verschiedene Familien um Ansehen und Reichtum kämpften. Mitglieder der Clans besaßen meist großen Einfluss auf die lokalen Gerichte, und dort wusste man natürlich, wie man mittels der Tortur gewisse Namen aus den Verhörten herausfolterte.

Dann gab es natürlich auch die armen Opfer, die so lange gequält wurden, bis sie endlich jene Menschen benannten, die sie beim Hexensabbat gesehen haben wollten. Leicht nachzuvollziehen, dass sie die Namen von Leuten herausschrien, die jedermann kannte: den des Bürgermeisters und den der Wirtin, den des Zimmermanns und den des Domherrn.

Und schließlich gab es dann noch die ganz Schlauen wie die Kölnerin Christina Plum, die einfach die Ratsherren beschuldigte und damit einen Skandal heraufbeschwor, der ihr zwar nicht das Leben rettete, aber den Prozess und damit auch ihre Folter drastisch verkürzte.

Aufgrund der Tatsache, dass es nun buchstäblich jeden einzelnen Bürger treffen konnte, entstanden langsam – und zwar zunächst in den Städten – erste Zweifel. Konnte es denn tatsächlich sein, dass der Domdechant persönlich am Hexensabbat teilgenommen hat? Dass die gute Nachbarin, treu sorgende Mutter von sechs Kindern und fromme Kirchgängerin, auf dem Blocksberg dem Satan den Hintern küsste? Und dass die eigene Tante mit ihren Freundinnen nachts zum Friedhof ging, Säuglingsleichen ausbuddelte und daraus Hexensalbe machte?

Nein, eigentlich konnte es nicht sein.

Die Menschen wussten nicht, dass sie im Zeitalter der beginnenden Aufklärung lebten. Die ersten wirklich gescheiten Druckerzeugnisse zu diesem Thema kannten sie nicht. Dazu waren sie nicht gebildet genug. Aber abgesehen von ersten Zweifeln und der Angst, es könnte einen selbst treffen, spürten die Menschen sehr wohl, dass die Massenhinrichtungen nicht mehr zu bezahlen waren. Eine recht profane Erkenntnis, zu der als Erste die zuständigen Behörden kamen. Zwar hatten die Familien der Verurteilten die Gerichts- und auch die Hinrichtungskosten zu bezahlen. Aber bei den armen Familien war eh nichts zu holen, und das Hab und Gut der wohlhabenden Opfer reichte bei Weitem nicht aus für alle.

Doch selbst die große und durchaus berechtigte Angst, selbst zum Opfer zu werden, sowie die Sorge, das alles wirtschaftlich nicht mehr verkraften zu können, reichten noch nicht aus, den Verfolgungen nachdrücklich und endgültig Einhalt zu gebieten. Und die Kirchen? Martin Luthers und Calvins Haltung kennen wir. Aber auch die katholische Kirche konnte sich nicht dazu aufraffen, dem Wahnsinn endlich ein Ende zu setzen.

Dennoch sollte der entscheidende Anstoß ausgerechnet aus ihren eigenen Reihen kommen.

Ich weiß schon längst nicht mehr, wie viel ich den Autoren,
die ich früher voller Wissbegierde immer wieder las
und hoch schätzte, überhaupt noch glauben kann.
Ihre ganze Lehre stützt sich ja nur auf mancherlei Ammenmärchen
und mit der Folter herausgepresste Geständnisse.

Friedrich Spee

26 CAUTIO CRIMINALIS

Es war ein entsetzlicher Anblick, der sich den Menschen in der kleinen Dorfkirche bot: Der Priester, der nur mit größter Anstrengung auf die Kanzel gestiegen war, las mit leiser Stimme die Lesung aus dem Brief des Apostels Paulus und dann das Evangelium vom Guten Hirten, das am zweiten Sonntag nach Ostern vorgeschrieben war. Er schaute auf seine verstörten Schäfchen hinab und fragte sie leise, was sie denn meinten, ob er ihnen ein guter Hirte sei? Aber die Anwesenden starrten nur ungläubig zu dem blutüberströmten Mann hoch, der sie jetzt mit versagender Stimme aufforderte, mit ihm das Tedeum anzustimmen. Da aber niemand mitsingen wollte, wandte er sich an den Küster, damit wenigstens der es tue.

Dann brach er zusammen.

Man holte ihn behutsam von der Kanzel, trug ihn aus der Kirche und setzte ihn auf sein Pferd. Es war ausgerechnet der frühere evangelische Prediger des Ortes, der den lebensgefährlich verletzten Jesuiten Friedrich Spee zurück nach Peine geleitete, von wo er am Morgen aufgebrochen war, um im nahe gelegenen Woltorf die Messe zu lesen.

Nach Peine war der Achtundzwanzigjährige von seinem Orden entsandt worden, weil es galt, die Bürger der Stadt wieder für den rechten Glauben, den katholischen natürlich, zurückzugewinnen. Nach dem beim Augsburger Religionsfrieden von 1555 festgelegten Grundsatz *cuis regio, eius religio* (wessen Gebiet, dessen Religion) war das auch möglich.

Peine, das früher zum Hochstift Hildesheim gehört hatte, war 1533 in den Besitz des holsteinischen Herzogshauses gefallen und kurz darauf lutherisch reformiert worden. Etwa siebzig Jahre später aber kaufte Kurfürst Ernst von Köln das Gebiet auf. Er versprach zwar den Menschen dort, sie dürften evangelisch bleiben, aber sein Nachfolger berief sich auf einen anderen Grundsatz im Augsburger Religionsfrieden, und der lautete *ubi unus dominus – ibi una sit religio*, was wiederum hieß, wo es einen einzigen Herrscher gebe, da solle es auch nur eine Religion geben. Das war nun mal so, und in diesen Dingen ging man damals nicht sonderlich zimperlich zu Werke.

Zu Deutsch: Die evangelischen Pfarrer wurden durch katholische ersetzt, die Bürger wurden gezwungen, wieder zur Beichte und zur Kommunion zu gehen, in den Stadtrat durften nur Katholiken gewählt werden, und wem das nicht passte, der konnte ja alles verkaufen und außer Landes gehen. Was siebenunddreißig Familien und weitere achtzehn Einzelpersonen denn auch taten. Und der junge Spee half nach Kräften mit, diese – um es freundlich auszudrücken – unpopulären Maßnahmen durchzudrücken. In den Dörfern auf dem Land war es einfacher als in Peine selbst; aber beliebt machte er sich dabei sicherlich nirgendwo.

Unklar ist allerdings, ob hier das Motiv für den Überfall am 29. April des Jahres 1629 zu suchen ist.

An diesem Tag ritt Spee frühmorgens los. Das Wetter war schlecht, die Wege waren tief, und der Jesuit war nicht gerade ein sonderlich guter Reiter. So mied er einen sumpfigen Pfad, nahm stattdessen einen schmalen Waldweg, wo sich ihm plötzlich ein anderer, athletischer Reiter in den Weg stellte und ihn aufforderte abzusitzen.

Obwohl er zwei Pistolen auf Spee richtete, trieb der sein Pferd an und versuchte, auf dem viel zu engen Weg durchzubrechen. Darauf feuerte der Fremde eine Pistole auf ihn ab, die Spee trotz der kurzen Entfernung jedoch verfehlte. Spee schrammte mit seinem Pferd an dem des Wegelagerers vorbei, und der schoss aus kürzester Entfernung ein zweites Mal auf den Priester. Wundersamerweise traf auch dieser Schuss nicht.

Der Unbekannte war jetzt hinter Spee und versuchte, mit der langläufigen Pistole nach seinem Kopf zu schlagen, verfehlte ihn jedoch. Erst als der Waldweg auf eine Wiese führte, gelang es dem Räuber – wenn es denn wirklich ein Räuber gewesen sein sollte –, sein Pferd neben Spee zu bringen, und nun schlug er mit seinen Pistolen auf den Priester ein, stach wohl auch mit dem Degen nach ihm. Doch sie kamen den ersten Häusern von Woltorf immer näher, und da ließ der Fremde endlich von Spee ab.

Der Erste, der dem Schwerverletzten begegnete, war der abgesetzte evangelische Pfarrer Style Wackeling, der auf den Spitznamen »der tolle Style« hörte. Mit ihm war Spee gut bekannt, und Style leistete auch Erste Hilfe. Die in Fetzen herabhängende Haut schnitt er nicht sonderlich fachgerecht mit einer Schere ab, das in Strömen über das Gesicht des Schwerverletzten laufende Blut versuchte er mit einer Packung aus geschlagenen Eiern zu stoppen, und statt des verlorenen Baretts stülpte er ihm seine eigene Kappe über, um die offene Wunde wenigstens ein bisschen zu schützen.

Spee bestand jedoch darauf, zuerst die Messe zu zelebrieren, was ihm, wie wir oben gelesen haben, aber nicht mehr gelang. Style legte sein Gewehr quer über seinen Sattel, ritt neben Spee her und brachte ihn zurück nach Peine, wo nun ein erfahrener Barbier geholt wurde, der die Wunden behandelte, bevor man den Arzt des Jesuitenkollegs und sogar einen erfahrenen Wundarzt aus Hildesheim kommen ließ.

Etliche Musketiere, die – viel zu spät natürlich – nach dem Wegelagerer suchten, kehrten erfolglos zurück.

Spee brauchte ein halbes Jahr, um sich von seinen schweren Verletzungen zu erholen.

Im Herbst 1629 erhielt er einen Lehrauftrag für Moraltheologie an der Universität von Paderborn.

* * *

Wenige Kilometer nördlich von Düsseldorf, das damals noch gar nicht existierte, entstand Ende des 11. Jahrhunderts anstelle eines früheren Benediktinerklosters eine Kaiserpfalz, in die Friedrich Barbarossa 1174 den Rheinzoll verlegte. Später wurde die Festung, die man nun Kaiserswerth nannte, an den Erzbischof von Köln verpfändet, der sich mit diesem rechtsrheinischen Stützpunkt den Zugang zu seinen westfälischen Besitztümern sicherte.

Burgvogt und zugleich Träger so wohlklingender Titel wie kurfürstlich-erzbischöflicher Küchenmeister und Hofschenk war der aus altem Geschlecht stammende Peter Spee von Langenfeld, dem seine Frau Mechtels am 25. Februar 1591 einen Sohn gebar, der nach seinem Großvater auf den Namen Friedrich getauft wurde.

Es waren unruhige Zeiten. Als der Knabe sechs Jahre alt war, wurde in Düsseldorf, inzwischen Residenzstadt, die Herzogin Jakobe von Baden von der eigenen Verwandtschaft ermordet, weil sie sich als evangelisch Geborene und katholisch Erzogene weder für die Reformation noch für die Gegenreformation entscheiden konnte und ihren schwachsinnigen und impotenten Gatten weggeschlossen und durch einen Liebhaber ersetzt hatte. Der Spanisch-Niederländische Krieg tobte, und während des Jülich-Kleve'schen Erbfolgestreits wurden weite Landesteile verwüstet. Die Pfalz in Kaiserswerth wurde zwar nie erobert, aber der Vogt wird froh gewesen sein, den kleinen Friedrich auf dem Kölner Jesuiten-Gymnasium in der Marzellenstraße unterbringen zu können, wo dieser die nächsten sechs Jahre blieb.

Als in Köln die Pest ausbrach, kehrte Friedrich kurz nach Kaiserswerth zurück, um dann an einem anderen Kölner Gymnasium weiterzustudieren und sich letztlich um die Aufnahme in den Jesuitenorden zu bewerben. Sein Noviziat trat er in Trier an, und dort kam er anscheinend zum ersten Mal mit Hexenprozessen in Berührung.

Der Höhepunkt der Verfolgung im Erzbistum Trier war zwar überschritten, aber dennoch lag der Schatten jenes Peter Binsfeld über dem Land, der seit 1580 Weihbischof gewesen war und ein berühmt-berüchtigtes Traktat herausgegeben hatte, das während der Prozesse unzähligen Angeklagten zum Verhängnis geworden war. Darin sagte er unter anderem, dass Hexerei ein Sonderverbrechen sei, bei dem das normale Prozessrecht nicht anzuwenden sei. Er forderte unter anderem,

- dass schon eine einzige Besagung eines Bürgers zu dessen Verhaftung und zum peinlichen Verhör führen müsse, sofern auch nur ein einziges anderes Indiz vorliege;
- dass schon bei zwei Besagungen keine weiteren Indizien notwendig seien;
- dass Richter verpflichtet seien, jeden Verdächtigen nach etwaigen Mittätern zu befragen;
- dass auch Kinder als Zeugen zulässig seien;
- dass Personen, die von anderen auf einem Hexensabbat gesehen worden seien, in jedem Fall schuldig gesprochen werden müssen. Selbst wenn ein Dämon nur ihren Körper dorthin gebracht haben sollte, hätte das nur mit Einwilligung des Betreffenden geschehen können.

Bei der großen Hexenjagd im Trierer Raum waren unter dem unheilvollen Einfluss des Weihbischofs innerhalb von nur sechs Jahren rund dreihundertsechzig Menschen verbrannt worden; unter anderem jener Dr. Flade, von dem wir in einem früheren Kapitel gehört haben.

Es hatte Widerspruch gegeben gegen Peter Binsfeld. Johannes Weyer beispielsweise, der Leibarzt des Herzogs Wilhelm V. von Jülich-Kleve-Berg, bestritt in einem Traktat zwar nicht die Existenz des Teufels, hielt aber angeschuldigte Frauen grundsätzlich für schuldlos, weil sie allesamt dumm und einfältig seien. Sie würden sich alles Mögliche einbilden, und der Teufel gaukle ihnen das nur deshalb vor, damit die Richter sie zu Unrecht verurteilen und sie so zu Mördern an Unschuldigen würden.

Natürlich wurde er daraufhin selbst beschuldigt, und während er sich durch die Flucht einer möglichen Hinrichtung entzog, behauptete auch der holländische Theologieprofessor Cornelius Loos, Teufelsbuhlschaft würde nur in der Fantasie der Frauen entstehen, und deshalb seien ihre ohnehin meist erfolterten Geständnisse wertlos. Seine Schrift, die er zuvor nicht der Zensurbehörde vorgelegt hatte, wurde beschlagnahmt, er selbst zum Widerruf gezwungen. Loos floh später nach Brüssel. Als er aber auch dort seine Thesen vertrat, wurde er erneut inhaftiert. Bevor er jedoch verurteilt werden konnte, starb er (möglicherweise an der Pest).

Spee äußerte sich zu diesem Thema noch nicht. Er war ein einigermaßen unbequemer Ordensbruder und bei seinen Oberen keineswegs unumstritten. Er galt eher als lästig, um es deutlich auszudrücken. Schon früh hatte er den Wunsch geäußert, als Missionar nach Indien zu gehen, aber das wurde abgelehnt. Man bedeutete ihm, in den Zeiten der Gegenreformation würde er in Deutschland dringender gebraucht.

Nach Jahren als Jugendseelsorger und Lehrer in Speyer und Worms begann Spee mit dem Theologiestudium in Mainz. Bereits in dieser Zeit dichtete er – und zwar in deutscher Sprache – an die hundert Kirchenlieder, die noch heute gesungen werden. Nur um einige wenige Beispiele zu nennen:

»O Heiland, reiß die Himmel auf ...«
»Zu Bethlehem geboren ...«
»Als ich bei meinen Schafen wacht ...«
»Es führt drei König' Gottes Hand ...«
»Ist das der Leib, Herr Jesus Christ ...«

Spee hat unzählige andere Lieder und Gedichte geschrieben, die später in der sogenannten *Trutz-Nachtigall* und im *Güldenen Tugendbuch* veröffentlicht worden sind. Aber so weit ist es noch nicht, und außerdem sind seine Gedichte – so wertvoll sie in ihrer Zeit auch waren – nicht der Grund, weshalb wir uns hier mit diesem außergewöhnlichen Mann beschäftigen. Sein Ordensgeneral in Rom übrigens fand ihn und seine Dichtkunst offensichtlich weniger beeindruckend. Als Spee ihn um eine Druckerlaubnis für seine Lieder bat, lehnte er ab. Spee solle zunächst einmal zu Ende studieren, dann werde man weitersehen.

Aber die ersten Liederbüchlein erschienen doch, wenn auch ohne Erlaubnis, der Orden drückte jedoch ausnahmsweise alle Augen zu. Spee beendete seine Ausbildung nach anderen Stationen in Köln, geriet allerdings ständig mit seinen Vorgesetzten aneinander. Er ließ sich zwar nichts Schlimmes zuschulden kommen, fiel jedoch immer wieder mit Anträgen und Gesuchen auf, bis der Ordensgeneral genug hatte. Er bat seinen zuständigen Ordensbruder in Deutschland um eine Stellungnahme zu Vorwürfen, Spee habe über die Armut im Orden und über andere Dinge abwegige Meinungen vertreten.

Der niederrheinische Ordensprovinzial Hermann Baving nutzte die Gelegenheit, den unbequemen Bruder erst einmal loszuwerden, und schickte ihn nach Peine, wo es dann wenig später zu dem oben geschilderten Überfall kam.

* * *

Nach seiner Genesung erhielt Friedrich Spee erneut einen Lehrauftrag in Paderborn, wurde aber schon eineinhalb Jahre später wieder abberufen, weil er »bei seinen Studenten anscheinend große Verwirrung hervorrufe und die Rechtmäßigkeit der Hexenprozesse grundsätzlich anzweifle«.

Merkwürdigerweise hat sich Friedrich Spee nie genau darüber ausgelassen, wo und wie er direkt mit Hexenprozessen in Berührung gekommen ist. Da er sich aber im Auftrag des Ordens nicht nur in Trier, sondern auch an anderen Brennpunkten der Hexenjagd aufgehalten hat, wird er Verhaftung, Vernehmung und Folter aus nächster Nähe miterlebt und viele Angeklagte auf ihrem letzten Gang begleitet haben.

Allein während seiner Zeit in Paderborn wurden im dortigen Hochstift an die hundert Hexen hingerichtet. Und er war zugegen! Zu gut schildert er in seinem Buch, das er vermutlich in dieser Zeit zu schreiben begann, die Methoden der Richter, aber auch das schreckliche Versagen vieler seiner geistlichen Mitbrüder, die den unglückseligen Opfern nicht so beigestanden haben, wie man das von einem wirklichen Seelsorger hätte erwarten dürfen.

Bis heute streiten sich die Historiker auch darüber, wann ihm erstmals der Gedanke gekommen ist, die *Cautio criminalis* zu schreiben, die maßgeblich dazu beigetragen hat, den Wahnsinn der Hexenjagden in Deutschland zu beenden. Der Originaltitel des Werks lautet in der umständlichen Sprache der Zeit *Cautio criminalis – oder Rechtliches Bedenken wegen der Hexenprozesse für die Obrigkeiten Deutschlands gegenwärtig notwendig, aber auch für die Ratgeber und Beichtväter der Fürsten, für Inquisitoren, Richter, Advokaten, Beichtiger der Angeklagten, Prediger und andere sehr nützlich zu lesen. Von einem unbekannten Römischen Theologen.*

Spee ist vorsichtig. Er lässt in seinem Manuskript, das er heimlich erstellt, keinen Zweifel daran, dass es wohl Hexerei gibt, aber das verklausuliert er derart umständlich, dass man geneigt ist zu glauben, dass er davon im Grunde überhaupt nichts hält:

»Wenn ich dann … das Ergebnis dieser widerstreitenden Überlegungen zusammenfasse, so glaube ich trotzdem, daran festhalten zu müssen, dass es wirklich etliche Zauberer auf der Welt gibt und nur Leichtfertigkeit und Torheit dies leugnen können.«

Er selbst, so suggeriert er, gehört selbstverständlich nicht zu diesen Leichtfertigen und Toren, aber er gesteht auch zu, dass Hexerei zu den Sonderverbrechen zählt, so da ferner sind: Majestätsbeleidigung, Ketzerei, Verrat, Verschwörung, Falschmünzerei und Raubmord. Allerdings rechtfertige der Verdacht auf Sonderverbrechen nicht jede Maßnahme, sondern nur solche, die auch vernünftig seien. Schließlich könne niemand behaupten, man dürfe etwas tun, was gegen alle Vernunft spreche.

Völlig unvernünftig sei es nun, mittels der Folter die Wahrheit zu erforschen. Kein Mensch könne die entsetzlichen Qualen ertragen, ohne letztlich genau das zu sagen, was der Richter hören wolle. Zu oft hat er es miterlebt, und er hat auch einen anderen Beweis:

»Beichtiger, die etwas Erfahrung haben, werden wissen, dass es viele gibt, die zunächst auf der Folter jemanden fälschlich beschuldigt haben, dann aber bei der Beichte hören, dass sie nicht losgesprochen werden können, ehe sie nicht diejenigen, die sie zu Unrecht in Lebensgefahr gebracht haben, wiederum retten.

Sie wenden gewöhnlich ein, das könnten sie nicht tun, aus Furcht, sie würden, falls sie widerriefen, erneut unter die Folter geschleppt werden. Wenn demgegenüber der Beichtvater dabei bleibt, sie dürften bei Strafe der ewigen Verdammnis nicht Unschuldige im Verdacht stehen lassen, es müsse ein Weg gefunden werden, den Denunzierten zu helfen, dann antworten sie nicht selten: Sie seien ja bereit, jenen Unschuldigen auf jede Weise beizustehen, aber wenn das nur unter der Gefahr möglich sei, wieder auf die Folter zu kommen, dann könnten und wollten sie es nicht; auch wenn es um ihr Seelenheil ginge.

Daraus ergibt sich für mich Folgendes. Wenn die Folter vielen Leuten so entsetzlich und unerträglich erscheint, dass sie lieber die ewige Verdammnis als die Tortur auf sich nehmen, dann muss jeder besonnene, vernünftige Mensch mir zustimmen und glauben können, wenn ich sage: Die Folter bringt die große Gefahr mit sich, dass – sofern nicht ernstlich vorgesorgt wird – die Schuldlosen die Zahl der Schuldigen vermehren helfen.«

Aber auch mit vielen Geistlichen, die doch den Inhaftierten Trost und Beistand leisten sollen, geht Spee harsch ins Gericht. Von einem gewissen Geistlichen, der ungewöhnlich viele Verurteilte zum Scheiterhaufen begleitet hatte, wisse er, dass er die Todgeweihten zu fragen pflegte, ob sie ihm ihre Verbrechen genauso beichten wollten, wie sie (auf der Folter) sie vor dem Richter gestanden hätten. Er werde ganz einfach keine andere Beichte anhören.

Wenn sie also das nicht schon vor der Beichte versprechen und nur sagen würden, dass sie die Wahrheit sagen möchten, dann pflegte er sie gänzlich abzuweisen mit der Drohung: Dann sollten sie eben ohne Beichte und heiliges Abendmahl »wie die Hunde verrecken«!

Schöne Priester waren das.

Und Spee weiß nahezu alles aus der Praxis, so zum Beispiel auch, welche Tricks die Richter anwenden, um sich nach außen hin an die strengen Gesetzesvorschriften zu halten, etwa das Verbot, die Folter zu wiederholen. Zumindest, solange keine neuen Indizien vorliegen. Die aber verschafft man sich folgendermaßen:

»Wenn die arme Frau schon am frühen Morgen und auch während des Vormittags erbarmungslos gefoltert wurde und noch immer nichts gestanden hat, lasse man sie mit ihren ausgekugelten Armen am Seil hängen und gehe erst einmal ordentlich essen. Am Nachmittag wird die Folter nicht wiederholt, was ja verboten wäre, sie wird lediglich fortgesetzt.

Bleibt auch das ohne Erfolg, bringe man sie zurück in ihr dunkles Loch, wo man sie ja erst einmal liegen lassen kann. Ein paar Tage oder Wochen. Oder auch etliche Monate.

Zwischendurch verhöre man sicherlich andere Beschuldigte, und aus einer von diesen neuen Angeklagten werde man ja wohl den Namen der eingesperrten Delinquentin herausfoltern können, wenn man ihn ihr lange genug vorsagt. Und kaum schreit sie besagten Namen heraus, hat man schon ein neues Indiz, und man darf die Folter wieder aufnehmen.

Man kann eine neue Beschuldigte auch direkt in die Zelle der dort Inhaftierten bringen, und auf dem Weg dorthin wird ihr der Henker ins Ohr flüstern, was er alles mit ihr anstellen werde, wenn sie die Delinquentin bei der Gegenüberstellung nicht sofort erkennen und als Mittäterin identifizieren werde. Und dann steht die Neue vor der Delinquentin, und sie muss nur schwach mit dem Kopf nicken, und schon hat man ein neues Indiz, um die Folter fortsetzen zu können.

Und wenn selbst das nicht funktionieren sollte, hat der Richter ein allerletztes Mittel: Er behauptet ganz einfach, ein derartig hartnäckiges Schweigen trotz wiederholter Tortur sei überhaupt nicht möglich. Folglich müsse es sich hier um Zauberei handeln, und jetzt endlich hat er ein Indiz, gegen das niemand mehr anreden kann. Selbst wenn ein Verteidiger anwesend wäre, der aber nur höchst selten zugelassen wird.«

Und so kommt Spee zu dem deprimierenden Ergebnis seiner Tätigkeit als Beichtvater:

»Persönlich kann ich unter Eid bezeugen, dass ich jedenfalls bis heute noch keine verurteilte Hexe zum Scheiterhaufen geleitet habe, von der ich unter Berücksichtigung aller Gesichtspunkte aus Überzeugung hätte sagen können, sie sei wirklich schuldig gewesen.«

Und er fährt fort:

»Ich will nun etwas sagen, was – ich wünsche es – alle hören sollten, die Ohren haben zu hören, vor allem aber der ehrwürdige Kaiser, die Fürsten und ihre Ratgeber: Man erfinde absichtlich irgendein grässliches, zu den Sonderverbrechen gehöriges Vergehen, von dem das Volk Schaden befürchtet. Man verbreite dann ein Gerücht darüber und lasse die Inquisitoren dagegen einschreiten mit denselben Mitteln, wie sie sie jetzt gegen das Hexenunwesen anwenden. Ich verspreche in der Tat, dass ich mich der allerhöchsten Obrigkeit stellen und lebend ins Feuer geworfen werden will, falls es nach kurzer Zeit in Deutschland weniger dieses Verbrechens Schuldige geben sollte, als es jetzt der Magie Schuldige gibt.«

Will heißen: Man muss sich nur irgendein Verbrechen ausdenken, die entsprechende Anzahl Verdächtiger festnehmen und sie lange genug foltern, und es gibt genauso viele Hochverräter oder andere Schwerverbrecher, wie es – vermeintliche – Hexen gibt.

Nun könnte man meinen, Spee sei der Einzige gewesen, der den schrecklichen Foltermethoden der damaligen Gerichte fassungslos gegenübergestanden hat. Es gab deren jedoch einige. Einer von ihnen war Johann Matthäus Meyfart, Sohn eines lutherischen Pfarrers in Coburg, der sich mehrfach von Luthers und Calvins Aufrufen zur

Verbrennung der Hexen distanziert hatte. Fast zeitgleich mit Spees *Cautio Criminalis* veröffentlichte er – sogar unter vollem Namen – eine Schrift, in der er auf die Unmöglichkeit hinwies, durch Folter zur Wahrheit vorzustoßen.

Von Jugend auf, schildert er darin, sei er bei protestantischen Gerichten Zeuge gewesen, wie man Gefangenen keinen Schlaf gestattete, sie mit spitzen Stacheln aufweckte, wenn sie die Augen schlossen, wie man ihnen nur Speise, mit Heringslake gesalzen, reichte, aber ihnen keinen Tropfen Wasser gönnte.

Er war Zeuge, wie das »arme Volk zerschlagen, gepeitscht, zerquetscht, zerschraubt, zerzerrt, zerrissen, verwüstet, verderbt und verödet wurde. Und er ruft den Richtern zu: Hat der Herr nicht gesagt ›Lernet von mir, denn ich bin sanftmütig und von Herzen demütig‹?«

Und an die Obrigkeit gewandt, ruft er aus: »So lasset euch nun weisen, ihr Könige, und lasset euch züchtigen, ihr Richter auf Erden! All ihr Könige, Fürsten und Regenten, ihr Zehntgrafen, ihr Beisitzer, ihr Malefizgrafen, Henker, Peiniger! Ihr müsst dermaleinst Rechenschaft geben von jedem Worte, das da geboten: zu geißeln und köpfen und brennen; von jedem Hohne, mit welchem ihr der armen Gepeinigten gespottet, von jeder Träne, die sie ausgeweint, von jedem Tropfen, den sie ausgeblutet!«

* * *

Friedrich Spee wusste natürlich ebenso wie Meyfart, auf wessen Veranlassung hin die meisten Hexenprozesse angestrengt wurden. Als es noch nicht darum ging, Hexen aufzuspüren, da war es die Inquisition, die Jagd auf Ketzer machte. Inzwischen gab es zwar noch einige Bischöfe, die – von gewissen Theologen aufgestachelt – Menschen wegen vermeintlicher Hexerei vor Gericht brachten, und ohne ihre Unterstützung wären viele Exzesse überhaupt nicht möglich gewesen. Die meisten Anzeigen wegen Zauberei jedoch kamen aus dem Volk, wurden von neidischen Verwandten oder zänkischen

Nachbarn erstattet oder ganz einfach von Mitbürgern, die nicht verstehen wollten, dass ausgerechnet ihnen ein schweres Unglück zugestoßen war. Dafür konnte es nur einen einzigen Grund geben: bösen Zauber.

Und für den musste schließlich jemand verantwortlich sein und zur Rechenschaft gezogen werden.

Wenn nun aber die Kirche bestenfalls wegsah und die Verfolgung weltlichen Gerichten überließ, und wenn diese, wie es leider häufig der Fall war, mit engstirnigen und befangenen Juristen besetzt waren, so musste von oben herab eingeschritten werden. Deshalb wandte sich Spee mit einem flammenden Aufruf an die Fürsten, deren Aufgabe es sei, ernsthaft zu prüfen,

> »... ob und wie oft die Gefängnisse besichtigt werden,
> ob sie ärger sind als um der Sicherheit willen nötig,
> ob etwa Gefangene jahrelang in Frost und Hitze darin sitzen,
> ohne verhört zu werden, damit sie ihre Freiheit oder Strafe
> erhalten,
> auf welche Weise die Folter angewandt wird,
> wie das Verhör durchgeführt wird,
> wie es um die praktische Erfahrung und Milde der mitwirken-
> den Geistlichen bestellt ist,
> ob jeder sich ungehindert verteidigen kann,
> ob in der Bevölkerung Beschwerden über die Kommissarien
> und Inquisitoren laut werden,
> ob sie habgierig oder grausam sind,
> ob auch nur ein Einziger unter ihnen ist, der, ehe der Beschul-
> digte nicht überführt ist, mehr zu seinen Gunsten als gegen
> ihn spricht,
> ob sich jemals einer hat anmerken lassen, dass er lieber einen
> Unschuldigen als einen Schuldigen finde,
> desgleichen, ob einer nicht ärgerlich, sondern erfreut gewesen
> sei, wenn ein Angeklagter sich als unschuldig erwiesen hat.
> Er soll auch feststellen, ob ein Angeklagter im Gefängnis

gestorben ist und was ihm geschehen ist, und
wenn er unter dem Galgen begraben worden ist, woran es sich
gezeigt hat, dass er eines bösen Todes gestorben ist.
Er soll auch etliche Meinungen von beiden Parteien prüfen,
wie sie die verschiedenen Fragen beurteilen, die im Hexenprozess von Bedeutung sind.
Er soll sich nicht einer Ansicht so sehr verschreiben, dass er
nicht auch die Gründe der anderen abwägt.
Es muss jedem gestattet sein, seine Meinung freiheraus zu
sagen.
Er soll des Öfteren in die sogenannten Protokolle Einblick
nehmen oder sie sich vorlesen lassen.
Er soll selbst Bedenken erheben oder seine Beamten dazu
anregen.
Er soll nicht immer alles glauben, was ihm hinterbracht wird.
Er soll, damit die Wahrheit umso deutlicher werde, die einzelnen Argumente lieber durch Männer prüfen lassen, die ent-
gegengesetzter Meinung sind, als durch solche, die sie selbst
vertreten.
Er darf nichts ungeprüft lassen, auch wenn es ihm zunächst
ganz unsinnig erscheinen sollte.«

Nun, damit sind die Fürsten mit Sicherheit überfordert gewesen,
aber es ging Spee ja auch nicht darum, irgendeinen Fürsten zu ver-
anlassen, jedes Gerichtsprotokoll sorgfältig zu studieren und das
Urteil zu überwachen. Er legt vielmehr den Finger auf die Wunde,
indem er indirekt auflistet, was alles im Argen liegt, und das ist in
der Tat erschreckend.

Die Schlussfolgerungen, die Spee letztlich daraus zieht, sind für
die damalige Rechtsprechung revolutionierend, und es hat auch an
die zweihundert Jahre gedauert, bis seine Forderungen zumindest
theoretisch Eingang in die Gesetzgebung der europäischen Länder
fanden.

Zunächst ist da das Prinzip der Unschuldsvermutung. Im Gegensatz zu fast allen Hexenprozessen, bei denen die Richter zunächst einmal davon ausgingen, ja überzeugt waren, dass die Angeklagten schuldig waren, sagt Spee: Jeder hat so lange als unschuldig betrachtet (und behandelt!) zu werden, bis seine Schuld einwandfrei erwiesen ist.

Alle Angeklagten haben das Recht auf einen Verteidiger ihrer Wahl, ansonsten auf einen Pflichtverteidiger. Spee wörtlich: »Der Richter selbst hat dafür zu sorgen, dass es den Angeklagten nicht an Anwälten fehlt. Ein Prozess, in dem man den Beschuldigten ihre rechtmäßige Verteidigung verweigert, ist nichtig und ungültig, und der Richter ist – wie auch sein Fürst – zur Genugtuung verpflichtet.« Zu Deutsch: Er muss Schadenersatz zahlen!

Nach dem lateinischen Grundsatz *in dubio pro reo* (»im Zweifel für den Angeklagten«) hat der Richter einen jeden Angeklagten freizusprechen, wenn dessen Schuld nicht absolut erwiesen ist. Damit widerspricht Spee vehement der häufig geäußerten Meinung vor allem früherer Inquisitoren. Die waren der Meinung, dass man Unkraut mit Stumpf und Stiel ausrotten müsse, und wenn dabei ein paar Weizenhalme ausgerissen würden – das ließe sich leider nicht ändern. Gott werde die Seinen schon erretten und im Himmel entlohnen.

Und ganz zum Schluss die finale Forderung: Die Folter ist abzuschaffen und nicht mehr anzuwenden. Punkt.

* * *

Spee wusste natürlich, wie brisant seine *Cautio criminalis* war. Entsprechend vorsichtig ging er zu Werke. Er wusste auch, dass seine Ordensoberen niemals die Erlaubnis zum Druck seiner Anklage erteilen würden, und so erschien sein Buch ohne die vorgeschriebene Zustimmung im April 1631 in Rinteln an der Weser, gedruckt vom dortigen Universitätsbuchdrucker Peter Lucius.

Wer es geschrieben hatte, war nicht zu erkennen. Allerdings bekannte sich der ebenfalls anonym bleibende Herausgeber zu einem

»frommen Diebstahl«: Er habe das Manuskript gelesen und versucht, den Autor zum Druck zu überreden. Der aber habe sich nicht entschließen können, und so habe er das Manuskript gestohlen, um es hinter dem Rücken des Autors zu veröffentlichen.

Das mag nun glauben, wer will.

Aus streng wissenschaftlicher Sicht bleibt die Geschichte vermutlich für immer ungeklärt, aber wir dürfen wohl davon ausgehen, dass sich Spee sein Manuskript sehr gerne hat stehlen lassen, und auch die breite Öffentlichkeit, einschließlich seines eigenen Ordens, war wohl dieser Überzeugung.

Weihbischof Johannes von Pelcking von Paderborn berichtete wutentbrannt dem Fürstbischof von Osnabrück, dass dieser Pater Spee ein pestilenzartiges Buch veröffentlicht habe, das voller Verleumdungen gegen Fürsten, Bischöfe und andere Obrigkeiten sei. Aber die Dozenten an der Universität würden es weiterempfehlen, und die Studenten hätten schon so viele Exemplare gekauft, dass der angerichtete Schaden nur schwer wiedergutgemacht werden könne.

Zum Beweis schickte der Weihbischof zwei Exemplare mit und warnte zugleich, der Pater habe leider viele Gönner – »aber von recht verdächtiger Sorte«.

Einmal mehr stand Spee in der Kritik, und schon drohte seine Abberufung von seinem Lehramt in Paderborn, als schwedische Truppen auf die Stadt zurückten. Das Jesuitenkolleg wurde aufgelöst. Die Patres flohen nach Trier, wo Spee merkwürdigerweise keine Vorwürfe gemacht wurden. Er arbeitete weiter, zunächst als Professor für Moraltheologie, dann als Professor für Exegese der Heiligen Schrift. Zudem war er Beichtvater in den Hospitälern und Gefängnissen der Stadt.

Im Verlauf des Krieges wurde das zu dieser Zeit von französischen Truppen besetzte Trier nach blutigen Straßenschlachten von kaiserlichen Verbänden erobert. Friedrich Spee blieb Tag und Nacht bei den Verwundeten und Gefangenen. Bald brach jedoch eine Seuche in der Stadt aus. Vielleicht hatten die Kaiserlichen die

Pest eingeschleppt. Unter den zahllosen Toten befand sich auch Friedrich Spee.

Er war nicht einmal fünfundvierzig Jahre alt geworden.

Ich habe keine Anhaltspunkte gefunden,
aus denen zu folgern wäre,
dass auch nur ein einziger Fall von Hexerei
sich tatsächlich ereignet hat.

Alonso de Salazar y Frias,
spanischer Inquisitor

27 RICHTER UND RETTER

Es war heiß, unerträglich heiß, aber das war ja nicht ungewöhnlich für einen Julitag in Rom. Der Kardinal blieb stehen. Schweiß rann ihm in den Nacken, und er hielt Ausschau nach einem schattigen Fleckchen. Vergeblich. Es hatte noch nie viele Bäume gegeben in Rom. Schließlich gab es ja Häuser.

Francesco Albizzi suchte in den weiten Falten seines Gewandes seufzend nach einem Taschentuch, das er jedoch nicht fand. Schließlich bediente er sich seines Ärmels, um sich damit über Stirn und Nacken zu wischen. Zuweilen hasste er sich für seine strengen Prinzipien, die ihm unter anderem verboten, sich mit einer Sänfte durch die Straßen tragen zu lassen. Diese Art von Luxus hätte ihm als Kardinal an sich zugestanden.

Aber so war er nun einmal.

Er hatte niemals vergessen, dass man nicht als Kardinal geboren wird und dass man dem Herrgott jeden Tag seines Lebens dafür dankbar sein muss, als kleiner Jurist, der schon früh seine Frau und die Mutter seiner Kinder verloren hatte, zunächst zum Priester geweiht und wenig später bereits zum Assessor und Protokollführer des Heiligen Offiziums ernannt worden zu sein, das mehrmals in der Woche im Quirinal-Palast tagte. Im März dieses Jahres hatte man ihm sogar den Kardinalshut verliehen, und nun saß er wie selbstverständlich in diesem erlauchten Kreis, zu dem donnerstags auch der Heilige Vater persönlich stieß, um nach intensiven Beratungen und Diskussionen die anstehenden Fragen in letzter Instanz zu entscheiden.

Ein solches Gremium schien nach Kirchenspaltung und Religionskriegen dringend erforderlich, und deshalb hatte Papst Paul III. 1542 das Heilige Offizium gegründet, das sich in den letzten Jahrzehnten zunehmend mit dem Hexenunwesen in Deutschland und der Schweiz beschäftigen musste, oder besser: mit dem Versuch, dessen Auswüchse zu bekämpfen.

Francesco Albizzi wusste besser als manch einer seiner Kollegen in Rom, was das Wort Hexenverfolgung in der Praxis hieß. Das bedeutete mehr als ein Verdacht hier oder ein Schuldspruch dort, wie man das aus Italien kannte. Während des großen Krieges hatte ihn 1636 der damalige Papst Urban VIII. zusammen mit dem Kurienkardinal Marzio Ginetti nach Deutschland geschickt, wo er zwischen den streitenden Parteien vermitteln sollte.

Ein vergebliches Unterfangen.

Allerdings hatte Albizzi damals Gelegenheit, die bestürzende Einstellung vieler Fürsten zum Thema Hexenverfolgung kennenzulernen und unter vielen anderen auch die für ihn besonders deprimierende Haltung des Kölner Erzbischofs Ferdinand. Vor allem aber: Er hatte bei seinem Ritt über Land vor den Mauern der Städte die schaurigen Plätze gesehen, wo inmitten niedergebrannter Holzstapel noch die verkohlten Stämme standen, an die man die unglücklichen Frauen gekettet hatte, die von entweder leichtfertigen oder aber verbohrten Richtern in den Feuertod geschickt worden waren.

Er und sein Kollege hatten damals nicht viel erreicht. In der Erzdiözese Köln wurden ihre behutsamen Fragen, ob denn diese Vorwürfe von Hexensabbat und Teufelsbuhlschaft allesamt einwandfrei bewiesen seien, vom dortigen Würdenträger barsch zurückgewiesen. Glaubten die hohen Herrschaften in Rom etwa nicht mehr daran, dass es Hexen gebe und vor allem den Teufel?

»Aber ja doch«, murmelte der diplomatische Marzio Ginetti.

Und ob der Papst etwa der Ansicht sei, dass er, Kurfürst Ferdinand von Bayern und zugleich Erzbischof von Köln, ebenso wie sein Kollege in Trier die Zauberer und Ketzer unverfolgt lassen sollten?

»Nein, natürlich nicht, aber ...«

Ein Aber jedoch war nicht gefragt in Köln. Und Roms Macht reichte nicht mehr bis zum Rhein. Man war ja schon froh, wenn sich die Inquisition daheim oder in Spanien an die Regeln hielt, oder wenn es gelang, sich in Einzelfällen durchzusetzen.

Wie jetzt zum Beispiel. Hoffentlich.

* * *

Schon im Mai war etlichen Mitgliedern des Heiligen Offiziums zur Kenntnis gebracht worden, dass im Valsertal im schweizerischen Graubünden fünf Jungen und zehn Mädchen im Alter zwischen acht und zwölf Jahren der Hexerei angeklagt und angeblich auch überführt worden waren. Man wollte allerdings, so lauteten die mit der gewohnten Verspätung aus dem Norden eintreffenden Informationen, Gnade walten lassen.

»*Gnade?*«, hatte der Papst damals gefragt. »Was meinen sie mit *Gnade?*«

Einer der Kardinäle hüstelte verlegen, ehe er antwortete: »Gnade bedeutet bei den Schweizern in solchen Fällen, dass die Kinder durch eine *executio bestialis* hingerichtet werden.«

»Genauer bitte«, sagte der Heilige Vater unwirsch.

Als der Kardinal mit der Antwort zögerte, sprang ihm Francesco Albizzi zur Seite.

»Diese Art von Hinrichtung wird von den Behörden als besonders barmherzig angesehen. Man setzt die Kinder in ein warmes Bad und öffnet ihnen dann die Hauptadern, sodass sie langsam verbluten.«

Der Papst sah Albizzi ein paar Sekunden ungläubig an. Schließlich begriff er, dass es sich hier nicht um einen makabren Scherz handelte.

»In der Tat eine ganz unglaublich gnädige Ermordung unschuldiger Kinder«, sagte er fassungslos.

Die Kardinäle starrten stumm auf ihre Füße. Dann sprang der Papst auf: »Wollen wir das etwa zulassen? Dass diese Schweizer

Barbaren unschuldige Kinder schächten wie die Juden ihre Opfertiere?«

Einer der Kardinäle erlaubte sich den Hinweis, dass ein Brief aus Luzern vorliege, in dem Erzbischof Carlo Carafa, der römische Nuntius in den katholischen Schweizer Kantonen, auf den Vorgang aufmerksam gemacht, vorgeschlagen habe, man solle die verurteilten Kinder dem Erzbischof von Mailand anvertrauen, der sie zu sich holen und für sie sorgen solle.

Und so geschah es.

Es dauerte allerdings aus Gründen, die wir nicht kennen, noch etliche Monate, bis das für Ernährung und Erziehung notwendige Geld nach Mailand überwiesen wurde. Dass wir überhaupt etwas von diesem nicht gerade normalen Rettungsunternehmen seitens des Papstes wissen, verdanken wir lediglich der Tatsache, dass sich der Vatikan endlich entschlossen hat, die Protokolle aller Sitzungen des Heiligen Offiziums zumindest für die Forschung freizugeben.

Das hätte viel früher geschehen müssen, aber nach Reformation, Dreißigjährigem Krieg und dem Zeitalter der Aufklärung stand der Vatikan, der einst die Macht besaß, selbst deutsche Kaiser in die Knie zu zwingen, im 19. Jahrhundert drei neuen Großmächten gegenüber, die nicht mehr geneigt waren, die Autorität des Papstes anzuerkennen: dem (nach)revolutionären Frankreich, dem weitgehend preußisch-protestantischen Deutschen Reich und einem England auf dem Weg zur kolonialen Weltmacht.

Rom beging den Fehler, auf Annäherung und Versöhnung mit den damaligen Großmächten zu verzichten. Im Gegenteil: Mit dem Dogma über die Unbefleckte Empfängnis Mariens (1854) und vor allem dem über die Unfehlbarkeit des Papstes in Glaubensfragen, das 1870 – übrigens gegen den Widerstand der meisten deutschen und österreichischen Bischöfe – verkündet wurde, vertiefte Pius IX. bewusst die Kluft zwischen der katholischen Kirche und den liberalen Kräften des 19. Jahrhunderts.

Dass Rom sich beharrlich weigerte, selbst der Kirche nahestehenden Gelehrten den Zugang zu den Archiven des Vatikans zu gestatten, nährte natürlich den ohnehin von vielen gehegten Verdacht, dass dort Beweise für finstere Verbrechen schlummern würden. Auf den naheliegenden Gedanken, dass das Heilige Offizium – so denn früher wirklich belastendes Material archiviert worden war – derartige Beweismittel längst hätte verschwinden lassen können, kamen die meisten unserer Historiker anscheinend nicht.

Entsprechend voreingenommen gingen die meisten von ihnen das Thema Hexenverfolgung an, wobei sich die Inquisition als die dankbarste aller Zielscheiben anbot. Das Klischee vom zölibatsgeschädigten Dominikaner, der sich an der Folter eines nackten Weibes aufgeilt, begegnet uns nicht nur in historischen Romanen, sondern auch in vermeintlich objektiven Geschichtsbüchern bis hinein ins späte 20. Jahrhundert.

1881 schließlich ließ der verständige Papst Leo XIII. das vatikanische Geheimarchiv für Wissenschaftler öffnen, aber erst mehr als hundert Jahre später gewährte Papst Johannes Paul II. seriösen Historikern Zutritt zum bis dahin noch immer verschlossenen Archiv des Heiligen Offiziums. Das war 1998, und geraten hat ihm zu diesem Schritt ein gewisser Kardinal Ratzinger, dem es gelungen war, den Papst davon zu überzeugen, dass »die Kirche die Wahrheit am allerwenigsten zu fürchten« habe und nur auf diese Weise die unzähligen durch die Welt geisternden Mythen zerstört werden könnten.

Es gab natürlich auch schon früher eindeutige Hinweise auf die kritische Haltung der Inquisition gegenüber den ausartenden Hexenverfolgungen. Zwei Jahrhunderte lang jedoch brauchten viele Historiker einen Sündenbock für die verübten Gräuel, und ein besserer Sündenbock als die Inquisition ließ sich nun wirklich nicht finden.

Was auch immer anzuprangern war, es wurde der Einfachheit halber *der* Inquisition angelastet. Der bekannte Kirchenkritiker Eugen Drewermann, um nur ein Beispiel zu nennen, hat die bewegende Klage des Jesuitenpaters Friedrich Spee wörtlich als die »Kampfschrift gegen die herrschende Lehre der Kirche« bezeichnet. Hätte er Spees Vorwürfe aufmerksam und vor allem ohne die üblichen Vorurteile studiert, wäre ihm darin sicherlich folgender Satz aufgefallen:

»Jedenfalls sehen die Italiener und Spanier, die anscheinend von Natur aus mehr dazu veranlagt sind, diese Dinge zu bedenken und zu überlegen, welch unzählbare Menge Unschuldiger sie hinrichten müssten, wenn sie die Deutschen nachahmen wollten. Darum lassen sie es mit Recht sein und überlassen dies Geschäft, Hexen zu verbrennen, uns allein, die wir ja lieber unserm Eifer nachgehen, als bei dem Gebot des Meisters Christus uns zu beruhigen.«

Hier stellt also ein nun wirklich vollkommen Unverdächtiger, der Augenzeuge der schlimmsten Ausschreitungen während der Hexenpogrome gewesen ist, eindeutig fest, dass es keineswegs *die* Kirche war und auch nicht *die* Inquisition, sondern dass es neben zahlreichen weltlichen Herrschaften einige Bischöfe – vor allem die in Trier und Köln, Würzburg und Bamberg – gewesen sind, die für die Verfolgung in Deutschland verantwortlich waren.

Nur, mit Schaum vor dem Mund lässt sich nicht unvoreingenommen forschen, und schon gar nicht auf diesem Gebiet, das sich allerdings für grelle Schwarz-Weiß-Malerei geradezu anbot und anscheinend noch immer anbietet. Das gilt für viele Historiker des ausgehenden 19. Jahrhunderts ebenso wie für alle diejenigen, die in den sicherlich fehlbaren Vertretern der kirchlichen Organisationen nichts anderes als machtgierige Ausbeuter der Menschheit sahen. Leider aber auch für manche unserer heutigen Feministinnen, die – natürlich – bei der Verfolgung der Hexen machthungrige Machos am Werke sehen. Wobei sie, wie schon erwähnt, nach wie vor geflissentlich die große Zahl von Männern ignorieren, die damals verurteilt und (zumeist) verbrannt worden sind.

Von den Kindern ganz zu schweigen.

* * *

Im oben geschilderten Fall steht nun einwandfrei fest, dass die heilige Inquisition in Rom unschuldige Schweizer Kinder vor einem jämmerlichen Tod gerettet hat. Aber das war ja wohl eine Ausnahme.

Oder?

Tatsache ist doch wohl in jedem Fall, dass die Inquisition geschaffen wurde, um Hexen zu verfolgen – oder?

Eben nicht.

Auch wenn wir die Sache nicht verkomplizieren wollen – wir kommen nicht daran vorbei, uns ein wenig mit der Geschichte des Prozessrechtes zu beschäftigen, und zwar zunächst mit Verfahren innerhalb der Kirche. Auch dort wurde naturgemäß immer wieder Anklage erhoben, sei es nun wegen höchst weltlicher Verfehlungen, sei es wegen theologischer Abweichungen von der reinen Lehre.

Allerdings standen hier nur in den seltensten Fällen Mönche oder arme Leutpriester vor Gericht, sondern überwiegend höhere Würdenträger, Bischöfe beispielsweise oder auch die Äbte bekannter Klöster. Und bereits hier beginnt die Problematik. Damals nämlich kannte man lediglich den Akkusationsprozess. Eine Rechtsform, die wir noch heute im Zivilrecht bewahren und deren Wesen ja auch im Sprichwort »Ohne Kläger kein Richter« überliefert ist.

Ein Beispiel aus der Praxis: Wenn uns jemand beleidigt, verleumdet oder eine leichte Verletzung zufügt, kommt er nicht automatisch vor den Kadi. Der Geschädigte entscheidet selbst darüber, ob er den Betreffenden verklagen will oder nicht. Man kann die Sache einfach auf sich beruhen lassen oder sich mit dem Kontrahenten außergerichtlich vergleichen. Den Staat jedenfalls geht die Sache zunächst einmal nichts an.

Ganz anders schaut die Sache bei sogenannten Offizialdelikten aus: bei Mord etwa, bei Brandstiftung oder Landesverrat, Geldwäsche oder anderen schweren Vergehen. Hier braucht niemand zu klagen. Das übernimmt der Staatsanwalt, der ebenso wie der Richter »im Namen des Volkes« handelt. Ein derartiges Vorgehen war früher unbekannt. Hätte es bereits existiert, wäre es als Inquisitionsverfahren bezeichnet worden, eine Bezeichnung, die vom lateinischen Wort *inquisitio*, Untersuchung, abgeleitet war.

Bis ins 13. Jahrhundert hinein war nur das Akkusationsverfahren bekannt (*accusare* = anklagen). Ein Mord beispielsweise wurde nur dann Gegenstand eines Prozesses, wenn Angehörige oder Freunde des Opfers den Mörder anklagten. Beweismittel gab es so gut wie nie, und der Beklagte konnte sich mit einem Eid vom Verdacht reinigen. Wenn sein Wort nicht ausreichte, durfte er Freunde oder Bekannte benennen, die ihm als Eideshelfer dienten. Beschworen genügend Zeugen die Unschuld des Angeklagten, wurde das Verfahren niedergeschlagen. Notfalls konnte der Richter auf Gottesurteil oder Zweikampf entscheiden.

Unbefriedigend war das in jedem Fall, und was noch erschwerend hinzukam: Wer einen anderen eines Vergehens anklagte und mit seiner Klage abgewiesen wurde, konnte mit derselben Strafe belegt werden, die dem von ihm Angezeigten gedroht hätte. Wer wollte sich da als unbedarfter Laie oder als einfacher Kleriker wohl mit einem Bischof oder einem Abt und der durch ihn verkörperten Macht anlegen!

Insofern war es eigentlich zu begrüßen, wenn nunmehr durch die Inquisition »von Staats wegen« Anklage gegen gewisse Übeltäter erhoben werden konnte und nicht länger die zwangsläufig schwache Position von Untergebenen für das Urteil entscheidend war. Einen großen Nachteil hatte allerdings auch das Inquisitionsverfahren: Da hieb- und stichfeste Beweise bei gewissen Delikten nach wie vor fehlten, war man auf das Geständnis des Angeklagten angewiesen.

Und ebendies war das Schreckliche im neuen Prozessrecht.

Denn wie wohl war ein solches Geständnis zu erreichen? Wer gab freiwillig einen Mord zu, wenn er damit sein eigenes Todesurteil sprach? Wer würde sich ohne Zwang zu seinen Untaten bekennen? Niemand. Und genau deshalb gab es die Folter. Nur – sie war keine Erfindung der Inquisition!

Folter gab es schon in der Antike. Ihr wurden allerdings meist Sklaven unterzogen und nur in Ausnahmefällen sowie bei Schwerstverbrechen Freie und Adlige. Die noch junge Kirche hatte damit nichts zu tun, im Gegenteil: Noch Papst Nikolaus I. (858–867) schrieb dem Fürsten der Bulgaren, Folter widerspreche allen göttlichen und menschlichen Gesetzen.

Wörtlich heißt es in diesem Schreiben: »Und wenn Ihr nun durch alle von Euch angewandten Strafen kein Bekenntnis von dem Angeklagten erpressen könnt, schämt Ihr Euch nicht, wie gottlos Ihr richtet? Gleicherweise, wenn einer durch die Marter dazu gebracht worden ist, sich dessen schuldig zu bekennen, was er nicht begangen hat, wird dann nicht die Schuld auf denjenigen fallen, der ihn zu solchem lügenhaften Bekenntnis zwingt? Verabscheut also von ganzem Herzen, was Ihr bislang in Eurem Unverstand zu tun pflegtet!«

Diese klare Stellungnahme eines Papstes zu diesem Thema blieb leider die einzige. Dennoch war es keineswegs die Kirche, die später den Einsatz der Folter gefordert und gefördert hat. Sie wird bereits 1356 in der Goldenen Bulle Kaiser Karls IV. wie selbstverständlich erwähnt, und es waren vornehmlich die Städte, die sie praktizierten, und zwar keineswegs gegen vermeintliche Hexen, sondern um Druck auf »landschädliche Leute« ausüben zu können.

Abweichler vom vermeintlich rechten Glauben hatte es schon immer gegeben, sie waren aber zunächst nur mit der Exkommunikation bestraft worden. Nachdem aber das Christentum zur Staatsreligion und der Papst zu einer politischen Macht geworden war, fühlte sich allerdings nicht nur die Kirche von solchen »Ketzern« gefährdet, sondern – vor allem in staufischer Zeit – auch der Kaiser. Selbst für einen derart liberalen Spötter wie Friedrich II. hörte der Spaß da auf, wo die Autorität infrage gestellt wurde, sei es die kaiserliche, sei es die päpstliche.

Im Gegensatz zum jeweiligen Kaiser jedoch zeigten die anderen weltlichen Herrscher zunächst nur wenig Lust an einer Verfolgung von angeblich Irrgläubigen, wenigstens solange keine eigenen Interessen berührt wurden. Ganz anders sah das aus, wenn materieller Gewinn lockte.

Ein besonders abstoßendes Beispiel war der Kampf gegen die

Stedinger. Das waren Bauern, die einst vom Bremer Erzbischof in den Niederlanden angeworben und in Stedingen in der oldenburgischen Wesermarsch angesiedelt worden waren. Aus nichtigem Anlass kam es zu einer Rebellion, und der Erzbischof besorgte sich aus Rom flugs eine Bulle, in der die Aufständischen unter geradezu haarsträubenden Anschuldigungen zu Ketzern erklärt und damit in den Kirchenbann getan wurden.

Der Erzbischof warb vierzigtausend Bewaffnete an und hatte schon kurz darauf eine Sorge weniger. Der erste Kreuzzug, den Christen gegen Christen führten, endete 1234 in einem Blutbad.

Noch sehr viel schrecklicher – wenn das überhaupt möglich war – ging es in Südfrankreich zu, wo ein Kreuzzug gegen die Katharer gepredigt wurde, die nun tatsächlich die Lehren der Kirche anzweifelten und sich von ihr lossagten. Das »Kreuzheer« setzte sich vornehmlich aus beutegierigen Adligen aus Nordfrankreich zusammen, die dafür auch reichlich belohnt wurden.

Wenn es dagegen nichts zu holen gab, vielleicht sogar Gefahr drohte, verhielten sich die weltlichen Herrscher sehr viel zurückhaltender, ja reagierten zuweilen sogar mit heftigen Gegenmaßnahmen. So beispielsweise – wir kennen die Geschichte –, als der von Papst Gregor IX. zur Hexenjagd nach Deutschland entsandte Franziskaner Konrad von Marburg, der sich bereits als Erzieher der heiligen Elisabeth unrühmlich hervorgetan hatte, am Rhein zu wüten begann. Hunderte Menschen hatte er bereits auf den Scheiterhaufen gebracht, aber als er es dann wagte, selbst einen so angesehenen und über jeden Zweifel erhabenen Mann wie den Grafen Heinrich von Sayn der Ketzerei zu beschuldigen, wurde er im Sommer 1232 von dessen Anhängern erschlagen.

In der Zwischenzeit waren deutsche Bischöfe in Rom vorstellig geworden und hatten den mittlerweile greisen Papst über das schreckliche Wüten des Franziskanermönchs aufgeklärt. Erschüttert entzog der offensichtlich etwas naive alte Mann dem Inquisitor sämtliche Vollmachten, aber da war es bereits zu spät.

Nicht nur für den Inquisitor. Auch für seine zahllosen Opfer.

Dieser Konrad von Marburg war jedoch kein typischer Inquisitor, sondern eher die Ausnahme. Aufspüren und Verfolgung von Hexen und Hexenmeistern waren keineswegs das Hauptziel der römischen Behörden. Dadurch unterschieden sich die Gerichte der Inquisition grundlegend von den weltlichen.

Während vor den Schranken Letzterer Schadenszauber und später vor allem die Teufelsbuhlschaft eine entscheidende Rolle spielten, standen im Mittelpunkt von Inquisitionsverfahren vornehmlich theologische Irrtümer. Und dabei ging es in erster Linie nicht um die Bestrafung der Schuldigen, sondern um deren Bekehrung und Rückführung zum wahren Glauben.

Augustinus hatte schon im 4. Jahrhundert gelehrt, es sei ein Akt christlicher Nächstenliebe, einem Abtrünnigen – notfalls unter Zwang – den rechten Weg zu weisen. Häretiker seien verwirrte Schafe, die von den kirchlichen Hirten mit Stock und Knüppel zur Herde zurückgetrieben werden müssten. Selbst Folter sei deshalb legitim, weil sie nur den Körper, nicht aber die Seele schädige.

Anderer Meinung allerdings war sein Zeitgenosse Johannes Chrysostomos, der völlig zu Recht klarstellte: Einen Ketzer zum Tode zu verurteilen ist ein Vergehen ohne mögliche Wiedergutmachung.

Die »Sünder« sollten – das war das Ziel aller Prozesse – bereuen und in den Schoß der Kirche zurückkehren. Die Todesstrafe wurde nur dann ausgesprochen, wenn die Beschuldigten keine Reue zeigten, sondern an ihren »Irrtümern« festhielten, wenn sie rückfällig wurden oder – schwerste aller Ketzereien – an der jungfräulichen Geburt oder am göttlichen Wesen Christi zweifelten.

In einem 1575 in Rom erschienenen Buch heißt es, dass sich die Inquisitoren keinesfalls um nicht ketzerische Delikte zu kümmern hätten, sondern verpflichtet seien, reumütigen und nicht rückfälligen Hexen *ohne Einschränkung Gnade zu gewähren*. Die Existenz von Hexen wird also keineswegs abgestritten, aber ihr durchaus verwerfliches Tun wird wie vieles andere auch zwar als schwere Sünde betrachtet, die bei echter Reue allerdings zu vergeben ist.

Wie vielen vermeintlichen Hexen hätte man, wenn diese Richtlinien überall befolgt worden wären, vor den weltlichen Gerichten Europas Folter und Scheiterhaufen ersparen können! Das Einzige jedoch, was ihnen die Richter dort als Gegenleistung für Geständnis und Reue bereit waren zu gewähren, war die Gnade der Erdrosselung oder Enthauptung, bevor man ihren Leib den Flammen überantwortete.

* * *

Völlig anders als im nördlichen Europa lagen die Dinge in Portugal und Spanien. Große Teile der Iberischen Halbinsel waren von Anfang des 8. bis tief ins 15. Jahrhundert hinein von Arabern beherrscht gewesen. Nachdem nach der Eroberung Granadas im Jahr 1492 die letzten islamischen Truppen das Land verlassen hatten, begann die Rechristianisierung, bei der die Inquisition allerdings eine schaurige Rolle übernahm.

Während dieser Periode unterschied man in Spanien verschiedene soziale Gruppen. Die wichtigsten waren

- die Mozaraber – Christen, die unter islamischer Herrschaft in Andalusien lebten. Viele wanderten, obwohl sie ihre Religion relativ frei ausüben konnten, im Lauf der Jahrhunderte nach Nordspanien ab;
- die Muladi, Christen, die zum Islam konvertiert waren;
- die Renegados, Christen, die ebenfalls zum Islam konvertiert waren und sich an der Seite der Araber heftig gegen die Rückeroberung (Reconquista) des Landes durch die Christen wehrten;
- und die Morisken (Mauren), Mohammedaner, die nach der Reconquista unter christlicher Herrschaft im Land geblieben waren.

In der Folge der Reconquista wurden alle Juden, die ihrem Glauben treu bleiben wollten, des Landes verwiesen; was von Rom zwar nicht angeordnet, aber stillschweigend gebilligt wurde. Andere Juden jedoch heirateten ebenso wie viele Araber christliche Frauen. Die damit zwangsläufig einhergehende Konvertierung jedoch, argwöhnte die Kirche, sei lediglich zum Schein erfolgt. Das aber war nach ihrer Ansicht die größte Ketzerei überhaupt. Man stelle sich vor: der Empfang der Sakramente, insbesondere der Kommunion, ohne an die Eucharistie zu glauben!

Die Gotteslästerung schlechthin.

Häscher schwärmten aus. Unzählige Juden und Muslime starben in den Flammen der Scheiterhaufen. Die Inquisition schrieb das unmenschlichste Kapitel ihrer Geschichte. Aber so entsetzlich das alles sicherlich gewesen ist: Opfer waren vermeintliche Ketzer, nicht aber Frauen, die im Verdacht standen, Hexen zu sein.

Die wenigen Hexenprozesse, die im Spanien des 16. Jahrhunderts vor weltlichen Gerichten angestrengt wurden, zog die Inquisition nach und nach an sich, weil es sich hier – wenn überhaupt – um ein Bündnis mit dem Teufel und damit um Ketzerei handelte. Allerdings konnte sie nicht verhindern, dass ein weltlicher Richter, der damals durch Navarra zog, Dutzende angeblicher Hexen verhaften und die meisten von ihnen hinrichten ließ.

Gefährlich wurde es für verdächtige Frauen auch, als der hysterische Hexenwahn vom Südwesten Frankreichs her seinen Weg über die Pyrenäen ins spanische Baskenland fand. Es kam zu Pogromen. Madrid entsandte schließlich den Inquisitor Alonso de Salazar y Frias, der Mitglied der Suprema war, des Führungsgremiums der spanischen Inquisition, in das Unruhegebiet.

Dieser Hohe Rat der spanischen Inquisition hielt sich peinlich genau an die vorgegebenen Verfahrensregeln, und als die Verfolgung in dem Ort Logono am Oberlauf des Ebro aus dem Ruder zu laufen drohte, wurden weltliche Richter, die ihre Befugnisse offensichtlich überschritten hatten, von königlichen Beamten abgesetzt und verhaftet. Etlichen unschuldig gefolterten Frauen wurde sogar eine Entschädigung gezahlt.

Der Inquisitor Salazar verhörte knapp zweitausend Beschuldigte höchstpersönlich, darunter auch kleine Kinder, und kam zu dem

Schluss, dass es ganz offensichtlich weder Hexensabbat noch Hexenflug gebe. Angebliche Hexensalben stellten sich nach sorgfältiger Untersuchung als harmlose »Suppen« heraus, und die kleinen Mädchen, die sich selbst der Teufelsbuhlschaft bezichtigt hatten, erwiesen sich bei Untersuchungen durch Hebammen als nach wie vor jungfräulich.

Und das war das Ende der Hexenprozesse in Spanien.

* * *

Ähnlich vorsichtig war die Haltung der Inquisition gegenüber vermeintlicher Hexerei in Italien, und dort, wo weltliche und geistliche Gewalt in ein und derselben Hand lagen – nämlich im Kirchenstaat –, griff sie besonders streng durch. Beispiel: Der Verwalter einer Burg bei Orvieto ließ von vier der Hexerei verdächtigen Frauen zwei zu Tode foltern, eine dritte wurde von den Henkersknechten vergewaltigt. Die römische Inquisition hob das Urteil auf. Die Erben der beiden toten Frauen erhielten deren eingezogenes Vermögen zurück, die beiden Überlebenden wurden entschädigt, und der verantwortungslose Verwalter wanderte für sieben Jahre auf die Galeeren.

Spät, für viel zu viele Frauen allerdings zu spät, wurde in Rom in den Zwanzigerjahren des 17. Jahrhunderts das Handbuch des Dominikaners Desiderio Scaglia veröffentlicht, der lange Inquisitor in Oberitalien und dann Kommissar des Heiligen Offiziums war. Hätten sich die weltlichen Richter in Deutschland daran gehalten, wären unzähligen Frauen die Folter und der Tod in den Flammen erspart geblieben.

Bemerkenswert ist bereits die Einleitung, in der es unter anderem heißt:

»Die Erfahrung, Lehrmeisterin aller Dinge, zeigt deutlich, dass täglich bei der Führung von Prozessen gegen Hexen, Unholdinnen und Zauberinnen von verschiedenen Diözesanbischöfen, Vikaren und

Inquisitoren sehr schlimme Fehler begangen werden, zum höchsten Schaden sowohl der Gerechtigkeit als auch der angeklagten Frauen, sodass in der Kongregation der heiligen, römischen und universalen Inquisition gegen die ketzerische Verderbtheit seit Langem beobachtet wurde, dass kaum jemals ein Prozess richtig und rechtmäßig ablief, sondern dass es meistens notwendig war, zahlreiche Richter zu tadeln wegen ungebührlicher Quälereien, Nachforschungen und Verhaftungen sowie verschiedener schlechter und unerträglicher Methoden bei der Anlage der Prozesse, der Befragung der Angeklagten und bei exzessiven Folterungen, sodass bisweilen ungerechte und unangemessene Urteile gefällt wurden, sogar bis zur Todesstrafe und der Überlassung an den weltlichen Arm, und die Sache ergab, dass viele Richter so leichtfertig und leichtgläubig waren, schon wegen eines äußerst schwachen Indizes anzunehmen, eine Frau sei eine Hexe.«

Wie die weitaus meisten Menschen seiner Zeit glaubte zwar auch Scaglia an die Existenz von Hexen – nur: »Zauberei kann ohne förmlichen Abfall von Gott geschehen.« Deshalb sei vor allem bei der Folter größte Vorsicht geboten, und jeder Inquisitor müsse unter anderem folgende Vorschriften beherzigen:

- Jeder Angeklagte habe das Recht, die Anklageschrift zu lesen und sich einen Anwalt zu nehmen, der gegebenenfalls vom Gericht bezahlt werden müsse.
- Bei Exorzismen sei besondere Aufmerksamkeit geboten, wenn der vermeintliche Teufel andere Personen belaste.
- Beschuldigungen Dritter, am Hexensabbat teilgenommen zu haben, seien nicht relevant.
- Das Auffinden von Nadeln bei Hausdurchsuchungen besage überhaupt nichts, weil es in jedem Haushalt Nadeln gebe.
- Die Zellen, in denen die Verdächtigen gefangen gehalten würden, müssten hell und sauber sein, Strohsack und Wäsche häufig gewechselt werden.

- Beim Verhör dürften den Angeklagten keine Suggestivfragen gestellt werden; eine demütigende Untersuchung des vollkommen rasierten Körpers sei nicht zulässig.
- Die Folter dürfe nur maßvoll angewendet werden.
- Bei verdächtigen Todesfällen müsse ein erfahrener Arzt hinzugezogen werden, um zu prüfen, ob es begründete Verdachtsmomente gebe.

Von derartigen Bedingungen in der Haft und vor Gericht konnten Gefangene in Deutschland nur träumen. Allerdings wurden diese Instruktionen von Rom aus nur bei Bedarf an Bischöfe oder Inquisitoren geschickt. Erstmals leider erst 1625, und hierzulande war die Nachfrage auch nicht sonderlich groß.

* * *

Dass durch die Gerichte der Inquisition im Namen der Kirche schreckliche Gräuel geschehen sind, ist unbestritten. Allerdings müssen wir uns endgültig von jenem törichten Klischee verabschieden, das besonders von den Verfassern historischer Romane gepflegt wird: dem finsteren Großinquisitor, der nichts Gescheiteres zu tun weiß, als braven Bürgerstöchtern eine Affäre mit dem Beelzebub anzuhängen; wie auch von dem Klischee, seine Helfer, vor Erregung sabbernde Mönche, hätten sich am Anblick gefolterter Weiber aufgegeilt.

Es braucht nicht sonderlich viel Fantasie, um sich vorzustellen, welchen Anblick eine schmutzstarrende und vor Angst halb wahnsinnige Frau geboten haben muss, die man aus ihrer stinkenden Zelle gezerrt hat, um ihr in stundenlanger Folter ein Geständnis zu entlocken. Perverse Menschen gibt es mit Sicherheit. Sie gerade unter Mönchen zu suchen ist wohl ebenfalls einigermaßen abartig oder beweist ein liebevoll gepflegtes Vorurteil.

Die Inquisition hatte die Aufgabe, Ketzer aufzuspüren. Männer wie der oben zitierte Konrad von Marburg, die nicht zwischen

Ketzerei und Hexerei unterscheiden konnten (oder wollten), waren Ausnahmen, die die Regel bestätigten.

Die Grausamkeit der Inquisitoren, so furchtbar sie uns Menschen des 21. Jahrhunderts erscheinen mag, weist sie als Kinder einer Zeit aus, in der Mitleid und Barmherzigkeit gegenüber Feinden und vermeintlichen oder tatsächlichen Verbrechern unbekannt waren oder nur selten geübt wurden. Von Menschen, die schon als Kinder von ihren Eltern zu öffentlichen Hinrichtungen mitgenommen wurden, waren derartige Regungen auch kaum zu erwarten.

Dass man gegenüber wahren Übeltätern keine Gnade walten ließ, wundert daher wenig. Dass aber ausgerechnet die Vertreter der Inquisition, wenigstens was vermeintliche Hexen anging, größte Vorsicht bei anstehenden Prozessen anmahnten, auf dass keine Unschuldigen verurteilt wurden, ist wenig bekannt. Aber gerade das unterschied sie positiv von den meisten weltlichen Juristen.

Die Dominikaner indes, die vom Papst ausdrücklich zur Bekämpfung der Ketzer berufen worden waren und in Verballhornung ihres Namens nicht umsonst auch »Hunde des Herrn« *(domini canes)* genannt wurden, haben damals große Schuld auf sich geladen. Das Provinzkapitel Teutonia hat sich im Jahr 2000 zu einem Schuldbekenntnis durchgerungen, in dem es wörtlich heißt:

»Deutsche Dominikaner waren nicht nur in die Inquisition verstrickt, sondern haben sich aktiv und umfangreich an ihr beteiligt. Historisch gesichert ist die Mitwirkung an bischöflichen Inquisitionen und an der römischen Inquisition. Unabhängig von einigen vielleicht manchmal nachvollziehbaren historischen Gründen für die Mitwirkung erkennen wir heute die verheerenden Folgen dieses Tuns unserer Brüder. Wir empfinden dies als ein dunkles und bedrückendes Kapitel unserer Geschichte.

Dies gilt in gleicher Weise für die nachgewiesene Beteiligung des deutschen Dominikaners Heinrich Institoris an der Hexenverfolgung. Durch das Verfassen des *Hexenhammers* unterstützte und förderte er die menschenverachtende Praxis der Hexenverfolgung.

Folter, Verstümmelung und Tötung haben unendliches Leid über zahllose Menschen gebracht; deutsche Dominikaner haben dazu, neben anderen, die Voraussetzung geschaffen. Die Geschichte dieser Opfer – namenlos und vergessen – können wir nicht ungeschehen machen. Wiedergutmachung ist unmöglich. Uns bleibt die Verpflichtung zur Erinnerung.«

Und abschließend heißt es:

»Das Provinzkapitel fordert alle Brüder unserer Provinz auf, unsere dominikanische Beteiligung an Inquisition und Hexenverfolgung zum Thema in Predigt und Verkündigung zu machen.«

So weit die bußfertigen Mönche. Dagegen kann niemand die Kirche als solche, also den Vatikan, von *einem* Vorwurf freisprechen: Sie war sich dessen bewusst, dass unzählige Unschuldige einen grauenvollen Tod starben. Dennoch hat Rom niemandem, der fahrlässig oder bewusst die Hexenhysterie schürte oder sich sogar an diesem Massenmord beteiligte, mit der damaligen Höchststrafe gedroht: der Exkommunikation.

Zu dieser Schuld hat sich die Kirche bis heute nicht bekannt.

Das blutige Rot der Scheiterhaufen ist immergrün.

Erich Kästner

28 HIMMLERS HEXEN

Verwirrt starrte der kurzsichtige Mann durch seine randlose Brille auf das Dokument, das Reinhard Heydrich, der Leiter des Reichssicherheitshauptamtes, ihm auf den Schreibtisch gelegt hatte. Da stand es schwarz auf weiß: Margareth Himbler, die achtundvierzigjährige Witwe des Schlossers Hans Himbler, wurde am 4. April 1629 in Markelsheim als Hexe verbrannt.

»Das soll wirklich eine meiner Vorfahren sein?«

»Sieht so aus, Reichsführer.« Heydrich wies Himmler auf die beiden Unterschriften hin: SS-Hauptscharführer Wenzel und SS-Scharführer Ruschke. »Sie sind sich ganz sicher.«

»Unglaublich; ganz unglaublich!« Heinrich Himmler war aufgesprungen und lief im Zimmer hin und her. »Eine meiner Ahninnen, eine wertvolle deutsche Frau, und dann von diesem Gesindel ermordet.«

Heydrich war irritiert. Nichts hatte ihm ferner gelegen, als dem Reichsführer eine Freude zu bereiten. Eigentlich hatte er sich an Himmlers Entsetzen weiden wollen, dass es in seiner Familie eine Hexe gegeben hatte. Aber sein Chef konnte seine Freude darüber nicht verhehlen. Das Schicksal seiner Ahnfrau bestätigte nur, was er schon immer geglaubt hatte: Die große Hexenjagd im 16. und 17. Jahrhundert war nichts anderes gewesen als der Versuch, die uralte Religion der Germanen endgültig zu vernichten und alle noch lebenden Priesterinnen umzubringen. Und wer steckte dahinter? Ein Bündnis – bestehend aus der katholischen Kirche und dem Judentum!

Das war nun wirklich Schwachsinn.

Die Christen hatten die Juden stets als die Mörder Christi betrachtet, hatten ihnen Jahrhunderte hindurch Hostienschändung und Kindermord vorgeworfen. Johannes Chrysostomos, der 407 gestorbene Patriarch von Konstantinopel, hatte schon die Juden als Hunde, Schweine und Böcke bezeichnet, und der Hass der Christen führte jahrhundertelang zu schrecklichen Pogromen. Plötzlich sollten sich dann die so grausam Verfolgten mit ihren Mördern zusammenschließen, um arische Frauen zu verbrennen?

Auf eine derartige Idee konnten wohl nur kranke Hirne kommen, aber davon gab es ja damals etliche in Deutschland.

Zum Beispiel Mathilde Ludendorff, Pastorentochter aus Wiesbaden, die später den seit dem Ersten Weltkrieg ebenso berühmten wie umstrittenen General Erich Ludendorff heiratete, der sich mithilfe von Hitler und seinen Nationalsozialisten zum Reichspräsidenten wählen lassen wollte. Hitler aber hatte Hindenburg bevorzugt und Ludendorff sich daraufhin aus der Politik zurückgezogen.

Die Schuld für die politische Niederlage suchte er allerdings nicht bei sich, sondern erschuf in seiner Fantasie einen mächtigen Geheimbund, in dem sich Jesuiten und Freimaurer, das Judentum und die kommunistische Internationale zusammengefunden hatten und für alles verantwortlich waren, was deutschen Interessen zuwiderlief.

Und seine Frau Mathilde – beileibe nicht dumm – glaubte ebenfalls an diesen Unfug.

Sie vertrat eine Art völkischen Feminismus und gab das Pamphlet »Christliche Grausamkeit an deutschen Frauen« heraus, das abenteuerliche Auflagen erzielte. Darin behauptete sie unter anderem, beide Kirchen hätten die Jagd auf Hexen zur religiösen Pflicht erhoben. Und aus durchsichtigen Gründen beharrte natürlich auch sie darauf, dass damals mindestens neun Millionen Menschen umgebracht worden seien.

Noch größere Erfolge erzielte eine ihrer Mitstreiterinnen namens Friederike Müller-Reimerdes. Sie rief ihre deutschen Schwestern zum Widerstand gegen den Einfluss der Kirchen auf und begründete die Notwendigkeit, entschlossen zu handeln, in einer Abhandlung mit dem Titel »Der christliche Hexenwahn. Gedanken zum religiösen Freiheitskampf der deutschen Frau«, den sie als Kampfruf für jede nordisch-bewusste Frau verstanden wissen wollte. »Jüdische Denkart, liberalistische Entwurzelung und die art- und rassefremden Seelen- und Geistesgesetze der christlichen Priester- und Dogmenkirche« hätten der deutschen Frauenwürde die tiefsten und blutigsten Wunden geschlagen.

Auch die Männer hätten natürlich gelitten, denn die rassewidrige Weltanschauung des Christentums habe zur »Entartung des deutschen Mannestums« geführt. Früher sei es nur gleichwertigen Frauen möglich gewesen, das »artgemäße Heldentum« der germanischen Recken zu ertragen. Aber aus diesen Männern seien inzwischen halbe Orientalen geworden, und die armen Frauen von heute müssten in unterwürfiger Demut neben ihnen her leben. Die einst vorherrschenden blonden Frauen und Mütter, »die Trägerinnen nordischen Rasseerbgutes«, seien dagegen während der Verfolgungen angeblicher Hexen systematisch ausgerottet worden.

An der Tatsache, dass auch sehr viele Männer als angebliche Hexer hingerichtet worden sind, kam Friederike Müller-Reimerdes allerdings nicht vorbei, und deshalb verstieg sie sich zu der Theorie, dass die Kirche das nur getan hat, um ihre wahre Absicht, die Ausrottung der edlen Germaninnen, zu verschleiern. Männermord als Alibi sozusagen. Folgerichtig endete dann der Aufruf der Feministin mit der Forderung, Deutschlands Frauen sollten an der Kirche, diesem »konsequentesten Männerkollektiv«, zu Rächerinnen ihrer gemarterten Schwestern werden.

Mindestens ebenso gefährlich wie die Theorien dieser Damen waren die Thesen von Alfred Rosenberg. In Tallin (damals noch Reval und zu Russland gehörend) als Sohn eines wohlhabenden Kaufmanns geboren, studierte er in Moskau Architektur, floh vor der Oktoberrevolution nach Paris und später nach München, lernte 1919 Hitler kennen und trat wenig später der NSDAP bei.

1921 ging er zum *Völkischen Beobachter*. 1923 wurde er dort Chefredakteur und 1937 sogar Herausgeber. Auch er glaubte abwechselnd an eine jüdisch-freimaurerische, dann wieder an eine jüdisch-bolschewistische Weltverschwörung und bekannte sich zu der These, dass die Revolution in Russland vom internationalen Judentum angezettelt worden sei. Natürlich war moderne Kunst für ihn ein Gräuel, und so verunglimpfte er sowohl die Zwölftonmusik als auch die expressionistische Malerei und die Bauhaus-Architektur als verachtenswerten Kulturbolschewismus.

1930 veröffentlichte er das Buch *Der Mythus des 20. Jahrhunderts*, in dem er die katholische Kirche und besonders den Papst als »den anmaßenden Stellvertreter Gottes« angriff. Der evangelischen Kirche warf er vor, sich allzu sehr an die Buchstaben der Heiligen Schrift zu klammern, lobte aber zugleich Martin Luther, in dem er den Bewahrer des wahren – im Gegensatz zu dem von Rom und den Jesuiten verfälschten und verjudeten – Christentums sah.

Für Rosenberg ist die Geschichte ein einziger Kampf der nordischen Rasse gegen das Judentum. Jede dieser beiden Rassen hat eine Seele, die wiederum Wollen und Tun *aller* Rasseangehörigen prägt und steuert. Daraus erhellt, dass es keine schlechten Nordmenschen und keine guten Juden geben kann.

Wie Hitler vertritt er die Meinung, Arier seien gewissermaßen Gotteskinder, die Juden dagegen die Ausgeburt der Hölle. Nun kann aber auch Rosenberg nicht bestreiten, dass Jesus als Jude geboren worden ist, weshalb er ihn – völlig unlogischerweise – flugs zur »Verkörperung der nordischen Rassenseele« erklärt. Für diese nordische Seele wiederum gebe es nur einen Leitsatz, der über jeder Moral stehe: Ich will!

Und dieser Wille sei es, der – sofern er von einem starken Führer in die richtigen Bahnen gelenkt wird – so ungefähr alles gestattet, was erforderlich ist. Vor allem natürlich die Ausrottung des internationalen Judentums und die Zerschlagung der katholischen Kirche, weil beide nichts anderes zum Ziel hätten als die Auslöschung der nordischen Rasse.

Auch wenn es sogar in der eigenen Partei Widerstand gegen diese hanebüchenen Unterstellungen gab und Goebbels das Ganze verächtlich als »intellektuellen Rülpser« abtat, beweist Rosenbergs Buch in erschreckender Weise, welche Theorien in den Köpfen vieler Menschen spukten, die damals an die Macht gelangten.

Und zu denen gehörte auch Heinrich Himmler.

Gierig saugte er auf, was der Führer über Juden, Kirche und Hexenjagden von sich gab. Zum Beispiel dies: »Diese Pfaffen! Wenn ich bloß so eine schwarze Minderwertigkeit daherkommen sehe! Das Hirn ist den Menschen gegeben, um zu denken. Wenn er aber denken will, wird er von so einer schwarzen Dreckwanze verbrannt.«

Das Christentum sei der größte Rückfall, den die Menschheit je erlebt habe, und konnte Hitlers Meinung nach deshalb auch nur in Blut und Folter enden. Und wörtlich: »Man muss der Vorsehung dankbar sein, dass man jetzt lebt und nicht vor dreihundert Jahren, wo in jedem Ort die Scheiterhaufen brannten. Das war doch etwas Entsetzliches! Und wie müssen wir den Menschen dankbar sein, die den Mut hatten, dagegen vorzugehen. Sonderbarerweise waren ein paar Jesuitenpatres dabei, auch im Kampf gegen die Hexenverbrennung!«

Das wusste er immerhin.

Und selbstverständlich waren es – wer sonst – die Juden, die an allem die Schuld trugen. Auch an der Entartung des Christentums, die Hitler zu erkennen glaubte: »Ich kann mir lebhaft vorstellen, wie dieser Wahnsinn (das Christentum) daraus entstanden ist, dass ein Jude sich gesagt hat: Setzt den Nichtjuden Sprüche vor, die Unsinn sind; je dunkler der Sinn, desto mehr werden sie darüber grübeln und von der Betrachtung der Wirklichkeit abgehalten sein! Das Teuflischste ist, dass sich der Jude darüber auch noch lustig macht, wie ihm der Betrug gelungen ist. Er weiß, wenn die anderen eine Ahnung hätten, auf welche Weise diese Wahrheiten zustande kamen, so würden alle Juden erschlagen werden. Aber dieses Mal werden sie aus Europa verschwinden!«

Die Unterstellung, Juden und Christen hätten sich zusammengetan, um die nordische Rasse – wer immer dazugehören mochte – zu unterjochen, ist so hirnrissig, dass man eigentlich nicht darauf einzugehen braucht. Jeder weiß, dass sich beide Seiten schon in den ersten nachchristlichen Jahrhunderten erbittert bekämpften, bis Kaiser Konstantin, den Voltaire übrigens zynisch als einen »politisch nicht unbegabten Kriminellen« bezeichnete, Anfang des 4. Jahrhunderts aus rein pragmatischen Gründen das Christentum anerkannte und die noch junge Kirche damit begann, die Juden als Mörder Christi zu betrachten.

Als Begründung berief man sich stets auf die Stelle bei Matthäus, wo Pilatus sich die Hände in Unschuld wäscht, während »die Juden« den Tod des Heilands fordern und rufen, sein Blut komme über sie und ihre Kinder. Bei jeder neuen Judenverfolgung im Mittelalter wurde diese Stelle zitiert und quasi als Entschuldigung argumentiert: Sie haben es ja selbst so gewollt.

Und diese Juden, von den Christen bis zur Zeit der Aufklärung erbittert verfolgt, beraubt und ermordet, ja noch bis ins 19. Jahrhundert hinein auf das Schändlichste beleidigt und diskriminiert, sollen sich »den Christen« als Bündnispartner angedient haben, um gemeinsam die nordische Rasse zu vernichten?

Viele Anhänger der Rassentheorie glaubten es tatsächlich, und auch Heinrich Himmler war fest davon überzeugt.

* * *

Ein polnischer Bibliothekar an der Posener Universität stöberte nach dem Krieg im verwüsteten Schloss des Grafen Haugwitz in Schlesienstadt (Landkreis Glogau) herum und fand im Schutt halb verbrannte Dokumente, mit denen er zunächst nichts anzufangen wusste. Es war ein ganzer Berg von Akten, die aus Zigtausend Einzelstücken bestanden und sich als das Ergebnis des 1935 von Heinrich Himmler erteilten »H-Sonderauftrag des Reichsführers-SS« entpuppten.

Himmler, der sich übrigens für die Wiedergeburt von König

Heinrich I. (876–936) hielt, stets auf der Suche nach altgerma-
nischen Wurzeln war und seine Schutzstaffel als antichristlichen
Orden zur Wiederherstellung der nordischen Religion verstand,
wollte mit diesem Projekt seinen Kampf gegen Kirche und Judentum auch ideologisch untermauern.

Vierzehn hauptamtliche Mitarbeiter im Reichssicherheitshaupt-
amt suchten neun Jahre lang im gesamten Reichsgebiet in Bibliotheken und Archiven nach Spuren der Hexenverfolgung. Notiert
wurden in dieser »Hexenkartothek« die Namen der Verdächtigten
und der Zeugen, der Richter und der Hingerichteten. Über dreiund-
dreißigtausend DIN-A4-Karteiblätter kamen zusammen, geordnet
nach den Orten, wo die Prozesse stattgefunden hatten, und in al-
phabetischer Reihenfolge.

Dr. Rudolf Levin leitete das Projekt, dessen wissenschaftlicher
Wert von Anfang an natürlich darunter litt, dass zum einen die
Zahl der Mitarbeiter zu gering war, um die gewonnenen Ergebnisse
auszuwerten. Zum anderen aber stand das zu erzielende Ergebnis
von vornherein fest: der Nachweis nämlich, dass die Tausende von
Frauen tatsächlich einer christlich-jüdischen Verschwörung zum
Opfer gefallen waren.

Levin hat sich mit einem Bericht über diese Kartothek habilitie-
ren wollen, aber seine Arbeit fiel derart miserabel aus, dass sie von
der Universität München nicht angenommen wurde. Einen gewissen Wert stellen die gesammelten Berichte dennoch dar: Von vielen Prozessen wüssten wir nichts mehr, weil die Originalakten und
Protokolle im Krieg verloren gegangen sind. So sind immerhin die
Zahlen und Namen bekannt, wenn sie auch nach wie vor auf eine
wissenschaftliche Analyse warten.

Von ernsthafter Forschung war bei Himmler nie die Rede. Er
war einzig und allein darauf aus, Beweise für seine abenteuerlichen
Theorien zu sammeln. Vor dem Reichsbauerntag in Goslar führte er
1935 aus: »Wir sehen, wie die Scheiterhaufen auflodern, auf denen zu
Zehntausenden die zermarterten und zerfetzten Leiber unserer Mütter und Mädchen zu Asche brennen. Wir können in vielen Fällen nur

28 HIMMLERS HEXEN

369

ahnen, dass hier unser aller ewiger Feind, der Jude, in irgendeinem Mantel oder durch irgendeine seiner Organisationen seine blutige Hand im Spiel hatte.«

Sieben Jahre später beschloss die sogenannte Wannsee-Konferenz unter Führung von Reinhard Heydrich die Deportation und Ermordung aller Juden.

NACHWORT

Die Literatur zum Thema Hexen ist nahezu unüberschaubar; aber nicht deshalb verzichten wir auf eine ausführliche Bibliografie. Der Grund liegt vielmehr darin, dass von den weitaus meisten Büchern – seien es nun Romane oder mehr oder weniger wissenschaftliche Abhandlungen – eher abzuraten ist.

Es gibt wohl kaum ein anderes Thema oder historisches Phänomen als das der hysterischen Verfolgung vermeintlicher Hexen, das bis in unsere Tage von derart erschreckenden Vorurteilen und Verallgemeinerungen beherrscht wird.

Da begegnet uns immer wieder das Zerrbild des finsteren Großinquisitors, der drohend auf ein halb nacktes Weib hinabsieht, das von geilen Mönchen belauert wird, nachdem es von rohen Knechten grausam gefoltert worden ist. Spekulative Schilderungen oder Darstellungen dieser Art sollten in Büchern, die ernst genommen werden wollen, nicht auftauchen. Gewiss hat es abartige Hexenjäger gegeben wie zum Beispiel den berüchtigten Konrad von Marburg oder Heinrich Kramer, den Verfasser des *Hexenhammers*; aber sie waren die Ausnahme, nicht die Regel.

Leider ließ sich ein großer Teil der Autoren von historischen Sachbüchern von vorgefassten Meinungen leiten und bog die tatsächlichen Ereignisse – vor allem aber deren Ursachen – so zurecht, dass sie in das lieb gewonnene Klischee passten.

Die Verirrung begann bereits während des Kulturkampfs in den Siebzigerjahren des 19. Jahrhunderts, als sich ein großer Teil der

Historiker kritisch mit der katholischen Kirche auseinandersetzte; diese Tendenz setzte sich mit zunehmender Liberalisierung der Gesellschaft im 20. Jahrhundert fort, erreichte einen Höhepunkt in den wahnwitzigen Parolen der Nationalsozialisten und endete fürs Erste mit den nicht minder unsinnigen Theorien kämpferischer Feministinnen.

Gravierende Unterschiede zwischen Ketzer- und Hexenverfolgung wurden dabei ebenso großzügig übersehen wie die Tatsache, dass es unter den Opfern nicht nur Frauen, sondern auch viele Männer und sogar Kinder gab. Die Schuld wurde hauptsächlich bei der katholischen Kirche gesucht, wobei unberücksichtigt blieb, dass zu Beginn der Verfolgungen die Kirchenspaltung noch nicht stattgefunden hatte und sich später in evangelischen Landen ebenso schreckliche Dinge ereigneten.

Völlig übersehen – oder wissentlich unterschlagen – wurde, dass nicht nur fanatisierte Dominikaner, sondern alle, wirklich alle Menschen felsenfest an Hexen glaubten, sei es nun ein Albrecht Dürer, der sie in vielen seiner Werke darstellte, oder ein Martin Luther, der Teufelswerk und vom Teufel gezeugte Kinder mit eigenen Augen gesehen haben will. Und dass die Jagd auf Hexen nur in den seltensten Fällen von oben angeordnet, sondern zumeist von unten angeregt, wenn nicht sogar gefordert wurde.

Auf lokaler und regionaler Ebene gibt es sicherlich schon seit einiger Zeit seriöse Darstellungen – sofern die entsprechenden Unterlagen in den jeweiligen Archiven noch vorhanden waren. Was aber die große Entwicklung und die eigentlichen Hintergründe angeht, sollte man sich nur auf neueste Literatur verlassen. Stellvertretend seien hier die Historiker Wolfgang Behringer und Rainer Decker genannt. Auf ältere Darstellungen sollte man hingegen aus den oben angeführten Gründen eher verzichten.

Köln, im Frühjahr 2007
Dieter Breuers

ZEITTAFEL

1090   Lynchjustiz an drei Frauen in Freising.

1117   Peter Waldes begründet die Sekte der nach ihm benannten Waldenser.

1163   Das Konzil von Tours beschließt: Ketzer werden eingekerkert, und ihr Vermögen wird konfisziert.

1179   Das Dritte Laterankonzil entscheidet, dass Ketzer nicht nur exkommuniziert werden, sondern auch jedweder Handel mit ihnen verboten ist.

1209   ruft Papst Innozenz III. zum Kreuzzug gegen die Katharer auf.

1216   Gründung des Dominikanerordens.

1229   Die Synode von Toulouse bestätigt die Inquisition als eine feste, den jeweiligen Bischöfen unterstehende Einrichtung. Außerdem wird den Gläubigen verboten, die Bibel in der jeweiligen Landessprache zu lesen.

1233   beschreibt Papst Gregor IX. die Einzelheiten eines Hexensabbats.

1430   Erste Hexenverfolgungen in Savoyen.

1431   wird Jeanne d'Arc von den Engländern in Rouen als Hexe verbrannt.

1435   wird Agnes Bernauer in der Donau ertränkt.

1474   Ernennung Heinrich Kramers zum Inquisitor.

1484   erscheint die Bulle *Summis desiderantes affectibus* von Papst Innozenz VIII.

1487	veröffentlicht der Dominikaner Heinrich Institoris (Heinrich Kramer) den *Hexenhammer (Malleus maleficarum)*.
1589	enthauptet und verbrennt man in Bedburg nach schrecklicher Folter den vermeintlichen Werwolf Peter Stump.
1589	wird in Trier der Schultheiß Dr. Dietrich Flade hingerichtet.
1590	wird in Nördlingen Rebekka Lemp verbrannt.
1610	wird in den Niederlanden die letzte Hexe verbrannt.
1627	wird in Köln die Postmeisterin Katharina Henot erdrosselt und verbrannt.
1628	wird in Bamberg der Bürgermeister Johannes Junius hingerichtet.
1631	erscheint die *Cautio criminalis* von Friedrich Spee.
1640	bezeichnet Papst Urban VIII. die deutschen Hexenverfolger als *zelanti* (»blindwütige Eiferer«).
1669	werden im schwedischen Mora zweiundsiebzig Frauen und fünfzehn Heranwachsende hingerichtet, die von Kindern der Hexerei beschuldigt worden waren.
1676	erscheint Hermann Löhers Buch *Wemütige Klage der frommen Unschültige*.
1684	wird in England die letzte Hexe verbrannt.
1715	wird das Schwarze Buch in Lemgo zerschnitten und verbrannt.
1745	brennt der letzte Scheiterhaufen in Frankreich.
1775	wird in Kempten im Allgäu die letzte deutsche Frau wegen Hexerei zum Tod auf dem Scheiterhaufen verurteilt. Sie wird jedoch später begnadigt und stirbt im Zuchthaus.
1782	findet die letzte Hexenhinrichtung Europas in der Schweiz statt.
1895	stirbt der Forscher Carl Kiesewetter im Alter von vierundvierzig Jahren beim Selbstversuch mit »Hexensalbe«.

REGISTER

Aachen 278
Abaelardus, Petrus 46, 219
Aberglaube 18–29, 30–41, 184, 197, 314
Abtreibung 130 f., 179, 211 f., 297
Agobard v. Lyon 36
Ägypten 21, 34
Ägypter 82, 215
Ahrweiler 156
Aichstetten, Friedrich 62
Aischylos 82
Albertus Magnus 26 f., 74, 312
Albigenser 49, 54 f., 321
Albizzi, Francesco 345 ff.
Albrecht III. (Herzog v. Bayern) 57–63
Alden, John 293
Alemannia superior (Provinz) 92
Alexander (III.) der Große (König) 82
Alexander VII. (Papst) 289
Alexandria 51
Alexius v. Edessa 48
Alkuin (Berater Karls des Großen) 18
Alpen 151
Altes Testament (AT) 21, 82 f., 138, 214,
    271
Altmark 136
Altwasser 106
Amaury, Arnaud (Legat) 55
Ambrosius (Hl.) 52
Amerika 14
Amsterdam 275 f., 284
Ancker (Witwe) 318
Andernach 156
Andover 293
Andreas (Junge aus Freising) 208
Angers (Schloss) 249
Anglikanische Kirche 271
Angst 156, 177 f., 193 f., 220, 233, 264, 271,
    275–285, 295, 313, 321, 326
Anna v. Braunschweig 61
Ansbach 200

Antiochia 24, 40
Antoninus (Pater) 286 f.
Araber 356 f.
Arius (Presbyter) 51 f.
Arnold v. Brescia (Schüler des Petrus
    Abaelardus) 46
Arras 313
Ärzte (s. Medizin)
Attigny 17
Aubin, Marie 245 f.
Augsburg 58, 90, 152, 328 f.
Augustinus (Hl.) 322, 355
Avignon 38
Azincourt 64
Azteken 215

Babylon 138, 215
Babylonier 82
Bamberg (Bistum) 237, 254–258, 266, 323,
    350
Bamberg (Stadt) 254–257, 261, 264, 266
Bardot, Brigitte 57
Bärenmenschen 179, 181
Barot (aus Loudon) 243
Barré, Pierre 244, 246 f.
Basel 99
Baskenland 296, 357
Baving, Hermann 334
Bayern 57–63, 156
Beatrix v. Oberbayern-München 58, 61
Beauvais 65
Becker-Hansen, Maria 192
Beckingen an der Saar 187 f., 193
Bedburg 175, 177 f.
Behringer, Wolfgang 372
Belciel, Jeanne de (s. Jeanne des Anges)
Benediktiner (Orden) 33, 46 f.
Berlin 307
Berlinische Monatszeitschrift 311, 314
Bernauer, Agnes 57–63, 324

Berner, Johannes 303, 305, 307
Bernhard v. Clairvaux 17, 47
Berseker 181
Besagung 219, 237, 254, 257, 290, 332
Besessene 245–252, 286–298
Bethlehem 183, 321
Beutlerin (»Hexe« aus Würzburg) 318
Bewel, Jan 282
Béziers 55
Bibel, Die 74, 85, 138 f., 155, 276, 292, 320,
    343, 366
Bieberstein (Amt) 227
Bieberstein (Schloss) 227
Bien, Blasius 228
Bien, Merga 228 ff.
Bild der Frau, Das 68–77
Binder, Georg 199
Binsfeld, Peter 331 f.
Blanche v. Navarra (Königin) 37
Blattgarstsche (Frau aus Lemgo) 309
Blockes-Berges Verrichtung … 137
Bodensee 151
Böffgen, Christina 280 ff.
Bohemund (Normannenherzog) 25
Bolchen 186
Bonaventura v. Bagnoregio 312
Böndel (Frau aus Lemgo) 304, 306
Bonifatius (Hl.) 16, 20, 135
Bonn 277, 279, 284
Bonshommes 49
Bontemps (Sergeant) 249
Bordeaux 243 f., 247
Borlinghausen 290
Boston 293 f.
Bouget, Henri 86
Bougre, Robert de 56
Bradstreet, Dudley 293
Bradstreet, John 293
Brakel 286–290, 294, 296 f.
Brandeston 270
Braun (Dr.) 259 f., 263
Brecht, Bertolt 240
Breisig 164
Bremen (Diözese) 92
Bremen (Stadt) 81, 354
Britannien 52
Brixen 88, 90
Brocken (Berg) 133, 135 ff., 141
Bröcker, Agnesa 300
Brügge 121, 124, 131
Brühl (Amt) 156
Brüssel 333
Buirmann, Franz 279–282, 284
Büraburg 18
Burgund 45, 64
Burkhard v. Worms 179, 311
Burroughs, George 293

Caesarius (Bischof v. Arles) 128, 211
Cahors 38
Calef, Robert 294
Calvin, Johannes 164, 295, 327, 338
Calvinisten 220, 240 ff., 271, 276, 322
Cambridge (England) 273
Canisius, Petrus 156
Canon episcopi 36, 99
Canossa 41
Capitulatio de partibus Saxoniae 35
Carafa, Carlo 348
Carolina 225, 228 f., 237
Carporael, Linda 297
Castaneda, Carlos 133 f.
Catrine (aus Bremen) 78 f.
Cauchon, Pierre 65
Cautio criminalis 328, 335–342
Châlons-sur-Marne 42, 44, 56
Chinon 64, 244, 246
Christentum 16 f., 18–29, 48, 73, 83, 353,
    365–368
Citeaux (Kloster) 240
Clauss, Agnesa 302
Clauss, David 299 f., 302, 306, 308 f.
Cluny (Kloster) 17, 46, 240
Coburg 338
Colchester 273
Compiègne 64
Contzen, Jakob 146 f.
Contzen, Maria 146 f.
Cory, Giles 294
Cothmann, Heinrich 305–303, 310
Cratz v. Scharfenstein, Hugo 237
Crézy 64

Dämonen 92 f., 96, 174 f., 179, 224, 242,
    246–250, 252, 288 f., 292 332
Decker, Rainer 372
Demetrius (Hl.) 25
Demosthenes 82
Denunziation 190, 222 f., 237, 265, 313, 317,
    336
Der Mythus des 20. Jahrhunderts 366
Dernbach, Balthasar v. 226, 232
Dessau 87
Detmold 301, 304, 307
Deutscher Ritterorden 186
Dieburg 155
Dillenburg 238
Dittmayer, Jakob (Bamberger Bürger-
    meister) 264
Dominikaner (Orden) 26, 89, 92, 94 f., 312,
    349, 358, 361 f., 372
Domremy la Pucelle 64, 182
Donau (Fluss) 57 f., 62 f.
Drauden, Theis 147 f.
Drewermann, Eugen 349
Duncan (Medikus) 250

376   IN DREI TEUFELS NAMEN

Düren 278
Dürer, Albrecht 372
Düsseldorf 331

Ebro (Fluss) 357
Edda 12
Eder (Fluss)18
Edessa 48
Ehrang 190
Eichstätt 136, 255
Eifel 146, 148, 156, 168, 187, 277, 324
Einhorn, Lutherus 197f., 200–203, 206
Einschüchterung 275–285
Elberfeld 275
Eleonore v. Aquitanien 46, 64
Elfen 14, 22
Elisabeth v. Thüringen (Hl.) 143, 354
Elizabeth I. (engl. Königin) 271
Ellwangen (Fürstpropstei) 323
Elsass 89
Eltingen 198
Elz 323
Empfängnisverhütung 128f., 131, 200,
    211f.
England 16, 64, 241, 267–274, 315, 348
Engländer 182, 312
Ephesus 321
Ernst (Herzog v. Bayern und Kurfürst
    v. Köln) 329
Ernst (Herzog v. Oberbayern-München)
    59f., 62f., 67
Essex 269
Estland 320
Euren 191
Europa 72, 99, 179, 216f., 367
Euskirchen 279
Exkommunikation 353, 362
Exorzismus (s. auch Teufelsaustreibung)
    165, 252, 286, 288, 297, 359

Fath, Christoph 192
Faust, Der 133, 135, 138
Feen 13f., 22, 175, 182
Feministinnen 316, 350, 372
Ferdinand (Herzog v. Bayern und Kurfürst
    v. Köln) 168, 346
Ferdinand II. (Kaiser) 266
Fertzheim (s. Ferzheim)
Ferzheim 276, 278, 283
Feucht, Werner 204
Fincken, Klara 286
Finnland 320
Flade, Dietrich 186–196, 332
Flandern 46, 64
Folter 52, 66, 69ff., 78f., 85, 98, 101–120, 123,
    135, 152, 164, 167ff., 177f., 190f., 195, 205,
    215ff., 221f., 224, 227, 229f., 233, 235f., 238,
    253f., 256–264, 266, 270f., 280–283, 290,

302, 304–307, 309, 312f., 317, 325f., 328,
    336–340, 342, 349, 352f., 355f., 358ff., 367
Fontevrault (Stift) 46
Formicarius 99
Förner, Friedrich 255, 266
Franken (Volk) 17, 35
Frankfurt am Main 234, 278
Frankreich 14, 38, 46, 54ff., 64, 99, 240, 271,
    312, 315, 348, 357
Franziskaner (Orden) 166, 312, 354
Frauenbild 68–77
Frauenhass 313
Fredegunde (merowing. Königin) 35
Freimaurer 364
Freising 32f., 91, 207f.
Frembgen, Matthias 278, 283
Fremdenfeindlichkeit 220
Friedrich I. Barbarossa (Kaiser) 331
Friedrich II. (Kaiser) 40, 53, 353
Friedrich III. (Kaiser) 95
Friedrich II., der Große (preuß. König)
    18, 254, 314
Friedrich Achilles (Prinz v. Württemberg-
    Neuenstadt) 197
Friesen 16
Fronsac (Generalabt) 240
Fulda (Hochstift) 227, 256, 323
Fulda (Stadt) 226–229, 233

Galizien 52
Gaule, John 267–270
Gebsattel, Johann Philipp v. 256
Gegenreformation 22, 77, 220, 255, 288, 331,
    333
Geismar 20
Geiss, Georg Ludwig 234–237
Geldgier und Hexenverfolgung 226–239
Gelenius, Johannes 166, 168
Georg (Hl.) 25
Georg (aus Bamberg) 261
Georg Friedrich (Kurfürst v. Mainz) 155
Géraud, Hugues 38
Gerichtbarkeit 278f.
Gerichtskosten 238f., 245, 294, 300, 326
Germanen 9, 12ff., 22, 136, 138, 149, 363, 365,
    369
Geschrey 146–160, 166, 168, 170, 186–196, 206
Getzler, Margaretha 70
Gießen 300
Ginetti, Marzio 346
Glaber, Raoul (Rudulf der Kahle) 45
Glaube und Aberglaube 30–41
Glimbach, Heinrich 170f., 173
Glogau (Landkreis) 368
Glüb, Töll 230
Gnadengeld 301
Göbel, Babelin 319
Gödelmann, Johann Georg 141

Godley, Sir Lambert 174, 177 f.
Goebbels, Josef 367
Goethe, Johann Wolfgang v. 133, 135 f., 138
Goldene Bulle, Die 353
Golser, Georg 88, 91 f.
Goslar 369
Gottesurteil 39 ff., 312, 352
Graf, Wolfgang 102, 108 ff., 113 ff., 117 f.
Granada 356
Grandier, Urbain 241–249, 251 ff.
Graubünden 347
Graz 199 f.
Gregor VII. (Papst) 41, 54
Gregor IX. (Papst) 141, 312, 354
Grettir-Saga 7–10
Griechen 11, 34, 139
Grimm (Brüder) 14, 180
Grimmelshausen, Hans Jakob
    Christoffel v. 137
Grimoald (Herzog) 33
Großinquisitor 56, 100, 143, 312, 360, 371
Güglingen 205 f.
Guichard v. Troyes 37
Güldenes Tugendbuch 333
Gundelfinger, Karl 102
Gundelfinger, Walburga 102
Gutbrodtin (»Hexe« aus Würzburg) 318
Gutenberg, Johannes 94, 99
Guttmann, Martin 231
Gylstorpf, Agnieß v. 161–164, 170

Haan, Georg 256 f.
Haan, Katharina 256
Habsburg (Haus) 240
Hadamar 238
Haddington (Earl of) 156
Häfelen (Wirt in Ulm) 116
Häfelen, Thomas 116 f.
Haider, Ursula 68 ff., 102
Halfmann, Dietrich 282
Haller, Jörg 202
Haller, Walburga (Schinder Burga) 202 f.
Hardenrath, Johann 170, 172 f.
Hardt (Amt) 278
Hartmann, Johann 228
Hartmann, Weynardt 284
Harz 135, 138
Hass und Hexenverfolgung 240–253
Haugwitz (Graf) 368
Hebamme 124, 130, 132, 270, 297, 358
Hebbel, Friedrich 57
Heiderheim (Kloster) 136
Heilige Inquisition (s. Heiliges Offizium)
Heilige Schrift (s. Bibel, Die)
Heiliges Offizium 345–349, 351, 358
Heinfurtnerin (»Hexe«) 230
Heinrich I. (Kaiser) 369
Heinrich IV. (Kaiser) 54

Heinrich II. (engl. König) 46, 64
Heinrich VIII. (engl. König) 271
Heinsohn, Gunnar 131
Helmstedt 304
Henker 299–302, 306, 324
Henkersmahlzeit 238
Henot (Familie) 166, 169, 171
Henot, Anna Maria 165
Henot, Franziska 169
Henot, Hartger 165, 169, 172
Henot, Jakob 165
Henot, Katharina 164 ff., 168 f., 171, 278, 296
Hentern 192
Hermessen, Hermann 308
Hermessen, Maria 308 ff.
Hesen, Anna 146
Hessen 20, 234
Hetzerather Heide 190 ff., 194
Heumaden 203 f.
Hexenflug 93, 103, 106, 133 ff., 137 f., 140 f.,
    222, 296, 311, 358
Hexenhammer, Der 68, 88–100, 75, 86, 131, 224,
    272, 313, 361, 371
Hexenjäger 86, 88, 94, 100, 226 f., 236 f., 256,
    258, 268, 273 f., 280, 316, 371
Hexenkartei 363–370
Hexenmal 106 f., 110, 123, 209, 269 f., 295
Hexennest 299–310
Hexenprozess 16, 56, 72, 92, 99, 119, 146, 172 f.,
    220 f., 237 f., 295, 308, 313, 322, 324, 331,
    334 f., 339, 341 f., 357 f.
Hexensabbat 93, 133–145, 157, 164, 171, 189 f.,
    192, 194 f., 209 f., 217 ff., 221 ff., 296, 309,
    312 f., 326, 332, 346, 358 f.
Hexensalbe 103, 131, 134, 139 ff., 190, 217 f.,
    236, 313, 326, 358
Hexenstatistik 311–327
Hexentanz 111, 113, 141, 171 f., 263
Hexentanzplatz 104, 141, 190, 192, 222 f., 229
Hexenverbrennung 15, 32 f., 35, 38, 46 f., 51,
    53, 55 f., 70, 88, 102, 124, 131, 164, 168 f., 178,
    190, 195, 201, 214, 218, 222, 224, 228 f., 233,
    235, 253 f., 256 ff., 264, 278, 282 f., 293, 296,
    301 f., 304, 310, 312 ff., 316–319, 322 f., 324,
    332, 350, 363
Hexenverfolgung aus Geldgier 226–239
Hexenverfolgung aus Hass 240–253
Hexenwahn 95, 100, 132, 278, 310, 314, 357,
    365
Hexer (s. auch Magier, Zauberer) 319 ff., 372
Hexerei und Justizmord 57–67
Heydrich, Reinhard (Chef der Sicherheits-
    polizei und des SD) 353, 370
Hildegard v. Bingen 127
Hildesheim (Hochstift) 329
Hildesheim (Stadt) 330
Himbler, Hans 363
Himbler, Margareth 363

Himmler, Heinrich (Reichsführer-SS und Chef der Deutschen Polizei) 363, 367 ff.
Hindenach (Familie) 69
Hindenach, Martin 68

Hindenburg, Paul v. 364
Hinrichtungen 58, 62, 65 f., 101, 119, 169, 178, 181, 196, 208, 225, 229 f., 257, 267, 271, 280, 283, 299, 301, 306 f., 314, 317, 322 ff., 326, 333, 347, 356 f., 361
Hinrichtungskosten 229, 326
Hirten 174, 181 ff.
Hitler, Adolf 364–367
Höckerin (»Hexe« aus Würzburg) 318
Hofbieber 227
Hofmeister, Wolf 265
Hof-Schmidt (»Hexer« aus Würzburg) 318
Holl, Maria 101 f., 104–120
Holl, Michael 101, 106 f., 115, 120
Homphaeus, Johann 186
Hopfen Else 259, 263, 265
Hopkins, James 273
Hopkins, Matthew 267–274
Hörmann, Johann Friedrich 207, 210
Höxter 300
Hugenotten 240 ff., 251
Hunsrück 187
Huterin (»Hexe« aus Würzburg) 319
Hutten, Ulrich v. 71
Hysterie 44, 222, 233, 242, 247, 256, 294 ff., 301, 322, 324, 357, 362, 371

Iberische Halbinsel 356
Imps 268 f., 272
Inder 215
Indien 333
Inkubus 85, 312
Innozenz III. (Papst) 49, 53
Innozenz VIII. (Papst) 88, 272
Innsbruck 88, 90
Inquisition 33, 65, 149, 271, 285, 296, 312, 316, 339, 347, 349 f., 352, 356 ff., 360 ff.
Inquisitor 47, 56, 65, 89–92, 94 f., 144, 277, 316, 338, 340, 342, 345, 354 f., 357, 359, 361
Institoris (s. Kramer, Heinrich)
Ipswich 273
Irland 16
Isar (Fluss) 32
Iselbacher, Margarete 192
Islam 25, 356
Island 10, 320
Israeliten 214, 271
Italien 49, 72, 100, 315, 346, 358

Jakob (Meister, Henker) 101, 108, 111 ff., 115 ff.
Jakobe v. Baden 331
James (Jakob) I. (engl. König) 271
Jaquier, Nicolas 144

Jeanne d'Arc (s. auch Johanna v. Orléans) 63–67, 312
Jeanne des Anges (Johanna v. den Engeln) 241, 245 f.
Jericho 21
Jesuiten 189 f., 226, 243, 287–290, 297, 313, 328–331, 349, 364, 366 f.
Johann Friedrich (Herzog v. Württemberg) 206
Johann Georg II. Fuchs v. Dornheim (Fürstbischof) 255 ff., 266
Johann v. Eltz 186, 188
Johanna v. Orléans (s. auch Jeanne d'Arc) 63 f., 181 f., 312, 324
Johannes XXII. (Papst) 38
Johannes I. Chrysostomos 74, 355, 364
Johannes Paul II. (Papst) 349
Jordan, Klaus 230
Juan (Schamane) 133 f.
Judäa 138
Juden 21, 73, 90, 167, 356 f., 364, 367 f., 370
Judentum 363 f., 366, 369
Judenverfolgung 368
Jülich (Herzogtum) 277
Julius Echter v. Mespelbrunn (Fürstbischof) 227
Junghansen, Anna 192
Junius, Anna Maria 265
Junius, Johannes 254, 256 ff., 265
Junius, Veronika 254, 256, 258, 265
Justizmord 57–67, 305

Kaiserswerth 331
Kanaan 215
Kanada 150
Kandelgießer (aus Bamberg) 261, 265
Kant, Immanuel 174
Kapuziner (Orden) 286–289, 297
Karl (Dorf) 146
Karl I., der Große (Kaiser) 22
Karl IV. (Kaiser) 353
Karl IV. (frz. König) 64
Karl VII. (frz. König) 64
Karl IX. (frz. König) 317
Karl Martell (fränk. Hausmeier) 35
Karlmann (fränk. Hausmeier) 35
Karolinger (Dynastie) 35
Karthager 215
Karthäuser (Orden) 46
Kästner, Erich 363
Katharer 49 ff., 53 f., 56, 271, 321
Kathelijne (weise Frau) 121–124
Katholiken 220, 242, 255, 294, 321, 329
Katholische Kirche 286, 313, 315, 320 ff., 327, 348, 363, 366, 372
Kepler, Christoph 199 ff., 203 f.
Kepler, Heinrich 198
Kepler, Heinrich (Sohn) 199

Kepler, Johannes 198f., 204ff.
Kepler, Katharina 197–206
Kepler, Margaretha 199ff., 203
Kerckmann, Heinrich 300f., 303
Kerkerhaft 101–120
Ketzer 34, 42–56, 66, 90, 93, 98, 150, 221, 255, 271f., 312, 321, 339, 346, 353ff., 360f., 372
Ketzerbulle 312
Ketzerei 98, 154, 220, 312, 335, 355, 357, 360
Kiesewetter, Carl 135, 140, 374
Kinder als Opfer 207–225, 372
Kinder als vermeintliche Hexen 225, 347f., 350f., 357f., 372
Kinder als Zeugen 219–223, 332
Kindermord 211f., 219, 364
Kinderopfer 214f.
Kindersterblichkeit 152, 212f.
Kirche
 - anglikanische 271
 - katholische 286, 313, 315, 320ff., 327, 348, 363, 366, 372
 - protestantische 315f., 320, 366
Kirsten, Bärbel 192
Kleinsorge (Ratsherr aus Lemgo) 306
Kleinsorge, Dietrich Alphonse 306f.
Kleinsorge, Heinrich Balthasar 306f.
Koblenz 187, 189, 191
Kobolde 7, 22, 268, 272
Koch, Andreas 299, 303–306
Köln (Diözese) 92
Köln (Erzbistum) 277, 323, 346
Köln (Stadt) 94, 100, 132, 162–168, 170ff., 175, 177, 239, 272, 278ff., 283, 296, 326, 331, 334, 347, 350, 372
Konrad (aus Freising) 32
Konrad v. Marburg 56, 143, 312, 354f., 360, 371
Konradsheim (Burg) 168
Konstantin I., der Große (Kaiser) 51, 368
Konstantinopel 364
Konstanz 59
Korbinian (Hl.) 33
Kötzendörffer (Dr.) 259
Krailsheimer, Hans 311
Kramer, Heinrich (Institoris) 89–100, 272, 361, 371
Kramers, Gretke 78f., 81
Kräutlein, Urban 197, 200f.
Kreuzritter 24f.
Kuckuck, Hilmar 303f., 306f.
Kurpfalz 324
Kürschnauer, Jörg 102
Kyburg (Graf) 37f.

La Rochelle 241
Laguna, Andrés de 140
Lahn (Fluss) 323
Lamprecht (Meister, Henker) 194f.

Landshut 41, 313
Langenberg, Sofia Agnes v. 166ff.
Lapp, Herbert 282
Laubardemont, Jean-Marie de 240ff, 248f., 253
Lavaur (Burg) 55
Leben des Galilei 240
Lechenich 156, 166–169
Leipzig 136
Lemgo 290, 299–310
Lemp, Rebecca 68, 70f., 102
Leo XIII. (Papst) 349
Leonberg 197, 199, 201, 203f., 206
Leopold VI. (Herzog v. Österreich) 55f.
Les amours célèbres 57
Lessing, Gotthold Ephraim 7
Leutard (aus Vertus) 42–46, 53
Leutpriester 22f., 28, 32, 351
Levin, Rudolf 369
Leyen, Bartholomäus v. der 195
Lieblerin (»Hexe« aus Würzburg) 318
Limburg an der Lahn 323
Limoges 38
Linden, Johann 239
Lindheim 233, 236
Lindheim (Schloss) 234
Linz an der Donau 199f., 204
Lippe (Grafschaft) 299
Lippe, Graf Hermann Adolph zur 304
Lipper Land 300, 305
Lirtz, Hilger 281f.
Liselotte v. der Pfalz 30
Logono 357
Löher, Bartholomäus 278, 284
Löher, Gerhard 277
Löher, Hermann 275–278, 281–285
Löher, Katharina 275, 284f.
Löher, Kunigunde 275, 278, 284
Loire (Fluss) 64
Lombardei 56
London 178
Longuicher Höhe 192
Loos, Cornelius 239, 333
Löper, Bernhard 287–290
Lothringen 186, 188, 193
Loudon 240–245, 248ff., 296
LSD (Lysergsäurediäthylamid) 297
Lubbeken, Dirich v. 80
Lucius, Peter 342
Ludendorff, Erich 364
Ludendorff, Mathilde 364
Ludovico a Paramo 316
Ludwig (Graf v. Wertheim) 155
Ludwig XIII. (frz. König) 240
Ludwig XIV. (frz. König) 30, 285
Lugano 141
Luther, Martin 72, 87, 121, 154, 156f., 267, 295, 320ff., 327, 338, 366, 372

Lutheraner 220
Luzern 216, 348
Lykanthrophie 184
Lynchjustiz 290
Lyon 48

Maas (Fluss) 64
Macbeth 139
Mâcon 74
Madrid 357
Magdeburg 141
Magie (s. auch Zauberei) 9 ff., 22, 26, 149, 272,
    279, 324, 338
Magier (s. auch Zauberer) 19, 27, 208, 210, 321
Magnus Maximus 52
Mailand 56
Mainz (Diözese) 92
Mainz (Stadt) 324, 333
Malleus maleficarum (s. *Hexenhammer, Der*)
Malta 215
Maneken, Katharina 286
Marburg 180
Märchen 7–17, 179 f., 213
Maria Stuart (Königin v. Schottland) 271
Markelsheim 363
Martha (Magd aus Freising) 208
Martin (Hl.) 52
Massachusetts 291, 297
Mauren 356
Mêchin, Gervais 244
Meckenheim 276, 283
Mecklenburg 322
Medard 192
Medizin 124 f., 127, 130
Meier, Katharina 288
Meier, Ursel 146
Memminger Chronik 151
Menuau (Advokat) 244, 248
Mergentheim 256
Merkurius (Hl.) 25
Merl, Zandt v. 188 f.
Merowinger 35
Merseburger Zaubersprüche 27
Merten, Margarete 191
Merwais, Johann 88, 91
Mespelbrunn 227
Mexiko 316
Meyers, Maria 190
Meyfart, Johann Matthäus 338 f.
Michael (Hl.) 24
Michelsrombach 228
Mignon, Jean 243 f., 246–250, 252 f.
Mistley 273
Mitteleuropa 72, 215
Möhring, Heinrich 288 f.
Montaigne, Michel Eyquem de 213
Mora 156, 221 f., 296
Morisken 356

Mosel (Fluss) 154
Moskau 365
Motive für Besagungen 158
Moussaut (Prior) 245
Mozaraber 356
Muladi 356
Müller-Reimerdes, Friederike 364 f.
Mummolus (Merowinger-Präfekt) 35
München 41, 60, 63, 313, 365, 369
Münster 289
Münstereifel (Bad) 277
Muslime 357
Mutterkorn 297 f.
Mythen 7–17, 213, 349
Mythus des 20. Jahrhunderts, Der 366

Nachrede, üble 146–160, 166, 168, 170,
    186–196, 206
Nadelprobe 107
Naher Osten 214
Nantes 140
Nassenberg, Georg v. 161 ff.
Nathan der Weise 7
Nationalsozialisten 316, 364, 372
Navarra 357
Neudecker (aus Bamberg) 261, 265
Neuengland 291 f.
Neues Testament (NT) 73, 183, 321
Nibelungenlied, Das 10, 39
Nider, Johannes 99
Niebling, Barthel 230
Niederbayern-Landshut (Herzogtum) 61
Niederlande 164, 199, 273, 354
Niederrode 230
Nikolaus I. (Papst) 353
Nil (Fluss) 34
Nizäa 52
Norbert v. Xanten 46
Nordeuropa 13, 72, 136
Nordfrankreich 55, 144, 354
Norditalien 316
Nördlingen 68, 71, 101 f., 118 f.
NSDAP (Nationalsozialistische Deutsche
    Arbeiterpartei) 365
Nürburg 156
Nürnberg 131
Nuss, Balthasar 226 f., 229–233, 237 f.
Nuss, Maria 232

Oberbayern-Ingolstadt (Herzogtum) 62
Oberbayern-München (Herzogtum) 61
Oeynhausen 234
Olympia (Mutter Alexanders des Großen) 82
Omsdorf (Pater) 192
Orff, Carl 57
Orvieto 358
Osnabrück 343
Österreich 266

REGISTER   381

Ostgoten 52
Otto I., der Große (Kaiser) 39
Oudewater 106

Paderborn (Hochstift) 286 f., 291, 295, 334
Paderborn (Stadt) 35, 288 f., 297, 330, 334, 343
Paracelsus, Philippus Theophrastus 125
Paris 64, 248 f., 365
Parris, Elizabeth 291
Parris, Samuel 291
Patrick (Hl.) 16
Paul III. (Papst) 140, 346
Paulus (Apostel) 73, 321, 328
Peine 328 f., 334
Pelcking, Johannes v. 343
Peller, Gotthart 282
Perser 82
Peru 316
Pest 151, 183, 228, 301, 313, 331, 333, 344
Peter Bartholomäus 40
Peter v. Bruis 46
Peter v. Castelnau 55
Petrus (Apostel) 16, 73, 183
Pfalz 150
Pfalzel 187, 190 f.
Pferinger, Johannes 102, 104, 108, 110
Philipp II. August (frz. König) 55
Philipp IV. (frz. König) 312
Philippinen 316
Philipps, Mary 270
Philippus (Apostel) 19
Phips (Gouverneur) 292
Phönizier 215
Piccolomini, Enea Silvio (s. Pius II.)
Piccolomini-Pieri, Ottavio 220
Piemont 55
Pius II. (Papst) 61
Pius IX. (Papst) 348
Plänkl (Bauer aus Freising) 208
Platon 82
Plum, Christina 170–173, 326
Poitiers 243, 247
Pont-à-Mousson 186
Portugal 100, 356
Posen 368
Prämonstratenser (Orden) 46
Prätorius, Johann 136 f.
Prémontré (Kloster) 240
Priscillan v. Ávila (Bischof) 52
Proctor, Elizabeth 293
Proctor, John 292 f.
Protestanten 240, 294, 321, 329, 339
Protestantische Kirche 315 f., 320, 366
Prozesskosten 238 f., 245, 294, 300, 326
Prozessrecht, kirchliches 351 ff.
Puritaner 272, 292
Pyrenäen 357

Quedlinburg 314 f.

Radbod (Friesenherzog) 16 f.
Radevormwald 275
Randersacker 318
Rattken, Hinrich 80
Ratzinger, Josef (Kardinal, Papst) 349
Raußrath, Margarethe 165 f.
Rauwe, Johann 194
Ravensburg 90
Raymond IV. (Graf v. Toulouse) 55
Raymond V. (Graf v. Toulouse) 49, 54
Recke, Dietrich Adolf v. der 289 f., 297
Reformation 22, 77, 156, 220, 226, 321, 331, 348
Regino v. Prüm 36 f.
Reimbach (s. Rheinbach)
Reims 64
Reinbold, Jakob 200, 204 f.
Reinbold, Ursula 200 ff., 204 f.
Reinigungseide 312
Renegados 356
Rensacker (s. Randesacker)
Reutlingen 217, 220
Reval 365
Rhein (Fluss) 156, 290, 347, 354
Rheinbach 276–280, 282–285
Rhoden 290
Richard I., gen. Richard Löwenherz (König) 46, 64
Richelieu, Armand-Jean du Plessis, Herzog v. 240 ff., 248
Rinteln 304, 310, 342
Rituale Romanum 286, 289
Robert v. Arbrissel 46
Rodulf der Kahle (s. Glaber, Raoul)
Rom 41, 46–49, 53, 92, 167, 180, 215, 286, 289, 333, 345 f., 351, 354 f., 358, 360
Römer 11, 34, 82
Rosenberg, Alfred 365 ff.
Rosenbusch, Hans 60
Rostock 141
Rotenhan (»Hexer« aus Würzburg) 319
Rotes Meer 11, 21
Röttinger, Sebastian 102, 108, 110, 114, 118
Rottweil 262
Rouen 65, 312
Rudolf (aus Freising) 32
Rumpfinger, Joseph 210
Ruschke (SS-Scharführer) 363
Russland 365 f.

Saar (Fluss) 186
Sachs, Hans 57
Sachsen 322
Sachsen (Volk) 27
Salazar y Frias, Alonso de 345, 357
Salem (Massachusetts) 291–294, 296 f.

Salm-Reifferscheid (Grafschaft) 324
Salzburg (Diözese) 92
Salzburg (Stadt) 95
Sanssouci (Schloss) 314
Saragossa 52
Sardinien 215
Satan (s. Teufel)
Säuglingssterblichkeit 153
Saumur 250f.
Savoyen 55
Sayn, Heinrich v. 354
Scaglia, Desiderio 358f.
Schadenersatz 119, 204, 342
Schadenszauber 15, 35, 62, 90, 93, 96, 148, 154,
    158, 164, 219, 272, 279, 319, 355
Schäfer 174, 181ff., 290
Schall v. Bell (Amtmann) 282f.
Scheiterhaufen 53, 56, 90, 119, 124, 191, 196,
    210, 224, 238, 253, 278, 288, 312, 336, 338,
    354, 356f., 363, 367, 369
Schellharin (»Hexe« aus Würzburg) 319
Schellinger, Maria 192
Schenckin (»Hexe« aus Würzburg) 318
Schlesienstadt (Landkreis Glogau) 368
Schlettstadt (Sélestat) 92, 95
Scholtes, Theis 146
Schongau 156
Schottel, Hans 148
Schottland 156, 271
Schultze, Hans (s. Prätorius, Johann)
Schwalbach, Johann Friedrich v. 232
Schwarzkonz, Johann 255
Schwegeler, Andreas 281, 283
Schweiz 99, 320, 346ff., 351
Schwerdt (Domvikar) 318
Selbstmord 118
Seldschuken 25
Sélestat (s. Schlettstadt)
Sexualität 50f., 59, 72ff., 124, 221ff.
Shakespeare, William 139
Sigismund (Siegmund; Kaiser) 62
Sigmund d. Münzreiche (Erzherzog v. Öster-
    reich, Graf v. Tirol) 89
Silbermann (Spielmann) 318
Simon Magus (Magier) 19
Simplicius Simplicissimus 137
Sixtus IV. (Papst) 92
Sizilien 150, 316
Sokrates 82
Somme (Fluss)64
Spanien 72, 100, 315f., 347, 356ff.
Spee, Friedrich v. 101, 328–344, 349f.
Spee v. Langenfeld, Mechtels 331
Spee v. Langenfeld, Peter 331
Speyer 159, 228f., 257, 310, 333
Spiegel, Catharina 172
Spiegel, Registrator 172
Spina, Bartolomeo de 141

Sprenger, Jakob 92, 94f.
Sprick, Lisabet 302
Sprute (Dr.) 304, 306
St. Gallen (Kloster) 212
St. Gilles (Abtei) 55
St. Goar 290
St. Matthias (Ort) 192
St. Vith 187
Statistik der Hexenverfolgung 311–327
Stearne, John 268f.
Stedingen 354
Steiger, Otto 131
Steinacher (»Hexer« aus Würzburg) 318
Steiner (aus Bamberg) 265
Stephan (Hl.) 28
Steppers, Babel 319
Steub, Hennes 229
Stiecherin (»Hexe« aus Würzburg) 318
Strabo (s. Walahfrid Strabo)
Straubing 57, 60
Straubing-Holland (Herzogtum) 61
Strom, Augustin 283
Stubben, Pellke 79ff.
Stump, Bella 176
Stump, Peter 175–178
Stuttgart 197f., 203ff.
Südafrika 150
Südengland 135
Südfrankreich 34, 46, 49, 54, 271, 312, 316, 354
Suffolk 273
Sukkubus 85f., 312
Summis desiderantes affectibus (Bulle v. Papst
    Innozenz VIII.) 89, 92, 272

Tacitus, Cornelius 12
Tallin 365
Talmud, Der 11
Tanchelm (aus Flandern) 46
Taxis, Leonhard v. 165
Templer (Orden) 271, 312
Teufel 22, 26f., 32, 35, 37, 50f., 56, 69f., 77, 79,
    81, 83–87, 93, 96, 103f., 107, 140, 144f.,
    155ff., 159, 163f., 166, 169, 171, 175f., 178,
    184, 189f., 194, 209, 215ff., 221, 229, 246 bis
    250, 254f., 261, 264, 268f., 281, 286f., 295f.,
    302, 309, 313, 320ff., 332, 357, 359, 372
Teufelsaustreibung 246, 250ff., 286–291
Teufelsbuhlschaft 78–87, 103, 154, 166, 272,
    280, 295, 309, 312f., 320, 333, 346, 355, 358
Theinen, Jan 282
Thessalien 34
Thibault (Bürger aus Loudon) 244f., 248
Thomas v. Aquin (Theologe, Philosoph) 75,
    85f., 312, 322
Thomasin v. Zerclaere 56
Tiber (Fluss) 47
Tillen, Elisabeth 303
Tirol 89

REGISTER   383

Tituba (aus Salem) 292, 294
Tortur (s. Folter)
Toulouse 38, 54
Trein, Mertins 192
Trient 90
Trier (Diözese) 92
Trier (Erzbistum) 239, 323f., 331
Trier (Stadt) 36, 52, 146, 186–189, 191–195,
    237, 239, 272, 324, 331f., 334, 343, 346, 350
Trierer Pferdesegen 28
Tringin (aus Breisig) 164
Trinquant (Staatsanwalt) 243, 248
Trois-Echelles 317
Trompin, Katherine (Tringin) 176
Trutz-Nachtigall 333
Tübingen 199, 205
Türkei 48

Ulm 101, 116, 118f.
Unam sanctam (Bulle v. Papst Bonifaz VIII.) 54
Urban III. (Papst) 346
Urfu 48
Ursulinen (Orden) 241, 243, 248

Valsertal 347
Vasoldt, Ernst 255, 257
Verhör, peinliches 56, 78, 81, 90, 98, 102f., 106,
    109ff., 115, 118, 136, 168f., 171, 177, 194ff.,
    204, 216ff., 222, 230, 254, 258–264, 266, 309,
    332, 337, 360
Vertus 42, 53
Vespasian (röm. Kaiser) 232
Visionen 18–29
Vitus (aus Borlinghausen) 291
Voigt, Gottfried Christian 314f.
Völkischer Beobachter 366
Volksglaube 7–41, 128, 174–185, 213, 216–219
Voltaire (d. i. François Marie Arouet) 197, 314,
    368
Vötting 30, 32

Waadtland 320
Wackeling, Style 330
Wagner, Richard 13
Walahfrid Strabo 9
Waldeck (Grafschaft) 290
Waldenser 49
Waldes, Peter 48f.
Walpurgis (Hl.) 135ff.
Wannsee-Konferenz (1942) 370
Wasserprobe 107, 274
Weihenstephan (Kloster) 33
Weil der Stadt 198
Weise Frau 23, 121–132, 149, 181, 211, 324

Weißenburger, Heinrich 230
Wemütige Klage der frommen Unschültige 285
Wendingen 88, 91
Wenzel (SS-Hauptscharführer) 363
Wenzel I. (Kaiser) 60
Wertheim 155
Werwolf 174–185, 291
Weser (Fluss) 342
Wesermarsch 354
West, Rebecca 273
Westerwald 150
Westfalen 289
Westfrankreich 64
Wetterau 226, 234
Weyer, Johannes 332
Widukind (Sachsenherzog) 17
Wiegeprobe 106
Wiesbaden 364
Wiesensteig 218
Wikinger 12
Wildenburg 324
Wilhelm III. v. Oranien (König) 285
Wilhelm V. (Herzog v. Jülich-Kleve-Berg)
    332
Willard, John 293
Williams, Abigail 291
Winfried (s. Bonifatius)
Wissius (Dr., Syndikus) 172f.
Wittenberg 322
Wittlich 146, 148
Wolfratshausen 180
Wolfsburg 180
Woltorf 328, 330
Wörlen (Witwe) 102
Worms 10, 39, 333
Wunder 18–29
Württemberg (Herzogtum) 150
Würzburg (Hochstift) 323
Würzburg (Stadt) 224f., 227, 236, 317ff., 325,
    350

Xaintes 243

Zauberei (s. auch Magie) 10f., 22, 26, 30–41,
    44, 78–81, 97f., 103, 121f., 137, 139f., 147,
    155, 157f., 228, 268f., 272, 313, 324, 339, 358
Zauberer (s. auch Magier) 10, 19, 22, 27, 33,
    36, 147, 188, 195, 210, 269, 320f., 335, 346
Zeeland 124
Zeugen 90f., 98, 146, 161–173, 178, 182, 194,
    202, 205f., 215–223, 231, 244, 252, 254,
    258ff., 279, 287, 303, 332, 334, 352, 369
Zisterzienser (Orden) 46
Zwerge 10, 13f., 16, 22